厚德博學

經濟匡時

匡时 管理学系列

| 第二版 |

商务与管理沟通

张炳达　杨　慧　主　编
沈敏奇　俞春英　副主编

上海财经大学出版社

图书在版编目(CIP)数据

商务与管理沟通 / 张炳达,杨慧主编. —2 版. —上海:上海财经大学出版社,2020.10
(匡时·管理学系列)
ISBN 978-7-5642-3551-2/F·3551

Ⅰ.①商… Ⅱ.①张…②杨… Ⅲ.①商业管理-人际关系学 Ⅳ.①F715

中国版本图书馆 CIP 数据核字(2020)第 087393 号

责任编辑:邱 仿
封面设计:张克瑶
版式设计:朱静怡

商务与管理沟通(第二版)

著 作 者:张炳达 杨 慧 主编
出版发行:上海财经大学出版社有限公司
地 址:上海市中山北一路 369 号(邮编 200083)
网 址:http://www.sufep.com
经 销:全国新华书店
印刷装订:上海新文印刷厂
开 本:787mm×1092mm 1/16
印 张:27
字 数:527 千字
版 次:2020 年 10 月第 2 版
印 次:2020 年 10 月第 1 次印刷
印 数:6 001—9 000
定 价:65.00 元

第二版前言

21 世纪的今天，全球经济已经发生了翻天覆地的变化。未来，当今天的学生走向社会时，我们的世界将会发生更大的改变。快速的技术进步和技术变革，已经从根本上改变了我们的社会和经济生活。从振兴停滞的经济，到用替代技术和绿色环保实现能源独立，加强我们社会的公共医疗体系，保护我们的生存环境，我们的学生所面临的挑战是前所未有的，需要他们有知识、技能、想象力、创新力。考虑到这些实际需求，《商务与管理沟通》(第二版)的改编，需要考虑未来社会的实用性和适用性，需要比以往任何时候更以市场需求为导向培养我们的学生。

沟通能力、自我指导、创造力、审辩思维和创新能力不仅是现代社会工作中需要的，也是从平凡的生活走向幸福的基石。无论是本科毕业生计划直接进入职场，还是进入高等学校继续深造，他们必须能够审辩地、创造性地思考问题、准确表达、团队协作，并有效地使用沟通技巧和方法。这些都是当今和未来社会的生存技能，不仅对事业成功，而且对一个高质量的个人生活亦是如此。

沟通能力包含表达能力、争辩能力、倾听能力和设计能力(形象设计、动作设计、环境设计)。它看起来是外在的东西，而实际上是个人素质和修养的重要体现，它关系着一个人的知识、能力和品德。沟通过程的要素包括沟通主体、沟通客体、沟通介体、沟通环境和沟通渠道。

在决定经济产出方面，对世界的认知能力比传统的教育成功更重要。据研究调查表明，超过一半的企业雇主发现，拥有本科学历的新员工，很多在技能上不达标，包括口头和书面沟通技能、职业精神和职业道德、审辩思维、解决问题的能力、创造力等方面。尽管超过 80%的员工通过了企业 HR 的 4C(审辩思维和解决问题、沟通与协作、创造力和创新)的测试，近四分之一的员工发现，即使是大学本科毕业生在这些领域也有欠缺。更多的企业管理人员表示，要培养员工具有审辩思维、解决问题、创新、合作以及沟通的能力。如今对应用技能的需求不断增长，许多专家更看重 21 世纪技能的重要性，甚至把它们称为新经济中的“生存技能”，他们认识到高阶思维和更深层次的知识是可以培养的。

当今社会的组织和个人，无论是管理者还是被管理者，都离不开沟通和交流，很多企业越来越重视管理者沟通技能的训练和强化，也纷纷组织各种企业开设沟通管理培训课程，在高校设置的管理类学科中，经常能看到管理沟通类课程。商务与管理沟通是一门跨学科课程，管理沟通涉及的范围非常广，基本涵盖了管理学、社会学、心理学、逻辑学、语言学、人际关系学等诸多学科。

本教材适用本科教学，旨在通过案例导入，模块化项目操练，开展实践案例分析等，达到商务与管理沟通技能训练的目的。第二版的改编保留了原教材中精华的章节和内容，优化了章节之间的逻辑结构，更新了实践案例，在教材编写体例上做了很多修订，从 20 章调整为 17 章，改版后的教材具有以下几个特点：

(1)完善逻辑结构。第二版内容涵盖了商务与管理沟通的各个方面，分为五大板块：管理沟通理念、管理沟通技能、管理沟通策略、管理沟通应用、管理沟通方法。在每一章的开头和结尾都分别附有学习目标、本章小结、案例研究和复习思考题，力求做到内容全面、详尽。

(2)优化更新内容。在第一版教材内容深入浅出的基础上，继续优化和更新，每个章节都增加了导入案例，重新梳理了教材中的知识点，突出重点和难点章节，简化教材内容，方便学生自学和网上学习。

(3)强化实践应用。坚持理论与实践紧密结合，运用大量实证案例完善并阐述理论，提高教材的实用性、可读性和趣味性。以商务与管理沟通基本概念为基础，以现实生活中的丰富案例为素材，指导学生发现问题，用商务与管理沟通原理和技巧分析问题、解决问题，并通过教材章节后面设置的课堂讨论，提高学生对商务与管理沟通的学习兴趣，增加商务与管理沟通理论知识，提高理性思维能力，培养商务与管理沟通直觉。

本教材由张炳达老师总体策划，负责大纲框架制定和编写方案，参加编写的人员分工如下：杨慧老师编写第一章、第四章、第七章、第八章、第九章，俞春英老师编写第二章、第三章、第五章、第六章，沈敏奇老师编写第十章至第十七章，张炳达老师负责修改及最后定稿。

在编写过程中，我们查阅和参考了许多国内外的相关著作，在此向各位作者致以由衷的感谢。由于编者的水平所限，在编写过程中难免存在错误和不足之处，恳请专家、学者及广大读者提出宝贵的批评意见。编者的联系方式 E-mail：128zhang@126.com.

上海财经大学出版社备有教学用的课件，如有需要，请电话或 E－mail 联系。联系人：李成军；电话：021－65904706；E-mail：littlelcj2@163.com。

编　者

2020 年 2 月

第一版前言

在经济全球化浪潮的推动下，越来越多的组织开始接触并融入一个全新的环境。与此同时，一些组织内部的各种纠纷呈上升趋势，在一定程度上影响了其正常经营活动。经济全球化在带来组织变革的同时，也给中国管理带来了新的知识、新的观念和新的思想，而这些新知识、新观念、新思想的诞生与碰撞又不断催生着中国管理的变迁。

新的形势下，如何制定出凝聚共识，既有弹性应变又有刚性执行力的战略及实施计划就成为组织在竞争中胜出必须要解决的问题。而如何在我们的管理教学中结合机遇与挑战，向我们的学生——未来的管理人才——展现出知识与实践结合的力量，则成为管理沟通这门课程必须要克服的难题。

著名学者马克斯·韦伯曾说过：现代社会越来越趋向于网状金字塔形结构，在这种社会结构中每一个阶层、社会组织和个人都处于管理与被管理之中，管理是现代社会的永恒话题。正是管理，才产生了公共秩序；正是管理，才产生了工作效率；正是管理，才产生了丰厚的利润；正是管理，才产生了社会民主。可以说，人类社会走向现代文明的过程，也就是人与人之间管理趋向有效、有序的过程。

作为管理最为重要的组成部分，沟通无疑对组织生存与发展起着至关重要的作用。沟通是人类社会的基本生活方式，是人们通过共同的符号系统交流意见或思想的过程。在现代组织的商务与管理活动中，沟通占据着举足轻重的地位。特别是在如今这个由消费者占据主导地位、经济日益全球化的世界里，人们更要依赖沟通来为自己的产品和服务创造国内外顾客，依赖沟通了解如何在这个瞬息万变的世界取得成功。优秀的领导者首先必须是优秀的管理者，而优秀的管理者首先必须具有出色的沟通能力。可以说，管理者与被管理者之间的有效沟通是任何管理艺术的精髓。

管理沟通是组织的生命线，它把组织由内到外有效地连接起来，对提高组织效率、确保组织有序运行产生着重要影响。在社会转型和组织变革中加强管理沟通，可以有效地减少内部阻力，增强组织内部凝聚力和外部竞争力，更快更好地实现组织的目标。

在知识经济的今天，很多组织已经开始重视对管理者沟通技能的培养与训练，很多高校也纷纷设立了管理沟通课程以适应形势发展，为社会提供更多优秀的管理人才。作为一门跨学科课程，管理沟通涉及的范围很广，涵盖了管理学、社会学、心理学、逻辑学、语言学、人际关系学等各个学科。我们在大量的资料收集与研究的基础上，为推动中国管理的进一步发展，编写了这本教材。总的来说，本教材具有以下几个特点：

(1)内容深入浅出。由于管理沟通的内容较为庞大且复杂，因此为方便读者学习，本教材坚持由浅入深，用通俗易懂、生动具体的语言向读者阐述管理沟通的理论知识，力求将复杂、枯燥的理论知识平实化，使读者在体验到阅读乐趣的同时，掌握相关理论知识。

(2)结构完整。本教材内容涵盖了管理沟通的各个方面，分为二十章，包含管理沟通理念、管理沟通技能、管理沟通策略、管理沟通应用及管理沟通方法。在每一章开头和结尾都分别附有学习目标、本章小结以及复习思考题，力求做到内容全面、详尽。

(3)实用性强。本教材坚持从实用性出发，立足商务活动实践，不仅注重理论知识，更注重方法与技巧的培养，教材中引用了大量案例来完善理论，通过以案例引导出理论，并以理论阐释案例的方法来帮助读者提升理念、培养技能，为读者提供更为有效的方法和工具。

本教材由张炳达总体策划并负责制定编写方案，参加编写的人员分工如下：陈婧编写第一、第二、第三、第五、第六、第十、第十五、第十九章，杨慧编写第四、第七、第八、第九章，朱晓樱编写第十三、第十六、第十八章，张炳达编写第十二、第十四章，陈锐编写第十一、第二十章，张文雯编写第十七章，张炳达负责修改及最后定稿。

在编写过程中，我们参考了许多国内外的有关著作，在此向各位作者致以由衷的感谢。由于编者的水平所限，在编写过程中难免存在错误和不足之处，恳请专家、学者及广大读者提出宝贵的批评意见。编者的联系方式 E-mail：128zhang@126. com.

此外，上海财经大学出版社备有教学用的课件，如有需要，请电话或 E-mail 联系。联系人：李成军，电话：021-65904706，E-mail：littlelcj2@163. com。

编　者

2010 年 4 月

目　录

第二篇　管理沟通技能

第三篇　管理沟通策略

第四篇　管理沟通应用

第一篇

管理沟通理念

第一章　商务与管理沟通概述

学习目标

通过本章学习，你应能够：

了解现代商务活动中的管理沟通；

了解管理沟通的过程、类型与作用；

了解商务与管理沟通的趋势；

掌握学习商务与管理沟通的意义。

关键词

商务　管理沟通　类型　作用　趋势

导入案例

沃尔玛成功的关键

美国沃尔玛公司总裁萨姆·沃尔顿曾说过："如果你必须将沃尔玛管理体制浓缩成一种思想，那可能就是沟通。因为它是我们成功的真正关键之一。"沟通就是为了达成共识，而实现沟通的前提，就是让所有员工一起面对现实。沃尔玛决心要做的，就是通过信息共享、责任分担，实现良好的沟通交流。

沃尔玛公司总部设在美国阿肯色州本顿维尔市，公司的行政管理人员每周花费大部分时间飞往各地的商店，通报公司所有业务情况，让所有员工共同掌握沃尔玛公司的业务指标。在任何一个沃尔玛商店里，都定时公布该店的利润、进货、销售和减价的情况，并且不只是向经理及其助理们公布，也向每个员工、计时工和兼职雇员公布各种信息，鼓励他们争取更好的成绩。

沃尔玛公司的股东大会是全美最大的股东大会，每次大会公司都尽可能让更多的商店经理和员工参加，让他们看到公司全貌，做到心中有数。萨姆·沃尔顿在每次股东大会结束后，都和妻子邀请所有出席会议的员工约 2 500 人到自己的家里举办聚餐会，在聚餐会上与众多员工聊天，大家一起畅所欲言，讨论公司的现在和未来。为保持整个组织信息渠道的通畅，他们还与各工作团队成员全面注重收集员工的想法和意见，通常还带领所有人参加沃尔玛公司联欢会等。

萨姆·沃尔顿认为让员工们了解公司业务进展情况，与员工共享信息，是让员工最大限度地干好其本职工作的重要途径，是与员工沟通和联络感情的核心。而沃尔玛也正是借用共享信息和分担责任，适应了员工的沟通与交流需求，达到了自己的目的：使员工产生责任感和参与感，意识到自己的工作在公司的重要性，感觉自己得到了公司的尊重和信任，积极主动地努力争取更好的成绩。

资料来源：张昊民编著，《管理沟通》，格致出版社 2008 年版。

第一节 现代商务与管理沟通

沟通广泛存在于人类社会的各项活动中。任何组织、个人甚至是国家要实现自己预期的目标，均离不开人们之间的相互沟通。在未来社会，沟通的能力更加重要，特别是经济社会中的管理与商务活动更是与沟通密切相关。成功的管理者首先必须是成功的沟通者。沟通作为管理者的首要职能，也是管理者一项很重要的工作。重视沟通，培育正确的沟通思维，掌握有效的沟通技巧，不仅能提高管理者个人能力，实现个人价值，从而完成其管理任务，还能消除组织变革中的冲突与矛盾，支持组织的可持续发展。既然管理沟通是如此重要，那么，到底什么是沟通呢？

一、沟通的含义与内容

一般来说，沟通能力是指沟通者所具备的能胜任沟通工作的优良主观条件。简言之，人际沟通的能力是指一个人与他人有效地进行沟通信息的能力，包括外在技巧和内在动因。其中，恰如其分和沟通效益是人们判断沟通能力的基本尺度。恰如其分，指沟通行为符合沟通情境和彼此相互关系的标准或期望；沟通效益，则指沟通活动在功能上达到了预期的目标，或者满足了沟通者的需要。

表面上看，沟通能力似乎就是一种能说会道的能力，实际上它包罗了一个从穿衣打扮到言谈举止等一切行为的能力。一个具有良好沟通能力的人，可以充分发挥自己所拥有的专业知识及专业能力，并能给对方留下“我最棒”“我能行”的深刻印象。

《大英百科全书》将“沟通”定义为：沟通（communication）就是用任何方法（视觉、符号、电话、电报、收音机、电视、网络或其他工具为媒介），彼此交换信息。《韦氏大辞典》认为：沟通就是文字、文句或消息之交通，思想或意见之交换。

在现代社会中，人类生产生活必不可少的三大资源是信息、能源和物质，这也是构成现实世界的三大要素。但并不是一切信息都是可利用的信息资源，只有经过开发之后的信息，才是真正有效的信息资源。知识经济社会开发信息资源的过程就是信息生产、信息传播和信息应用的过程。其中，信息传播起着承上启下的作用，是知识经济链条上的纽带。21世纪，信息技术、计算机技术、网络技术的发展与广泛运用，以及世界经济一体化与网络化，给人类的生活方式、思维方法、生产经营和领导决策带来了巨大的冲击和影响。而商务信息的生产和传播，尤其是管理活动与商务活动，正呈现出一种全新的局面。管理中的计划、决策、组织、领导、控制，无一不借助信息的流动。畅通的信息流程，就是良好的管理过程。管理学中的沟通就是信息凭借一定符号载体，在个人或群体间从发送者到接收者传递并获取理解的过程。概括地说，管理沟通是指在各种管理活动和商务活动中，沟通主体（沟通者）基于一定的沟通背景，为达到一定的沟通目标，在分析沟通客体（沟通对象）的基础上，将特定的信息或思想、观点、态度传递给客体，以期获得预期反应效果的全过程。这包含以下三个含义：

（一）沟通是双方的行为，而且要有媒介

“双方”既可以是人与人、人与机器，也可以是机器与机器。管理沟通属于人与人沟通形式。人与机器之间的沟通广泛存在于人对物资设备的高效运用过程中，如确定车间现场管理中设备的摆放位置、家用电器和轿车的人性化功能设计等。机器与机器之间的沟通，如通信工具之间的信息交流，包括电话、传真、电视、电子邮件等。这里主要阐述人与人的交流形式。

（二）沟通是一个过程

沟通过程是指信息交流的全过程。沟通过程可以分为六步：第一步，信息发出者把所要发送的信息按一定程序编码；第二步，编码信息沿一定通道传递；第三步，接收者收到信息；第四步，进行译码处理；第五步，解读信息；第六步，将收到信息后的情况或反应返回信息发出者，即反馈。

（三）编码、译码和沟通渠道是有效沟通的关键环节

用语言、文字表达的信息，往往含有字面意思之外的内容，有时可能还会造成“言者无意，听者有心”的结果。如果沟通渠道选择不当，往往会造成信息堵塞或信息失

真，这些因素必须在沟通时加以注意。

在商务活动中，沟通既可以是单纯的信息交流，也可以是思想、情感、态度的综合交流。从这一点上，我们可以将沟通的内容概括为：(1)事实；(2)情感；(3)价值取向；(4)意见观点。

沟通的能力就是个人在上述方面有效地与他人交流的社会能力。从沟通的定义我们知道，沟通并不仅仅是将信息、思想和情感由一个人传递给另一个人，因为沟通也可能是一个群体向另一个群体发表演说或是两个群体间的交流，也就是说，沟通的参与者既可能是个人与个人、个人与群体，也可能是群体与群体。沟通就是为了设定的目标，把信息、思想和情感在个人或群体间传递的过程。

沟通的过程并不限于传递信息、思想和情感的某一方面，而可能同时涉及这三个方面。当一个人与他人沟通时，不仅交流信息和思想，同时还传递着情感。比如：当你告诉你的上司，你的报告要延期一周再交时，上司告诉你，他希望你尽早完成报告。单从话语的字面内容，我们可以很清楚地了解上司话语的含义，但是，他所要表达的内容可能远不止这些。当他说话时，他的语调也表达了重要内容。如果你们是面对面的交谈，你会发现他的手势、与你的距离、姿势、眼神和表情等都是他发出的信息的一部分，要实现一次成功的沟通就绝不能忽视这些内容。

微型案例 1－1　　老板的要求

老板告诉其秘书："你帮我查一查我们有多少人在华盛顿工作，星期四的会议上董事长将会问到这一情况，我希望准备得详细一点。"于是，这位秘书打电话告诉华盛顿分公司的秘书："董事长需要一份你们公司所有工作人员的名单和档案，请准备一下，我们在两天内需要。"分公司的秘书又告诉其经理："董事长需要一份我们公司所有工作人员的名单和档案，可能还有其他材料，需要尽快送到。"结果第二天早晨，四大箱航空邮件到了公司大楼。

案例启示：团队没有默契，不能发挥团队绩效，而团队没有交流沟通，也不可能达成共识。身为领导者，要能善用任何沟通的机会，甚至创造出更多的沟通途径与成员充分交流。领导者从自身做起，秉持对话的精神，有方法、有层次地激发员工发表意见与讨论，汇集经验与知识，才能凝聚团队共识。团队有共识，才能激发成员的力量，让成员心甘情愿地倾力打造企业的通天塔。领导之间、领导与团队之间，沟通是形成领导力的基础。

资料来源：周三多编著，《管理学》，高等教育出版社 2014 年版。

二、沟通的过程模式与要素

那么，在沟通的过程中究竟发生了什么呢？

在沟通过程中产生了一些沟通行为和一套信息符号。符号包括声音、姿势、书写的词、图画等，符号是沟通的一个要素，通过一个人发出信号，另一个参加者在某种程度上接受了这些信号。

显然，在发出信号之前和发出信号的同时有某种内在的行动。首先，一个人必须感到有理由沟通，然后必然会发生某种信息加工的过程，结果是把讯息编制成代码，并且对人体的大脑发出命令，这就产生了符号——说出来的话、写出来的字、做出来的姿势等。某人使用这些符号时，也需要加工信息。这就是说某人必须把注意力集中在这些符号上，通过感觉渠道从这些符号中抽出某种信息，并且对已贮存的印象和需要做的事情的轻重缓急按顺序做出必要的改变。

已故的温德尔·约翰逊从心理学观点描绘这一过程时，他说：

(1)一个事件发生了；

(2)这一事件刺激 A 先生的眼、耳朵和其他感觉器官；

(3)神经搏动到达 A 先生的大脑，又到达他的肌肉和腺线，这样就产生了紧张，产生未有语言之前的“感觉”等；

(4)然后，A 先生开始按照他惯用的语言表达方式把这些感觉变成字句；

(5)从“他考虑到的”所有字句中，他“选择”，或者“抽象”出某些字句，他以某种方式安排这些字句；

(6)通过声波和光波，A 先生对 B 先生讲话；

(7)B 先生的眼和耳分别受到声波和光波的刺激；

(8)神经搏动到达 B 先生的大脑，又从大脑到他的肌肉和腺线，产生紧张(张力)，产生讲话之前的“感觉”等；

(9)接着 B 先生开始按照他惯用的语言表达方式把这些感觉变成字句；

(10)他“选择”或“抽象”出某些词，他以某种方式安排这些字词，然后 B 先生相应地讲话或做出行为，从而刺激了 A 先生或其他人。

这样，沟通过程就继续进行下去……[①]

约翰逊美妙的简单说明，目的在于描绘两个人在一起讲话时所发生的情况，但是，不管这是一个只有两人的小组，还是一个演讲会或一个讨论会，沟通的过程都是相同的。早些时候，沟通曾被认为是告诉某人关于某事的单向过程，可是现在我们知道沟

---

① 申明、姜利民、杨万强编著：《管理沟通》，企业管理出版社 1997 年版，第 5 页。

通绝不是单向的，所有的沟通行为都具有双向性。信息传送者将信息传送给接收者，信息的接收者则给传送者以反馈。这种反馈并非一定要通过语言表现出来，也可能是接收者的表情或他的目光、身体姿势，这些信息反馈给传送者，他可以知道接收者是否接收并理解了信息，他有什么样的感觉。

沟通的过程见图 1.1。

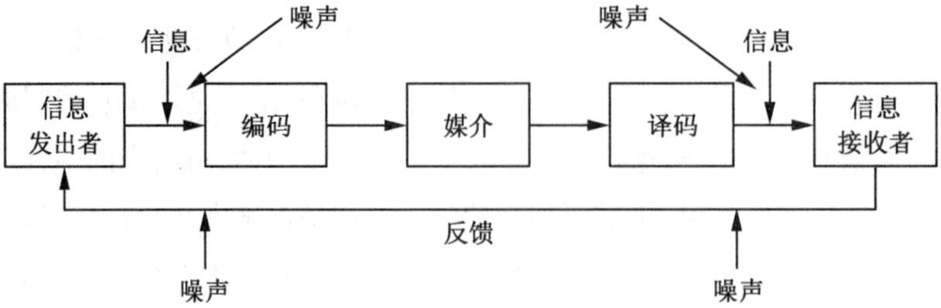

图 1.1　沟通的过程

管理沟通之所以与其他沟通不同，关键是在商务活动与管理中，仅有绝妙的信息还不够，只有当你传递的信息能使你的沟通对象做出你所期望的反应才算成功。因此，沟通并不是一条从信息发送者（沟通主体）至信息接收者（沟通客体）的直线，而是一个产生互动作用的循环过程，其中信息接收者即沟通客体的反应是关键的因素之一。既然沟通是一个过程，那么它总是变化的（例如，上司与下级的谈话，可以从正式的话题转向非正式的话题），而且这一次的沟通可能会影响下一次的沟通。

在管理沟通的过程中，沟通主体的编码、沟通客体的译码以及沟通渠道是沟通取得成功的关键环节，它始于沟通主体发出的信息，终于得到沟通客体的信息反馈。

一个完整的沟通过程由各种要素所构成并共同发挥着作用。管理者要提高自己的管理技能，必须明确了解影响管理沟通的各种要素及其特点。结合前面提到的管理沟通过程，有效的管理沟通应充分考虑七个方面的构成要素：

（一）沟通主体与沟通客体（信息发送者与信息接收者）

管理沟通是一个双向的、互动的循环过程。在大多数沟通情景中，沟通主体又是沟通客体，即在同一时间既发送又接收。如下级向上级提交一份工作规划，下级要通过文字或语言向上级阐明规划中的内容，也就是自己的观点和见解，这时他就是发送者，上级通过倾听或看报告而表现为接收者。然而，上司也发送他所关心的信息，如提出自己的看法甚至新思路等，这样，上司通过语言、表情等表达他的观点、态度和情感时又表现为发送者。

（二）信息

信息是由沟通主体与沟通客体所交流的观点、思想、态度、情感组成的，而观点、态度、思想、情感又是通过符号来体现，所有的沟通信息都由两种符号组成：语言符号和非语言符号。

语言符号是以语言来表达某一特定的事物或思想的符号，这也是沟通中最主要的符号。非语言符号是不以语言、文字来表达某一特定事物或思想的符号，如表情、手势、姿势、语调等形体动作以及有声非语言等。如皱眉意味着疑惑、为难，点头意味着礼貌、附和或赞同等。

（三）渠道与媒介

渠道是指沟通的方式，是采用口头沟通还是书面沟通？是正式沟通还是非正式沟通？是个人之间的沟通还是群体之间的沟通？媒介是指信息经过的路线，是信息到达发送者、接收者的手段，如电话、邮件、传真等。根据沟通主体、环境、信息、内容等的不同，沟通渠道与媒介可以是多样的，沟通者可适当选择。

（四）反馈

反馈是信息在沟通主体与沟通客体之间的反应。沟通是为达到某一结果所设计的动态过程，这就意味着在沟通的每一个阶段信息发送者都要寻求信息接收者的支持，更重要的是给他们回应的机会。依此方法，你会知道你的听众想什么，并且可相应地调整你发布的消息，他们则可能感觉到参与了这个过程并对你的目标做出承诺。

（五）环境

环境是指沟通发生的场合，包括背景和地点，如文化背景、问题的性质、企业的文化氛围等。沟通是在具体的环境中发生的。环境是沟通中一个极为重要的因素，能对沟通产生重大影响。环境不同，沟通方式、策略包括渠道的选择都会有很大的区别。

（六）编码与解码

编码就是将所要交流的讯息，依照一定的码规，编制为信号。编码中要选择恰当的代码或语言，要适应接收者的理解和语言能力，还要适合沟通的渠道和使用的媒介。不恰当的编码会让接收者不知所云，包括不合时宜地使用专业术语或在非正式的社会场合使用过于正规的语言等。

解码是将所接收的信号，依照一定的码规，解译、还原为讯息。解码可能是将讯息由一种语言翻译为另一种语言，也可能是理解他人点点头或眨眨眼的意思。著名学者内森把它看作一个更宽广的“认知”过程的组成部分。这一过程中，传导的讯息被转化、精简、阐述、储存、发现和使用。另一些学者，如哈吉和马绍尔指出掌握这种能力的人能够面对人物和环境做出敏锐的判断。

（七）噪音

噪音是有效沟通中的障碍。这种障碍来源于三方面：一是外部环境，即外部噪音，包括因沟通背景、地点、条件、文化等因素，阻碍信息接收者接收或正确理解信息。二是内部原因，即接收者自身的原因，如固有的成见、身体的某种不适，对传送者的反感都可以成为沟通过程中的噪音。三是表现信息内容的语义，即因对话情感上的反应而引起的噪音，如许多人由于自身的价值观或情感因素，阻碍了他接收和理解该信息的内容。语义噪音有时也因为文化背景不同、语言文字习惯不同，而使客体产生歧义或错误的理解，导致沟通障碍。

第二节 管理沟通的类型

微型案例 1－2　　孔子最富有的弟子

孔子的弟子子贡，先在孔子门下求学，后辍学到卫国做官，又在曹国和鲁国之间做生意，是孔子 70 个弟子中最富有者。“子贡结驷连骑，束帛之币以聘享诸侯”，每到一国，那里的国君都会用宾主之礼来接待他。子贡和孔子的另一学生原宪形成鲜明对比。原宪不善于与人交往，不善于进行信息沟通，只能“不厌糟糠，匿于穷巷”。后人说孔子能够名扬天下，是因为子贡在人前人后支持他的缘故。而子贡在最初，也只是靠传播商务信息，沟通商务关系逐渐发家的。

资料来源：黄竹英、黄劼著，《商务沟通》，重庆出版社 2001 年版。

一、按沟通的功能和目的分类

（一）工具沟通

工具沟通的主要目的是传递信息，同时也将信息发送者自己的知识、经验、意见和要求等告诉信息接收者，以影响信息接收者的知觉、思想、观点、态度等，进而改变其行为。

（二）满足需要的沟通

满足需要的沟通目的为表达情绪状态，解除紧张心理，征得对方同情、支持和谅解等，从而满足个体心理上的需要和改善人际关系。

二、按信息载体分类

（一）语言沟通

语言沟通是指借助于语词符号系统而实现的沟通，包括口头语言沟通和书面语言沟通。所谓口头语言沟通就是运用口头表达的方式传递和交流信息。这种沟通常见于会议、会谈、对话、演说、报告、电话联系、市场访问、街头宣传等。口头语言是由说和听构成语言交流情境的，因而双方心理上的交互作用表现得格外明显。在企业管理中，这种沟通具有很强的有效性。通过面对面的沟通，管理者可以和员工坦诚、开放地交流，从而使员工了解管理者的需求和兴趣点，增强员工对组织的认同感。面对面的沟通能减少误解的发生，从而提高沟通效果。

书面语言沟通是指借助于书面文字材料实现的信息传递和交流，例如公告、记录、文件、刊物、协议书、备忘录、调查报告、书面通知等。书面沟通虽然可以修正内容，是一种准确性较高的沟通方式，但是信息一旦传递出去，是很难修改和澄清的，因此要求沟通者在沟通之前必须做好精心的准备，并对可能出现的后果保持高度的敏感性。书面语言沟通虽然不具有口头语言沟通的优点，却易于传递和长期保存，因此在商务活动中，书面语言沟通所占的比例达到 90%，拥有良好的写作技能对管理者在商务和管理活动中取得成功是非常重要的。

（二）非语言沟通

非语言沟通指的是用语言以外的非语言符号系统进行的信息沟通，比如动作符号系统（手势、表情动作、体态变化等非语言交往手段）、目光接触系统（眼神、眼色）、辅助语言系统（说话的语气、音调、音质、音量、快慢、节奏等）以及空间运用系统（身体距离）等。

语言沟通与非语言沟通通常是交织在一起使用的，这两个方面配合得越好，沟通的效果也越好。因此在沟通时，要注意保持两者在意义上的一致性，否则会使信息模糊而让对方难以捉摸，如怒气冲冲地表扬人，嬉皮笑脸地批评人，怒目而视地抚摸，板着面孔与人打招呼，这样不仅会影响沟通效果，还有可能招致误会，带来麻烦。

非语言沟通的实现一般有三种方式：

其一，身体语言沟通，包括动态的身体语言和静态的身体语言两种。动态的身体语言是通过动态无声性的目光、表情动作、手势语言和身体运动等实现沟通；静态的身体语言是通过无声性的身体姿势、空间距离及衣着打扮等实现沟通。

其二，副语言沟通，是指通过非语言的声音，如通过重音、声调的变化、音速的快慢等来实现的。一句话的含义常常不是取决于它的字面意思，而是取决于它的弦外之音。语言表达方式的变化，尤其是语调的变化，可以使字面意思相同的一句话，表达出完全不同的含义。比如一句简单的口头语“你真行”，当语调较低，语气肯定时，表达的是说话者由衷的赞赏；而当语调升高，语气抑扬时，则变成了刻薄的讥讽或幸灾乐祸。

其三，物体操纵，包括环境的布置、辅助仪器与设备的使用等。比如，在正式宴会上座位的安排，居上席者往往是地位较高、受人尊敬的人；在组织环境中，不同职业人员的办公室风格布置是不一样的。

三、按沟通的组织系统分类

(一)正式沟通

正式沟通是指在组织系统内部通过组织明文规定的渠道传递和交流信息,如组织对内或对外的公函来往以及组织内部规定的会议、汇报、请示、报告制度等。在组织中,上级的命令、指示按系统逐级向下传送,下级的情况逐级向上报告。正式沟通的优点是,沟通效果较好,有较强的约束力,易于保密,一般重要的信息和文件的传达都采用这种沟通方式。缺点是:因为依靠组织系统层层传递,因而沟通速度比较慢,显得呆板而缺乏灵活性。

(二)非正式沟通

非正式沟通是指正式沟通渠道之外传递和交流信息,如员工之间私下交换意见、传闻、小道消息等。非正式沟通方式的优点是沟通方便,内容广泛,方式灵活,沟通速度快。由于在这种沟通中比较容易把真实的思想、情绪、动机表露出来,因而能提供一些正式沟通中难以获得的信息,大多数人相信通过非正式沟通获得的信息更可靠。非正式沟通在很大程度上都与人们的切身利益休戚相关,但是,一般来说这种非正式沟通比较难以控制,传递的信息往往不确切,易于失真、曲解,容易传播流言蜚语而混淆视听,因此,管理者要善于利用它,对其进行有效管理,注意防止和克服其消极的方面。

四、按信息传播的方向分类

(一)上行沟通

上行沟通是指自下而上的沟通,即下级向上级汇报情况,反映问题。上行沟通是一种传统的沟通模式,这种沟通既可以是书面的,也可以是口头的。在组织中,自下而上的沟通在很大程度上被忽视了,沟通渠道也不太完善。领导者应该采取措施(如开座谈会、设立意见箱和接待日制度等)鼓励下属尽可能多地进行上行沟通,这样不仅可以增加员工的参与感,还能为领导者做出正确的决策提供有价值的信息。

(二)下行沟通

下行沟通是指自上而下的沟通,主要是指管理者对员工进行的沟通,即领导者以命令或文件的方式向下级发布指示、传达政策、安排和布置计划工作、指导员工解决工作中出现的障碍等。下行沟通是传统组织内最主要的一种沟通方式。

(三)平行沟通

平行沟通主要是指同层次、不同业务部门之间以及同级人员之间的横向交流。它能协调组织横向之间的联系,打破部门之间各自为政的无效率局面,在沟通体系中是不可缺少的一环。

小知识

管理就是沟通、沟通、再沟通。

——通用电气公司总裁杰克·韦尔奇

五、按沟通者的数目分类

(一)自我沟通

自我沟通是指在个人自身内部发生的沟通。自言自语是个人内部沟通过程。个人内部神经系统,是由信息传入和传出两个系统组成的,当一个人在做事或和别人交流之前,就已经经历了复杂的自我沟通过程,自己对自己不断发出命令,自己再接受或拒绝命令。但人们往往难以意识到这种过程的存在,只有在必须对一句话或者一个动作反复斟酌时,才能清楚意识到它的存在。自我沟通是其他形式的人与人之间沟通的基础。

(二)人际沟通

广义的人际沟通是指包括一切人与人之间发生的各种形式的沟通;狭义的人际沟通则特指两个人之间的信息交流过程。人际沟通是与人们日常生活关系最密切的一种沟通方式,每个人与家人、朋友、同事、上司之间关系的建立与持续,都必须通过人际沟通来实现。

(三)群体沟通

群体沟通可以分为以下四种:

1. 小群体沟通

小群体沟通是指具有某种特殊职能,3 人以上、13 人以下的群体,如班级、家庭、最高决策集团之间的沟通。小群体潜在的沟通网络结构有五种形式(见图 1.2):

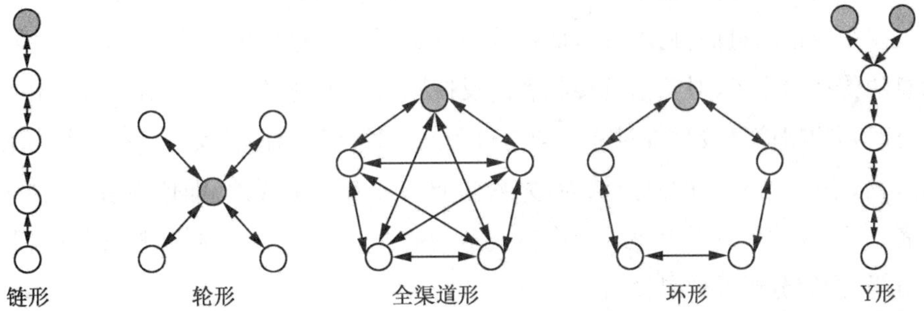

图 1.2 小群体沟通网络结构

链形沟通属于控制型结构,在组织系统中相当于纵向沟通网络。网络中每个人处在不同的层次中,上下信息传递速度慢且容易失真,信息传递者所接收的信息差异大,平均满意程度有较大的差距。但由于结构严谨，链式沟通形式比较规范，在传统组织结构中应用较多。

轮形沟通又称主管中心控制形沟通。该网络中，只有一名成员是信息的汇集发布中心，相当于一个主管领导直接管理几个部门的权威控制系统。这种沟通形式集中程度高，信息传递快，主管者具有权威性。但由于沟通渠道少，组织成员满意程度低，士气往往受到较大的影响。

全渠道形的沟通网络中，每个成员之间都保持着一定的联系，这保证了群体成员之间的人际交往，有利于彼此之间关系的建立和维持，所以组织士气高昂，合作气氛浓厚。但这种网络模式解决问题的速度较慢，也不易于领导。

环形网络允许相邻成员之间的交流，但不允许其他交流。它实际表示三个层次的交流结构，即在上下级之间的垂直交流，而水平交流则只能在最底层进行。在这个网络中，组织的集中程度和领导人的预测程度都较低，畅通渠道不多，但组织中的成员具有比较一致的满意度，组织士气高昂。

Y形沟通与链形沟通相比，高层管理人员增加了与参谋人员的联系，体现的是典型的直线职能制权力关系。此网络集中程度高，解决问题的速度快，但沟通渠道很少，组织成员满意度低。Y形沟通是对链形沟通的重要发展。

2. 公众沟通

公众沟通是指一个演讲者与许多听众之间的沟通，如记者招待会、公开演说、培训等。在公众沟通过程中，演讲者较之听众对于沟通具有更大的控制力量，但听众也并非只是简单地、被动地充当信息接收者，而是积极参与沟通过程，发出反馈。

3. 大众沟通

大众沟通也称大众传播，是指一群人经由一定的大众传播工具(报纸、电台、电视、电影等)向社会大众传送信息的过程。大众沟通的传送者通常是较大的组织体，沟通工具大多采用最先进的科技产品，而接收者则是不知名的及不定量的大众。大众沟通以信息的传播为主导，对于信息接收者的反馈则通过预测将其考虑到信息传播的过程中。有时则根据信息接收者对前一沟通过程的各种途径的信息反馈，修正后一信息的传播过程。社会心理学的研究认为，大众沟通一般有五个要素，即传播者、传播工具、接收者、内容及效果。对上述各个沟通要素的研究，分别称为控制分析、媒介分析、收听人分析、内容分析及效果分析。

4. 组织沟通

组织沟通是指在社会组织内部发生的沟通，如公司、学校、政府机构等。组织沟通是组织管理中最为基础和核心的环节，它关系到组织目标的实现和组织文化的塑造。重视组织沟通、采取有效措施改善组织沟通是实现组织目标的关键。

六、按沟通方向的可逆性分类

（一）单向沟通

单向沟通是指信息的发送者和接收者的位置不变的沟通方式，如作报告、演讲、上课，信息发送者以命令方式面向接收者，一方只发送信息，另一方只接收信息，双方无论在语言上还是情感上都不需要信息反馈。这种沟通方式的优点是信息传递速度快，并易保持信息传出的权威性，但准确性较差，并且较难把握沟通的实际效果，有时还容易使接收者产生抗拒心理。当工作任务急需布置、工作性质简单以及从事例行的工作时，多采用此种沟通方式。

（二）双向沟通

双向沟通是指信息的发送者和接收者的位置不断变换的沟通方式，如讨论、协商、会谈、交谈等。双向沟通的信息发送者是以协调和讨论的姿势面向接收者，发送者发出信息后，还要及时听取反馈意见，直到双方对信息有共同的了解。双向沟通的优点是，信息的传递有反馈，准确性较高。由于接收者有反馈意见的机会，使他有参与感，易保持良好的气氛和人际关系，有助于意见沟通和建立双方的感情。但是，由于信息的发送者有时需接受信息接收者的质询、批评或挑剔，因而对其心理压力较大，要求也较高；同时，这种沟通方式比较费时，信息传递速度也较慢。

第三节　管理沟通的功能与作用

微型案例 1-3　　**失败的沟通**

一个妻子怀疑丈夫对于一本他正在阅读的侦探小说，比自己想要告诉他的市井新闻更感兴趣。于是，一次她讲完新闻后突然说："这匹马把我们的孩子全吃掉了！"

他愣了一下之后说："亲爱的，那很好。"

她愤怒地问："你听到我说的话了吗？"

"没有。"他说了一句，说着又把书翻过一页。

在这个场景里，妻子和丈夫之间的沟通显然失败了。这种失败的沟通无疑会对夫妻间的和睦关系产生不好的影响。

资料来源：申明、姜利民、杨万强编著，《管理沟通》，企业管理出版社 1997 年版。

沟通不仅是一个人获得他人思想、感情、见解、价值观的一种途径，而且是一种重要的、有效地影响他人的工具和改变他人的手段。在以人为本的管理中，沟通的地位越来越重要，管理者所做的每一件事都需要有信息沟通，成功的管理离不开高效的沟通。

一、管理沟通的功能

（一）组织创新功能

组织的管理过程，就是组织不断变革的过程。管理的根本目的在于变革，而要变革必然会产生冲突和误解，从而使变革遇到各种各样的阻碍。按照冲突理论，组织有冲突才会有活力、有发展，但是冲突有可能破坏组织的根本，瓦解组织内部的团结，从而影响组织的可持续发展。要消除这些不利因素，就必须要将冲突控制在有效的范围内，而控制冲突的最有效手段和方法就是高效的沟通。管理者应善于运用沟通的方式消除变革阻碍，把不利因素转化为有利因素。

（二）资源调配功能

无论是个人还是组织，要实现其特定的目标，就必须调动所能调动的一切资源，包括人力、财力以及物力，并使得这些资源的效用最大化。良好的人际关系、上司的认同、下属的支持以及合作者的协助均为有效的资源。管理者对这些资源运用能力的高低取决于自身沟通能力的强弱，也就是说，管理者自身的沟通能力是获得个人和组织发展的主要资源。只有不断提升和完善自己的沟通技巧，才能使个人或组织得到长远发展。

（三）目标保障功能

不管是个人还是组织，要实现预期的目标均离不开沟通。管理者要确立自身的领导地位并不是单纯地靠头衔或职位，在很大程度上，它还要靠个人和专业上的成就以及激发周围人士的能力来赢得，即靠有效的沟通技能来建立。同样，组织要在商务活动上取胜，并不是单纯依靠有形之物，而是靠信息和服务。信息和服务的传递需要通过沟通来实现。沟通是人们阐明观点、实现合作的桥梁，而合作的前提在于目标的一致性和认同。有效的沟通是个人和组织实现预期目标的重要保障。

（四）关系协调功能

在管理和商务活动中，关系网络纵横交错，目标的实现、资源的调配、变革的有效进行需要依靠各种关系的相互协调。事实上，高层领导者每天所做的大部分决策事务都是围绕沟通这一核心问题展开的。管理沟通的主要任务就是通过有效的沟通，强化积极的人际关系，并通过换位思考，使自己的愿景与他人的目标一致，为个人和组织的发展创造良好的关系状态。与上司、下属、社会公众之间的交流成为高层管理者的最大任务。

二、管理沟通的作用

沟通的作用可以从收集信息、改善人际关系、激励员工和维持秩序四个方面理解。

（一）收集信息

收集信息，使决策能更加合理和有效。在管理过程中，经常有或大或小的各种决策需要定夺或确定方向，管理者常常通过行之有效的沟通获取大量的信息提升判断力，最后做出决策。任何组织的决策过程，都是把信息转变为行动的过程。准确、可靠而迅速地收集、处理、传递和使用信息是做出正确决策的基础。

（二）改善人际关系

改善人际关系，增强团队凝聚力。沟通是人际交往的重要组成部分，管理者与员工由于站的高度不同、角度不同，导致对事物的看法和认识也不尽相同。通过相互沟通，管理者与员工可以增进了解，改善关系，减少不必要的冲突和误解。充分有效的沟通可以使管理者和员工之间建立良好的人际关系和组织氛围，并通过换位思考，使管理者充分了解员工的心声、困疾，及时为员工排忧解难，从而提高员工的工作热情，增强团队的凝聚力。

（三）激励员工

激励员工，使管理者与员工协调有效、目的明确地开展工作。在日常工作中，管理者与员工在工作进程、领导指示、传递信息、工作目标、工作方法、工作要求等各方面只有沟通达成共识，才能真正提高工作效率，圆满、出色地完成工作。目标设置和实现过程中信息的持续反馈和沟通对员工都有激励作用。在沟通过程中，信息的接收者接收并理解发送者的意图之后，一般都会做出相应的反应，改变自身的行为，这时沟通的激励作用就体现出来了。

（四）维持秩序

维持秩序，使组织活动顺利进行。一般来说，组织对内部成员都会有一套自成一体的规则、章程、政策等，这些制度的制定是为了更方便地管理员工，使组织活动能有条不紊地进行。虽然说这些制度是组织里面的员工必须遵守的，但只有让员工通过不同形式的沟通了解、领会和认可这些规则、章程、政策，才能使制度发挥约束的效用。因此，沟通对组织成员的行为具有控制作用。

第四节　商务与管理沟通的趋势和意义

微型案例 1－4　　晃动的灯影

所谓"晃动的灯影"，实际是迪士尼公司企业文化的一部分。这一词汇源自该公司的动画片《兔子罗杰》，其中有个人物不小心碰到了灯，灯影也跟着晃动。这一精心设计，只有少数电影行家才会注意到。但是，无论是否有人注意到，这都反映出迪士尼公司的经营理念——臻于至善。

该公司为观众和游人提供的优质服务，使游人在离开迪士尼乐园以后仍然可以感受到。他们调查发现，平均每天大约有 2 万游人将车钥匙反锁在车里，于是公司雇用了大量的巡游员，专门在公园的停车场帮助那些将钥匙锁在车里的家庭打开车门。这项优质服务，无须给锁匠打电话，无须等候，也不用付费。

资料来源：Robert Hiebeler，Thomas B. Kelly and Charles Ketterman. *Best Practices：Building Your Business with Customer-Focused Solutions*（New York：Simon & Schuster，1998）。

一、商务与管理沟通的趋势

随着时代的发展，商务活动和商务沟通都在不断发生着变化。在竞争激烈的现代社会，市场要求企业不断变化自身的管理以适应市场的发展，而商业企业、政府机构以及非营利性机构在以下几个方面的变化也影响着商务活动和商务沟通的发展趋势。

（一）重视产品质量和客户需求

向顾客提供高质量的产品和优质的服务是许多成功企业的生财之道。当今许多经营灵活、反应敏捷的公司不断成长起来，他们依靠的不只是低廉的价格，还有高品质的质量以及服务。为了获得强大的竞争力，同行业中技术水平较低的企业向本行业中的领先企业学习先进技术，领先企业则努力争取更上一层楼。

顾客是企业成败的决定性因素，因此顾客的需求就成为企业重新定位目标的依据。顾客需要什么，企业就生产什么。商业核心（Business Interiors）公司在得克萨斯州的埃尔文（Irving）专营办公家具。公司总裁说："别总想着我们该卖什么。问问顾客需要什么，我们来组织生产，满足他们。"现在这家公司销售的产品和提供的服务范围甚至扩大到通过计算机辅助设计，为顾客设计办公室装潢或办公楼装修方案等。[①]

注重产品质量，关注客户的需求，核心仍离不开沟通。通过集思广益和团结协作，好的创意和好的办法可以在公司普遍传播，企业可以不断改进技术、改善生产，从而进一步提升产品质量。同样，要想真正了解顾客的需要，企业就应通过沟通，聆听顾客有声的意见，关注他们那些无声的表示。

（二）发挥创业精神，培养团队凝聚力

创业精神在现今十分流行，许多商业院校开设专业课程、短期实习等传授如何创立和经营企业的一整套方法。有些成熟的公司通过分析新兴企业成长和成功的经验，努力在其内部培养一种创业精神。他们称企业内的改革家为企业创业家。通过培养创业精神，企业不仅可以开拓新业务，增加盈利，也能激励内部员工发挥各自专长，朝共同的目标努力，从而增强内部员工的凝聚力。

为了提高产品质量，同时降低生产消耗，越来越多的公司开始启用跨职能的项目小组。这种结组或形成团队做法的优势在于，成员在共同的创业氛围中，能够互相学习，共同认识问题、解决问题。且各个团队是分散领导，团队之间互相协同而不是硬性分派任务，这有利于建设性地处理矛盾，鼓励人尽其才，恪尽职守。为了充分发挥员工的效力，有的公司还专门设置了资源主管的职位，负责监督合同的执行，协调内部成员，保证沟通的顺畅。

（三）经济的全球一体化与员工的个性多元化

经济的全球一体化使得现代商务变得越来越国际化。国际经济已不仅仅是进出口贸易那么简单，越来越多的公司在外国加工设厂，就连小公司也有很多派驻他国的经理。跨越文化与国界的人际沟通显得越来越重要。

现在，商界已逐步意识到，企业员工的组成已不再局限于本国、本民族，不同性别、年龄、宗教、国家的人构成了新时代企业的员工构架。晋升中的歧视既会损害公司的经营，也会伤害个人的感情。公司的成功必须依靠每个成员的智慧、信念和汗水。

为了开发每位员工的潜能，管理人员必须更为灵活，同时要更多地掌握跨文化沟通常识，关键一点就是要帮助来自不同文化背景的员工做到互相理解。只有这样，员工之间才能有更多高效率的合作，团队意识才会进一步加强，企业氛围才能得到良好改进。

强调员工的个性多元化，是商务管理沟通的一贯原则，即尊重对方的具体运用。虽然员工之间彼此的个性、观念、价值观、思维方式等各方面的情况差别很大，但在协同合作时仍应强调员工间的相互配合。要想在国际市场上竞争成功，必须在了解彼此

---

① [美]洛克(Locker K. O.)著，康青等译：《商务与管理沟通》，机械工业出版社 2005 年版，第 10 页。

文化差异的基础上，灵活、机智地与来自不同国家和文化的人沟通，具备所谓的跨文化沟通能力。

（四）新技术的应用

技术领域的革命带动着其他方面的发展。新技术的应用不仅可以帮助企业节省资金与时间，而且可以使员工的工作变得更为便利。有了电脑、传真机、可视电话、网络等设备，公司职员就完全可以在家里工作，而不必到公司办公室上班。

无论在办公室还是在其他地方，当今技术都可以让公司管理层轻松地监督每一名雇员。但是，随着存储和传递信息越便捷，管理人员每天需要处理的信息量也越大，从而导致信息传送速度超出信息接收人处理的能力。在信息时代，安排时间的主要目的在某种程度上变成了筛选出最重要信息，避免为琐事所累。

（五）关注法律和道德

很多简单商品的价格居高不下，主要是因为价格中包含生产商用于意外法律诉讼的储备金。顺畅、公开的沟通，能够让各方都有讨论公司政策的机会，使人人都明了提议或否决的内容，从而有利于减少法律诉讼的发生。

道德的关注不像法律诉讼那样可以明码标价。以次充好的事情在商业活动中时有发生，这在消费者心中留下了很深的阴影——对商界和政府极其不信任。为了重新赢得公众的信任，也为了避免更多繁复法规的出台，商界和政府都必须遵守道德规范，以行动取信于民众，做到货真价实。对于一些边缘性的道德问题企业也应该予以关注，比如：努力成为模范环保公民；为员工提供良好的工作条件；服务于企业所在社区；等等。

（六）注重工作与家庭的平衡

有调查显示，“工作与私人生活的失衡”是新上任的经理们失败的主要因素之一，或者称之为重新定位失败的重要原因之一。在经济快速发展的现代社会，工作占据了人们生活越来越大的比例，而与此相对应的则是人们家庭生活质量与健康状况的严重下降。过多的工作时间和繁重的工作任务，导致家庭成员之间缺乏交流和理解的机会，容易引发冲突，从而影响工作效率。优秀的管理者应该发现，关心员工的家庭需求，对于员工的家庭问题采取宽容态度，可以提高企业的生产力和服务质量。

（七）适应飞速的变化

当今世界无时无刻不在飞速地变化。变化就意味着昨天行的，今天行不通了，更不用说明天了。变化中充满了压力。许多人，特别是曾被工作的变化击败的人们，都害怕太多的变化会进一步危及他们现有的地位。就算是向着改进、提高的方面变化，人们也不得不花费时间和精力去学习新的技术，培养新的习惯和态度，适应新的工作方式。管理者要适应飞速的发展，就只有不断吸收新概念，审慎地看待周围形势和各种选择，遇到新情况时仔细思考，然后再决定是否要用新的办法应对。不管怎样，多掌握一些本领对于你的一生始终都会有帮助的，比如批判性思维、计算机知识、解决问题的能力、沟通能力和与他人良好共事的能力等。

二、学习商务与管理沟通的意义

学习商务与管理沟通的意义，包括了解、学习商务与管理沟通的必要性，提高沟通技巧的方法，构成沟通能力的因素和提高沟通能力的方法。

（一）沟通能力的必要性

人是社会动物，社会是人与人相互作用的产物。马克思指出："人是一切社会关系的总和。""一个人的发展取决于和他直接或间接进行交往的其他一切人的发展。"因此，沟通能力是一个人生存与发展的必备能力，也是决定一个人成功的必要条件。

首先，职业工作需要沟通能力。各行各业，无论是会计、社会工作者、工程师，还是医生、护士、教师、推销员，具备沟通的技能非常重要。在整体护理活动的实践表明，护士需要70%的时间用于与他人沟通，剩下30%左右的时间用于分析问题和处理相关事务。很显然，如同其他职业一样，护理不仅需要专业知识和技能，而且越来越需要与他人沟通的能力。

其次，社会活动需要沟通能力。人们在生活中每时每刻都离不开实践活动，免不了要与他人沟通。但是，沟通本身也不是非常容易的事。要向他人表达一个意思，却始终说不清楚；要为他人办一件好事，但有可能弄巧成拙；本来想与他人解除原有的隔阂，但可能弄得更僵。所以说，在现实的实践活动中需要有一定的沟通能力。

最后，沟通也是个人身心健康的保证。与家人沟通，能使你享受天伦之乐；与恋人沟通，能使你品尝到爱情的甘甜；在孤独时，沟通会使你得到安慰；在忧愁时，沟通会使你得到快乐。英国著名文学家、哲学家培根有句名言：如果把快乐告诉朋友，你将获得两个快乐；如果你把忧愁向朋友倾吐，你将被分担一半忧愁。

（二）提高沟通技巧的方法

提高沟通技巧的方法有以下几点：

（1）悉心倾听：不打断对方，眼睛不躲闪，全神贯注地用心来听；

（2）勇敢地表达：坦白地讲出自己的内心感受、想法和期望；

（3）不能口出恶言：恶言伤人，就是所谓的"祸从口出"；

（4）对事不对人；

（5）理性沟通，有情绪时避免沟通；

（6）敢于认错，勇于承担责任；

（7）要有耐心，也要有智慧；

(8)学会拒绝。

一般来说，培养自己的沟通能力应从两个方面努力：一是提高理解别人的能力；二是提高自身表达能力。具体来说，就是要做到以下几点：

第一，要仔细想想自己最有可能会在什么场合，与哪些人沟通。

不同的场合对于沟通的要求是不一样的，比如在公司内、与朋友聚会、在会议室开会时，应采用不同的沟通方式。另外，沟通的对象决定了沟通的语言和形式，比如与同事、朋友、亲戚、领导、客户、邻居、陌生人等沟通时，就应根据对象的不同改变沟通方式。通过这个步骤可以使自己清晰需要沟通的对象和场合，以便全面提高自己的沟通能力。

第二，需要客观地评价自己是否具有良好的沟通能力(沟通能力测试)。

请你就以下问题认真地问问自己：

(1)你真心相信沟通在组织中的重要性吗？

(2)日常生活中，你在寻求沟通的机会吗？

(3)在公开场合，你能很清晰地表达自己的观点吗？

(4)会议中，你善于发表自己的观点吗？

(5)你是否经常与朋友保持联系？

(6)休闲时间，你经常阅读书籍和报纸吗？

(7)你能自行构思写出一份报告吗？

(8)对于一篇文章，你能很快区分其优劣吗？

(9)在与别人沟通的过程中，你能清楚地传达想要表达的意思吗？

(10)你觉得你的每一次沟通都是成功的吗？

(11)你觉得自己的沟通能力对工作有很大帮助吗？

(12)你喜欢与同事一起进餐吗？

(13)一般情况下，经常是你主动与别人沟通，还是别人主动与你沟通？

(14)在与别人沟通的过程中，你会处于主导地位吗？

(15)你觉得别人适应你的沟通方式吗？

这是一个非常简单的小测试，回答“是”得1分，回答“否”不得分。得分为10～15分，说明你是一个善于沟通的人；得分为6～10分，说明你协调、沟通能力比较好，但是有待改进；得分为1～6分，说明你的沟通能力有些差，你与团队之间的关系有些危险。

第三，你要问问自己，我的沟通方式是否合适。

你要认真问自己以下几个问题：

(1)在一般情况下，经常是你主动与别人沟通，还是别人主动与你沟通？

(2)在与别人沟通的过程中，你会处于主导地位吗？

(3)你觉得别人适应你的沟通方式吗?

要知道,主动沟通与被动沟通是完全不一样的。如果你迈出主动沟通的第一步,就非常容易与别人建立广泛的人际关系,在与他人的交流沟通中更能够处于主导地位。当你处于主导地位时,就会集中注意力,主动了解对方的心理状态,并调节自己的沟通方式,以便更好地完成沟通过程,这时候的沟通方式就是最合适的。

以下是一些经典的沟通原则:

(1)讲出自己内心的感受,哪怕是痛苦和无奈。

(2)不批评、不抱怨,批评和抱怨只会使事情恶化。

(3)尊重他人,即使对方不尊重你的时候,也要适当地请求对方尊重。

(4)有情绪的时候不要沟通,尤其是不能够做决定。

(5)适时说声"对不起",这是沟通的软化剂。

(6)当事情陷入僵局时,要耐心等待转机。

第四,恰当地运用身体语言。

很多人都知道身体语言在沟通中的作用,但是要恰如其分地运用身体语言还是有一定的困难。要明确的是,同样的身体语言,如果是不同性格的人做出的,它的意义很有可能是不一样的;另外,同样的身体语言在不同的语境中的意义也是不一样的。因此,不但要了解身体语言的意义,而且要培养自己的观察能力,要站在对方的角度来思考,善于从对方不自觉的姿势表情或神态中发现对方的真实想法,千万不要武断地下结论。

在使用身体语言的时候,要注意身体语言使用的情境是否合适,是否与自己的角色相一致。少做无意义的动作,以免分散对方的注意力,影响沟通效果。

(三)构成沟通能力的因素

构成沟通能力主要有两个因素,一个因素是思维是否清晰,能否有效地收集信息,并做出逻辑的分析和判断;另一个因素,是能否贴切地表达出(无论是口头还是书面)自己的思维过程和结果。相较而言,前者更重要,若没有思维的基础,再好的语言技巧也不可能达到(传达、说服、影响)效果。

试想,既然沟通有两个要素——思维与表达,那么,我们可以推论,沟通也有两个层面,即思维的交流和语言的交流。一般人重视的都是语言的交流,但如果你不能了解对方心里此时此刻在想什么,如果对方的思维没有跟着你走,那么你想得再清楚,讲得再清楚,也像是在背台词,至少,是自说自话吧。所以,沟通能力强,有一个重要的标准,就是你能实时把握对方的思维,而提前做出反应,使你们的交流从语言层面上升到思维层面。

举个例子,单口相声我们都听过,能感觉单口相声是最难讲的,八成就是自说自话，无人搭理，台上台下一片尴尬。当然，你也可能说，有些演员说话，就是幽默，比如葛优，什么词儿到他嘴里都好笑。那是演员的功夫，我们不谈那个，我们谈的是脚本。

好的相声段子，一定是千锤百炼出来的，每一句都有每一句的作用，每一句讲出来，相声演员一定知道台下观众能有什么反应。所以，看似他一人在台上比比画画，但实际上他却跟全场观众都在互动交流。这种互动交流不是语言层面的，因为台下观众不能跟他一唱一和，否则那就乱套了。这种交流是思维层面的，他好像能看见群众心里在想什么，感受是什么，他能因之而改变自己的台词和节奏；他知道什么话一说，台下立刻就会提起兴趣，所以他要先卖关子；他知道什么话一说，台下一定哄堂大笑，所以他要抖包袱。

好的小说家，也都有很强的沟通能力，他知道怎么写能把你勾住，使你忍不住一个劲往下看；好的导演，也有很强的沟通能力，他知道怎么拍故事才好看，大家才爱看。我们经常称之为“会讲故事”，在生活中，我们也得“会讲故事”。讲故事表面上是你在讲他在听，是单向沟通，事实上，也是自己在时刻调整自己，用对方最爱听、最能接受的方式讲出你想讲的东西，这样才能做好有效沟通的第一步。

有效的沟通是一门学问，也是一门艺术。沟通是一门学问，因为任何沟通都是有其本身的目的，把握沟通的目的，同时掌握沟通的要领，能将相互的理解或者思想表达出来是需要练习和实践的；沟通是一门艺术，是技巧，包括语言的、非语言的和外部因素，交流双方对事件的把握度取决于双方是用一个什么样的态度在进行沟通。

（四）提高沟通能力的方法

提高沟通能力有以下五种方法：

1. 列出沟通情境和沟通对象的清单

这一步非常简单。闭上眼睛想一想，你都在哪些情境中与人沟通，比如学校、家庭、工作单位、聚会以及日常生活中各种与人打交道的情境。再想一想，你都需要与哪些人沟通，比如朋友、父母、同学、配偶、亲戚、领导、邻居、陌生人等。列出清单的目的是使自己清楚沟通的范围和对象，以提高自己的沟通能力。

2. 评价自己的沟通状况

在这一步中，问问自己如下问题：

(1)对哪些情境的沟通感到愉快？

(2)对哪些情境的沟通感到有心理压力？

(3)最愿意与谁保持沟通？

(4)最不喜欢与谁沟通？

(5)是否经常与多数人保持愉快的沟通？

(6)是否常感到自己的意思没有说清楚？

(7)是否常误解别人,事后才发觉自己错了?

(8)是否与朋友保持经常性联系?

(9)是否经常懒得给人写信或打电话?

客观、认真地回答上述问题,有助于了解自己在哪些情境中、与哪些人的沟通状况较为理想,在哪些情境中、与哪些人的沟通需要着力改善。

3. 评价自己的沟通方式

在这一步中,主要问自己如下三个问题:

(1)通常情况下,自己是主动与别人沟通还是被动沟通?

(2)在与别人沟通时,自己的注意力是否集中?

(3)在表达自己的意图时,信息是否充分?

主动沟通者与被动沟通者的沟通状况往往有明显差异。研究表明,主动沟通者更容易与别人建立并维持广泛的人际关系,更可能在人际交往中获得成功。

沟通时保持高度的注意力,有助于了解对方的心理状态,并能够较好地根据反馈来调节自己的沟通过程。没有人喜欢自己的谈话对象总是左顾右盼、心不在焉。

在表达时,一定要注意使自己的意图被人充分理解。沟通时的言语、动作等信息如果不充分,则不能明确地表达自己的意思;如果信息过多,出现冗余,也会造成信息接收方的不舒服。最常见的例子就是,你一不小心踩了别人的脚,那么一句“对不起”就足以表达你的歉意,如果你还继续说:“我实在不是有意的,别人挤了我一下,我又不知怎的就站不稳了……”这样啰唆反倒令人反感。因此,信息充分而又无冗余的表达是最佳的沟通方式。

4. 制订、执行沟通计划

通过前几个步骤,你一定能够发现自己在哪些方面存在不足,从而确定在哪些方面重点改进。比如,沟通范围狭窄,则需要扩大沟通范围;忽略了与友人的联系,则需写信、打电话;沟通主动性不够,则需要积极主动地与人沟通等。把这些制订成一个循序渐进的沟通计划,然后把自己的计划付诸行动,体现在具体的生活小事中。觉得自己的沟通范围狭窄,主动性不够,你可以规定自己每周与两个素不相识的人打招呼,如问路、说说天气等。不必害羞,没有人会取笑你的主动,相反,对方可能还会欣赏你的勇气呢!

在制订和执行计划时,要注意小步子的原则,即不要对自己提出太高的要求,以免实现不了反而挫伤自己的积极性。待小要求实现并得到巩固之后,再对自己提出更高的要求。

5. 对计划进行监督

这一步至关重要。一旦监督不力,可能就会功亏一篑。最好是自己监督自己,比如用日记、图表记载自己的努力，并评价、分析自己的感受。

当你完成了某个计划，如跟一直不敢说话的异性打了招呼，你可以奖励自己一顿美餐，或是看场电影轻松轻松，这样有助于巩固阶段性成果；如果没有完成计划，就要采取一些惩罚措施，比如做俯卧撑或一些重体力活。

总之，计划的执行需要信心，要坚信自己能够成功。记住：一个人能够做的，比他已经做的和相信自己能够做的要多得多。

本章小结

1. 管理沟通是指在各种管理活动和商务活动中，沟通主体（沟通者）基于一定的沟通背景，为达到一定的沟通目标，在分析沟通客体（沟通对象）的基础上，将特定的信息或思想、观点、态度传递给客体，以期获得预期反应效果的全过程。它包含以下三个含义：沟通是双方的行为，而且要有媒介；沟通是一个过程；编码、译码和沟通渠道是有效沟通的关键环节。

2. 构成管理沟通的七个要素：沟通主体与沟通客体、信息、渠道与媒介、反馈、环境、编码与解码、噪音。

3. 管理沟通的类型可根据不同的划分条件分为：工具沟通与满足需要的沟通；语言沟通与非语言沟通；正式沟通与非正式沟通；上行沟通、下行沟通、平行沟通；自我沟通、人际沟通、群体沟通；单向沟通、双向沟通。

4. 管理沟通的功能有组织创新功能、资源调配功能、目标保障功能和关系协调功能。

5. 管理沟通的作用有：(1)收集信息，使决策能更加合理和有效；(2)改善人际关系，增强团队凝聚力；(3)激励员工，使管理者与员工协调有效、目的明确地开展工作；(4)维持秩序，使组织活动顺利进行。

6. 影响商务与管理沟通发展趋势的因素有：重视产品质量和客户需求；发挥创业精神，培养团队凝聚力；经济的全球一体化与员工的个性多元化；新技术的应用；关注法律和道德；注重工作与家庭的平衡；适应飞速的变化。

案例研究 1－1

Tom 与 Li 的工作危机

Tom 是一家玩具模型制造公司电子设计部的主管，Li 是制造部的负责人。他俩是大学同班同学，都已在该公司任职 6 年，职位相同，薪水也相差不多。

Tom 与 Li 经常向他们的上司（即主管生产副总监 Linda）汇报工作。Linda 对设计部和制造部的工作看似很放心，并很少关心部下的工作。她常对别人说："Tom 和 Li 都是非常优秀的员工，我完全信赖他们。"

Tom 与 Li 曾是好朋友，但自从两人分别担任部门主管以后，由于工作职责与风格的不同，经常发生一些冲突，甚至爆发激烈的争论。Linda 对这一情况略有所知，但没有去过多地关注事态的发展，因为这一问题还没有提交到她面前由她处理。

Tom 最近刚为一款新的越野车模型设计了电子安全装置，他将设计图纸递交给 Li，由其完成试制。这一项工作 Li 部门同事花费了 350 个工时才完成。但是当 Tom 从国外出差回到公司，看到样品时，他发现了几处差错，因而这项工作需要重新做一次。返工不仅成本高，而且时间也来不及，客户催得很紧。

当 Linda 召集 Tom、Li 及其相关人员开会时，他们两人开始互相责备对方。Tom 说："我在出国之前就已对他说明了，当时走得急，我来不及校对。Li 如果细心一些，会及时发现问题并与我联系。"Li 则辩解道："这是 Tom 的错，是设计部出了差错反而让我们背黑锅，我们是完全依据他们提供的图纸加工的。"

资料来源：美国佐治亚理工学院管理学案例。

问题：

1. 出现这个问题的关键因素是什么？
2. Tom 与 Li 之间的问题是如何产生的？
3. 你认为 Linda 会如何处理这一事件。

复习思考题

1. 什么是管理沟通？
2. 如何理解管理沟通的过程模式？
3. 管理沟通的类型有哪些？
4. 管理沟通的功能和作用是什么？
5. 商务与管理沟通的发展趋势是什么？

第二章　管理沟通角色分析

学习目标

通过本章学习，你应能够：

了解管理沟通的主体与客体；

掌握管理沟通对象的识别；

熟悉管理沟通对象的分类；

掌握沟通主体策略的选择；

学会管理沟通对象的选择策略。

关键词

沟通主体　沟通客体　识别　类型　策略

导入案例

巴菲特的股东大会

每年，投资者仅有两次机会能够看到或听到股神巴菲特对下一波投资机会和股市行情的看法：一次是他为伯克希尔·哈撒韦股东所撰写的《致股东信》，还有一次就是每年5月初召开的伯克希尔·哈撒韦公司股东大会上发表的演说。会议流程主要有电影放映、问题问答、商业会议、国际会议和致辞，最后是晚宴。

2020年伯克希尔·哈撒韦股东大会在美国东部时间5月2日如期召开，因为受疫情影响，本届股东大会形式首次进行线上直播，台上只有两个人——巴菲特和副董事长格雷格·阿贝尔。在会议上，巴菲特表示，自己对于新冠肺炎疫情的了解和大家一样多。新冠病毒传染性很强，疫情对经济产生了广泛的影响，也改变了人们生产和生活方式。同时，巴菲特在本次会议上一再强调流动性，4 月伯克希尔回购了 4.26 亿美元股票，但同期卖出股票 65.09 亿美元，因此净回笼 61 亿美元的资金。此前，伯克希尔已经卖出了美国四大航空公司的全部股票，虽然卖价比买价要低，这都是通过大宗交易的方式进行的。

资料来源：节选于 https://finance.sima.com.cn。

第一节　管理沟通的主体与客体

微型案例 2 - 1　　**牢房里的星星**

第二次世界大战期间，年轻漂亮的塞尔玛陪伴丈夫驻扎在美国加利福尼亚州一个靠近大沙漠的陆军基地。丈夫奉命到沙漠里演习，她一个人留在陆军的小铁皮房子里，不仅炎热难熬，而且没有人聊天，因为这里只有不会说英语的墨西哥人和印第安人。

塞尔玛实在受不了这种生活，就写信给父母说要回家。她父亲的回信只有两行字：

“两个人从牢房的铁窗望出去，

一个人看到了泥土，一个人看到了星星。”

塞尔玛把这封信读了许多遍，感到非常惭愧，决心在沙漠里寻找自己的星星。她开始和当地人交朋友，研究那些引人入迷的仙人掌和各种沙漠动植物知识。她观看沙漠的日出日落，还寻找海螺壳——这些都是几万年前这片沙漠还是海床时留下来的。沙漠没有变，印第安人没有变，只是塞尔玛的念头和心态改变了。这一念之差使塞尔玛变成了另一个人，原先痛苦的生活变成了一生中最有意义的冒险。她为自己的新发现兴奋不已。

两年之后，塞尔玛的《快乐的城堡》出版了。塞尔玛因此成为美国著名的沙漠专家，她终于看到了星星。

思考：是什么使塞尔玛发生了如此变化？

资料来源：https://wenku.baidu.com/view/2a62c459a5e9856a56126de.html。

一、沟通主体

(一)沟通主体分析的两个基本问题

沟通主体分析的根本是解决“我是谁”以及“我在什么地方”这两个基本问题。沟通者分析“我是谁”的过程,就是自我认知的过程;而分析“我在什么地方”的过程就是自我定位的过程。

概括地说,要弄清楚“我是谁”,关键在于剖析自身的物质认知、社会认知和精神认知,分析自身的内在动机和外在动机之间的统一程度。而分析“我在什么地方”,就是要对自身的地位、能力、个性特点、价值观以及形象等方面都有客观的定位。

1. 自我认知

(1)自我与自我认知的概念。“自我”是指个体如何看待和感受自己,反映了个体对自我的判断,由此影响个体的情绪体验与行为表现。首先指一个具备一定能力、性格、特征、本性等属性的个体本身,强调个体看得见、摸得着的物质身体。广义上的“自我”除了包括个体的躯体外,还包括个体的心理活动、生理活动,以及个体占有的利益,如个人的事业、成就、名誉、地位、财产、权利等;狭义的“自我”,仅指个体对自身心理活动的认识与控制。

美国心理学之父威廉·詹姆斯把“我”分为主体的“我”(I)和客体的“我”(me),自我认知即是主体的“我”对客体的“我”的意识,即人类个体对自身或部分相关事物的察觉与认知。比如,一个人对自己身高、外貌等生理状况的了解,对自己能力、性格、思想、感情、需要、欲望、动机、个性等心理状况的认识,以及对自己的行为表现、自己与他人相处的融洽程度、自己在他人眼中的地位的理解等。

自我认知是人际关系、社会互动的基础。自我认知可以激发人的自尊心、自信心以及荣誉感,有助于个体自觉认识他人,认识人际关系,增强自我控制和自我调节,改善沟通效果。

(2)自我认知的构成要素。威廉·詹姆斯认为“自我”具有三个方面:一是物质自我,指在个人躯体条件基础上形成的自我;二是精神自我,指个人内在的心理的自我;三是社会自我,指被他人所了解的个体。

①物质自我。物质自我是自我认知的最原始形态,是主体对自己身体、仪表、家庭等方面的认知。物质自我的核心内容是指个体自身的躯体,因此物质自我也称为生理自我。比如,个体对自身容貌、身高、打扮、健康状况的认知等。同时,物质自我还包括外界反映在个体头脑中的属于自我的那一部分,如一名企业家多年整理总结的企业管理资料。

②精神自我。精神自我是主体对自己的智慧能力、道德水准、心理活动等内在素

质的认知。主体能够通过这种知觉调节自身心理活动的过程、状态及其特征，控制自己的某种行为，修正自己的经验和观念。实际上，精神自我既是个体对自己思想状况的一种认知，也是一种精神追求。

③社会自我。社会自我是主体对自己在社会活动中的地位、名誉、财产以及与他人的相互关系的认知，是主体被他人或群体所关注的心理反应。社会自我是自我中最为复杂的一个层面，有多少个群体的他人对主体形成印象并被主体所在意，主体就会有多少个不同的社会自我。社会自我是自我认知的重要内容。在社会生活中，每个人都需要其他个体或群体关注自己，尊重自己，而且特别需要他自己认为最重要的那些个体或群体关注和尊重他。社会自我要受到三个方面的制约：一是社会制度的制约；二是其他个体或群体的道德规范的制约；三是个体自身的制约。

(3)自我认知的管理。可通过以下几种方式进行自我认知的管理。

①通过他人评价，获得对自我的认识。社会心理学家古里认为，人与人之间可以相互作为一面镜子，照出他面前的人的形象。每个人通过自身的外显行为，将自己介绍给他人，被他人认知和评价；反之，他人对自己的看法，又会像镜子一样反馈给本人。如果一个人对自己品质的评价能与他人对自己的评价相一致，就会巩固和发展自己的良好品质；反之，如果他人的评价与自我评价相矛盾，就会改变或部分改变自己的这些品质，改变对自我的认识。

②通过角色扮演，促进自我知觉的发展。角色对自我知觉发展的影响，实际上是社会要求、社会行为规范、社会文化背景对个体的影响。个体在各种角色的扮演中，与他人发生交互作用，并由此而参与社会生活，了解社会上各种行为规范及习俗，逐渐使自我概念得以发展。

角色对自我知觉的影响程度，取决于社会对角色的期待、个体对角色的理解和追求，以及个体对角色的社会文化背景的认识。如果个体对角色认识有偏差，或个体在某个方面，比如体力、能力、知识经验、个性特征等，不能承担某种角色时，则其角色行为将会受到阻碍，其社会行为和自我知觉的发展也会受到影响。

③通过社会比较，评价自我。一个人的自我认知和评价并不是孤立的，而是通过把自己与和自己相类似的人加以比较来认识。一个人要认识、评价自己的能力或知识，总是在与自己相当的人比较后才能得出结论。社会比较的主要动机是为了准确地认识自己。人在认识自己的能力、情绪和人格特征时，都需要进行社会比较。比如，某人想获得关于自己经营管理能力的准确认识，就会把自己的管理能力与他人的管理能力比较，从而得出结论。

④通过内省，认识自我。内省法，又称自我观察法，即个体通过直接观察自己的内心活动认识和评价自我。内省法通常有两种形式：一是对自己正在进行的心理活动、

心理状态进行观察和分析;二是对已有的心理经验的回忆与反思。

运用自我分析的方法来认识自我要注意以下几点:

一要严于律己。善于运用回忆与反省的方法正确分析、剖析自己。

二要实事求是。一分为二地认识自己的长处与短处。

三是在良好的状态下做自我评价。如果情绪过于激动,往往会感情用事,难以做出客观评价。

2. 自我定位

自我定位与自我认知密切相关。自我认知的目的在于通过外部环境与自省来了解自身;而自我定位的目的在于根据外部情况,结合自我认知分析,确定对外反馈的态度基础。

沟通者自我背景测试的内容包括:你在组织中的地位、可获得的资源、组织传统和价值观、人际关系网络、领导者的利益和偏见、沟通渠道、竞争者的经营现状、文化环境等。

微型案例 2-2　　英国女王的自我定位

英国维多利亚女王与其丈夫阿尔伯特亲王相亲相爱,感情和谐。维多利亚女王成天忙于公务,出入各种社交场合;而她的丈夫阿尔伯特却对政治不太关心,对社交没多大兴趣。

有一天深夜,维多利亚女王参加完社交活动回到寝宫,只见房门紧闭,女王走上前轻轻敲门。

房内阿尔伯特问:"谁?"

女王回答:"我是女王。"

门没有开,女王再次敲门。

房内阿尔伯特问:"谁呀?"

女王回答:"维多利亚。"

门还是没有开。女王徘徊了半晌,又上前敲门。

房内的阿尔伯特仍然问道:"谁呀?"

女王温柔地回答:"你的妻子。"

这时,门开了。

每个个体在社会实践中都会有多种角色,我们应该对自己和周围事物的关系有一个正确的认识。

资料来源:白平、杨建跃,《秘书沟通与礼仪》,广东高等教育出版社 2009 年版。

(二)沟通主体对自身可信度的认知

所谓可信度,就是沟通对象在每一次沟通情境中对沟通者的信任、信心以及依赖的程度。沟通者的可信度分析就是沟通者在策略制定时分析受众对自己的看法,从受众的需求角度对自己在对方心目中的可信度做出规划的过程。沟通者的可信度是影响沟通者与受众的沟通方式的重要因素。

沟通主体自身的可信度分为初始可信度和后天可信度。

初始可信度是指在沟通发生之前,受众对你的看法。作为沟通策略的一部分,沟通者可能需要向受众强调或提醒他们对你的初始可信度。在那些你拥有很高可信度的场合下,你应该把它当作“可信度银行账户”。假如人们对你推崇备至,即使你的决策或建议不受欢迎或者不能完全与他们的预先期望一致,他们仍可能对你充满信任。但是,应该意识到的一点是,就像用你的银行账号取款后会减少储蓄一样,使用你的初始可信度也会降低你的可信度水平。因此,必须不断通过良好意愿和专业,来提高你在“可信度银行账户”上的储蓄水平。

后天可信度是指沟通者与受众沟通之后,受众对沟通者形成的看法。即使受众事先对你毫无了解,但你的好主意或具有说服力的写作和演说技巧将有助于你赢得可信度。因此,获得可信度的最根本办法就是在整个沟通过程中表现出色。

根据福兰契(French)、莱文(Raven)和科特(Kotter)的观点,影响沟通者可信度的因素包括身份地位、沟通者的良好意愿、沟通者素质和知识能力、沟通主体的外表形象、沟通者和沟通对象的共同价值(见表 2.1)。

表 2.1　　影响沟通者可信度的因素和沟通技巧

因素	建立基础	对初始可信度的强调	对后天可信度的加强
身份地位	等级权利	强调你的头衔或地位	将你与地位很高的某人联系起来(如共同署名或介绍)
良好意愿	个人关系、长期记录	涉及关系或“长期记录”	通过指出受众利益建立良好意愿
		承认利益上的冲突,做出合理的评估、中肯的解释	
专业知识	知识和能力	包括经历和简历	将自己与受众认为是专家的人联系起来,或引用专家和权威的话语
外表形象	吸引力,受众具有喜欢你的欲望	强调受众认为有吸引力的特质	通过认同你的受众利益来建立你的形象;运用受众认为活泼的非语言表达方式及语言
共同价值	道德标准	在沟通开始时就建立共同点和相似点,将信息与共同价值结合起来	

资料来源:玛丽·蒙特著,钱小军、张浩译,《管理沟通指南——有效商务写作与交谈》,清华大学出版社 1998 年版。

(1)身份地位分析时要明确自身的等级权力,有时为了增强沟通效果或达到沟通目的，可以强调你的头衔与地位，以增强自身的可信度。

(2)沟通者的良好意愿状况，可根据个人关系的长期记录来获得沟通对象的信赖。

(3)沟通者自身的专门技术水平和素质，特别是知识能力，是构成沟通者可信度的内在要求。

(4)沟通者的外表形象，是产生吸引力的外在因素，当沟通者有良好的外表形象时，能强化受众喜欢你的欲望。

(5)沟通者和受众的共同价值，包括道德观、行为标准等，成为沟通双方良好的人际关系和持续沟通的本质要素，尤其是沟通双方在沟通开始时就建立共同点和相似点，将信息和共同价值联系起来，可以迅速提升沟通者的可信度。

沟通者通过以上对自身的这五个因素的分析，能够通过强调自身的初始可信度和增加后天可信度增强沟通者在受众心目中的可信度。

(三)沟通主体策略

沟通主体策略，即沟通主体为了达到某一目标，通过对自身的特点、素质、身份、地位等的分析，采取相应的策略实现沟通的目标。任何一个管理者在沟通行为发生之前，都必须明确自己的沟通目标。

这种目标分为三个层次，即总体目标、行动目标和沟通目标。总体目标是指沟通者期望实现的最根本结果；行动目标指沟通者走向总体目标的具体的、可度量的、有时限的步骤；沟通目标则是沟通者就受众对笔头、口头沟通起何种反应的期望。

微型案例 2-3　　工作例会

大部分单位都有工作例会制度，每隔一段固定时间(每周、每月、每季度……)召开一次一定范围内的工作例会。比如，某公司规定，每周一定期召开各部门负责人工作例会。其总体目标是沟通各部门工作情况，行动目标是各部门向其他部门通报本部门的工作进展；沟通目标是让有关各部门了解本部门的工作成绩。

为了实现沟通目标，沟通者在沟通过程中，可根据自己对沟通内容的控制程度和沟通对象的参与程度不同，采取不同的沟通形式。

1. 告知策略

告知策略一般用于沟通者在权威或信息掌握程度上处于完全控制地位的状况。在此类策略中，沟通者仅仅是进行指导或解释。沟通者向受众叙述、解说信息或要求，希望对方理解沟通者已经理解的信息或接受沟通者的要求。比如，老板要下属知道或明白规定任务的完成要求，但不要他们参与意见。

2. 说服策略

说服策略一般用于沟通者在权威或信息方面处于主导地位，但受众有最终决定权的状况。沟通者只向对方建议做或不做的利弊，以供对方参考，目的在于让受众根据自己的建议决定实施行为。比如，销售人员向客户推销产品，或技术部门主管向预算委员会提出增加研究经费的建议，对方可以接受也可以不接受其建议或预算，最终决策权还在受众。

3. 征询策略

征询策略一般发生在沟通者希望就计划执行的行为得到受众的认同，或者沟通者希望通过商议共同达到某个目的的状况。沟通者以协商的态度，需要对方能够给出相应的想法，但是在某种程度上由沟通者控制互动局面。在此策略中，沟通双方都要付出，也都有收获。比如，沟通者希望说服同事支持他向高层管理者提出某个建议。

4. 参与策略

参与策略一般用于沟通者作为合作的一方，与沟通对象共同探讨某一方面的问题，为达成一致而共同工作的状况。参与策略具有最大程度的合作性。沟通者可能刚开始并没有形成最后的建议，需要通过共同讨论发现解决问题的办法。比如，采用头脑风暴法，让与会者就某个创新性的问题提出新的思想。

在上述四个策略中，告知和说服策略统称为指导性策略，征询和参与策略统称为咨询性策略。一般来说，当沟通者认为沟通的目的在于通过为下属或他人提供建议、信息或制定标准的方式帮助下属提高工作技巧时，可采用指导性策略；当沟通者认为沟通的目的在于帮助他人或下属认识他们的思想感情和个性问题时，则更适合采用咨询性策略。总之，指导性策略重在能力，而咨询性策略重在态度。

二、沟通客体

（一）以客体为导向的沟通内涵

以客体为导向的沟通是指在沟通的全过程中，沟通目标、策略、形式都必须以客体为导向，它是在分析了沟通对象的背景、兴趣、偏好、态度和目的的基础上确定相应的沟通策略，从而与客体有效沟通。以客体为导向的沟通考虑的是“他”而不是“我”，这是与以主体为导向的沟通的根本区别。

以客体为导向的沟通强调了两点：

(1)在沟通主体与沟通客体沟通之前，要尽可能地多收集关于沟通客体的翔实的资料，以充分了解沟通客体。这种资料主要是关于两方面：

①沟通客体的背景资料，如家庭情况、收入结构、技能特长、身份地位以及文化背景等。收集此类资料，可以帮助沟通主体了解沟通客体所处的环境，从而制定合适的沟通策略。

②影响沟通客体思维的因素，如心理特征、个性、气质、以往的决策模式等。收集此类资料，可以使沟通主体了解沟通客体思考问题的方式。

(2)通过对以上两类资料的分析，沟通主体能够模拟沟通客体的思维方式，并思考沟通客体在其所处的环境中所面临的问题及其态度、反应等，据此可以预先设计相应的对策，做到“知己知彼，百战不殆”。

(二)以客体为导向的沟通意义

1. 有效沟通的基础

沟通双方存在分歧是沟通产生的主要原因。导致这种分歧产生的原因无外乎两种：一是沟通双方的信息不对称；二是沟通双方存在认知上的差距。对于信息不对称这一问题的解决比较简单，沟通主体只要及时提供给沟通客体充足的信息，并保持沟通渠道的畅通，就可以消除双方的信息不对称；而对于沟通双方认知上的差距，情况就比较复杂。认知上的差距会导致沟通双方对同一个决策或问题产生不同的看法，使沟通内容不能被正确理解，这样自然就无法形成有效的沟通。比如，销售经理准备派一名下属到新区域去开拓市场，而下属因为家庭、现有的成绩等原因并不情愿接受这个任务。如果销售经理利用职权强迫下属接受，可能使下属产生抵触情绪，以一种消极的态度去对待该任务，这对下属本人和公司的利益都是不利的。要解决这种由认知上的差距产生的分歧，必须建立以客体为导向的沟通思维，并让其贯穿整个沟通过程，应站在对方的角度和立场思考问题，寻求双方都能接受的解决方法。

2. 为思考创造性沟通策略提供广阔空间

高效的沟通技巧是解决很多沟通问题必不可少的条件。然而，高效的技巧往往没有定势可循，很多都需要沟通主体在领悟了一些沟通原理的基础上，根据具体情况发挥自身想象力，去思考、制定一些富有创造性的策略。而思考范围与你最后得到的最佳策略的满意程度往往是成正比的，思考范围越大，思路就越广，得到更满意的结果的可能性就越大。以客体为导向的沟通将思考范围扩大到沟通客体和主体之间，为沟通主体思考创造性的沟通策略提供了更为广阔的思维空间。

3. 提高沟通效率

沟通不仅要追求效果，还要讲究效率。人们总是期望能在达到沟通目标的基础上取得最好的沟通效果。比如，在经理心情不好或很忙的时候送去你的计划书以期望得到经理的建议，那结果可能只是经理的寥寥数语；但是如果在充分分析了经理的个性、时间规律、思维方式等因素之后，选择一个经理空闲或心情好的时候送去，得到的帮助就会大得多。

微型案例 2－4 **转文的书生**

古时候有个书生，成天读书，自以为满腹经纶，与人交流时不分对象，喜欢转文。一天，家中烧饭的柴火没了，家人令其到市场上去买。书生来到集市，恰巧看到一老农挑着一担柴，书生边对老农招手边说："荷薪者过来。"老农并没有听懂书生说的是什么，但看到书生招手就走到书生面前。书生接着问："薪价几何？"老农没有完全听懂，但听到"价"字，估计是问价格，就说了一个价格。书生闻到价格后，立即摇头晃脑地说道："外实而中空，烟多而焰少，请损之！"老农听后一脸茫然，挑起担子就走了，留下了发愣的书生。

分析：沟通时不要简单地认为所有人都和自己的认识、看法、高度是一致的。对待不同的人，要采取不同的模式，要用听得懂的"语言"与别人沟通！

资料来源：程庆珊主编，《商务沟通》（第三版），东北财经大学出版社 2019 年版。

（三）沟通客体分析的四个问题

在实际沟通中，沟通主体往往关注自己的价值取向，而忽略了对方的关注点、背景、经历、地位、知识结构等，结果，出现了在沟通过程中把自己的观点强加给别人，或者沟通者希望传递的信息与接收者理解的信息出现偏差等问题，最后影响管理的效果。成功的管理沟通本质在于沟通者能够站在对方的立场思考问题，根据客体的需要和特点组织信息、传递信息，实现以客体为导向的建设性沟通。

以客体为导向的沟通，最根本的前提是要了解沟通对象是谁，分析他们的特点，了解他们的动机，学会和他们接触。而沟通客体分析策略，就是沟通者根据客体的需求和利益期望组织沟通信息、调整沟通方式的有关技巧。由于这一策略的运用能够使受众更好地理解沟通内容，从而达到沟通者的预期目标，因此，沟通客体分析可以说是整个沟通过程中最为重要的环节。

沟通客体分析策略应了解这四个问题的答案：(1)他们是谁？(2)他们了解什么？(3)他们感觉如何？(4)如何激发他们的兴趣？

在弄清楚这四个问题之后，沟通者就可以采用相应的策略去实现与沟通客体的有效沟通。

第二节 管理沟通对象的识别

微型案例 2-5 **谁是杜拉拉的沟通对象**?

《杜拉拉升职记》中有这样一个场景:

公司即将搬迁新办公室,由于人力资源总监李斯特和人事行政经理玫瑰在预算方面出现了矛盾,玫瑰称病告假,李斯特召开内部会议指派代理负责人,并解决预算下的搬家问题。

李斯特:我们没有多余的时间了,你们也知道玫瑰的情况。现在的问题是,谁能接替她完成这项工作? Maggie,what about you?

麦琪(Maggie):啊?! 我,我当然是义不容辞啦。但是你也知道现在部门的日常行政事宜都由我在打理,就怕影响了装修的进度。

李斯特:文华,你呢?

文华:我倒是没有什么问题,只不过,得赶紧找个人把招聘这个摊子给接起来。

李斯特:那么关于预算的调整,大家还有什么对策?

杜拉拉:其实,我觉得还是可以完成的! 既要维持原来的预算,服务器 IT 部门那边又一定要换,所以就只能从牙缝里挤了。比如说废物利用、材料翻新,这些都不是大问题。其实大头是机电这块,所以可能要减少一些经理的房间。这个,就需要各部门的配合才行了。

李斯特:你有把握?

杜拉拉:没问题!

很显然,在会议中,杜拉拉准确认识了沟通对象,并了解了其需求:她的主要沟通对象是领导李斯特,潜在沟通对象是麦琪和其他与会同事。作为即将功成身退的领导者,李斯特此次会议的目的非常明确,即找出可行的装修方案和能担任此次装修任务的负责人。杜拉拉在开会前做足了准备,使她所说的都有说服力,且在会议讨论中打破无人愿意接手项目的僵局,引起了其上司李斯特的信任与重视。

资料来源:https://www.docin.com/p-1562736948.html。

一、他们是谁

沟通客体即沟通对象。分析沟通对象，首先就要解决“他们是谁”的问题，主要了解“以谁为中心进行沟通”。要解决这一问题，具体可从以下两方面入手：

(一)沟通客体的确定

在很多管理沟通的场合中，沟通者可能拥有或考虑多个不同的受众(沟通客体)，当沟通对象超过一个人时，沟通者应当根据对沟通目标影响最大的人或团体调整沟通内容。一般来说，沟通对象包括六类：

1. 最初沟通客体

最初沟通客体最先收到信息，虽然很可能这些信息并不为他们所用。有时，这些文件、信息就是这类最初沟通客体要求你提供的。

2. 主要沟通客体

主要沟通客体，又称为直接沟通客体，即那些直接从沟通者处获得口头或书面信息的人或团体。他们可以决定是否接受你的建议，是否按照你的提议行动。各种信息只有传递给他们才能达到预期目标。

3. 次要沟通客体

次要沟通客体，又称为间接沟通客体，即那些道听途说，或受到信息波及，间接获得信息的人或团体。他们将获得信息副本，得到尚待证实的消息，可能会对你的提议发表意见，或在你的提议得到批准后负责具体实施。

4. 联络人

联络人是沟通者和最终沟通客体之间的“桥梁沟通客体”。他们有权阻止你将信息传递给其他客体，因而他们也有权决定你的信息能否传递给其他客体。有时候，让你起草文件的就是联络人，有时联络人在公司的中高层，有时联络人来自企业外部。联络人分析在于判断是否必须通过此人传达信息，如果需要，则要继续判断他是否会因为某些理由而改变你要传递的信息或封锁信息。

5. 意见领袖

意见领袖是沟通客体中具有强大影响力的、非正式的人或团体。他们可能没有权力改变信息或阻止信息的传递，但他们可能拥有政治、社会地位和经济实力，最终对你的信息或提议的实施产生巨大的影响。

6. 关键决策者

关键决策者即最后且可能是最重要的，可以影响整个沟通结果的沟通客体。沟通主体在沟通过程中，应判断此次沟通是否存在关键决策者，如果存在，则要根据他们的判断标准调整信息内容，以期达到预期结果。

在现实中，上述六类沟通客体的某几类可能由一个人充当，比如负责人常常既是最初沟通客体，又是联络人；最初的沟通客体既是主要对象，又要负责对文件的提议付诸行动。

（二）怎样了解你的沟通客体

一旦确定了沟通客体的范畴，就应该仔细地对其进行分析，把自己置身于他们的立场，想象自己是他们当中的一员，了解自己希望获得的信息，及时、尽可能地向所信任的人征询意见。

（1）分析沟通客体中的每一位成员。如果有条件，可以逐一分析成员，考虑他们的教育层次、宗教信仰、专业培训、年龄、性别及兴趣爱好，思考他们的意见、喜好、期望和态度。

（2）分析整个沟通客体。可以按照一定标准，通过分组的方式对沟通客体进行框架式分析，如沟通客体的群体特征、立场、共同规范、传统、标准准则以及价值观等。

二、他们了解什么

通过上述的分析，了解所面对的沟通客体属于哪一类范畴，并进一步分析，在特定的沟通过程中，沟通客体已经了解了什么，仍需要了解的是什么？这就需要解决以下三个新问题：

（一）确定沟通客体对背景资料的需求

分析沟通客体需要了解多少背景资料，沟通的主题他们了解多少，有哪些专门术语是他们能够理解的？

如果沟通客体对背景资料的需求较低，就不需要在无谓的背景资料介绍上浪费时间和精力，开门见山，直接切入主题即可；如果沟通客体对背景资料的需求较高，则沟通者应该准确地定义陌生的术语和行话，将新的信息和他们已经掌握的信息结合起来，并给出非常清晰的结构；如果沟通客体对背景资料的需求不一时，沟通者可以利用“简单回顾”之类的开场白重温背景知识或将其列入单独的附录或讲义。

（二）确定沟通客体对新信息的需求

确定沟通客体需要的信息，就是对于沟通主题进行分析：沟通客体需要了解些什么新的信息，他们还需要多少细节和例证。

对新信息需求高的沟通客体，沟通者应向其提供足够的例证、统计资料、数据及其他材料；对新信息需求低的沟通客体，比如，沟通客体倾向于依赖专家意见，把判断的权力交给沟通者，沟通者只需要向此类客体提供决策的建议；对于新信息需求不一的沟通客体，沟通者也可采用将更多的细节资料列入单独的附录或讲义。

总之，沟通者应根据沟通客体的需求提供信息，而不是只考虑自己能为沟通客体提供哪些信息。

(三)确定沟通客体的期望和偏好

确定沟通客体的期望和偏好即分析沟通客体在沟通的风格、渠道和格式方面,更偏向于哪一种。具体来说,在风格偏好上,沟通者要分析沟通客体在文化、组织和个人的风格上是否有偏好,比如正式或非正式,直接或委婉,互动性或非互动性的交流形式;在分析渠道偏好时,沟通者要了解沟通客体在渠道选择上的偏好,比如,书面或口头,小组讨论或个人交谈;在分析格式偏好时,沟通者要明确沟通客体对文件或报告的格式是否有任何偏好,比如,有人喜好用项目符号代替数字,或者偏好公文的标准格式。

三、他们感觉如何

分析沟通主体的感觉,也就是要去掌握沟通客体会如何想。为使沟通者在沟通过程中对听众可能产生的情感反应有一定的了解,需要解决以下问题:

(一)沟通客体对你的信息感兴趣程度如何

这是一个非常关键的问题,沟通者要分析受众对沟通主题及结果的关注程度,或者他们认真阅读或聆听信息的可能性大小,从而为自己制定沟通策略提供依据。对于沟通客体来说,沟通信息如果对他们的财务状况、组织地位、价值体系、人生目标产生比较大的影响,就会对信息产生较大的兴趣。根据这些问题的考虑,沟通客体可能出现三种意见倾向:正面、负面、中立。若估计沟通客体会表现出正面或中立的意见倾向,沟通者只需强调信息中的利益部分以加强他们的信念;若估计沟通客体会出现反面意见,则要运用以下技巧:

(1)将预期的反对意见在开始时提出来,并做出反应,如列出反对意见加以驳斥,这要比沟通客体自己提出反对意见更有说服力。

(2)列出沟通客体可能同意的几个观点,若他们赞成其中的两三个关键之处,那么他们接受沟通者整体思想的可能性就比较大。

(3)同意问题确实存在,然后提出该问题的有效解决方案。

(二)你所要求的行动对于沟通客体来说是否容易做到

沟通主体需考虑你预期的行动对于沟通客体来说,完成的难易程度如何?他们是否会感到过于耗时、复杂或艰难?若你估计对沟通客体比较难,则一定要强化你所希望的行动对于沟通客体的利益和信念。若过于艰难,则要采取下述对策:

(1)将行动细化为更小的要求。

(2)尽可能简化步骤,如设计便于填写的问题列表。

(3)提供可供遵循的程序清单和问题检核表。

微型案例 2-6　　卖鱼钩的故事

一个乡下来的小伙子去应聘城里一家百货公司的销售员。老板问:“你以前做过销售员吗?”

他回答说:“我以前是村里挨家挨户推销的小贩子。”老板喜欢他的机灵:“你明天可以来上班了。等下班的时候,我会来看一下。”

一天的光阴对这个乡下来的穷小子来说太长了,而且还有些难熬。但年轻人还是熬到了下午5点,差不多该下班了。老板真的来了,问他说:“你今天做了几单买卖?”

“一单。”年轻人回答说。

“只有一单?”老板很吃惊地说:“我们这儿的售货员一天基本上可以完成20到30单生意呢。你卖了多少钱?”

“30万美元。”年轻人回答道。

“你怎么卖到那么多钱的?”目瞪口呆、半晌才回过神来的老板问道。

“是这样的,”乡下来的年轻人说,“一个男士进来买东西,我先卖给他一个小号的鱼钩,然后中号的鱼钩,最后大号的鱼钩。接着,我卖给他小号的渔线,中号的渔线,最后是大号的渔线。我问他上哪儿钓鱼,他说海边。我建议他买条船,所以我带他到卖船的专柜,卖给他长20英尺(6.1米)有两个发动机的纵帆船。然后他说他的大众牌汽车可能拖不动这么大的船。于是我带他去汽车销售区,卖给他一辆丰田新款豪华型‘巡洋舰’。”

老板后退两步,几乎难以置信地问道:“一个顾客仅仅来买个鱼钩,你就能卖给他这么多东西?”

“不是的,”乡下来的年轻售货员回答道,“他是来陪他妻子买女性用品的。我就告诉他‘你的周末算是毁了,干嘛不去钓鱼呢?’”

资料来源:佘伯明,《市场营销实务》,东北财经大学出版社2008年版。

四、如何激发他们的兴趣

(一)明确沟通客体利益,激发他们的兴趣

对沟通客体背景分析的最直接动机是明确沟通客体的利益期望,创造出高效的沟通客体受益处。沟通客体的利益期望包括他们在接收你的产品、服务和信息后,或者根据你的建议执行相关的活动过程中所能够得到的好处和收益。总体来说,沟通客体的利益有四类:

第一类是具体好处,即强调某一事物的价值或重要性。但强调的过程中以真诚为原则,不能夸大其词。

第二类是事业发展和完成任务过程中的利益。包括:(1)向沟通客体展示沟通者

所表达的信息对于他们目前的工作有何裨益;(2)任务本身的驱动,比如沟通客体往往会更喜欢接受任务的挑战或者共同处理艰巨的工作;(3)对个人事业的发展或声望感兴趣,如表明你的沟通内容将有效地帮助他们得到组织上或上级的重视,有利于他们获得声誉和建立交际网络。

第三类是自我利益,即提升自我价值、成就感或满足感。对于关注此类利益的沟通客体,可以通过陈述他们的建议,邀请他们参与且提供给他们认同感或归属感。在沟通中,可以使用口头的称赞或微笑、点头等非正式的情感表达方式来强化效果,或者通过在文件中提及其姓名来突出他的地位。

第四类是团体利益。对于注重团体关系和组织形象的沟通客体,可以尽量强调信息对整个团体的利益,通过强调整体的切实利益、完成团体任务的好处、团体的升迁或团体的价值感,在沟通中多提及组织观念、联合利益来强化沟通效果。

例如,在说明性公文中,强调读者的受益,解释执行你宣布的政策给读者产生的益处;在劝说性沟通中,强调沟通客体为什么能在实施你的建议后,有助于他们实现自己的目标,从而克服对方的抵触情绪。再如,假如你想劝说销售商经销你的产品,商品广告从消费者角度说明的种种理由,诸如颜色漂亮、线条流畅、使用方便、经久耐用、价格合理等,并不一定能激发出经销商的兴趣,为了让你的信息更有说服力,可试着从营业额、预期利润以唤起消费者认同和兴趣的全国性广告宣传方面的设想等方面向经销商进行讲解,更有效果。

简单地说,明确沟通客体利益,激发他们的兴趣,就是解决"什么能打动他们"的问题。

沟通在于寻找对象的价值需求。很多看来似乎不可能的事情,之所以不可能,关键在于不能找到让对方接受的理由,因此,在沟通之前先找到对方的价值需求特征,是成功的管理沟通的前提。另外,沟通者也要掌握尽可能充分的信息。在实际情况中,沟通参与方有时会不知道自身的需要,或者说对自身的需求很模糊,这时就需要沟通者通过掌握各方面的信息帮助对方识别清楚自己的潜在需求,从而达到沟通的目的。

为了传递明确的客体利益,激发他们的兴趣,达到理想沟通效果须做到两点:首先要明确沟通客体的利益;其次是传递恰当的信息给沟通客体。对于不同的沟通客体以及他们所期望的不同的利益,沟通者需采取不同的沟通方式。如沟通客体追求的利益是直接的,沟通者比较容易识别,沟通时能够明白地被告知。对于间接的只可意会而不可言传的利益的沟通客体,沟通者就需要深入了解和发掘。对于后一种类型的利益,使用下面的技巧可能有助于我们去确认沟通客体的利益:

(1)了解能引起沟通客体的需求动机的感受、恐惧和欲望;

(2)找出自己产品的客观性能或政策中有助于实现这些感受(恐惧或欲望)的

特点；

(3)说明读者怎样利用介绍的产品和政策才能达到他们自身的需求。

洛克认为，分析沟通客体的感受、恐惧和欲望可以从马斯洛的需求层次理论分析入手。以某一产品为例，通常企业所提供的产品能同时满足几个不同层次的需求，在信息沟通过程中，应重点强调与沟通客体最相关的内容，如薪水已经很高的经理整日忧心忡忡，那么原因可能是夫人刚刚失业，而他们得同时抚养孩子上大学和赡养老人。因此，在沟通时就要针对沟通客体的具体需求动机提供相应的沟通信息。

寻求针对沟通客体具体需求的沟通信息，关键在于找出自己产品的客观性能或政策有助于实现这种感受(恐惧、欲望)的理由。有的沟通客体需求，其满足条件是显而易见的；有的要有很多条件才能满足，在考虑时，应力求全面。假如你想劝说人们到你的饭店消费，但是仅仅说明可以在这里解决饥饿显然是很难吸引顾客的，必须要根据顾客的要求安排不同的沟通信息。

(二)通过可信度激发沟通客体

沟通客体对主题的涉及和关注程度较小时，沟通者就越应该以可信度作为驱动因素。具体策略有：

(1)确立共同价值观的可信度，激发沟通客体。以共同价值观的可信度驱动，就是构建与沟通客体的“共同出发点”。如果一开始就能和沟通客体达成一致，在以后的沟通中就更容易改变他们的观点。从共同点出发，即使讨论的是全不相关的话题，也能增强你在沟通主题上的说服力。比如先谈及与沟通客体在最终目标上的一致性，而后表明为达到目标在方式上存在的不同意见，这样，不同的意见也容易为沟通客体所接受。

(2)传递良好意愿与互惠技巧，激发沟通客体。遵循“投桃报李、礼尚往来”的原则，通过给予利益而得到自己的利益；通过己方让步换得对方的让步。

(3)运用地位可信度与惩罚技巧，激发沟通客体。地位可信度的一种极端驱动方式就是恐吓与惩罚，如斥责、减薪、降职乃至解职。但这种方式只有在你能确保对方的顺从且确信能消除不良行为的产生时，才能奏效。

为了运用可信度激发沟通客体的技巧，前提是沟通者要设法提升自身的可信度。

(三)通过信息结构激发沟通客体

通过信息结构激发沟通客体，即利用信息内容的开场白、主体和结尾等结构的合理安排来激发沟通客体。

(1)通过开场白激发沟通客体，就是从开头起就吸引沟通客体的注意力，比如：一开始就列举沟通客体可能得到的利益；先列举存在的问题，采用“提出问题——解决问题办法”的模式；先讨论和明确话题与沟通客体之间的关系，唤起兴趣。

(2)通过沟通内容的主体激发沟通客体，就是在沟通过程中安排适当的内容以增加说服力。具体技巧有：

①直接灌输。通过先列举一系列反对意见并立即加以驳斥，或直接向沟通客体"灌输"自己对可能引起的反对意见的不予认可。

②循序渐进。将行动细化为可能的最小要求，然后逐步得到更大的满足。

③开门见山。先提出一个过分的且极可能遭到拒绝的要求，然后再提出较适度的要求，因而后者更可能接受。

④双向比较。将沟通客体可能提出的反对意见和自己注重的观点加以比较，将自己的观点表现得更为中立与合情合理。

(3)通过简化信息结尾激发沟通客体，就是通过简化目标实现的步骤以激发沟通客体的兴趣，如列出便于填写的问题表或易于遵循的检核清单，或列出下一步骤或行动的具体内容。

第三节　管理沟通对象的分类与策略选择

微型案例 2－7　　正、副主任间的失败交流

一个公司的业务部门主任陈某，刚当上主任，管理经验不充足。其下属副主任郑某比陈某年长 10 岁，电气专业能力非常强，且与公司总经理私交甚深。陈某不放心让郑某多管事，所以主要事情都是他决定；郑某非常不满意，觉得没有实权，因此在平时工作中，两人出现过多次小摩擦。

2020 年 2 月，郑某找陈某沟通电气设备改造事宜。陈某认为郑某的方案不够成熟，未同意，要求论证后再下结论。结果郑某非常不满意，张口就是脏话，摔门准备离去。陈某要求郑某道歉，两个人开始争吵起来，惊动了整个部门，并很快传遍了整个公司。公司的副总经理得知情况后，随即在部门管理人员大会上，让他们俩互相道歉，握手言和。

但在后续的工作中，陈某和郑某一直互相提防，防止再次出现矛盾激化。

作为部门主任的陈某，一方面，对于其下属郑某没有进行深入的分析与了解，对郑某这位沟通对象的脾性、工作方式等的认识不够充分，在沟通方式上没有采取针对性的措施；另一方面，郑某作为公司总经理的心腹，需要尽快拿出成绩证明他的能力，但陈某没有给予他足够的机会，对他的偏好与需求了解不够，导致与郑某之间的沟通处于失败状态，影响了日常工作的顺利开展。

资料来源：https://wenku.baidu.com/view/55f95dge18e8b8fb7c1cfadb195f312b3rb9eba4.html。

一、沟通对象的类型

学习型组织强调团队合作的重要性。制定好的决策需要互补的团队，而一个互补的团队需要由不同知识背景、不同做事风格和不同性格的团队成员组成。这就要求每一个成员掌握沟通的技巧，在面对面沟通中能快速对沟通对方的反应做出判断，将直接影响对沟通策略的选择。如果不能对沟通对方的反应有正确的判断，将会出现沟通的中断、人际关系的恶化，最终问题得不到解决。

管理沟通过程是管理者推销自己观点的过程。在沟通策略的选择上，要根据对象的不同类型做选择。但其前提是对自我的正确认识，要坚持“人所欲，施于人”的理念，而不要以“己所欲，施于人”的理念去沟通，要把注意力放在与你谈话的人身上。你应该不断问自己这样一个问题：如果与他人沟通时，我会犯什么错误？

沟通对象因心理需求、性格、气质、沟通风格等的不同，可分为各种不同的类型：

根据心理需求的不同，分为成就需要型、交往需要型和权力需要型三类。

根据个性的不同，瑞士心理学家卡尔・荣格(Carl Jung)把人分为思考型、感觉型、直觉型和知觉型四类。

根据人际关系处理风格的不同，凯瑟琳・迈尔斯和伊莎贝尔・布里格斯把人分为统治指挥者、社会活动者、平和处世者和谨慎思考者四个群体。

根据个体气质不同，可以分为分析型、规则型、实干型和同情型四类。

根据个体管理风格的不同，管理者分为创新型、官僚型、整合型和实干型四类。

针对不同类型的人，在沟通过程中应采用不同的策略。下面对不同分类法下的个体个性特点及相应的策略做分析，并针对不同管理风格下的沟通策略做具体讨论。

二、心理需求分析及沟通策略

不同个体由于心理需求的不同可分为成就需要型、交往需要型和权力需要型三类。承认不同个体的需要特点，在沟通时朝着满足他人需要的目标努力，既有助于问题的解决，又有助于建立良好的人际关系，以实现建设性沟通。

(一)成就需要型

具有成就需要型的人通常为自己建立具体的、可以衡量的目标或标准，并且在工作中朝着目标努力，直到实现他们的目标。他们总想做得更好，或比他们过去做得更好，或是比其他人做得更好，或是突破现行的标准。

与这类对象沟通时，我们可以采取的策略是：

要充分认识这类对象自己对工作的责任感，沟通过程不要输出“你们要认真负责，要把事情做好”之类的信息；沟通时应给予他们的是大量的反馈信息，要对他们表示肯定的态度，如告诉他们“你们的工作做得很好”。

对于这类对象的每一次挑战，他们从来不会说“干不了”，他们的满足感来自已经实现的目标。

（二）交往需要型

具有交往需要的人，更看重友情和真诚的工作关系，令他们愉快的是能有一种和谐的，既有付出又有收获的，轻松的工作氛围。交往的需要驱使他们写很多的信，打很多的电话，花费很多的时间与同事沟通。

与这类对象沟通时，建议采取以下策略：

以交朋友的姿态和口气与他们交流，设法与他们建立良好的人际关系；从理念上始终坚持平等相待的原则；在具体沟通过程中，可以先询问他们的家庭情况、生活情况（如聊聊周末的计划安排），了解他们的兴趣爱好，甚至可以与他们在参加活动的过程中以轻松的氛围交流看法，与他们交流对一些事物的想法和感受。

（三）权力需要型

具有权力需要的人，热衷于对工作负责，具有很强的权力欲。他们瞄准权力，以便使自己能够事事做主，决定自己和他人的命运。他们渴望一种权威作为他们权力的象征。交流中他们果断行事，而且在大多数交流场合能够影响他人。

与这类对象沟通时，可以采取的策略思路是：

应采用咨询和建议的方式，尽量不要以命令和指导的方式；要认同他们在工作中的职责，在沟通时要对他们的职责给予肯定；在倾听过程中，对于对方的影响力要特别表示出你的兴趣。

三、信息处理风格和沟通策略

根据不同个体在捕捉和处理信息上的方式不同，可以分为思考型、感觉型、直觉型和知觉型四类。大多数人偏好这四类中的某一类，如果需要，有时也会运用其他方式，但总体来说，人有一种偏向性的捕捉和处理信息的风格。通过以下对不同类型的分析，以寻求沟通的策略。

（一）思考型

思考型的人，思路非常清晰，富有逻辑思考。他们富有条理，善于分析和领会事物的本质，也善于运用事实和数据进行系统的分析和研究。

与思考型的人沟通时，可采取以下策略或思路：

首先，为思考者提供机会，让他帮助你概括性地描述你想表达的理论和概念。以谦虚的态度，以需要理论和逻辑思维方式寻求帮助的态度沟通；其次，给予充分的信息，使之通过逻辑推理得出结论；最后，不掺杂任何个人观点，客观地对待事物，并保持始终如一。

（二）感觉型

感觉型的人，基于他们个人的价值观和判断能力来对待事物，而不是在充分权衡利弊的基础上再对问题表示赞成或反对。他们温和、开朗、善交际，能与人友好交往。他们在团队中善于处理公共关系，商谈事情，做出决策。

与感觉型的人沟通，可考虑以下策略和思路：

明确表达你的价值观念，以便他们能够了解你。在沟通信息的组织上，要突出你对他们的支持，要让他们感觉到你是支持他们的，而不要让他们感觉到有威胁。

（三）直觉型

直觉型的人具有丰富的想象力，并且能够提供具有创造性的想法。他们凭直觉、预感和可能性做事，对他们的第一感觉有很强的自信心。他们善于做长期的计划，进行创造性的写作和产生思想。

与直觉型的对象沟通，建议采取以下策略：

沟通过程中，要充分利用和发挥他们的想象力，不要轻易给出他们问题的答案，这样，他们会觉得没有发挥自己的价值；同时，不要轻易否定或批驳他的观点，要告诉他们你的想法、你的观察和最终目的，让他们的创造性思维帮助你达到目的。

（四）知觉型（或理智型）

知觉型的人，是实事求是的人。他们精力充沛、富有实践，善于行动，而不善于言辞。他们处理问题当机立断。他们善于发起一个活动，签订协议，调解纠纷，将理想转化为行动。

与知觉型的人沟通，建议采取以下策略：

不要对事物添加太多的细节和幻想的结论。清晰地交流，抓住要点，在实践中获得结果。

四、气质类型和沟通策略

（一）分析型

在我们周围，分析型的人的创造性思维是非常有价值的。他们对待事物严肃认真，不断战胜自我，常常为了工作置家庭生活于不顾，工作是他们生命的一部分。他们擅长推理，善于逻辑思维。他们独自工作时效果最佳。

与分析型人的沟通策略建议：

沟通时只要告诉他们你想要的，并且给予他们机会展开计划，给予他们评价的标准，而不要提供太多的细节、常规行为和实际事情干扰他们。当你需要建设性意见时，可以与他们沟通以询问他们的建议。

（二）规划型

规划型的人信守信用、认真、忠诚、负责任，他们稳重、谨慎、实际，给人以安全感，不善变化。他们善于做具体的工作，在有计划和有组织的条件下工作效果最好。

与规则型人沟通的策略建议：

首先，沟通的主要目的在于告诉他们行为的规则、组织形式等。平时要为他们提供有组织的训练，在沟通过程中要让他们理解并相信他们的工作系统和组织是可以得到保证的，使他们能够按规则和标准做事。其次，要为他们提供完成任务的详细资料，对于他们的贡献和努力要予以充分肯定。对待他们要守信，不要怀疑他们。最后，如果事情发生变化，要耐心、详细地向他们解释，以免他们产生抵制心理。

（三）实干型

实干型的人善于做技术性的、循序渐进的工作。他们富于实践，适应性强，善于调解纠纷。他们的工作富有成效，具有一种自发的推动力和活力，并爱好寻求刺激性事务。他们开朗、宽容、灵活且善于处理变化。

与实干型的人沟通策略建议：

给予他们循序渐进的训练，帮助他们自我调节，并加强时间管理。给予他们大量的自由和工作多样化，帮助他们从机械的工作中脱离出来。沟通者应帮助他们完善工作技巧，提高危机意识。要乐于与他们为伴。

（四）同情型

同情型的人善于帮助、支持和鼓励他人。他们性情温和，有灵性，善于交流。他们最善于创造和谐的工作环境。

与同情型的人沟通策略建议：

给予富于同情心的人以指导和鼓励，使他们认识到自己的重要性。赞赏他们的贡献。如果必须给予他们否定的反馈，要注意谨慎，不要使他们感觉到这是个人攻击。要给予他们自治权和学习机会，不要让细节成为负担。

在上面四类中，实干型和规则型的人较多，占70%～80%。而分析型和同情型的人占20%～30%。但不管属于何种气质类型，本身没有好坏之分，他们以各自的方式展示出各自的价值。有效的管理者就是要通过不同的沟通技巧，发挥每一个下属的工作积极性，使他们积极配合，把问题解决好。

微型案例 2-8　　跳海的理由

在一艘游艇上，来自各国的一些实业家边观光边开会。突然，船出现故障了，开始慢慢下沉。船长命令大副："赶快通知那些先生们，穿上救生衣，马上从甲板上跳海。"几分钟后大副回来报告："真急人，谁都不肯往下跳。"于是，船长亲自出马，这些实业家都顺从地跳下海去。"您是怎样说服他们的？"大副请教船长，船长说："我告诉英国人，跳海是一项运动；对法国人说，跳海是一种别出心裁的游戏；我同时警告德国人，跳海可不是闹着玩的！在俄国人面前，我就认真地表示，跳海是革命的壮举。""你又怎么说服那个美国人的？""那还不容易？"船长得意地说，"我说已经为他办了巨额保险。"

对不同气质特征的沟通对象，必须采取不同的言辞，才能达到预期的效果。

资料来源：阮喜珍、张明勇、从静主编，《商务礼仪与沟通》，武汉大学出版社2019年版。

五、管理风格与沟通策略

管理风格是在管理过程中领导者一贯坚持的原则、目标及方式等方面的总称。管理风格并非一成不变，而是因人而异，每个人都有自己独特的性格与工作态度。

爱迪斯按照不同上司的管理风格和行为特征将沟通对象划分为创新型、官僚型、整合型和实干型（见图 2.1）。

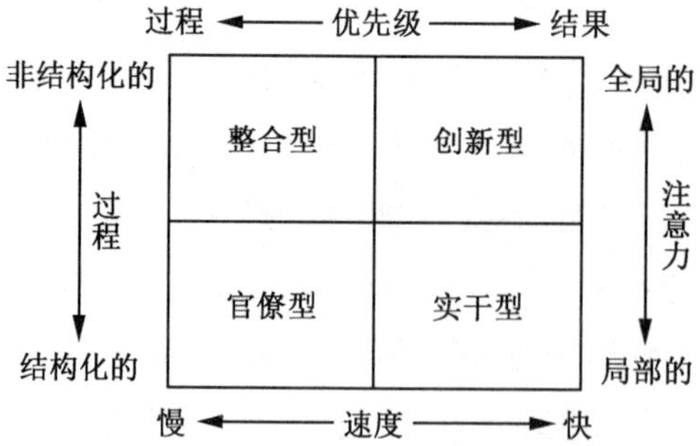

图 2.1　爱迪斯的沟通对象矩阵

（一）创新型

这类沟通对象与前面所阐述的直觉型和实干型的沟通对象有相似之处，他们通常将注意力放在事务的全局，处理速度快，并在过程中保持着非结构化的风格。他们说"是"的时候，往往是"也许"；而说"不"的时候，往往还是"不"。

与这类上司沟通时，应让其参与到问题中来，不要带着最后的答案去见他们，在信息的组织上采用“非肯定模式”。比如，在咨询上司关于自己的想法时，可以这样说：“我是这样想的，不知道行不行？”另外，他们的思维比较快，同时又比较注重结果，因此他们的工作效率比较高，而作为他们的下属，就要全面地掌握信息和资料，培养自己敏捷的反应能力，从而提高处理事务的能力。

（二）官僚型

这类沟通对象比较关注事务处理的过程与细节，思考非常严密，因此处理事务的速度比较慢，并且在整个过程中体现着结构化的风格。他们在回答“是”的时候，往往是“是”；而在回答“不”的时候，却往往是“也许”。

由于这类上司的处理风格属于那种“慢工出细活”，而又比较关注过程和细节，因此与这类上司沟通时，要时刻提醒自己“方法比内容更重要”，使自己的风格适应他的风格。因为只有这样，才能使你从上司那里得到认可和支持，从而有助于你和上司沟通活动的顺利进行。比如，有事找他时，一定要事先打电话预约，千万不要做不速之客。

（三）整合型

这类沟通对象具有全局性的眼光，处理事务的速度慢，比较关注处理的过程，同时在过程中体现着非结构化的风格。另外，他们能够改变并适应变革。当他们说“是”的时候，可能是“也许”；当他们说“不”的时候，也可能是“也许”。

因此，与这类上司沟通时，应将所有相关的背景资料都准备好，将有可能要他承担责任的问题先预计好，不要注重问题的过程和方式。

微型案例 2－9　　与整合型对象的沟通

销售经理张先生拿着一份计划书去找王经理，希望他能够认可自己的方案，并在公司经理会议上给予支持。

“王总，这是我做的今年的市场营销方案，希望得到您的支持和认可。”

“你这份策划书给李总看过了吗？”

“看了。”

“肖总看了吗？”

“看了。”

“戴总看了吗？”

“还没有。”

“那你赶快拿去给他看啊，听听他的意见。”

……

过了一会儿，张经理回来了，对王总说："戴总说还不错。"

"那既然他们都说还不错，我没有任何意见，保证在大会上给你支持。"

从上面的例子可以知道，这个王总经理就属于这类整合型的沟通对象。这位张经理在准备好相关的背景资料、处理了相关的问题后，一切障碍都扫清了，便得到了王总经理的认可和支持，从而完成了他们之间的沟通。事实上，像与上述这位上司所进行的沟通还不能算是有效的。沟通是讲究效率的，案例中的张经理应该在全部问完了之后才去找王总经理，这样的沟通才是有效的。

资料来源：程艳霞，《管理沟通》，武汉理工大学出版社 2003 年版。

（四）实干型

这类沟通对象在处理事务时比较关注细节和结果，因而处理的速度快，在处理过程中也保持着结构化的风格。他们说"是"的时候，就是"是"；他们说"不"的时候，就是"不"。

在与这类上司沟通时，一定要注意主动性。由于他们比较注重事物的结果，因此在提出问题时，要直接从问题的结果出发，以引起他们对问题及其压力的注意。这样，你就易于与上司在处理问题上达成一致，有助于实现有效的沟通，从而使得工作顺利进行。

微型案例 2－10　　与实干型对象的沟通

某公司一位姓张的高工，负责新产品开发的总体技术工作。由于产品的不断更新换代，公司决定开发换代新产品。于是公司总工程师找到这位高工，要他负责这个产品开发的具体技术工作。这位高工非常乐意，"其实，我早就认为应该搞这个产品了。"他这样说了后，马上接着说，"那么，给我安排一批助手，我们明天就讨论技术方案。"果然，此后的一周内，他们就拿出了总体设计方案，并开始工程化设计。

资料来源：节选于 https://www.docin.com/p-1394447798.html。

综上所述，对不同特征的上司，应采用相应的策略，以实现与不同的对象的有效沟通。对上司风格的分析方法和沟通策略同样适用于你的下属：创新型的人比较适合市场营销部门和高级管理部门的工作；官僚型的人比较适合办公室、会计部门的工作；整合型的人比较适合党政职能部门的工作；而实干型的人则比较适合从事生产部门、技术开发部门的工作。

本章小结

1. 沟通主体分析的根本是解决“我是谁”以及“我在什么地方”这两个基本问题。沟通者分析“我是谁”的过程，就是自我认知的过程；而分析“我在什么地方”的过程就是自我定位的过程。

2. 所谓可信度，就是你让对方感觉到自己是值得为大家所信任的，自己的主意、建议或者观点是值得大家去接受的。沟通者的可信度分析就是沟通者在策略制定时分析受众对自己的看法，从受众的需求角度对自己在对方心目中的可信度进行规划的过程。沟通者的可信度是影响沟通者与受众的沟通方式的重要因素。

3. 沟通主体策略有：告知策略、说服策略、征询策略和参与策略。

4. 以客体为导向的沟通：指在沟通的全过程中，沟通目标、策略、形式都必须以客体为导向，它是在分析了沟通对象的背景、兴趣、偏好、态度和目的的基础上，来确定相应的沟通策略，从而与客体进行有效的沟通。以客体为导向的沟通考虑的是“他”而不是“我”，这是与以主体为导向的沟通的根本区别。

5. 分析沟通对象，首先就要解决“他们是谁”的问题；其次是要明确他们了解什么，他们感觉如何，以及如何激发他们的兴趣？

6. 要有效沟通，就必须针对不同的对象选择不同的沟通策略。主要有以下几种依据：根据心理需求选择沟通策略，根据人际关系处理风格选择沟通策略，根据气质类型选择沟通策略，根据管理风格选择沟通策略。

案例研究 2－1

与总经理的一次错误交流

2020 年 2 月，作为分管公司生产经营的副总经理小陈，得知一个较大工程项目即将进行招标。他给总经理打了一通电话，简单汇报后却未能得到明确答复，小陈误以为总经理默许了，因此，情急之下便组织业务小组投入相关时间和经费跟踪该项目，最终因准备不充分而成为泡影。

事后，在总经理办公会上陈述有关情况时，总经理认为小陈“汇报不详，擅自决策，组织资源运用不当”，并当着部门的面给予了小陈严厉批评。小陈反驳，认为“他已经汇报，领导重视不够，故意刁难是逃避责任而已”。由于双方信息传递、角色定位、有效沟通、团队配合、认知角度等存在意见分歧，致使企业内部人际关系紧张、工作被动，若如此恶性循环，公司业务则难以稳定发展。

问题：

1. 副总经理小陈在与上级沟通中是否存在问题？
2. 总经理在与小陈的沟通中是否存在问题？
3. 请根据上面发生的情景，提出相关建议来解决小陈和总经理之间的问题。

复习思考题

1. 沟通主体分析的两个基本问题是什么？
2. 沟通主体策略包括哪些？
3. 沟通客体分析的四个问题是什么？
4. 分析沟通对象时，应明确哪些问题？
5. 对不同管理风格的上司，可以采取哪些沟通策略？

第三章 建设性沟通

学习目标

通过本章学习，你应能够：

了解建设性沟通的含义与特征；

掌握建设性沟通的原则；

掌握建设性沟通的框架与策略。

关键词

建设性沟通　含义　特征　原则　策略

导入案例

商鞅三见秦孝公

听说秦孝公在招贤纳士，商鞅就在宠臣景监的推荐下求见秦孝公。

一见孝公，商鞅对秦孝公的想法不了解，从三皇五帝侃侃而谈，还没说完，秦孝公就昏昏欲睡了。面试结束后，秦孝公把景监叫过来，劈头盖脸地骂："看你找的什么人，这种只会讲大话不干实事的，能用吗？"景监很不爽地去找商鞅，巴拉巴拉地说一通："你到底说了啥，把我们主公气成那样！"商鞅比较严肃正经，他不觉得景监的责骂有什么难堪，反倒暗自高兴，因为秦孝公对他的话不感兴趣，表明他的志向不在帝道上。

虽然这第一回合，商鞅没有被秦孝公看上，他却有不小的收获——打探到了秦孝公招人的目的，就是干一番惊天动地的伟业，而不是沽名钓誉。

二见孝公，因为之前见过面，气氛就活络了些，至少秦孝公也没有听得打瞌睡。商鞅滔滔不绝地讲了一通“王道仁义”，可还是没有戳到秦孝公的痒处，耐着头皮听完了，秦孝公还是没什么大的反应。

真是话不投机半句多，商鞅从秦孝公兴趣全无的反应中找到了问题的所在。秦孝公想听的，不是帝道，也不是王道，到底是什么呢？难道是“霸道”？

三见孝公，摸清了秦孝公心思的商鞅，这回有底气多了，张口就问：“当今天下四分五裂，犹如一盘散沙，主公想不想开疆扩土，让秦国坐大，成就霸业？”

秦孝公的眼睛立刻亮了。这个商鞅，总算说到心坎儿上了，当下来了精神，商鞅向秦孝公指出秦国和山东列国所处的形势，并献上了强国之策。听完商鞅一番高谈阔论后，也一改之前的怠慢，就差握住商鞅的手大喊：“我要的人就是你！”

商鞅终于被秦孝公录用，开始了他的一系列变法。

商鞅为什么要三见秦孝公，其最终目的就是择君而栖，以一展其一生的抱负。商鞅作为法家名士，知道自己在魏国不可能有发展前途，又听说秦孝公在寻访有识之士后，决定求见秦孝公，三探秦孝公，投其所好，最终被秦孝公认可，实现了他的人生目标。

资料来源：https://baijiahao.baidu.com/s?id=1578168406256791486（部分有修改）。

第一节　建设性沟通的含义与特征

微型案例 3-1　　以平常心看待自己

在麦克米伦当选英国首相的那天晚上，麦克米伦和希思一起吃晚饭。麦克米伦希望到一家著名的餐馆用餐，但希思建议到一个不太引人注目的地方。唐宁街上挤满了各大媒体的记者，他们跌跌撞撞地钻进汽车，偷偷来到一家俱乐部。他们慢悠悠地走进酒吧，选了两张凳子坐下来，点了点儿喝的。那里只有一个客人。他正在阅读晚报，头版标题赫然写着“麦克米伦当选首相”。那人抬头看到了首相，但他只是随便地问道：“最近打猎了吗？”麦克米伦说：“没有。”他说：“太可惜了。”当他们吃完牡蛎、牛排，喝了咖啡和白兰地后，准备离开时，那人抬起头说道：“顺便说一句，应该祝贺你。”俱乐部经理走过来弯腰说道：“先生，我已经安排好了，您可以从后门离开。"麦克米伦说："先生，从前门走完全没问题，你知道吗？我觉得当首相不是一件不光彩的事。"

或许，从这个轶事中，我们可以体会到英国首相麦克米伦用幽默的语言、一颗平常心进行沟通。"沟通是一种态度，更是一种心境。"

资料来源：https://www.renrendoc.com/p-19610665.html。

所谓建设性沟通，是指在不损害，甚至改善和巩固人际关系的前提下，帮助沟通者进行确切、诚实的人际沟通方式。建设性沟通具有三个方面的重要特征：一是建设性沟通的目标是为了解决现实的问题，而不仅仅在于为他人所喜爱，或为了被社会承认。作为沟通主体，在沟通之前要明确这次沟通需要解决的管理问题，以及沟通要达到的结果。二是建设性沟通使沟通双方的关系因为交流而得到巩固或改善，有利于建立积极的人际关系，保持关系的持续性。三是建设性沟通实现了信息的准确传递。沟通主体围绕沟通的目标，在沟通过程中准确、高效地传递信息，避免信息与主题的偏离，也避免给沟通客体传递错误的信息。

建设性沟通的本质是换位思考，即以沟通客体为导向的思维方式，也就是无论在何时、何地、何种环境下，采取何种方式沟通均需站在沟通客体的立场上去考虑问题，以"对方需要什么"为思考的起点。在沟通中，运用换位思考的方式，不但使沟通更具有说服力，而且会树立良好的信誉，这有助于问题的解决，且能更好地建立和强化良好的人际关系，达到建设性沟通的目标。

建设性沟通不仅是"做人的技巧"，而且是管理者与组织获取竞争优势的关键要素。它是强化积极人际关系的一种实用管理工具。比如，没有建设性沟通，就不可能为顾客提供完善的服务，不可能建设性地解决好顾客的抱怨与误解等问题。因此，管理者不仅要培养自身熟练的建设性沟通技巧，还要帮助下属学习这种技巧。

在换位思考的基础上，要进一步把这样的思考方式贯彻到自己的沟通语言和沟通的过程中，就应在沟通信息组织、沟通语言表达等方面加强理念和技能提升，即要遵守信息组织原则的全面对称原则，遵守三个合理定位原则（事不对人、责任导向、事实导向的原则），以及尊重他人的原则。

阅读资料

换位思考相关的名言名句

1. 己所不欲，勿施于人。

——《论语》

2. 老吾老，以及人之老；幼吾幼，以及人之幼。

——《孟子·梁惠王上》

3. 躬自厚而薄责于人。

——《论语·卫灵公》

4. 责人之心责己，恕己之心恕人。

——《增广贤文》

5. 我们每个人都是平等的，你只有用爱来交换爱，用信任来交换信任。

——马克思

第二节 建设性沟通的原则

微型案例 3-2　　这汤我没法喝

麦克走进一家餐馆，点了一份汤，服务员马上给他端了上来。

服务员刚走开，麦克就嚷嚷起来："对不起，这汤我没法喝。"

服务员重新给他上了一碗汤，麦克还是说："对不起，这汤我没法喝。"

服务员只好叫来经理。

经理毕恭毕敬地朝麦克点点头，说："先生，这道菜是本店最拿手的，您……"

"我是说，调羹在哪里呢？"

如果麦克表达的信息完整、准确些，当服务员第一次送上汤时，说："对不起，没有调羹，这汤我没法喝。"服务员也就不会做出错误的回应了。当然，如果服务员再多问一句，弄清楚无法喝汤的原因，结局也不一样。那么建设性沟通需遵循哪些原则呢？

资料来源：http://www.chinavalue.net/MiniBlog/Comment.aspxtid=2u750。

一、信息组织原则

(一)全面对称

在信息组织中坚持全面对称原则包含两层含义：一是所传递的信息是全面的，即完全性原则；二是所传递的信息是精确对称的，即对称性原则。

1. 完全性原则

沟通过程的信息接收者和发出者之间由于背景、观点、需求、经历、态度、地位及心理等差别，信息发送者应向信息接收者发出完全信息，否则信息接收者就不能完全理解信息发送者所发出信息的真实含义，容易产生信息失真或者信息不对称。所谓完全性原则，指的是沟通信息的发出者应在沟通中注意：沟通中是否提供全部的必要信息；是否根据听众的反馈回答了询问的全部问题；是否在需要时提供额外的信息。

这里的必要信息的含义，就是要向沟通对象提供5W1H，即谁（Who）、什么时候（When）、什么（What）、为什么（Why）、哪里（Where）和如何做（How）六个方面的信息。在提供全面信息的同时，沟通者还要分析所提供信息的准确性，如分析数据是否足够，信息解释是否正确，关键因素是什么等问题。

信息的完全性就是要求沟通者回答全部问题，以诚实、真诚取信于人。例如，一位客户向某销售人员询问七个有关销售产品的信息，而销售人员只回答了其中四个，并认为另外三个信息已经在所提供的产品说明书或图表中反映出来了，没有给予回答。那么，客户会认为自己被轻视，销售人员对自己不够友善，结果使公司失去一笔订单。以举办一个国际展览会为例，通过比较可以发现，国外的展览会或订货会的组织者会非常详细地把所有有关的信息事宜告知对方，有时接到信息的人似乎会觉得"对方好像把我看成一无所知的人"，但也正因为这样，才能使每一信息接收者都对全面信息有充分的了解；国内的会议通知就非常简单，参加会议的人有时为了了解清楚会议的信息，不得不几次向会议的组织者询问详细信息。相比而言，国外的信息提供方式给人以重视的感觉，而且提高了沟通的效率。

必要时提供额外信息，就是根据沟通对象的要求，结合沟通的具体策略向沟通对象提供原来信息中不具有的信息或不完全信息。

全面对称的第二层含义指所提供的信息是精确对称的。如果说全面性原则要求信息源提供全部的必要信息，那么对称性原则就是信息源提供准确的信息。沟通信息的精确性要求沟通者根据环境和对象的不同，采用相应的表达方式，并采用正确的数据资料，从而帮助对方准确领会全部的信息。

实现沟通信息的精确性，需做到以下三点：

一是根据沟通信息接收的对象不同、沟通场合不同，采用正确的语言层次，选择相应的沟通信息编码方式。我们知道，沟通的语言层次可以分为三类：正式语言、非正式语言以及非规范语言。以书面沟通为例，用正式语言的有学术论文、法律文件、政府文件等；非正式语言则更多地出现在商业活动中，如外贸函电、一般信件等；非规范语言在书面沟通中一般不出现，但在口头沟通中出现得比较多，如口语化的语言。

二是注意信息内容的正确性。如在市场分析报告、学术论文中，要正确表明每一个数据的来源，并采用正确的表述方式进行信息编码。

三是沟通者应采用沟通双方都能接受的写作模式。首先是要采用恰当的语言表达方式。比如，同样是严格规范的学术性文章，在同行专家之间交流时，可用严格的术语表达，但在科普性文章中，就要避免过于学术味的语言风格，要把这种语言转化为大家都可以接受的语言，当然，这种语言风格仍然要求是逻辑严密的。

2. 对称性原则

沟通信息的对称性，就是要求信息的发送者所编码的信息能为信息接收者完全接受。在沟通过程中，出现信息不精确现象的一个非常重要的原因就是沟通的双方传递和接收的信息不对称。许多有关人际沟通的论述都关注所交流信息的精确性，普遍认为沟通过程中的信息在传播与接收过程中基本不改变原意或偏离原意是有效沟通的基本要求。沟通技巧最关注的就是传播清楚、确切的信息的能力。现实中，由于沟通信息的不精确导致惨重代价的事随处可见。

信息不精确的第二个原因是沟通的双方在语言和文化上的不对称。来自不同国家或文化的沟通者，由于语言含义的不对称而导致的沟通信息出现偏差的例子比比皆是。比如，从语言方面看，我国的语言语意比较含蓄，美国则比较直白。从数字表达看，billion 在英国表示 10^{12}，而在美国和加拿大则表示 10^{9}，当涉及财务问题时，经常会产生误会；类似的情况还有，在美国，你在会议上“table”（搁置）一项议题，就是将它推迟讨论，而在英国，“table”（放到桌面上）一个主题，即现在就开始讨论它。从文化方面来看，美国商务人员非常讲究效率，谈判中往往不吃午饭，搞连续作战；而一些国家的商务人员讲究轻松的环境，不太讲究效率。

信息不精确的第三个原因是提供的原始数据的可靠性不符合沟通的需要。这时，就必须使用双方都能够认可的信息源所提供的信息。例如，员工甲和员工乙之间有私人矛盾，如果管理者以员工甲提供的信息为依据对员工的怠工行为提出批评，就容易遭到员工乙的排斥。即使这种情况是客观的，这样的沟通也无法达到应有的效果。

微型案例 3－3　　手帕带来的风波

国内某家专门接待外国游客的旅行社，有一次准备在接待来华的意大利游客时送给每人一件小礼品。于是，该旅行社在杭州的某厂订购制作了一批名牌纯丝手帕，每个手帕上绣着花草图案，十分漂亮。手帕装在精美的礼盒内，盒子上印有旅行社的标志图案，看上去十分美观大方。中国丝织品闻名于世，料想会受到客人的喜欢。

旅游接待人员带着盒装的纯丝手帕，到机场迎接来自意大利的游客，欢迎词热情、得体。上车后，当接待人员代表旅行社赠送给每位游客两盒包装精美的手帕时，没想到车上一片哗然，议论纷纷，游客显出很不高兴的样子。特别是一位夫人，大声叫喊，表现得极为气愤，还有些伤感。旅游接待人员慌了，好心好意送人礼物，不但得不到感谢，还出现这般景象，他感到非常不解。中国人总以为送礼人不怪，这些外国人为什么怪起来了？

原来在意大利和西方一些国家有这样的习俗：亲朋好友相聚一段时间告别时才送手帕，取意为“擦掉惜别的眼泪”。意大利游客兴冲冲地刚踏上盼望已久的中国大地，准备开始愉快旅行，你就让人家“擦掉惜别的眼泪”，人家当然不高兴了。而那位大喊大叫又气愤的夫人，是因为她所得到的手帕上还绣着菊花图案。菊花在意大利是祭奠亡灵的，无怪乎人家要愤怒。

因此在接待和馈赠别人礼物时，一定要充分了解并尊重对方的文化习俗，这样才会既不失礼节，又能实现良好的沟通。

资料来源：程庆珊主编，《商务沟通》，东北财经大学出版社2019年版。

（二）简明清晰

所谓简明性，就是在沟通时要用尽可能少的语言，这样既节约了自己的时间，又节约了信息接收者的时间，提高了沟通的效率。许多管理者在实际工作中存在这样一个问题：在举行会议时，习惯于长篇大论，废话连篇，结果是沟通过程中真正提供给信息接收者的有用信息却很少。由于沟通时不注意简明性原则，接收者在参加会议时显得很无聊，会后留在脑海里的信息极为有限，这也是大多数人不愿意参加会议的原因。

注意简明性原则也是尊重人的一种表现。沟通者要善于从信息接收者的角度思考信息的组织方式，认识到接收者在付出时间听取你提供的信息后所能获得的实际效用，要尊重他人的时间。

坚持简明性原则可以从三个方面进行：一是避免冗长乏味的语言表达；二是避免不必要的重复；三是组织的信息中只包括相关的有用信息。宝洁公司里有这样一条规定：提供给高层管理者的报告或备忘录不得超过两页纸。这就是对沟通者如何以尽可能少的篇幅完成信息的完全传递提出了挑战。

认真准备沟通的信息，包括清晰的思考和清晰的表达，是在清晰性原则下对沟通者的要求。在追求信息内容简单明了的同时，也要强调清晰度。由于信息接收者在各方面的差别，有的接收者你可以用一句话完成与其的沟通，而有的接收者则可能要一段话，其目的就在于沟通者能够让接收者清晰掌握沟通的信息。清晰性原则要求：一是选择精确、具体、熟悉的词语，避免深奥、晦涩的语言；二是构筑有效的语句和段落，包括长度、统一度、内在关系逻辑、重点四个要素。一般而言，一个句子不能太长，超过40个字的句子应该分解为几个句子，当然，都是10个字之内的短句也应尽量避免；注意统一，就是一个句子只能是一个意思；加强内在关系逻辑，就是要运用演绎、推理和归纳等语言技巧，增强语言的说服力；强调重点，就是在信息组织和信息表达时要突出重点。

沟通信息的清晰性原则要求沟通者清楚自己想要表达的想法和想要传递的信息，并选择那些能够清晰地表达你的想法的词汇。

阅读资料

KISS原则

KISS原则是用户体验的高层境界，简单地理解这句话，就是要把一个产品做得连白痴都会用，因而也被称为"懒人原则"。换句话说来，"简单就是美"。KISS原则源于David Mamet（大卫·马梅）的电影理论，后来被逐渐延伸扩展到其他领域。

KISS是英文Keep it Simple and Stupid首字母的缩写，意思是"保持简单和愚蠢"，其中"愚蠢"不是"傻"，它还有迟钝、不敏感、乏味、无价值等含义；另一种对KISS的解释是Keep It Simple，Stupid，由于中间加了逗号，意思就变成了"保持简单，傻瓜"，是一种祈使语态，带有调侃的色彩。从英文的直译是把事情弄得越简单、越傻瓜化越好。

KISS原则是指产品的设计越简单越好，任何没有必要的复杂都是需要避免的。其最完美的案例是傻瓜相机，傻瓜相机操作简单，似乎连傻瓜都能利用它拍摄出曝光准确、影像清晰的照片。

资料来源：http://baike. baidu. com。

（三）注重礼节

注重礼节，一方面要求沟通主体在传递信息时，考虑对方的情感因素，做到真诚、礼貌；另一方面要求沟通主体在信息内容的组织上能站在对方的立场来传递信息，在理念上能够全面周到。

注重礼节，首先要求沟通者要意识到信息接收者的观点和期望，考虑接收者的感情。礼节来自你态度的真诚，不仅做到习惯性地运用"谢谢""请"等礼貌词语和遵守社会规范等，还要做到对他人的尊重和关心是发自内心的。具体来说，应注意以下几个表述方面：一是沟通者应该是真诚而机智的；二是沟通者要以尊重人的语气表达沟通的信息；三是沟通者应该选择非歧视性的表达方式。

在平时的沟通中，人们通常对自己的上级或长辈比较注重礼节，而且沟通过程中也比较注意策略。但对于自己的下级则往往忽略这一点，因为很多管理者习惯于对下属发号施令，习惯于让下属按照自己的意愿去做事，忽略了对下属的尊重。所以，有效的管理者在平时更应该注重与下属沟通的礼节。具体来说，要注意以下三个方面：

一是平等相待，从一般的人与人之间关系的角度来看待与下属的关系。

二是相信下属，相信下属的创造力与工作主动性。

三是以平常心看待自己，无论身处什么位置，都不应该产生高高在上的感觉。

微型案例 3-4　　小刘的苦恼

小刘刚办完一个任务回到公司，就被主管马林叫到了他的办公室。

“小刘啊，今天业务办得顺利吗?”

“非常顺利，马主管。”小刘兴奋地说，“我花了很多时间向客户解释我们公司产品的性能，让他们了解到我们的产品是最适合他们使用的，并且在别家再也拿不到这么合理的价钱了，因此很顺利地就把公司的机器推销出去 100 台。”

“不错。”马林赞评地说，“但是，你完全了解了客户的情况了吗？会不会出现反复的情况呢？你知道我们部门的业绩是和推销出的产品数量密切相关的，如果他们再把货退回来，对于我们的士气打击会很大，你对于那家公司的情况真的完全调查清楚了吗?”

“调查清楚了呀!”小刘兴奋的表情消失了，取而代之的是失望的表情，“我是先在网上了解到他们需要供货的消息，又向朋友了解了他们公司的情况，然后才打电话到他们公司去联系的，而且我是通过你批准才出去的呀!”

“别激动嘛，小刘，”马林讪讪地说，“我只是出于对你的关心才多问几句的。”

“关心?”小刘不满道，“你是对我不放心，对吧?!”

小刘的主管马林找他谈了一次话。小刘一开始由于顺利完成了公司的任务非常兴奋；但是当与主管马林的谈话进行到一半时，心情开始转变，使得此次的沟通不是非常顺利。这主要问题在马林身上，主要还是由于他对其下属小刘的不信任导致的。在工作、生活中，上下级之间的沟通往往由于上级对下级缺乏信任，或者以高高在上的姿态与下级沟通，双方无法在真正平等的环境开展沟通，而使沟通大打折扣。

资料来源：程庆珊主编，《商务沟通》，东北财经大学出版社 2019 年版。

注重礼节还有一个方面就是要求沟通者从信息接收者的角度去准备每一个沟通的信息，要设法站在接收者的位置去思考问题，充分关注接收者的背景和需要，尽可能向接收者提供全面系统的信息，也就是要求沟通者领会和认识接收者的愿望、问题、环境、情绪和可能的反应，以全面周到的理念向接收者传递信息。

为了实现信息传递的全面周到，可以从以下三个方面入手：

(1)理念上要着重于“你”而不是“我”“我们”。这也就是要求沟通者站在对方的立场去考虑问题。但是在表达上，有时，用“我们”则又表现出客体导向，用“你”显示排斥情绪。因此，在思想上永远是“你”，而言行上是“我们”。要恰当地处理和运用好“你”“我”的关系。比如，当你去拜访客户时，交谈过程中应采用“我们都希望……”“让我们共同想办法把这件事情处理好”等这样的语言。

(2)关注并告知信息接收者的兴趣和利益。这是着重“你”的最本质的特征。语言是表面的，而利益是内在的。如在会议开始时，主持人可以用这样的话语开头：“会议的目的在于就这次工资改革方案征求大家意见，让我们充分提出和讨论可能的建议，共同努力把工资改革做好。”

(3)运用肯定的、令人愉悦的陈述。要充分学会肯定对方，善于从对方的语言中提炼出正确的思想，肯定对方是尊重对方的一种表现。

(四)具体生动

所谓具体生动，就是强调语言的具体、生动、活泼，而不要使用模糊的、一般性的说法。在沟通过程中，沟通主体应学会运用风趣幽默的语言风格。具体在沟通信息的组织上，可以使用以下三种方式：

一是用具体事实和数据图表，并运用对比的方法加强语言的感染力。比如，今年的同期销售额比去年有较大幅度的增长，去年同期为300万元，今年为358万元，同比增长近20%。

二是强调句子中的动词，或突出关键词，这样会给人以明确、人格化、简洁等感觉。

三是选择活泼、有想象力的词语。可以使用形象上口的语言来表达自己的观点，给人留下深刻的印象。如海尔的张瑞敏提出“人才，人才，人人是才”。

四是通过类比的方式，突出要说明的主题，给人以深刻的印象。

微型案例3-5　　相对论

一个老太太在看完电影《卡门》后，在电影院门口正巧遇到爱因斯坦。于是就问：“你就是提出相对论的爱因斯坦？”

爱因斯坦说：“是啊，有什么问题吗？”

老太太说：“能解释一下什么是相对论吗？”

爱因斯坦说：“当你在家焦急地等待你的孙子回家归来的时候10分钟是多么的漫长，而你在看电影《卡门》的时候100分钟是不是感觉多么的短暂！这就是相对论！”

资料来源：https://www.jinchutou.com/p-133054692.html。

(五)谈话连贯

谈话连贯就是指前后话题的延续性。如果沟通过程中出现偏离先前的话题，就会出现沟通的中断。三种最常见的出现沟通中断的问题如下：

(1)缺少平等说话的机会会使沟通中断。当一个人打断另一个人的谈话，或当某人控制了气氛，或当两个人想同时说话时，沟通就被打断了，互相交流也变得不流畅。

(2)过长的停顿会使沟通中断。一个人在讲话时有过长的停顿或在答复前有过长的间歇，都是中断。停顿不应是完全沉默，其间可以填入“嗯”“啊”之类的语气词或重复先前的话语。

(3)主题的失控可能导致沟通中断。比如当一个人单方面决定下一个谈话的主题，或突然将主题转到与先前所说毫不相干的方面，就可能中断谈话。

因此，“轮流讲话、时间控制、主题控制”三个因素是有效的建设性沟通的关键。沟通者为保持沟通连贯性，通常可使用以下技巧：一是在相互交流时，为形成连贯沟通的气氛，学会多多提问，而不要急于就对方的观点下结论，推销自己的观点；提问时，尽量一次只说两三句话，给别人插话的机会；在回答别人的提问前，先听完对方的话，不要轻易打断别人。二是避免长时间的停顿。三是谈论的话题应与前面的相关。四是轮流讲话，肯定他人话语的价值，目的在于共同帮助解决问题。

二、合理定位原则

(一)问题导向定位：对事不对人原则

人们在沟通过程中常会出现两种不同的导向：问题导向和人身导向。所谓问题导向，是指沟通关注于问题本身，注重于寻找问题的方法；而人身导向的沟通则更多地关注于出现问题的人而不是问题本身，沟通者以他人的人身作为评判的方式沟通。建设性沟通“对事不对人”原则就是要求沟通双方应针对问题本身提出看法，不要搞人身攻击，也不要轻易对人下结论，要学会克制自己，从解决问题的目的出发进行沟通。

人身导向的沟通往往会带来很多负面的影响。但是，人们在遇到问题时往往会非常直接地将问题归咎于人，甚至导致一定程度的人身攻击。典型的人身导向的沟通语言就是“你独裁”“你麻木”“你不可理喻”。实际上，人们能改变他们的行为却难以改变他们固有的个性。因此，人身导向的沟通往往只是发牢骚，而不能为解决问题提出任何积极可行的措施。另外，如果你将问题归咎于人，往往会引起对方的反感和心理防卫，在这种情况下，沟通不但不能解决问题，反而会对双方的关系产生破坏性的影响。

问题导向的沟通，关注的是问题的发生、发展和解决，以事实说话，来表达沟通者的思想。“我不参与决策”“我们不那么认为”就是从描述问题出发的沟通语言。为实现问题导向的沟通原则，沟通者应与普遍接受的标准或期望结合起来，而不应是个人观点，通过与行为、外部标准比较得出的陈述，给人以信服的感觉。

当然，有效的建设性沟通者也没有必要完全避讳讲出从他人态度或行为得出的个人印象或感觉。只不过在必须这么做的时候，应当关注其他建设性沟通的原则。

（二）责任导向定位：自我显性原则

所谓责任导向，就是在沟通中引导对方承担责任的沟通模式。与责任导向相关的沟通方式有两种：自我显性的沟通与自我隐性的沟通。典型的自我显性沟通使用第一人称的表达方式，如“我”“我的”；而自我隐性的沟通则采用第三人称或第一人称复数，如“有人说”“我们都认为”“他们说”等。

自我隐性的沟通将信息归之于不为人知的第三者、群体或外部环境，而沟通者则逃避对信息承担责任，因而也就逃避就其自身的情况进行真正的交流。自我隐性的沟通给对方这样一个信息：沟通者很冷漠，或对对方漠不关心，或者对所说的话没有足够的自信以承担责任。

如果不能引导对方从自我隐性转向自我显性的方式，就不能实现责任导向的沟通，这样的沟通不利于解决实际问题。如有可能，管理者可以通过连贯性的提问引导下属员工从“人们如何认为”的说法转变到“我如何认为”的说法上，这样，员工自然而然地开始对自己的行为承担责任。

（三）事实导向定位：客观描述原则

事实导向定位原则在沟通中表现为以描述事实为主要内容的沟通方式。遵循事实导向定位原则能够帮助我们克服轻易对人下结论的倾向。在这种方式中，人们通过对事实的描述避免对人身的直接攻击，也能避免对双方的关系产生破坏性的作用。特别是在管理者向员工指出其缺点和错误时，更应该恪守这一原则。

微型案例 3-6　　与下属沟通

某贸易公司小李，工作做得不错，但是化妆总是很出格，这周涂个大红指甲，下周又换成黑指甲。主管忍了很多次，觉得要与她进行沟通。

情景一：“小李，你的化妆很出格，个性太张扬，我不喜欢！”

情景二：“小李，你的工作干得不错，大家有目共睹。但有一个问题想和你讨论一下。如果你能化妆淡一些，会让我们的客户感觉更好。毕竟，工作时候我们的着装和仪表还是端庄保守为好。你说呢？”

第一种方式是明显的人身导向，以主管的个人喜好为准，没有具体指向的人身评判，容易遭到小李的反感，产生抵触心理，日后可能依旧我行我素，甚至变本加厉。小李可能会想：“我爱怎么打扮就怎么打扮，花的是我的钱，又没有影响工作。”而第二种方式是问题导向，对事不对人，从公司的整体利益出发，从工作的实际出发引导小李，而且“你说呢？”语气比较缓和，营造和谐的沟通气氛，容易被小李接受，达到理想的沟通效果。

资料来源：https://www.doc88.com/p-3187638633260.html。

在这种情况下，管理者可以遵循以下三个步骤进行描述性沟通：

首先，管理者应描述需要修正的事情或行为。这种描述应基于事实或某个特定的、公认的标准。例如，“你在这个季度的销售额排名中处于部门最后一名的位置”“这个月你受到了三次有关服务质量的投诉”等，这样一个描述是客观的，它严格限定在行为与客观标准之间来评估下属的行为特征。下属不会感到受了不公正的对待，因为并没有什么评价性标签贴在他的行为或人身上。

其次，在描述事实之后，我们还应该对这种行为可能产生的后果做一定的描述。例如“你的工作业绩出乎我的意料，这将对我们整个部门的销售业绩产生不良的影响”“你的工作业绩使我灰心”等，这种描述，着重于结果及自我感受，其效果可以减少防卫心理的产生，因为问题被限定在沟通者的感觉或客观结论中，而不是针对个人的态度。如果感受或结论的描述不是以一种苛刻责备的方式出现，沟通者就会考虑怎么集中精力解决问题，而不是先为自己构筑心理防卫。

最后，管理者可以提出一个具体的解决方式或引导员工寻找可行的解决方案。这种方式把行为主体和行为分开来，能帮助行为主体保住面子，并感到自身是有价值的，因为行为主体觉得自尊已得到了维护，需要改进的仅仅是行为。如沟通者可以提出“我建议我们定期会面来帮助你完成本月新增的六个计划”或“我愿意帮你分析妨碍你取得更好业绩的原因”。

三、尊重他人原则

沟通过程中要达到既解决问题，又强化良性的人际关系的目的，很重要的一点就是要学会尊重他人。沟通过程中主张尊重他人，就要做到表里一致、价值认同、积极倾听。

（一）表里一致

优秀的人际沟通和人际关系的基础是沟通双方所表达的和所思考的具有一致性，也就是说，语言和非语言的交流应与个人的所思所感一致。

表里不一致主要表现在三个方面：一是沟通双方处事的态度与他们意识到的态度之间的不一致。一个专注于自我的人可能不会意识到他的语言和方式正对别人构成威胁，而对方已经感到非常难堪。二是个人的感觉与所表达的不一致。例如，个人可能感到愤怒，但又拒绝承认。三是所说的内容与举止、口气不一致。如果想表达对某件事物的真实看法，但你用一种含糊、嘲讽或者玩世不恭的口气说出这种想法，对方就会对你的思想的真实性表示怀疑，尤其是沟通双方的关系在历史上曾经有过不良“记录”，更会反映出这种情况。

有研究者认为，沟通的一致性处于人际关系的中心位置。沟通者的实际状况、感受和言语越一致，与沟通对象所形成的关系就越可能产生一致性，双方都能够正确理解对方的心理倾向，提高双方心理适应性，并不断提高和强化对相互关系的满意度。相反地，实际情况与感觉状况越不一致，所形成的关系就越可能影响沟通的质量，导致相互之间的适应性下降，对双方关系的不满意度提高。

当然，致力于表里一致并不意味着要压制自己的一切不良情感，也不是强调一致性原则至上论。在实际沟通过程中，其他建设性沟通的原则要综合起来考虑，不能为了追求表里一致性原则而抛弃其他原则。

（二）价值认同

在了解价值认同沟通之前，我们有必要先熟悉与它相对立的排斥性沟通。排斥性沟通常常会使对方在自我价值、认知能力和人际关系处理能力上产生消极情绪，最突出的表现就是沟通者的自我优越感、冷漠、严厉和冥顽不化。

优越感导向是排斥性沟通中的第一种表现形式。优越感导向的沟通给人一个印象就是谈话一方是博学、合格、胜任而有力的，另一方却是无知、不合理、不胜任且无力的。优越感导向的沟通主要表现形式有：

（1）奚落。这使沟通者显得很棒，而对方却显得很糟；或表现为救世者的态度，在别人的敬意中抬高自己，如"你个小毛孩，知道什么"。

（2）自夸。如"如果你懂得像我一样多，就不会这样了"。

（3）事后诸葛亮。如"如果你早跟我说，我就会告诉你这计划是行不通的"。

（4）以行话、惯用语、术语等形式将圈外人排除在外，形成关系障碍。用别人听不懂的词或语言往往给人一种高高在上的感觉，这对别人来说是很不礼貌的，因为你在排斥别人。

排斥性沟通的第二种表现形式就是过于严厉。过于严厉的沟通表现为：绝对不容怀疑、不容质问；对其他观点不加考虑。在独断的气氛中，排斥性沟通会降低对他人成绩的认可，甚至会使他人对自我价值产生怀疑。除了独断态度外，下面一些态度也会导致过于严厉。

（1）根据自己的意愿和观点去重新解释他人的观点；

（2）从不说"我不知道"，对每一件事都要表现出自己在行而提供答案；

（3）不愿忍受批评或接受其他观点；

（4）复杂问题简单化，在他人面前要显示出自己的"非凡"洞察力，总是设法给复杂的事情下简单定义或加以归纳；

（5）喜欢在讨论之后做总结性发言，并设法在他人心目中制造一种该总结是结论性的、完全的和绝对的印象。

排斥性沟通的第三种表现形式是冷漠。这种类型表现为：沉默；不做语言回答；不做眼睛接触或无任何面部表情；经常打断别人的谈话；用非指称性词汇，如用“人不应该”而不是“你不应该”；在交谈中干其他无关的事。信息传达表现为对他人不关心，给人以对他人情感或愿望漠不关心的印象。

与排斥性沟通相对应的，建设性沟通应强调价值认同原则。价值认同原则要求我们在沟通中做到尊重对方、灵活开放、双向沟通。

尊重对方，就是不管与谁沟通，要设法克服自己的优越感导向，尤其在管理者给下属提供指导或建议时，如果自我感觉与下属有明显的等级差距，下属就很容易感到一种被排斥感。相反，建设性沟通者在尊重他人的基础上，通过平等交流的方式，使下属意识到双方是在讨论问题，而不是简单地下达指令。上级凭借自身的修养、知识和洞察力，树立在下属心目中的威信，使下属意识到存在的问题，从而设法提高自身解决问题的能力。

沟通中的灵活开放，就是要沟通者从内心承认，除了自己已经想到的解决问题的方法外，还可能存在别的数据和方法，承认他人也能为解决问题和建立良好的关系做出贡献。这是一种对新观点的开放态度。沟通中的开放，不应以自我为中心，而应该认识到自身由于知识、资料和信息的有限性，应该从他人处获得更多的信息支持。

双向沟通是尊重和灵活的自然结果。当沟通双方都被赋予了自由表达观点的机会，并参与到问题的解决过程中来，他们的价值就得到了认同。双向交流就得到了认可下属的价值，形成团队气氛的目的。为了达到双向沟通的目的，具体的建设性沟通策略有：

(1)在沟通时先提炼出对方的主要观点，而后是其他零碎的看法；

(2)先指出沟通双方一致的地方，之后讨论不同之处；

(3)先肯定下属观点和行为中的优点，之后指出缺点，先赞扬后批评；

(4)先提出下一步解决问题时可采取的正确做法，而后指出以前的错误；

(5)先帮助下属确立他们的自我价值与自信，帮他们实现自我激励，然后让他们考虑如何提高工作业绩。

(三)积极倾听

建设性倾听是解决问题的有效方式，也是提升自我意识的有效工具。每个人在形成对事物和观念的正确判断之前，往往只有一些模糊的、朴素的认识，这些认识往往是混沌和秩序、随机和准则、自由和约束、感性和理性等矛盾的概念按照某种特定的方式组合在一起的。在矛盾交错的心境下，依靠自己的思考往往很难找出“到底是什么”的答案。在这种状况下，有效的倾听有助于从他人的理念、思维模式和思考途径中去探寻出适合自身的结果。

在学会积极倾听之前，首先，要从内心认识到倾听的重要性；其次，要从肯定对方的立场去倾听；再次，要有正确的心态，克服经验意识，不要为了面子，或者担心自己的权威或地位受到挑战而不接受与自己观点相左的思想；最后，要学会给对方以及时的、合适的反馈。

积极倾听有以下五种技巧：

一是解释。倾听就要学会用自己的词汇解释说话者所讲的内容，从而检查自己的理解。比如：

讲话者：我觉得很压抑，因为我自愿加班加点，尽了最大的努力，按时完成了项目，但是好像人人都不赞同我。

听　者：看上去你很失望，你没有得到足够的支持。

讲话者：是的，正是这样，并且……

二是向对方表达你对他感受的认同。比如：

讲话者：我真是厌烦极了。这项预算非常不精确，他们希望我严格管理。我花费了大量的时间熟悉它们，发现错误，却耽误了我的工作。

听　者：是的，真是够烦的。

讲话者：别开玩笑，关键是还有很多事情要做。我需要有人去做，我的大脑需要休息。

听　者：听起来你确实厌烦极了。

讲话者：我建议……我宁愿……

三是要适当表达反馈意思。即把讲话者所说的内容、事实简要概括。比如：

讲话者：你不在时发生了许多事情。李撞车了，需要几天才能康复；王患了流感；张扭伤了脚。此外，我们还必须有一份临时计划，不知谁故意把我们的主要文件弄丢了。你回来了我真高兴。

听　者：看来这段时间做了大量的工作，而且一定忙到现在，对吗?

讲话者：我要说的是，如果由我自己来做，我会把一切管理得井井有条，并且我已经在做了。

四是能够综合处理对方信息，即综合讲话者的几种想法为一种想法。比如：

讲话者：第一件事主要是政策改变，没有人能够预言；第二件事是我们最好的一个技术员辞职了；第三件事是这个项目的最后期限到了。我建议检查一下，我们该做什么。

听　者：你的意思是一系列障碍使得我们这个项目的完成更加困难了?

讲话者：你别开玩笑，我认为最关键是政策的变化。如果政策不变，我们会有机会。

听　者：不是所有机会都失去，而是我们肯定还有机会。

五是大胆地设想。比如：

讲话者：我真不知道该如何选择，每项活动都有赞成和反对两种意见，而且反应都相当强烈。

听 者：如果我处在你的位置上，我想我宁愿慢些做出决定，以免得罪任何一方。

讲话者：是的，我想我需要收集更多的信息，或许应该再收集一些意见，向所有这方面有经验的人请教。

第三节 建设性沟通的框架和策略

微型案例 3－7 **墨子训徒**

春秋战国时期，耕柱是一代宗师墨子的得意门生，不过，他老是挨墨子的责骂。有一次，墨子又责备了耕柱，耕柱觉得自己真是非常委屈，因为在许多门生之中，大家都公认耕柱是最优秀的人，但又偏偏常遭到墨子指责，让他没面子过不去。一天，耕柱愤愤不平地问墨子："老师，难道在这么多学生当中，我竟是如此差劲，以至于要时常遭您老人家责骂吗?"墨子听后，毫不动肝火："假设我现在要上太行山，依你看，我应该要用良马来拉车，还是用老牛来拖车?"耕柱回答说："再笨的人也知道要用良马来拉车。"墨子又问："那么，为什么不用老牛呢?"耕柱回答说："理由非常的简单，因为良马足以担负重任，值得驱遣。"墨子说："你答得一点没有错，我之所以时常责骂你，只因为你能够担负重任，值得我一再地教导与匡正你。"

这个故事至少给我们两个方面的启示：第一，沟通是要讲究艺术和策略的；第二，沟通是必要的。耕柱是墨子的得意门生，但墨子总是训斥这名爱徒。为什么?如果墨子和耕柱没有进行有效沟通，如果耕柱一直忍着，没有去问他的师傅。如果墨子只是说教，回答"我都是为你好"，没有使用适当的沟通策略，没有组织好沟通的信息内容，可能结局会截然不同。在我们日常的学习、工作、生活中也经常会出现类似的情况。

资料来源：肖传亮、童丽、王贵军，《劳动关系管理》，东北财经大学出版社2008年版。

完整的沟通离不开沟通主体、沟通客体、沟通信息、沟通渠道、文化背景等基本沟通要素。由于沟通双方在生理、心理(包括情感、思想、观点和态度等)、社会背景、价值观、思维方式等方面各不相同，为实现有效的沟通，就必须深入、细致、有针对性地分析沟通主体和沟通客体，然后才能选择沟通的信息内容和安排、沟通的渠道和方式。因此，成功的管理沟通要求沟通主体和沟通客体（尤其是沟通主体）从战略角度来思考沟通的策略（见图3.1）。

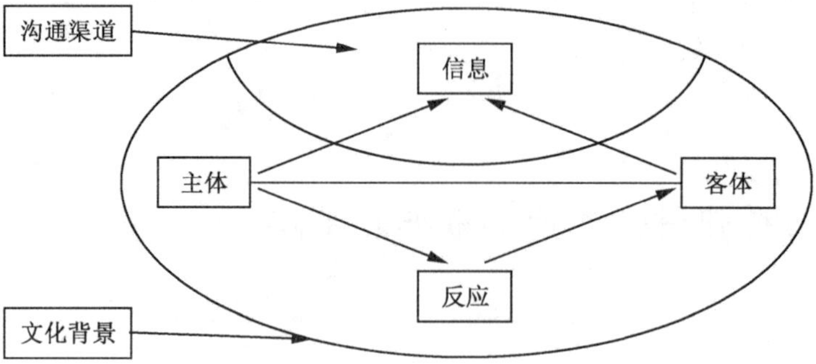

图3.1　建设性沟通的策略框架

一、沟通主体策略

美国著名管理学家斯蒂芬·罗宾斯和玛里·孔特认为管理中的沟通障碍主要来自五个方面：信息过滤、选择性感觉（主要由于接收者的愿望、动机、经验、背景和其他个人因素差异而产生）、语言、民族文化、非语言暗示。为了克服这些障碍，沟通者就必须客观地认知自身的特征，界定自身的沟通地位，运用建设性沟通的策略，选择恰当的沟通渠道，采取积极的倾听策略和自我控制策略，以取得有效的沟通结果。总的来说，沟通主体策略分析即沟通者自身如何明确沟通的目标，并在该目标的引导下，结合自身的身份地位、良好意愿、专业知识、外表形象和价值取向，选择相应的沟通策略。

沟通主体的分析过程要明确三个问题：一是我是谁？二是我在什么地方？三是我能给受众什么？要明确这三个问题，沟通主体应注意识别并提升自身的可信度，通过持续的自我沟通过程，不断提高主体的沟通意识和沟通技能。

二、沟通客体策略

建设性沟通的本质是换位思考，因此沟通者在每次沟通前，要分析四个基本问题：第一，受众是谁？第二，他们了解什么？第三，他们感觉如何？第四，如何激发他们？这四个问题归结到一点，就是要明确受众需要什么，然后尽量给予他们。为此，沟通客体可以分为上级、平级和下级三类。在这三类沟通对象中，管理者普遍认为最难解决的就是与上级、与上级的上级之间的沟通。

三、信息策略

构筑信息策略是建设性沟通策略的第三个重要环节。成功的沟通者在每次信息沟通发生之前，首先要考虑如何完善沟通信息的组织结构。因此，信息策略的制定，关键就在于解决怎样强调信息、如何组织信息这两个问题。

（一）怎样强调信息

根据记忆曲线的研究，信息的开头和结尾是最容易被受众记住的，因此在信息的组织上，要坚持：

(1)不要将沟通的重要内容“埋藏”在非重要地带；

(2)充分考虑那些吸引受众注意力的因素来保持受众从始至终对沟通内容的兴趣；

(3)重视开场白和介绍部分；

(4)将沟通的重点放在显著的位置上，或者开头，或者结尾，或者两者兼有。

根据沟通重点位置的不同，强调信息的策略可以分为两种：一是直接切入主题策略；二是间接切入主题策略。

直接切入主题是在开头就阐述重点，沟通者首先将最后的结论放在开头，比如，公司决定下个月开始采取以下措施：(1)(2)(3)……其原因在于：(1)(2)(3)……

这种策略具有三个方面的优点：①增进受众对全部信息的掌握。受众一开始就能了解结论，有助于帮助他们吸收与理解全文内容。②强调了分析的结果或最终的做法，直接以受众为导向，使整个沟通面向受众，而不是以沟通者自我为中心。③有利于节省沟通的时间。

由于直接切入主题的结构接受起来更快、更容易，因此在商务场合中被广泛使用。尤其是在以下场合，该策略更为适用：①对于无感情倾向的不敏感信息的处理；②对于受众具有正确倾向的敏感内容的处理；③对于受众更为关注结论时敏感信息的处理；④沟通者可信度特别高时对敏感信息的处理。

间接切入主题的策略是在结尾时才列出结论，包括先列举各类论证后以结论或总结收尾。比如，由于以下原因：(1)(2)(3)……公司决定下个月开始采取以下措施：(1)(2)(3)……

这种策略的优点在于：①循序渐进，以理服人。②缓和因观点的不同可能引起的冲突。③以逐步改变受众态度的方式，步步推进，达到让受众接受自己观点和主张的目的。

在以下几种情况下，沟通者可以考虑采用间接切入主题策略：①信息中含有敏感内容，包括主观感情成分；②信息内容对受众有负面影响；③受众很注重分析过程；

④沟通者的可信度较低。

（二）如何组织信息

沟通者在每次沟通之前，可能会遇到很多素材或信息，这些素材或信息中有好的、坏的，完整的、零碎的，论据性的、结论性的……如何组织好这些素材或信息是沟通者制定有效沟通策略的关键。为实现有效的沟通，沟通者必须强调并组织一个清晰的概念传达给受众。这个清晰概念的组织应包括：

1. 目标确定

具有明确的沟通目标是沟通能够进行的前提。在许多管理现状中，管理者的管理行为中总是预先设定一个目标。根据沟通者的策略不同，沟通目标可以多种多样。对于指导性策略，沟通者的目标是要求受众接受沟通者的观点，或产生期望的行为或结果；对于咨询性策略，沟通者的目标可能是为了获取某种信息或得到某个结论，或者是得到对方的支持。

2. 观点明确

沟通中最困难的地方就是说服你的反对方赞成你的观点。如果实施目标，沟通双方能够达成共同的愿景，那么，观点就是打开达到这个目标大门的钥匙。沟通者要达到观点明确，须注意以下几个提出观点的基本要求：

①明确自己的立场，并分析反对方的立场；

②就评价一个状态提出发现和建议所蕴含的愿景；

③提供可靠的信息；

④提供不同的（常常是冲突的）价值观和利益；

⑤其他观察者和参与者的意见；

⑥着眼于事实、价值、意见，不能采取中性的态度。

3. 内容和结构的组织

第一，在内容的组织上。

沟通内容的确定有两个基本原则：一是用一个简单的句子概括你的沟通目标，让他人能理解并能与你沟通；二是“沟通不是我们说了什么，而是受众理解了什么”。关于沟通的目标，前面已有概述，而第二个原则，就是要求沟通者根据不同对象修正沟通的信息表达方式和内容的结构安排。

在沟通时，沟通者应明确指导思想是针对不同的受众，要了解受众所要求的最重要的信息是什么，然后根据不同对象来选择信息表达方式。

微型案例 3-8　　　　领导、同事、下属

小刘将在一个较忙的时候去休假。在休假前，小刘必须先向领导请示，然后要向同事和下属交代一些事情。

对领导：我已经向同事们安排好了工作。休假后我将投入更多的时间和精力以保持工作的最好状态。

对同事：为了这个假期，工作计划和日程我已经重点安排好了。我会感谢你们的关照的。

对下属：我个人经过反复考虑后，认为在这个时候休假是一个较适合的时间段，而且其他人也给予了相似的看法。希望你们按计划组织开展好工作。

第二，在信息结构的安排上。

信息结构的组织，要分析内容、论证和结构的组合与统一。

(1)从信息的论证分析。在确定你的中心信息时，为实现沟通过程的一致性，沟通者应在分析接收者的基础上，首先获取直接受众的支持，之后再平衡次要受众的利益，然后设法获取反对者的承认或中立，并解释为什么你的建议比其他方案更具有可行性。在此基础上，为了让所有受众能接受你的观点，在论证过程中就要有效地使用逻辑和依据。

逻辑包括两种思维：演绎与归纳。演绎就是从一般到特殊的过程；而归纳则是从特殊到一般的过程。演绎包括：一个大前提(如，我们需要一个安全的工作环境)；一个小前提(如，我的建议可以使我们的工作场所变得安全)；得出的结论(如：因此，应该采纳我的建议)。在使用演绎之前，首先要对大前提、小前提的正确性进行批判。归纳同样也要对归纳的前提进行分析，其分析的基本结构与演绎一致，即大前提、小前提以及结论。如，大前提：我们都已经分析了全部现有的资料。小前提：我们对这些资料的分析，表明了以下几个方面的发展趋势。结论：我们必须马上采取以下行动，解决面临的问题。

在论证时应注意以下几点：

①以合作者的态度与受众沟通，把受众看作能帮你选择论证的标准。如，如果受众对你的前提很明白，就不要过于强调对前提的分析。

②在展开论证时，要强调对受众来说最重要的那部分内容。

③考虑如何表述能让受众更好地接受你的论证。通常以结论开头，开门见山，能直接吸引受众的兴趣。

(2)提出具有说服力的论据。一般来说，论据主要包括：事实、数据、共同的知识、大家普遍认同的例子、权威观点等。以这些论据作为论证的大前提和小前提，才可能推理出为大家接受的结论。

(3)合理组织信息。尽管运用逻辑和论据能够使沟通者的沟通更具有说服力，但是，如果沟通者不能在沟通过程中合理组织论证与论据，同样会给人一种信息堆砌的感觉，从而使说服力大打折扣。要有效地设计信息，必须考虑以下几个方面：

①从一开始就理清目标与观点，不管受众接受与否，至少让他们能理解你的论述；

②通过勾画不同的冲突观点，引用合理的反对意见，表明你已经明白决策制定的背景；

③阐述你的解决方式是最佳方案的合理理由；

④承认并中立合理的备选方案；

⑤通过勾画下一步计划，向受众强调采纳你的建议是有长期利益的。

四、渠道策略

渠道是指沟通的方式。沟通的渠道策略主要可以分为以下几种：

(一)书面沟通渠道与口头沟通渠道

书面沟通一般是在沟通信息需要记录和保存，沟通过程中需要处理大量细节问题、采用精确的词或让受众更迅速地接收信息等情况时所使用；而口头沟通则一般发生在沟通中需要更为丰富的表达效果，对沟通信息传达的严格性与持久性的要求较低，以及沟通信息无须永久记录等情形下。

(二)正式沟通渠道与非正式沟通渠道

正式沟通渠道是指在组织系统内，依据一定的组织原则传递与交流信息。它具有精确、内敛、技术性与逻辑性强、内容集中、有条理、信息量大、概括性强、果断、重于行动、重点突出、力度大等特点。比如，组织与组织之间的公函来往，组织内部的文件传达，召开会议，团队组织的参观交流等。正式沟通比较严肃，约束力强，易于保密，可以使信息沟通保持权威性。重要信息和文件的传达、组织的决策等，一般采取这种方式。但正式沟通由于依靠组织系统层层传递，沟通速度比较慢。

非正式沟通渠道是指正式沟通渠道以外的信息交流和传递，它不受组织监督，自由选择沟通渠道。同正式沟通相比，它具有迅速、交互性强、反馈直接、有创造力、开放、直接、流动性强、较为灵活等特点，适用于获取新的观念和新的知识的场合，如个人之间的口头交流、电子邮件、语音信箱等。但非正式沟通难以控制，传递的信息不确切，容易失真和被曲解。

(三)个体沟通渠道与群体沟通渠道

个体沟通渠道是用于个人关系的构造，通过他人的反应，获取属于个人的信息，具体形式如当面交流、电话沟通、传真和电子邮件等。群体沟通则是用于团体形象和关系的构建,取得团体反应,防止排除个人并确保团体中的每个成员都同时接收到信息传送者的信息。会议是最常见的一种群体沟通渠道。

五、文化背景策略

任何沟通策略的制定都脱离不了国家、地区、行业、组织、性别、人种、工作团队之间不同文化对其的影响。前面所述的沟通主体策略、沟通客体策略、信息策略以及渠道策略都无一例外要受到文化因素的影响。

(一)从沟通主体策略看

文化的不同,对沟通者的沟通目标、沟通形式以及沟通者的可信度均有影响。

(1)沟通目标的不同。由于不同文化导致人们对于时间的观念和态度具有很大差别,因此,在行为懒散、组织松散、传统观念强的文化中沟通目标的设定与强调工作准时、管理精确的现代化企业文化中的目标设定就可能完全不一样。

(2)沟通形式的不同。在团队观念强的组织中,沟通者往往倾向于咨询性沟通策略;而在个人观念强的组织中,沟通者可能更倾向于指导性的沟通策略。独断的管理者一般喜欢运用指导性沟通策略,民主的管理者则喜欢咨询性沟通策略。

(3)可信度的不同。在注重人际关系的文化中,良好意愿的可信度备受重视;在尊崇以任务为重的文化中,对专家的可信度很高,在某些文化中,人们更倾向于注重地位、头衔以及权威。

(二)从沟通客体策略看

文化因素也同样会影响沟通客体策略的选择。根据文化取向中对地位、权威和组织形象的不同期望,沟通者对主要受众的选择也有所不同。而且,不同的文化也会决定不同刺激方式的有效性。比如,有些文化强调物质财富与“关系”,有些文化则注重工作关系、挑战性因素和个人地位。

(三)从信息策略看

文化差异导致沟通者对信息结构有不同的选择。如,在喜欢节奏缓慢、仪式性强的谈判方式的文化中,沟通者大多倾向于间接切入主题;而在偏向节奏快、高效率谈判方式的文化中,沟通者则倾向于直接切入主题。

(四)从渠道策略看

文化对渠道策略的选择同样不可忽视。注重个人信义的文化,倾向于选择口头沟通和协议;注重事实与效率的文化,则倾向于选择书面的沟通方式。

另外,文化因素对于沟通风格、沟通语言、非文字信息,包括身体语言、声调、语速、实物和空间等的选择,都会产生影响。

本章小结

1. 所谓建设性沟通，是指在不损害、改善和巩固人际关系的前提下，帮助沟通者进行确切、诚实的人际沟通方式。建设性沟通的本质是换位思考。

2. 建设性沟通具有三个方面的重要特征：一是建设性沟通的目标是为了解决现实的问题，而不仅仅在于为他人所喜爱，或被社会承认；二是建设性沟通使沟通双方的关系因为交流而得到巩固或改善，有利于建立积极的人际关系，保持关系的持续性；三是建设性沟通实现了信息的准确传递。

3. 建设性沟通的原则：信息组织原则、合理定位原则、尊重他人原则。

4. 建设性沟通的策略：沟通主体策略、沟通客体策略、信息策略、渠道策略、文化背景策略。

案例研究 3—1

奔驰漏油事件

2019 年 4 月 9 日，一段“奔驰女车主哭诉维权”的视频引爆网络。视频中，该女车主哭诉，她在西安 4S 店利之星花了 66 万元买了一辆新奔驰小轿车，可车“还没开出门”发动机就开始漏油。之后女车主两次找 4S 店协商，并且给足了 4S 店处理时间，第一次给出的解决方法是退款，可随后改口说退款流程太麻烦，要给这位女士换车。几天后再次改口说不能换车，要按照“三包”给这位女士的新车更换发动机。

维权视频在微博、抖音等网络媒介被广泛流传，引起了网民们的热议。4S 店利之星总经理联系到车主进行了一次沟通。

4S 店总经理：刘女士您好，我是利之星的总经理刘××。

车主刘女士：您好，我找您找了将近 20 天，今天终于能见到您，非常荣幸。

4S 店总经理：见到了就是一个好的开始。

车主刘女士：非常荣幸。

4S 店总经理夺话：今天是您的生日，祝您生日快乐。我也挺抱歉的，在这个购车的过程中，(给)您带来了很多的不愉快。

我先给您解释一下，回答一下刚才我们所说的，就是为什么没有见到我。5 日我从德国开产品会回来，第一时间得知您的事情，我就跟奔驰及时地沟通了。9 日，在北京开董事会，11 日早上 11 点我们看到了这个网络事件，说实话，我比您还意外。因为我知道 9 日的时候，其实我们已经达成了协议。也许您还不是特别满意，但是我们已经达成了一个协议，而且是由您来起草的。所以在这个过程中，我们一直也没有见面，但是我的销售经理和售后经理于 11 日当天及时去见了您，他们回来把您的情况给我们做了一个汇报，我们立刻跟奔驰进行了一个沟通。从时效性上来说，我们确实抱歉，这个过程有点慢。但是奔驰官方昨天给我们回复，正式同意换，因为您一直希望退款，就退款。同时也写了邮件给您，而之前说是下一周给您回复的。您给我们的回复，我们销售经理及时传达给我了，我也看到了，您并不满意！今天是您的生日，我们给您准备了生日礼物。

特别抱歉在这一点上，我也是一个女生，看到您坐在奔驰上哭，我比你还难受。今天这个事情发展到这一步，无论是你还是我，都是我们不想看到的。从一开始，他们告知我的时候，我说，客户能选择我们家，我希望您还是我们的客户。但是后来他们说您不想再选择了，选择退款。开出去才这么短的时间就漏油，没有理由的，给客户退款，应该的。虽然漏机油在国家"三包"法规里，是只能换发动机的，但是在我的情感里，我都不能理解，我们一直在跟奔驰官方积极地沟通。奔驰官方也在积极地处理，但是他们有一个处理流程，怪我们的处理速度太慢了，而且没有想到的是，这个事情这样发生了。

车主刘女士：您的陈述特别长，比较官方。我这个人脾气不太好，不像您这样官方冷静地处理，可能事情不在您身上，所以您代表官方。我这个人就是脾气有点不好，但我是一个善良的人，就这么简单。

让我来说吧，我还是荣幸能够见到各位，我一直在找你们，找不到，您有各种理由，在德国也好，在哪也好，但是我没有您的手机号，也没有您的微信号。您在德国我也能打电话给您，我一直要求跟您通话，包括在 4 月 11 日，事情发酵到下午的时候，已经有超过 9 000 多万点击量，你们的销售来找我，我要求见你们的领导，没有人把您的联系方式给我，我相信您在哪个国家都有联系方式，现在不是一个一维的空间，所以这个事情您不需要特别的解释，我很不理解，也不接受，所以请您不要太官方说辞了。

第二点您刚才说得很好，4 月 11 日，您官方给了我一个答复，对吗？凭什么就说 4 月 9 日我与你们达成了和解，而且是你们对外发布的我跟你们达成了和解，您刚才不是说了吗，4 月 11 日给我发邮件，下周奔驰给我回复，那时间上怎么就是 4 月 9 日我跟你们和解了呢？请问这个和解是什么意思，您的时间是错乱的！那我再说一下 4 月 9 日当时您不在现场，我"逼迫"你们的销售人员在上面签了字，我用的是"逼迫"这个词，整个文字是我写的，我写完逼他签字的，我说今天你不签字，我不让你走，既然我面子都不要了，也必须签这个字。他不肯盖奔驰（西安利之星公司）的章，他只能个人给您说一下，但具体的结果还是等奔驰官方来处理，所以说刚刚您说的友好协商的结果，我不知道是谁跟我友好协商了？

我问您几个简单问题，第一，钱是交给你们 4S 店的，我交付的是西安利之星，并不是奔驰官方。您跟奔驰官方怎么沟通是你们的事，跟我又有什么关系呢？我是做餐饮店的，难道说有人在我的餐饮店里吃食物中毒了，我说种菜的农民洒农药了，我要先跟那个农民沟通一下吗？我觉得你们的责任无可推卸，请你们承认这是你们的事情，好吧。第二点，我给你们钱的时候，都是按照你们的要求签字，3 月 22 日到款、签合同，我当场付定金，到场给钱，您刚才也承认了，这个新车发生这种问题，您从情感上是支持我的，那么这么简单的一个问题，你们反复推脱，到最后我硬要换发动机，还跟我说根据国家"三包"，你们推脱国家"三包"，国家"三包"不背这个锅，各位领导也不背这个锅。我再问您一个最简单的问题，您给我谈国家"三包"，国家"三包"规定修车只要超过 5 天，4S 店必须给我配一辆备用车，我跟你们提出了四次诉求，你们把 400 的电话拨出来，说"配不配备用车看各个店情况而定"，您现在谈国家"三包"，是断章取义。为什么呢？国家"三包"有利于你们的，就来搪塞我，国家"三包"有利于我的，你们就说看各店情况而定，请问国家"三包"是你们包的，还是你们用来推脱、断章取义的，国家"三包"帮助我的地方你怎么不说。

我还有最后一个问题想问，我作为一个消费者，您敢代表你们公司在整个过程中我没有受到欺骗，您敢保证吗？

资料来源：搜狐网《漏油奔驰女车主与西安利之星销售高管对话录音文字版》（节选编辑）。

问题：

1. 4S 店总经理与顾客的此次沟通失败的原因何在？

2. 4S 店总经理在与顾客沟通时，违反了哪些建设性沟通的原则？

3. 如果你是 4S 店总经理，你会如何与这位顾客就此事展开建设性沟通？

复习思考题

1. 什么是建设性沟通？它具有哪些特征？

2. 如何理解建设性沟通的本质是换位思考？

3. 建设性沟通的原则是什么？如何理解？

4. 建设性沟通的策略有哪些？

第二篇

管理沟通技能

第四章　倾听技巧

学习目标

通过本章学习，你应能够：

做好倾听前的准备；

明确倾听的定义；

了解倾听时的礼仪；

掌握倾听时的策略；

认识倾听中提问的技巧。

关键词

倾听　认真聆听　倾听氛围　技巧　策略

导入案例

当面对员工的个人问题时

丽莎是一家外资企业的高级管理者，她曾经谈到她是如何处理一位部门经理的个人问题的。

几个月前，我的一位部门经理在工作效率上有了明显的退步。在过去，他一向准时上交工作报告，但最近一连几个星期总是迟交，而且在中层会议上很少提供有效意见——这些都不太像他平时的表现。

正好有一天，他来我办公室向我解释他的报告又迟交的原因，我便决定好好和他谈一谈。我站起来，绕过办公桌，给他倒了一杯茶。

我把茶放在茶几上，自己在沙发上坐了下来。于是他也主动在我身边坐下。

“查理，你是我们公司的重要员工，你来这里已经 15 年了。我觉得这些年来，我们已经成为好朋友了。”

“我也这么认为，丽莎。”他说。

“我一向很欣赏和关心你，查理，你对工作一直很积极，所以我们都很重视你的意见。但是，最近你和以前不一样了……”

他没有任何反应，于是我便停下来，问他要不要添点茶水，他说不用。接着，我又问他：“是家里发生了什么事情吗？”

他的脸立刻变得通红，过了一会儿才点了点头。

“我可以帮你做点什么吗？”

他这才告诉我，医生发现他太太身上长了一个恶性肿瘤，他非常担忧，他早就想告诉我，因为他知道他的工作很受影响……

我知道，这个时候必须安慰他，并让他尽情吐露内心的积郁，所以便静静地听。我们大约谈了一个多小时。到了快结束的时候，他的神情看起来舒坦多了。

从那次谈话之后，他的工作很快恢复了正常。一个月之后，我收到了他送给我的一张精美的卡片，上面写着：“丽莎，谢谢你对我的帮助。”

可是，我对他的个人问题真的无能为力，我的确没做什么……

资料来源：孙健敏、徐世勇编著，《管理沟通》，清华大学出版社 2006 年版。

在上述案例中，丽莎究竟做了什么？竟然使这名下属发生了这么大的变化？这个案例对你与他人的沟通有何启发？

作为一名人性化的管理者，丽莎不仅要熟悉其工作环境，还必须深入了解下属情况，做好与下属的沟通，培养自己良好的倾听习惯。这样就可避免因为其一个错误的决定而挫伤员工的积极性和进取心，导致对公司效益带来不必要的损失。

第一节　倾听概述

沟通是个人和组织日常生活中的基本方式，是信息和思想的交换，以及情感的共享与交流的过程。良好的倾听氛围，包括了“宏观”氛围和“微观”氛围两个方面，将有利于发挥倾听的重要作用。事实上，沟通首先是倾听的艺术。

在人际交往中，倾听占 40%，交谈占 35%，阅读占 16%，书写占 9%。倾听占到整个沟通时间的40%，由此可见，人们每天花费在接收信息上的时间，尤其是花在倾听上的时间，要远远超出花在其他沟通方式上的时间。一位哲学家曾经说过：不会倾听的人，就无法吸取他人的宝贵经验。

一、倾听的含义

倾听，就是用耳听，用眼观察，用嘴提问，用脑思考，用心灵感受。换句话说，倾听是积极主动搜寻信息的行为。也有学者说，所谓倾听是一种有意识、有情感地接受语言或非语言信息并且对此做出反应的过程，是具有主观能动性的行为。

在解释了倾听的含义之后，我们还有必要明确，倾听不等于“听”，倾听是一个主动参与的过程，倾听是眼、耳、心的综合行为，倾听需要有感情因素的介入。

《语言的突破》的作者戴尔·卡耐基曾从另一个角度说过：“当对方尚未言尽时，你说什么都无济于事。”这就是说在对方尚未达到畅所欲言的状态时，对任何劝说都不会做出反应的。卡耐基所说的倾听技巧是很有说服力的。倾听的效应源于“袒露自己”［自我开放(self-disclosure)］的心理技巧。自我开放就是把自己的一切如实地传达给对方，这会使说话的人产生两种心理反应：洞察，看清自己的想法或问题；解脱，向别人倾诉自己的苦恼以求得心理上的解脱。

无论是谁，只要有听众便可以通过倾诉来了解自己，并减少很大一部分的不满和部分苦恼。所以即使对方曾经讨厌过你，只要你认真聆听，也会使对方对你感激不尽，并认为你是“最能放心倾诉的对象”“能够认真倾听我的不满或苦恼的人”。

在谈判时也一样，当对方说得正起劲的时候千万不要打断他，要做出愿意倾听的姿态让对方畅所欲言。

听的时候你可以用“哦，是这样啊。那么您的想法呢?”“您能说得详细一些吗?”等话语来应和，以便让对方将自己的内心所想如数道出，然后你再表明自己的意见或条件。这时对方已通过倾诉重新认识自己，并得到了解脱，同时对你也产生了好感，具备了能够接受你的建议的心理状态，谈判就会相对顺利。

要说服对方首先必须当好听众。所以要想在谈判中占据有利位置，先当好顾问。

但是，实际上认真倾听并不是件容易的事。不要说倾听，就是做出倾听的姿态也很难，唇枪舌剑、针锋相对、一味表现自我的人，反而越发多起来。越是这样，“倾听”的心理效果越是明显。

在现实生活中，大多数人都是充耳不闻的听众。也许，他们假装自己在听；他们一直盯着某人，看上去对话题很有兴趣，甚至还频频点头称是，或者在合适的时候露出微笑，但是，实际上一句话也没有听进去。

微型案例 4－1　　有效倾听客户谈话

全球知名成功学家戴尔·卡耐基曾经说过："在生意场上，做一名好听众远比自己夸夸其谈有用得多。如果你对客户的话感兴趣，并且有急切想听下去的愿望，那么订单通常会不请自到。"

福特汽车制造公司前董事会主席菲利普·考德威尔说："如果我们不在乎是否建立了一种风气，如果我们不够细心地去向别人请教、聆听别人给我们提出的意见，那我们就无法知道客户对我们的批评与指教。"

良好的倾听技巧可以帮助销售人员解决与客户沟通过程中的许多实际问题，可以说，在成功的客户沟通过程当中，有效倾听所发挥的作用绝不亚于陈述和提问。但并不是人人都能够做到有效倾听，听得不够认真会影响客户的情绪；听得不清楚，会误解客户的意思。

资料来源：https://www.zhiku.com/question/35893233/answer/1297331068.html。

（一）客户服务人员要具备常用的倾听技巧

1. 站在客户的立场去倾听

站在客户的立场专注倾听客户的需求、目标，适时地向客户确认您所了解的是不是正是他想表达的意思，这种诚挚专注的态度能激起客户讲出他更多内心的想法。

2. 让客户把话说完，清楚地听出对方的谈话重点，并记下重点

记住你是来满足客户需求的，是来带给客户利益的，只有让客户充分表达他的状况以后，你才能正确地满足他的需求，就如医生要听了病人述说自己的病情后，才开始诊断。

当与对方谈话时，如果对方认识到你正确地理解了他谈话所表达的意思，他一定会很高兴，至少他知道你成功地完成了我们上面所说的"听事实"的层面。

能清楚地听出对方的谈话重点，也是一种能力。因为并不是所有人都能清楚地表达自己的想法，特别是在不满、受情绪影响的时候，经常会有类似于语无伦次的情况出现。而且，除了排除外界的干扰，专心致志地倾听以外，还要排除对方的说话方式所造成的干扰，不要只把注意力放在说话人的咬舌、口吃、地方口音、语法错误或"嗯""啊"等习惯用语上面。

3. 秉持客观的态度和拥有开阔的胸怀

不要心存偏见，只听自己想听的或是以自己的价值观判断客户的想法，这一点非常关键。

4. 对客户所说的话,不要表现防卫的态度

当客户所说的事情,对你的业务可能造成不利时,听到后不要立刻驳斥,可先请客户针对事情做更详细的解释。如客户说“你们企业的理赔经常不干脆”,你可请客户详细地说明是什么事情让他有这种想法,客户若只是听说,无法解释得很清楚时,也许在说明的过程中,他也会感觉出自己的看法不是很正确;若是客户说得证据属实,你可先向客户致歉,并答应他查明此事的原委。记住,在还没有听完客户的想法前,不要和客户讨论或争辩一些细节的问题。

(二)掌握客户内心真正的想法

客户有客户的立场,他也许不会把真正的想法告诉你,他也许会用借口或不实的理由搪塞,或为了达到其他目的而声东击西,或别有隐情不便言明。因此,必须尽可能地听出客户真正的想法。

掌握客户内心真正的想法,不是一件容易的事情。最好在听客户谈话时,自问这几个问题:(1)客户说的是什么?它代表什么意思?(2)他说的是一件事实,还是一个意见?(3)他为什么要这样说?(4)他说的我能相信吗?(5)他这样说的目的是什么?(6)从他的谈话中,我能知道他的需求是什么吗?(7)从他的谈话中,我能知道他希望的购买条件吗?

在与客户接触时,若能随时注意这些常用的倾听技巧,相信你必定能成为一位善听者。

二、倾听的重要性

善听者,善解人意。善于倾听者可以和倾诉者做到及时反馈,双向交流。著名组织管理学家巴纳德认为“沟通是把一个组织中的成员联系在一起,以实现共同目标的手段”。沟通是一种双向的行为,而在“听、说、读、写”四种沟通形式中,倾听占到了40%的时间。倾听是指信息接收者通过听觉和视觉等媒介,接收和理解信息发出者的思想、信息和情感的过程。这意味着通过倾听,信息接收者不仅仅听到话语,分辨话语中不同的重音、语调、音量和停顿等,也观察讲话者的表情、手势以及肢体动作,从而深入了解讲话者的真实意图和感受。然而,长期以来,人们总是把沟通当成一种富有主动性的过程,说、读、写等行为与沟通等同起来,倾听者被划归为“被沟通者”。事实上,倾听也许是所有沟通形式中最被忽视的部分。

倾听的重要性包括的主要内容:

(一)倾听可获取重要信息

所谓重要的信息,指的是描绘具体事实的字眼,这些字眼透露出某些信息,同时也显示出对方的兴趣和情绪。透过重要的信息,可以看出对方喜欢的话题,以及说话者

对人的信任。

找出对方话中的关键词，也可以帮助我们决定如何响应对方的说法。我们只要在自己提出来的问题或感想中，加入对方说过的关键内容，对方就可以感觉到你对他说的话很感兴趣或者很关心。

（二）倾听可掩盖自身弱点

倾听可掩盖自身弱点，可能你对正在谈论的话题并不擅长，你可以选择倾听来掩饰自身的弱点和不足。

（三）善听才能善言

当我们和人谈话的时候，通常都会有几秒钟的时间，可以在心里回顾一下对方的话，整理出其中的重点。必须删去无关紧要的细节，把注意力集中在对方想说的重点和对方主要的想法上，并且在心中熟记这些重点和想法。

暗中回顾并整理出重点，也可以帮助我们继续提出问题。如果能指出对方有些地方话只说到一半或者语焉不详，说话的人就知道，我们一直都在听他讲话，而且我们很努力地想完全了解他的话。如果不太确定对方比较重视哪些重点或想法，就可以利用询问的方式让他知道我们对谈话的内容有所注意。

（四）倾听能激发对方谈话欲

倾听别人说话本来就是一种礼貌，愿意听表示我们愿意客观地考虑别人的看法，这会让说话的人觉得我们很尊重他的意见，有助于我们建立融洽的关系，彼此接纳。

（五）倾听能发现说服对方的关键

如果无法接受说话者的观点，那我们可能会错过很多机会，而且无法和对方建立融洽的关系。就算是说话的人对事情的看法与感受，甚至所得到的结论都和我们不同，他们还是可以坚持自己的看法、结论和感受。尊重说话者的观点，可以让对方了解，我们一直在听，而且听懂了他所说的话，虽然我们不一定同意他的观点，但我们还是很尊重他的想法。若是我们一直无法接受对方的观点，就很难和对方彼此接纳，或共同建立融洽的关系。除此之外，也能够帮助说话者建立自信，使他更能够接受别人不同的意见。

对方先提出他的看法，你就有机会在表达自己的意见之前，掌握双方意见一致之处。倾听可以使对方更加愿意接纳你的意见，让你在说话的时候，更容易说服对方。

（六）倾听可使你获得友谊和信任

良好的倾听可以使你获得对方的友谊和信任，这是非常难得和宝贵的财富。人们大多喜欢发表自己的意见，如果你愿意给他们一个机会，他们会立即觉得你和蔼可亲、值得信赖。一名管理者无论是倾听上司、下属还是客户的想法，都可以消除他们的不满和愤懑，获取他们的信任。

当松下幸之助被问到他的经营哲学时，他只有简单的一句话：“首先要细心倾听他人的意见。”艾科卡说：“我只盼望能找到一所能够教导人们怎样听别人说话的学院。假如你要发动人们为你工作，你就一定要好好听别人讲话。作为一名管理者，使我最感满足的莫过于看到某个企业内被公认为一般或平庸的人，因为管理者倾听了他遇到的问题而使他发挥了应有的作用。”玛丽·凯说：“一位优秀的管理人员应该多听少讲，也许这就是上天为何赐予我们两只耳朵、一张嘴巴的缘故吧。”

在我国历史上，汉高祖刘邦是个非常有自知之明的人。他认为自己在许多方面都不如别人，最大的优点就是善于用人，善于听取别人的意见。作为一名领导者，经常有人向刘邦提出各种建议，而他也总能在各种复杂的信息中迅速做出正确的判断并立即执行。刘邦虽然并没有多少出众的能力，也没有提出过什么精彩的谋略和计划，却因为总能耐心听取别人的建议而做出了许多重要的决策，这也是他能够取得成功的最重要原因之一。

三、管理者倾听的特点和类型

在信息经济时代，企业内外部环境的变化日益复杂，当全球化和信息化、知识化成为趋势，企业必须在更大的市场背景、更快速的环境变化和更加激烈的竞争态势下生存发展。同时，企业本身内部的组织结构和人员构成越来越复杂，企业文化呈现出多元化特征，领导者对市场和企业自身的把握越来越困难。以上所有这些问题，都必须依赖于良好的沟通来解决。

(一)内部倾听对象

对于企业来说，内部倾听对象，是指在组织内部，上级对下级、下级对上级、同事对同事之间纵向和横向的倾听对象。某公司销售经理的内部倾听对象如图 4.1 所示。

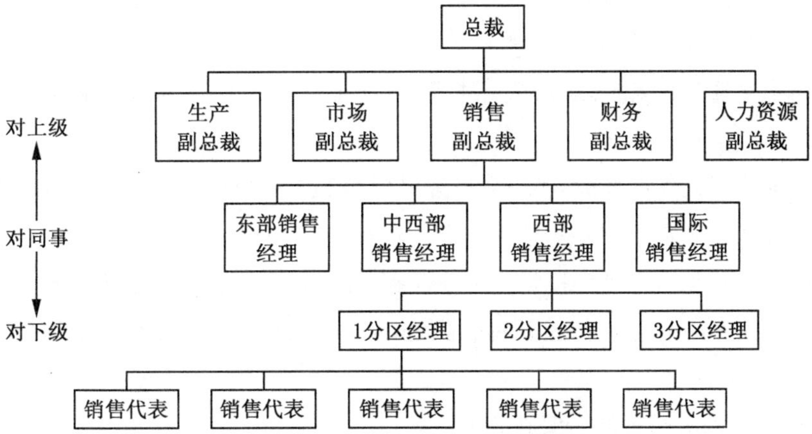

图 4.1 某公司销售经理的内部倾听对象

（二）外部倾听对象

优秀的企业管理者不仅要能倾听内部的声音，而且还要倾听外部的声音，只有充分倾听这些不同角色、不同背景的人的不同意见，才能有效判断一个部门、一个公司、一个企业的良性发展。睿智的领导人，因善于倾听不同方向、不同意见的声音，而掌舵企业发展的正确目标。管理者要充分倾听来自不同方向和不同意见的声音——可能是企业内部的，也可能是企业外部的；可能是正面积极的，也可能是负面叛逆的——并仔细判断，才能最终知道企业的日常运作是否处于良性循环的轨道。某企业组织外部倾听对象如图 4.2 所示。

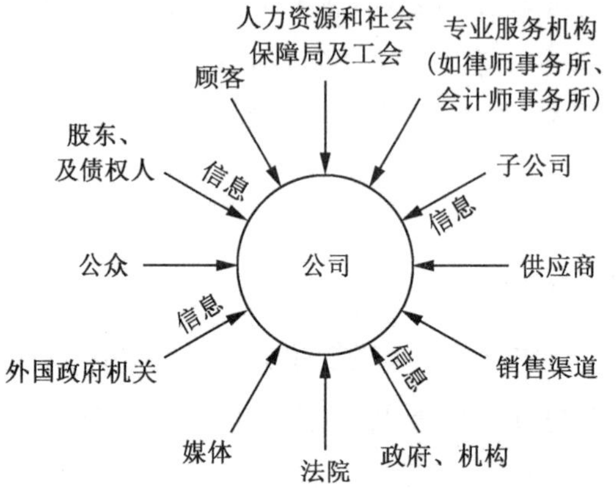

图 4.2　某公司组织外部倾听对象

微型案例 4－2　　倾听顾客的需要和意见

一家仓储服务公司的经理陪同一位有意向的客户参观公司的仓储库房。这位客户即将有一大批设备要暂存，她对该公司的存储设施感到满意。就在经理觉得大功即将告成之时，女客户突然说："我们要求将货物按不同生产日期分别堆放。"经理有些惊愕，因为无论按技术要求，还是取货便利，都是按货物型号种类储存更好。

但他随即回答："好的，我们会努力提供给客户一切便利。"女客户满意地点点头说："那就这么定了。非常感谢你们的理解，我已经联系过五个仓储公司，可他们无一例外地想劝说我们按货物型号分类，说这样可节省不少空间和时间。"

资料来源：https:// wenku. baidu. com/view/aa966f21552707221p2ef7cf. html。

1. 正确地倾听顾客的需要和意见

正确地倾听顾客的需要和意见，可以起到意想不到的效果。一个善于倾听的人正是最容易获取有价值信息的人。资讯即力量，掌握了倾听的技巧无异于获得了力量的源泉。通过倾听，人们可了解对方要传达的消息，同时感受到对方的感情，还可据此推断对方的性格、目的和诚恳程度。[①]

微型案例 4－3　　看老板如何倾听员工的意见

对话一

下属：Hi，老板，我刚听说又要更换颜色，我们才持续生产了30分钟，又要把设备拆洗一遍，我和伙计们都不情愿。

老板：Bubba，你和你的伙计们最好别忘了谁在这儿说了算。该做什么就做什么，别再抱怨了！

下属：我们不会忘掉这事儿的！

对话二

下属：Hi，老板，我刚听说又要更换颜色，我们才持续生产了30分钟，又要把设备拆洗一遍，我和伙计们都不情愿。

老板：你们真的为此感到不安吗，Bubba？

下属：是的，这样我们得多做许多不必要的工作。

老板：你们是觉得这类事情实在没必要经常做，是吗？

下属：也许像我们这种一线部门没法避免临时性变动，但有时我们不得不为某个特殊顾客加班赶订单。

老板：对了。在现在的竞争形势下，我们不得不尽一切努力为顾客服务，这就是为何我们都有饭碗的原因。

下属：我想你是对的，老板。我们会照办的。

老板：谢谢，Bubba。

资料来源：https:// wenku. baidu. com/view/aa966f21552707221p2ef7cf. html。

2. 倾听员工的意见

管理者要充分倾听来自员工的意见。员工的话不一定就是真知灼见，但一定是肺腑之言。世界首富比尔·盖茨鼓励员工畅所欲言，对公司的发展、存在的问题，甚至上司的缺点，毫无保留地提出批评、建议或提案。他说："如果人人都能提出建议，就说明人人都在关心公司，公司才会有前途。"被誉为全球第一CEO的通用电气前首席执行官杰克·韦尔奇历来鼓励员工为企业发展建言献策，并创造性地工作。

---

① 孙健敏、徐世勇编著：《管理沟通》，清华大学出版社2006年版，第137页。

3. 如何有效倾听上级谈话

(1)克服下属常有的“不安全感”。

(2)集中精力用眼神与他交流。

(3)用简短的一两句话或一两个词复述。

(4)简短、及时地记录关键词。

(5)注意一些细节。

(6)上级与他人交谈或非正式场合等也应积极倾听。

(7)注意分辨上级真正的命令和一时快语。

管理者有时会面对一种沟通困局,下属倾向与上级沟通,上级也愿意倾听下属的意见,但由于某些原因,结果是下属认为上级对他们的意见毫不重视,而上级则认为下属知情不报,双方的沟通层次始终不能再深入。究竟是管理者太忙而没有认真倾听,还是下级不愿意向上级表明自己的观点?对此问题,管理者应该认真反思,虽然一再声称乐于倾听,但在与员工沟通中,是否通过各种非语言在不经意间传递了一些与本意截然相反的信息,诸如“这些话没人想听”“我现在很忙,没时间”,或是“我早就听过了”,等等。据研究表明,当人们听到的语言信息与看到或是感受到的非语言信息相矛盾时,人们将会倾向于相信后者。管理者的重要职责就是应对庞杂的信息,每天平均有50%的工作时间要花在倾听上,但如果没有人想说,从谏如流,也就成了一句空话。

同时,调查表明,八成管理者不善于倾听,而有效倾听的缺乏往往导致错失良机,产生误解、冲突和拙劣的决策,或者因问题没有及时发现而导致危机。当员工明白自己谈话的对象是一个倾听者而不是一个等着做出判断的管理者时,他们才会不隐瞒地给出建议,分享情感。这样,管理者和员工之间才能创造性地解决问题,而不是互相推诿、指责。影响倾听氛围的因素很多,包括员工工作环境和教育背景、企业文化、员工在企业中的地位,以及管理者风格等。管理者必须不断审视所处环境并调整自身行为,以确保良好的倾听氛围。当员工了解到进入“敞开的门”前需要与行政助理预约,或是发现办公区与工作区相隔甚远时,“开门政策”就沦为笑谈。

由此看来,倾听氛围至少包括了两个方面的内容:一方面是“宏观”环境,比如在企业中,除了管理者本身有着高超的倾听技巧,鼓励所有员工去思考问题并善于把自己的观点表达出来,还必须通过各种激励手段使员工愿意“倾诉”,营造一种管理层与员工相互尊重,重视倾听的氛围。另一方面是“微观”环境,管理者应当努力纠正那些不利倾听的负面行为语言和习惯,集中精力,同时还要反馈出关注的信息,鼓励对方表达,至少显得自己“看起来在听”。这些负面行为语言包括:倾听时从不看对方,与别人谈话时还在忙于其他工作,对别人的建议总是泼冷水,在别人未结束讲话前就做出结论等，在遇到这些情形时，讲话者很难相信谈话对象是在认真倾听。①

对企业来说，倾听顾客是营销的重要途径，有利于企业捕捉顾客需求和挖掘市场机会，是企业提升顾客满意度、培养忠诚顾客的前提。对个人而言，倾听是生活的艺术，事业的助手，能获取重要的信息，倾听可掩饰自身弱点、激发对方谈话欲，善听才能善言，有助于管理者做出正确的决策，加强各级员工间的感情，获得友谊和信任。

微型案例 4－4　　　　如何积极有效地倾听

圣莫尼卡一位叫艾伦的服装销售员讲述了他这样的经历。以前，儿子一跟我说考试考砸了，我就会问："你为什么不更努力点学习呢?"当妻子抱怨上班迟到了的时候，我总会说："你应该早点出门。"记得有一次，小女儿哭着对我说她怕黑，我回答说："你不应该害怕。没有什么好怕的。"

我的建议很明显是无效的，这样的批评和说教使得家人有了事情也不太愿意和我讲了。上个星期，妻子提到她与妹妹发生了争吵。通常，我都会给她这样的建议："你只有一个妹妹，你最好向她道歉。"

可是这一次我却说："你好像比较心烦啊。"她现在每次和我说话，我都有意识地采取"积极倾听"的回答方式——哪怕心里特别想给她一些建议。结果令我兴奋不已。她竟然向我倾诉了我从来没有听到过的感情和想法。我感觉似乎是在了解一个陌生人。她似乎也很高兴，能够有机会尽情地表达自己的感受，而没有被我轻率的评论打断。

资料来源：艾伦·加纳，《谈话的力量》，中国水利水电出版社 2004 年版。

4. 积极有效的倾听

只要不再随便地评判别人，采用积极倾听，人际关系就会有很大改善。积极倾听能够让你的交谈继续下去，而且能够非常有效地鼓励别人同你交谈。你表示出来的兴趣常常会使对方愿意做出更多的评论。同情、理解而不是批评的态度会让他们感觉自然，更加充分地倾吐心中的想法。

积极倾听还有助于解决无话可说这一老生常谈的问题。如果你经常感到疲于说话，你很可能同时在关注两个对话：同别人的对话和同自己的对话。(后者主要是担心自己说话时的表现。有意思的是，你越是担心自己的表现，越是会表现得不好。)

积极倾听会鼓励你忘记同自己的对话，专注于对方的说话，从而深切地体会对方的感受。一旦把注意力完全转移到了谈话对方身上，你会惊奇地发现，要找话来说也

---

①　马忻：《论企业内部倾听氛围改善策略》，http://www.chinaacc.com/new/287_294_/2009_4_27_wa08151817261724900273 26.shtml，2009 年 4 月 27 日。

不是什么困难的事情。而且，因为你非常关注对方，所以他们很可能也愿意听听你的想法。

与客户沟通的过程是一个双向、互动的过程。从销售人员一方来说，他们需要通过陈述来向客户传递相关信息，以达到说服客户的目的。同时，销售人员也需要通过提问和倾听接收来自客户的信息，如果不能从客户那里获得必要的信息，那么销售人员的整个推销活动都将事倍功半。从客户一方来说，他们既需要在销售人员的介绍中获得产品或服务的相关信息，也需要通过接受销售人员的劝说来坚定购买信心。同时，他们还需要通过一定的陈述表达自己的需求和意见，甚至有时候，他们还需要向销售人员倾诉自己遇到的难题等。

可见，在整个销售沟通过程中，客户并不只是被动地接受劝说和聆听介绍，他们也要表达自己的意见和要求，也需要得到沟通的另一方——销售人员的认真倾听。管理学专家汤姆·彼得斯和南希·奥斯汀在他们合著的《追求完美》一书中谈到了有效倾听的重要性。他们认为，有效的倾听至少可以使销售人员直接从客户口中获得重要信息，而不必通过其他中间环节，这样就可以尽可能地免去事实在输送过程中被扭曲的风险。两位管理学专家还认为，有效的倾听还可以使被倾听者产生被关注、被尊重的感觉，他们会因此而更加积极地投入整个沟通过程。

5. 有效倾听的技巧

有效倾听是一种天生的本能(有听力障碍者除外)，是一种需要不断学习和锻炼的技巧，是一种纯粹的生理机能的反应，需要智力和情绪上的配合，是一种简单、轻松的活动，要借助分析、理解和判断等活动不具有目的性，呈现自然放松状态。因此，为了达到良好的沟通效果，销售人员就必须不断修炼倾听的技巧。有效倾听的技巧如下：

(1)集中精力，专心倾听。这是有效倾听的基础，也是实现良好沟通的关键。要想做到这一点，销售人员应该在与客户沟通之前做好多方面的准备，如身体准备、心理准备、态度准备以及情绪准备等，疲惫的身体、无精打采的神态以及消极的情绪等都可能使倾听归于失败。

(2)不随意打断客户谈话。随意打断客户谈话会打击客户说话的热情和积极性，如果客户当时的情绪不佳，而你又打断了他们的谈话，那无疑是火上浇油。所以，当客户的谈话热情高涨时，销售人员可以给予必要的、简单的回应，如“噢”“对”“是吗”“好的”等。除此之外，销售人员最好不要随意插话或接话，更不要不顾客户喜好另起话题。

例如：“等一下，我们公司的产品绝对比你提到的那种产品好得多”“您说的这个问题我以前也遇到过，只不过我当时是这样回复客户的”。

(3)谨慎反驳客户观点。客户在谈话过程中表达的某些观点可能有失偏颇，也可能不符合你的口味，但是你要记住，客户永远都是上帝，他们很少愿意销售人员直接批评或反驳他们的观点。如果你实在难以对客户的观点做出积极反应，那可以采取提问等方式改变客户谈话的重点，引导客户谈论更能促进销售的话题。

例如："既然您如此厌恶保险，那您是如何安排孩子们今后的教育问题的?""您很诚恳，我特别想知道您认为什么样的理财服务才能令您满意?"

(4)了解倾听的礼仪。在倾听过程中，销售人员要尽可能地保持一定的礼仪，这样既显得自己有涵养、有素质，又表达了你对客户的尊重。通常在倾听过程中需要讲究的礼仪有：①保持视线接触，不东张西望。②身体前倾，表情自然。③耐心聆听客户把话讲完。④真正做到全神贯注。⑤不要只做样子、心思分散。⑥表示对客户意见感兴趣。⑦重点问题用笔记录下来。⑧插话时请求客户允许，使用礼貌用语。

(5)及时总结和归纳客户观点。这样做，一方面可以向客户传达你一直在认真倾听的信息，另一方面，也有助于保证你没有误解或歪曲客户的意见，从而使你更有效地找到解决问题的方法。

例如："您的意思是要在合同签订之后的 20 天内发货，并且再得到 5%的优惠吗?""如果我没理解错的话，您更喜欢弧线形外观的深色汽车，性能和质量也要一流，对吗?"

尽可能地让客户多说话，他们说得越多，透露的信息就越多，而且在说的过程当中，他们会逐渐坚定购买决心。

要真诚地聆听客户的谈话，不要假装感兴趣。

在合适的时候对客户的话做出回应，否则客户会认为你无心倾听，从而造成销售的失败。

可以稍微记录客户说话的要点，但是不要只顾着埋头记笔记，因为那样的话，会令客户感到这场谈话很无趣。

即使客户谈论的话题非常不符合你的口味，也不要显示出排斥心理，有可能的话引导客户换一个话题。

不要随意打断客户谈话，即使认为客户的某些观点不正确，也不要随便打断或纠正。[①]

---

① http://mkt.icxo.com/htmlnews/2008/04/19/1272218_2.htm。

微型案例 4－5　　　　　　　　谈话的力量

如果你发现自己处于以下几种问题之中，三种回应中你认为哪种最恰当：

1. 认识的一个小孩割破了手指，并开始大哭。

(1)“这并不是什么大的伤口。”

(2)“别哭了！没那么疼的。”

(3)“你的手指真的很疼啊！”

2. 一位亲密的朋友对你说：“老板说我工作速度太慢，如果我不改进的话就要炒我鱿鱼。”

(1)“我想你得拼命工作了。”

(2)“你不应该怕他，你可以再找一份工作。”

(3)“听上去这份工作对你很重要，你不愿丢掉它吧！”

3. 邻居抱怨说：“看来我别无选择，只有让我妈妈搬来和我一起住了。”

(1)“你应该这样想：她养大了你，现在该你回报她了。”

(2)“我想你心里肯定很高兴又能和她住一起了。”

(3)“你是担心这样做会对你的生活产生影响吧！”

每个例子中的前两种回答都告诉对方应该怎么做，该有什么样的感觉，或者向对方表达肯定或否定、同情或安慰。这样的回答很难让对方感到满意。相反，这会让对方觉得你不愿介入他的事情，并不认真地对待他的感情，或者对其解决自己问题的能力持怀疑态度。

第三种回答才是积极倾听，产生的结果就大不一样了。如果能被鼓励自由而且充分地表达自己的感情，别人跟你在一起时就会觉得平静放松。理解对方的问题却不越俎代庖，会让对方觉得你很信任其解决问题的能力。此外，如果你耐心倾听，理解并接受对方，却并不加以批评，对方必然会对自己充满信心，更愿意和你交往，对你所说的话更感兴趣。

资料来源：艾伦·加纳：《谈话的力量》，中国水利水电出版社 2004 年版。

提醒您

1. 倾听是一种姿态，是一种与人为善、心平气和、谦虚谨慎的姿态。有了这种姿态，就能做到海纳百川、光明磊落、心底无私。

2. 倾听是一种技巧，当你掌握了，会助你奔向成功！

第二节　倾听的过程

几乎所有人在倾听上都有过并不时出现失误，有时，我们会得到没能很好倾听的暗示。比如，你不记得上个星期六同学交代的本周聚会的具体时间和地点，再去问你的同学，你的同学笑话过你吧。你在听一个很重要的报告时，有没有因为紧张或者是担心错过某个细节而错过了某一部分的内容呢？或许大多数人对这些问题都会回答“是”，那么到底是什么原因分散了你倾听时的注意力呢？我们可以通过对倾听的过程进行分析来找到答案。

理想的倾听是这样一个过程：先感知信息，然后选择性地筛选信息，把选择后的信息按一定的顺序组织起来，并积极调动大脑储存的知识和经验，通过判断、归纳、推理，获得正确的解码或理解，最后做出评价和倾听反应。倾听是一个能动性的过程，是一个对感知到的信息经过加工处理后能动地反映自己思想的过程。

一、倾听的过程

（一）感知

感知的意义范围很广，主要意思是指客观事物通过感觉器官在人脑中的直接反映。谈话的一方发出信息，传送到耳膜里，产生一定的刺激，成为我们所获得的主要信息。听觉器官并不是接受外界信息的唯一生理器官，人们的言语信息主要来自听觉。但倾听效果却是各种因素的综合，正所谓，只可意会不可言传。有时候，身体语言所包含的信息要远远超过讲话的内容本身。当一个人在讲话的时候，他的面部表情、手势、语调等肢体语言都会显示出他的心情，所以我们经常喜欢用“手舞足蹈”“眉飞色舞”来形容一个人快乐时候的样子，甚至讲话者嘴唇、眼角、眉毛的动作，都代表着他的心理变化。所以，倾听的第一步便是感官（听觉、视觉、触觉等）的感知。

（二）选择

倾听是一种有意识的主观活动，所以在倾听的过程中或多或少会加入倾听者的判断、理解和选择。也就是说，并不是任何信息都为人们所接受，由于知识、经验等的不同，人们总是对一部分信息表现出特别的关注和兴趣，而忽视另外一些信息。比如，在比较嘈杂的环境，如果有人在背后叫你和你朋友的名字，也会引起你的注意，这就是人们接收信息的选择性。

（三）组织

选择来的信息是杂乱无章的，需要人们对其进行加工组织。对于信息的组织主要依靠大脑神经中枢进行活动，包括识别、记忆、分析等一系列过程。人们把这些收集到的信息分门别类，集中储存起来，同时把那些过于简略的信息加以扩充，整理过于冗长的信息，为下一个环节服务。

（四）解码或理解

对于收集、过滤、组织后的信息，人们会概括以往的经历，调动大脑储存的知识和经验，通过判断、推理，获得正确的解码或理解。

（五）评价

对信息的评价要有度，对信息的评价要有耐心。精彩的评价是智慧的集中体现，是一种艺术，也是一种灵性。

（六）倾听反应

到了信息的解码或理解、评价阶段，倾听的过程还没有完成。在有效的倾听中，听话者应该对于听到的信息通过表情或者动作做出一定的反应，这样可以促进双方的沟通过程，让讲话者做到“知无不言，言无不尽”。

这六个过程是倾听活动的全过程。倾听的过程说起来是处于一个动态的、开放的环境，但是人们本能地以惊人的速度完成的，其具体过程也并非按部就班、过程分明的，它们之间互相包容、相互交替。①

二、培养良好的倾听习惯

中国有句古诗：“风流不在谈锋胜，袖手无言味最长。”倾听本身是一种教育，即使你没有给对方什么指点或帮助，但有了倾听，你便在心灵上给予了他十分丰厚的精神馈赠。但作为倾听的一方，还特别要注意在倾听时要以一颗充满柔情的爱心，张开你的耳朵，满怀信心和期待地迎接那些生命之音，要善于倾听对方，与之产生共鸣，能心领神会，产生情感体验。

在倾听的时候，有时可以用面部表情和各种手势来表示感情，例如，给对方一个真诚的微笑就如同说“我关心、支持你”，竖起的大拇指、OK 的手势、放松的动作或简单的招手等，都可以把承认、接纳和信心的信息传达给对方。倾听的一方应真诚、坦率地说出自己的感受，在双方之间营造一种亲切感。

总之，要学会倾听，首先应该学会观察、学会理解、学会等待，从而进一步影响、促进良好的倾听。

那么，我们应该从哪些方面来培养良好的倾听和回应习惯呢？我们至少应该从以下两个方面开始：

---

① 孙健敏、徐世勇编著：《管理沟通》，清华大学出版社 2006 年版，第 121—122 页。

一方面，引导对方学会专心而有礼貌地倾听，这包括：

(1)听人谈话要专心，眼睛要注视对方，以微笑和点头表示感兴趣或者赞同。

(2)努力听懂别人的谈话，边听边想，记住要点，并考虑他说的话是否符合实际，有没有道理。

(3)努力听清楚对方的意见中哪些是与自己相同的，哪些是与自己不同的。

(4)别人谈话时不随便插嘴打断，有不同意见时要耐心听别人说完后再提出。

(5)听别人谈话后若有疑问，请对方解释说明，说话时要有礼貌，用上"是否可以请你……"或"你是不是可以……"一类的句式。

(6)学会站在对方立场上考虑问题，体会对方的看法和感受。

另一方面，学会思考、比较和分析各方面的意见，并充分尊重他人的想法和体验，友好的回应。

(1)能对别人的正确意见用点头、微笑等方式表示赞同，还可以说"我完全赞成×××的意见"。

(2)对别人的高明意见以点头、微笑、鼓掌等方式表示赞赏，还可以说"太棒了""真叫人佩服"。

(3)在仔细倾听、分析别人的意见之后，才可以提出自己的不同看法。

(4)先肯定对方意见正确的一面，再指出对方意见的不足或错误。

(5)勇于公开承认自己的错误认识，肯定与自己不同的正确意见。

(6)在谈不同看法的时候，语气要缓和、态度要诚恳，用词要婉转，不能嘲笑和攻击对方。

(7)努力找出各自观点中基本一致的地方，做出必要的让步，以求达成基本的共识。

(8)能够心胸开阔地放弃或部分放弃自己的意见，哪怕是自以为正确的意见。

三、倾听等于理解对方

人们通常都希望被了解，也急于表达自己，却疏于倾听。一般人聆听的目的是为了做出最贴切的反应，并不是想了解对方。

微型案例 4-6 **父亲肯听儿子说吗?**

“噢,我完全了解你的感受,我也有过类似的经历,是这样的……”这类反应经常出现在日常交谈中。人们总是依自身的经验来了解别人的作为,把自己的眼睛强加在别人身上,却又怪罪他人“不了解我”。

有位父亲曾抱怨:“真搞不懂我那宝贝儿子,他从来不肯听我说话。”

我问:“你是说,因为孩子不肯听你说话,所以你不了解他?”

“对啊!”

我再次强调,他依然不觉得自己有什么不对。我只好明说:“难道要了解一个人,不是你‘听’他‘说’,而是他听你说?”

他愣了一下,好一会儿才恍然大悟:“噢,没错! 可是,我是过来人,很了解他的状况。唯一叫人想不透的,就是他为什么不听老爸的话?”

这位父亲确实完全不明白儿子的心事,他只用自己的观点去揣度儿子的世界,无怪乎走不进儿子的心。事实上大部分人都是这么自以为是。

资料来源:https://wenku.baidu.com。

四、倾听的层次

倾听也有层次之分。最底层的是“听而不闻”,如同耳边风。上一层是“虚应故事”“嗯……是的……对对对……”,略有反应,其实心不在焉。再上一层是“选择性地听”,只听合自己口味的。再上层是“专注地听”,每句话或许都进入大脑,但是否听出了真意,值得怀疑,不得而知。最高层次则是“同理心倾听”,一般人很少办得到。

(一)听而不闻

这一层次的人总是一边倾听别人的讲话,一边在考虑其他不相干的事情。如同耳边风,他可能眼睛盯着你,但是思维却已经飘到别处。这一层次的人听是听了,但没有反应,花在听方面的努力很少,别人的话只是从他耳边飘过,没有留下任何有价值的信息。

(二)虚应故事

“嗯……是的……对对对……”对听到的信息略有反应,其实心不在焉。

(三)选择性地听

对听到的信息,只听合自己口味的,对倾听到的信息有选择性。

(四)专注地听

每句话或许都进入大脑,但是否听出了真意,值得怀疑,不得而知。

（五）同理心地倾听

倾听的最高层次，一般人很少办得到。这类听者不仅用耳朵去听，去获得正确的理解，而且其全部身心都进入对方的话语境界，既听懂了对方的“话内音”，又明确了对方的“话外音”，同时对说话的人有更深层次的认识和了解。

倾听不只是理解个别的词句而已。据专家估计，人际沟通仅有十分之一通过语言来进行，三成取决于语调与声音，其余六成则得靠肢体语言。所以在倾听的过程中，不仅要耳到，还要眼到、心到，还要用眼睛去观察，用心灵去体会。

如此倾听，它才能为你的行动提供最准确的资讯。你不必以己度人，也不必费心猜测，你所要了解的是对方的心灵世界，倾听是为了理解，是心和心的深刻交流。①

微型案例 4－7　　倾听是一种姿态

把家庭建成幸福的乐园，这是每个人都期望的。而学会倾听，则是我们把期望变成现实应该具备的素质之一。

倾听唠叨絮语。父母亲在儿女面前常常唠叨个不停，要么是天气凉了，当心身体；要么是工作要好好干；要么是问媳妇怎么样，孙子怎么样；要么是提起陈谷子烂芝麻的往事；等等。是的，人老话多，但很多话语是经验之谈，是爱的流露，是情感的释放。长辈们希望有人倾听，如果拒绝，会伤了老人的心。

倾听逆耳之言。你有些坏习惯、小毛病，单位上恐怕没人直说，但在家里，就有人说了。你坐没坐相，站没站相，不讲仪表，母亲就要说你几句；你又吸烟，又喝酒，有时还闹得酩酊大醉，妻子就要管管你了；你不尊老爱幼，在家里惹是生非，可能就要受到家庭成员的指责。美国总统布什年轻时喝酒出过一次洋相，受到夫人劳拉的严厉批评，布什从此戒酒，直到现在他一直感谢夫人帮自己戒酒。发自内心的逆耳之言是一种关心、爱护和帮助。忠言逆耳利于行，是清醒剂，是治病良方，是家庭团结的催化剂。

倾听长辈忠告。长辈见多识广，阅历丰富；长辈见贤思齐，希望儿女成才成器；长辈心态平和，唯愿晚辈踏实做人，平安是福。你做官了，长辈嘱咐你要多办好事；你发财了，长辈嘱咐你不要以大款自居；你染上赌博的恶习，长辈忠告你勤劳是兴家之本。不听老人言，吃亏在眼前。

倾听不同意见。有钱了，是先买房子还是先买汽车；买了房子，花多少钱怎么装修；孩子读书，是择校还是不择校，以及家庭的日常开支等，都会有不同意见。家庭也要民主，而后才能形成共识。多听一分意见，或许就意味着多一分和谐。

倾听是一种姿态，是与人为善、心平气和、虚怀若谷。

资料来源：http://www.pinlue.com/article/2020/06/ipoo/2210769389657.html。

① 史蒂芬·柯维编著：《高效能人士的七个习惯》，中国青年出版社 2003 年版，第 10 页。

提醒您

耳听八方,能使我们跟上时代前进的步伐;广纳群言,能使我们保持清醒的头脑;谦虚谨慎,能使我们增长知识与才干。而学会倾听,则是我们实现上述目标应练好的基本功之一。

倾听不同意见。在工作和生活中,存在不同意见是很正常的。怕的是没有不同意见,怕的是只有一种声音。压制不同意见,只能是死水一潭,充分倾听不同意见,就能形成生动活泼的工作局面。

倾听逆耳之言。人无完人,发自内心的提示与批评是一种关心和爱护,同时也是一种难得的帮助。一个人如果长期听不到上级的逆耳之言,应该反省自己的工作能力;如果长期听不到同级的逆耳之言,应该反省自己的人际关系;如果长期听不到下级的逆耳之言,应该反省自己的工作作风。

第三节　倾听的障碍

一、倾听的障碍

在倾听的过程中,如果人们不能集中自己的注意力,真实地接收信息,主动地理解,就会产生倾听障碍。在人际沟通中,造成信息失真。影响倾听效率障碍不外乎以下四点:

(一)环境干扰

环境对人的听觉与心理活动有重要影响,环境中的声音、气味、光线以及色彩、布局,都会影响人的注意力与感知。布局杂乱、声音嘈杂的环境将会导致信息接收的缺损。环境干扰分为客观因素和主观因素。环境主要从两个方面影响倾听:干扰信息的传递过程,消减、歪曲信息;影响沟通者的心境,对人的听觉和心理活动产生影响。请参考表 4.1 中环境类型特征及倾听障碍源。

表 4.1　　环境类型特征及倾听障碍源

环境类型	封闭性	氛围	对应关系	主要障碍源
办公室	封闭	严肃、认真	一对一, 一对多	不平等造成的心理负担和紧张,他人或电话的打扰
会议室	一般	严肃、认真	一对多	对在场他人的顾忌,时间障碍

续表

环境类型	封闭性	氛围	对应关系	主要障碍源
现场	开放	可松可紧、较认真	一对多	外界干扰，事前准备不足
谈判	封闭	紧张、投入	多对多	对抗心理，说服对方的愿望太强烈
讨论会	封闭	轻松，友好积极投入	多对多，一对多	缺乏从大量散乱信息中发现闪光点的洞察力
非正式场合	开放	轻松，舒适散漫	一对一，一对多	外界干扰，易走题

(二)语言障碍

从语言学的解释来看，凡是语音、语义、语法、语言表达、语言认知上发生异常或在语言发展上有迟缓或异常皆可算是一种语言障碍。

语言的含义不在语言里，而在说话者的心里。由于每个人成长的背景不同，或者由于知识、经验及价值观的差异，不同的人对同一句话、同一个词汇的解释可能也会有所不同。甚至可以说，任何两个人对同一个文字的解释绝不会完全相同。语言、文字只是一种沟通的符号，它们不是东西或者事情的本身，有时候语言或者文字本身反而常常成为讲话者与听话者之间沟通的障碍。比如，当别人与你谈话时，他说的是“3”，而此时却伸出 5 个手指，如果听者注意到动作的时候，必然会迷惑。①

(三)信息质量低下

双方在试图说服、影响对方时，并不一定总能发出有效信息，有时会有一些过激的言辞、过度的抱怨，甚至出现对抗性的态度。现实中我们经常遇到满怀抱怨的顾客、心怀不满的员工、剑拔弩张的争论者。在这种场合，信息发出者受自身情绪的影响，很难发出有效的信息，从而影响了倾听的效率。

信息低下的另一个原因是，信息发出者不善于表达或缺乏表达的愿望。例如，当人们面对比自己优越或地位高的人时，害怕“言多必失”以致留下坏印象，因此不愿意发表自己的意见，或尽量少说。

(四)倾听者主观障碍

在沟通的过程中，造成沟通效率低下的最大原因就在于倾听者本身。研究表明，信息的失真主要是在理解和传播阶段，归根到底取决于倾听者的主观障碍。

(1)个人偏见。即使是思想最无偏见的人也不免心存偏见。在一次国际会议上，以色列代表团的成员们在阐述观点时，用了非常激烈的方式，他们抱怨泰国代表对会议不表示任何兴趣或热情，因为他们“只是坐在那里”，而泰国代表则认为以色列教授

① 孙健敏、徐世勇编著:《管理沟通》，清华大学出版社 2006 年版，第 127 页。

非常愤怒，因为他们“用了那么大的嗓门”。所以，在团队中成员的背景多样化时，倾听者的最大障碍就在于自己对信息传播者的偏见，而无法获得准确的信息。

(2)先入为主。在行为学中被称为“首因效应”，它是指在进行社会知觉的过程中，对象最先给人留下的印象，对以后的社会知觉发生重大影响，也就是我们常说的，第一印象往往决定了将来。人们在倾听过程中，对对方最先提出的观点印象最深刻，如果对方最先提出的观点与倾听者的观点大相径庭，倾听者可能会产生抵触的情绪，而不愿意继续认真倾听下去。

(3)以自我为中心。人们习惯于关注自我，总认为自己才是对的。在倾听过程中，过于注意自己的观点，喜欢听与自己观点一致的意见，对不同的意见往往是置若罔闻，这样往往错过了聆听他人观点的机会。

小资料

倾听障碍测试题目：

1. 懒惰

A. 你是否回避听一些复杂困难的主题？

B. 你是否不愿听一些费时的内容？

2. 封闭思维

A. 你拒绝维持一种轻松、赞许的谈话气氛吗？

B. 你拒绝与他人观点发生关联或从中受益吗？

3. 固执己见

A. 你是否在表面上或者内心里与发言者发生争执？

B. 当发言者的观点与你有分歧时，你是否表现得情绪化？

4. 缺乏诚意

A. 你在听讲时是否避免眼神接触？

B. 你是否更多地关注说话人的内容而不是他的感情？

5. 厌烦情绪

A. 你是否对说话主题毫无兴趣？

B. 你是否总对说话者不耐烦？

C. 在听讲时你是否做着“白日梦”，或者想着别的事情？

6. 用心不专

A. 你是否关注说话人的腔调或习惯动作，而不是信息本身？

B. 你是否被机器、电话、别人的谈话等噪音分心？

7. 思维狭窄

A. 你是否专注于某些细节或事实？

B. 你是否竭力想理出个大纲来？

如果倾听者的回答是否定的，那么他就必须重视改善自己的倾听习惯。倾听能力的不足可能表现在倾听之前，也可能表现在倾听过程中或倾听之后。

二、谈话中常见的影响倾听的障碍

倾听可以更多地了解对方，隐蔽自己，做出更好的决策，掌握谈话的主动权。但是，许多时候谈话的一方只注意怎样在谈话中更好地表露自己的立场，劝说对方，他们字斟句酌地精心筹划发言提纲，常常陶醉在自我表达的良好感情之中，却不肯用一点时间考虑一下怎样倾听，从对方的谈话中获取什么，接受什么。

1. 影响倾听的因素

什么因素会影响谈话人员更好地倾听？归纳起来，至少有以下几种原因：

(1)许多人认为只有说话才是表白自己、说服对方的唯一有效方式。若要掌握主动，便只有说。

(2)先入为主的印象妨碍了我们耐心地倾听对方的讲话，如对某人看法不佳。

(3)急于反驳对方的观点，好像不尽早反对，就表示了我们的妥协。

(4)在所有的证据尚未拿出以前，轻易地做出结论。

(5)急于记住每一件事情，结果主要的事情反而没注意到。

(6)常常主动地认定谈话没有实际内容或没有兴趣，不注意倾听。

(7)因一些其他事情而分心。

(8)有时想越过难以应付的话题。

(9)忽略某些重要的叙述，因为它是由我们认为不重要的人说出来的。

(10)从心理学角度来讲，人们会主动摒弃他们不喜欢的资料、消息。

(11)思维方式，有的人喜欢定式思维，不论别人讲什么，他都马上跟自己的经验套在一起，用自己的方式去理解。这种思维方式使人难以接受新的消息，不善于认真听别人说什么，而喜欢告诉别人。

许多人忽略了倾听对方，但却常常自我安慰：没有什么，他讲的没有什么内容，重要的我们已掌握了或以后会掌握的。不幸的是，他并没有掌握，而且以后也不会再掌握了。这种花费最小、最直接、最方便的信息来源渠道不去利用，那么，就只能付出更大的代价。[①]

2. 掌握倾听的艺术

---

① 张炳达、满媛媛编著：《商务谈判实务》，立信会计出版社 2007 年版，第 32 页。

掌握倾听的艺术并非很难，只要克服心中的障碍，从小节做起，肯定能够成功。现列出一些提高倾听能力的技巧以便核对、参考：

(1)创造有利的倾听环境，尽量选择安静、平和的环境，使传递者处于身心放松的状态。

(2)在同一时间内既讲话又倾听，这是不可能的事情，要立即停止讲话，注意对方的讲述。

(3)尽量把讲话时间缩到最短。你讲话时，便不能聆听别人的良言，可惜许多人都忽略了这一点。

(4)显示出有兴趣的样子，这是让对方相信你在注意聆听的最好方式，是发问和要求阐明他正在讨论的一些论点。

(5)观察对方。端详对方的脸、嘴和眼睛，尤其要注视眼睛，将注意力集中在传递者的外表，这能帮助你聆听，同时，能完全让传递者相信你在聆听。

(6)关注中心问题，不要使你的思维迷乱。

(7)平和的心态，不要将其他的人或事牵扯进来。

(8)注意自己的偏见，倾听中只针对信息而不是传递信息的人。诚实面对、承认自己的偏见，并能够容忍对方的偏见。

(9)抑制争论的念头。注意你们只是在交流信息，而非辩论赛，争论对沟通没有好处，只会引起不必要的冲突。学习控制自己，抑制自己争论的冲动，放松心情。

(10)保持耐性，让对方讲述完整，不要打断他的谈话，纵然只是内心有些念头，也会造成沟通的阴影。

(11)不要臆测。臆测几乎总是会引导你远离你的真正目标，所以要尽可能避免对对方做臆测。

(12)不宜过早做出结论或判断。人往往立即下结论，当你心中对某事已做了判断时，就不会再倾听他人的意见，沟通就被迫停止。保留对他人的判断，直到事情清楚，证据确凿。

(13)做笔记。做笔记不但有助于聆听，而且有集中话题和取悦对方的优点。如果有人重视你所说的话并做笔记，你不会受宠若惊吗？

(14)不要以自我为中心，在沟通中，只有把注意力集中在对方身上，才能够专注于倾听。但很多人习惯把注意力集中在自己身上，不太注意别人，这容易造成倾听过程的混乱和矛盾。

(15)鼓励交流双方互为倾听者。用眼神、点头或摇头等身体语言鼓励信息传递者传递信息和要求别人倾听你的发言。[①]

三、如何克服倾听者的障碍

1. 避免粗心大意导致的沟通失误

(1)尽早先列出你要解决的问题。

(2)在会谈接近尾声时,与对方核实一下你的理解是否正确,尤其是关于下一步该怎么做的安排。

(3)对话结束后,记下关键要点,尤其是与最后期限或工作评价有关的内容。

2. 克服误解障碍

(1)不要自作主张地将认为不重要的信息忽略,最好与信息发出者核对一下,看看指令有无道理。

(2)消除成见,克服思维定式的影响,客观地理解信息。

(3)考虑对方的背景和经历。

(4)简要复述一下他的内容,让对方有机会更正你理解错误之处。

第四节 倾听的策略

《牛津英语词典》对"策略"的定义是:"策略是一个预测最后并获得某种结果的过程。"策略是你到达想要去的地方以及让其他人和你一起到达那里的一种方法。对一些人来说,策略往往和"诡计"一词联系在一起。在倾听中,某些策略确实具有一些诡计的因素。分析带有诡计因素的策略的目的在于,如果别人对你使用这些策略,能帮助你识别并采取措施对付它。

在倾听中,正确地运用倾听的策略,会收到意想不到的效果。

一、策略的含义

倾听的策略是谈话者在会谈中为达到某个预定的近期或者远期目标所采取的一些行动和方法。具体来说,可以把其归纳为三点:(1)它是一种面向未来的整体概念。(2)它是实现某些目标的意愿,策略选择对谈判将起到决定性的作用。(3)它是经过充分论证后的恰当的选择。

---

① http://www.escp.com.cn/hr/2009/0603/453.html,2009年6月3日。

二、倾听的主要策略

(一)消除外在与内在的干扰

外在和内在的干扰，是妨碍倾听的主要因素。因此要改进聆听技巧的首要方法就是尽可能地消除干扰。必须把注意力完全放在对方的身上，才能掌握对方的肢体语言，明白对方说了什么、没说什么，以及对方的话所代表的感觉与意义。

(二)鼓励对方先开口

鼓励对方先开口可以降低谈话中的竞争意味。我们的倾听可以培养开放的气氛，有助于彼此交换意见。说话的人由于不必担心竞争的压力，也可以专心掌握重点，不必忙着为自己的矛盾之处寻找遁词。

(三)使用并观察肢体语言

当我们在和人谈话的时候，即使我们还没开口，我们内心的感觉就已经透过肢体语言清清楚楚地表现出来了。听话者如果态度封闭或冷淡，说话者很自然地就会特别在意自己的一举一动，比较不愿意敞开心胸。如果听话的人态度开放、很感兴趣，那就表示他愿意接纳对方，很想了解对方的想法，说话的人就会受到鼓舞。而这些肢体语言包括：自然的微笑，不要交叉双臂，手不要放在脸上，身体稍微前倾，常常看对方的眼睛，点头。

(四)非必要时，避免打断他人的谈话

善于听别人说话的人不会因为自己想强调一些细枝末节、想修正对方话中一些无关紧要的部分、想突然转变话题，或者想说完一句刚刚没说完的话，就随便打断对方的话。经常打断别人说话就表示我们不善于听人说话，个性激进、礼貌不周，很难和人沟通。

虽然说打断别人的话是一种不礼貌的行为，但是如果是“乒乓效应”则是例外。所谓的“乒乓效应”是指听人说话的一方要适时地提出许多切中要点的问题或发表一些意见感想，来响应对方的说法。还有一旦听漏了一些地方，或者是不懂的时候，就要在对方的话暂时告一段落时，迅速提出疑问之处。

(五)反应式倾听

反应式倾听指的是重述刚听到的话，这是一种很重要的沟通技巧。我们的反应可以让对方知道我们一直在听他说话，而且也听懂了他所说的话。但反应式倾听不是像鹦鹉一样，对方说什么你就说什么，而是应该用自己的话，简要地述说对方的重点。比如说“你说你住的房子在海边？我想那里的夕阳一定很美”。反应式倾听的好处主要是让对方觉得自己很重要，能够掌握对方的重点，让对话不至于中断。

（六）弄清楚各种暗示

很多人都不敢直接说出自己真正的想法和感觉，他们往往会运用一些叙述或疑问，百般暗示，来表达自己内心的看法和感受。但是这种暗示性的说法有碍沟通，因为如果遇到不良的听众，他们话中的用意和内容往往被人所误解，最后就可能会导致双方的失言或引发言语上的冲突。所以一旦遇到暗示性强烈的话，就应该鼓励说话的人把话说得再清楚一点。

找出重点，并且把注意力集中在重点上面讨论问题的细节也许很有趣，可是找出对方话中的重点，并且把注意力集中在重点上面，这样才比较容易从对方的观点了解整个问题。只要我们不再注意各种细枝末节，就不会因为没听到对方话中的重点或是错过主要的内容，而浪费了宝贵的时间，或者做出错误的假设。①

提醒您

只要我们热爱生活，就一定要学会倾听。别的不说，单是大自然弹奏的美妙的音韵，就很值得我们倾听——倾听大山的深邃、旷远，倾听大河的奔腾、喧嚣，倾听一棵小草在风雨中摇曳的呐喊，倾听一枚红叶走向深秋时的平静，倾听花朵恣情的渲染，倾听果实无声的宣言，倾听檐角的如断线珍珠的雨滴，倾听蜿蜒的山路上此起彼伏的鸟语……

走进沸腾的生活，更需要一双倾听的耳朵。在讲台前，在人流中，在小巷的深处，在高楼的阳台上，在奔驰的列车上，在温馨的小家里，只要愿意，随时随地都可以倾听，都可以倾听到许多值得我们一生回味的声音：倾听街头那个修鞋的老人，讲述他对过日子的精辟看法；倾听一个重病患者，坦然面对生命的表白；倾听那个屡遭磨难又屡次站起的男人悲壮的经历；倾听那个成功人士掷地有声的慷慨陈词；倾听那些用汗水和智慧浸泡出的辉煌往事；倾听那些让热血顿作潮涌的感人的情节……倾听那一串串鲜活的故事，那一个个真实的足音，我们就会明白：这日子真的很精彩，这生命真的很美丽，这人生真应该演绎得如诗如画。

在倾听中，会感知生命的落叶不止在秋天，忧郁和悲伤不能久驻心灵，孤独也是一种美丽；在倾听中，会懂得理解的艰难和重要，即使是陌路人的一抹微笑，也足以驱散满怀的寒意；在倾听中，会明白阳光公平地照耀你我，照耀辉煌与平凡；在倾听中，会发现自己正在与一个博大的世界对话，所有的风霜雪雨，所有的世事沧桑，都只是一片自由舒卷的云朵，都只是墙上嘀嗒的钟摆……

倾听，是生命中不可或缺的一个章节。是倾听，让我们明白了什么才是真、善、美，

---

① http://soho.icxo.com/htmlnews/2005/11/14/716456_1.htm。

让我们彼此的手握得更紧、心灵贴得更近，让我们积累了许多难得的经验，少走许多不必要的弯路；是倾听，让一句简单的话语，有了神奇的力量，让那些琐屑的小事，一下子变得无比地亲切起来，让那些平凡的日子，陡然增添了动人的光彩……

本章小结

1. 倾听是一种有意识、有情感地接收语言或非语言信息并且对此做出反应的过程，是具有主观能动性的行为。

2. 倾听的重要性包括：倾听可获取重要的信息；倾听可掩盖自身弱点；善听才能善言；倾听能激发对方谈话欲；倾听能发现说服对方的关键；倾听可使你获得友谊和信任。

3. 倾听氛围至少包括了两个方面的内容：一方面是宏观环境，比如在企业中，除了本身有着高超的倾听技巧，鼓励所有员工去思考问题并善于把自己的观点表达出来，管理者还必须通过各种激励手段使员工愿意“倾诉”，营造一种管理层与员工相互尊重，重视倾听的氛围。另一方面是微观环境，管理者应当努力纠正那些不利倾听的负面行为语言和习惯，集中精力，同时还要反馈出关注的信息，鼓励对方表达，至少显得自己“看起来在听”。

4. 有效倾听的技巧：集中精力，专心倾听；不随意打断客户谈话；谨慎反驳客户观点；了解倾听的礼仪；及时总结和归纳客户观点。

5. 倾听是一个能动性的过程，是一个对感知到的信息经过加工处理后能动地反映自己思想的过程。倾听的过程包括：感知，选择，组织，解码或理解，评价，倾听反应。

6. 倾听的层次：最底层的是听而不闻；上一层是虚应故事；再上一层是选择性地听；再上层是专注地听；最高层次的则是同理心地倾听。

7. 乒乓效应，是指听人说话的一方要适时地提出许多切中要点的问题或发表一些意见感想，来响应对方的说法。

8. 倾听的主要策略：消除外在与内在的干扰；鼓励对方先开口；使用并观察肢体语言；非必要时，避免打断他人的谈话；反应式倾听；弄清楚各种暗示。

案例研究 4—1

你为什么提建议

A 集团公司是一所拥有 62 000 位员工的大型食品包装厂，B 是其下属的一家分厂。最近，A 集团公司实行了一项让工人主动提建议的计划。工人可主动针对改善设备、工作环境、工作方式等方面提出建议，如被采纳，将得到奖品和奖励，金额由实施该建议而省下来的收益决定；另外，在一指定时期中最好的建议还常会得到公司股票作为奖励。

对 B 公司的抽样调查表明：75%的被访工人倾向于赞成该计划；但工人们对于自己或其他工人可能因新建议的实施而被解雇感到害怕。

资深技术工人雷某说：“我不会提出会使部分工友失业的建议，绝对不会！当我刚来这儿时，搬运水果到冰库的工作全部手工完成,但现在他们已安装了传送带,所需人手也减少了一半。"

老职工王某说:"我不会为了几百元就提出一个会减少十个工人的建议。相反,如果一个建议可以改善环境或帮助工人,我一定会提出来。当你开除一个工人时,心里感到很难受,这可能不止伤害了他一个人,还伤害了他身边的其他人。"

一位工会负责人设计了一个防止工人被解雇的方案:"工会应特别安排一个负责人,或者提议工人自己将建议交给一个知道工作安排情况的人审阅。如果不导致裁员,就可以提出。"

但53岁的老工人刘某有不同看法,他说:"我已递交了好几份建议了,虽然不希望拿到奖金,但我仍认为这是件好事。许多人认为新的发明会使人们失去工作,但事实并非如此。历史表明,有用的发明越多,就会创造出越多的工作机会。同时,产品也可以更经济地生产,许多人没有意识到这一点。"

曹某是一个赞成"提建议计划"的工会负责人,他看穿了工人和公司双方的论点:"照理说,这计划是可行的,但却有一种与之完全相反的感觉,像一些人提了建议,于是就有2～3个人失去了工作,好在这事在工人中还不是很多。他们拿到了1 000元,却可能因此使其他人一家的生计受影响。但从公司的角度看,追求的是改善生产而已。这的确是个棘手的问题。"

问题:

1. 你认为A集团公司的"提建议"计划能得以实施吗?
2. 公司该项计划目的是与员工沟通,但此"倾听"方案存在什么问题?
3. 公司采取哪些"倾听"方式更为可行和有效呢?

复习思考题

1. 倾听的重要性包括哪些内容?
2. 倾听的主要策略一般包括哪些信息?
3. 影响谈话人员更好地倾听的因素有哪些?
4. 有效倾听的技巧有哪些?

第五章　口头表达技能

学习目标

通过本章学习，你应能够：

了解口头表达的概念、特点、原则及分类；

掌握演讲技能；

掌握会见技能；

掌握面谈技能；

巧妙运用演讲、会见、面谈等口头沟通的语言技巧。

关键词

口头表达　演讲　会见　面谈

导入案例

特朗普的“口误”

美国情报机构2017年初公布一份评估报告，认定俄方干预了2016年美国总统选举。2018年7月16日美俄领导人会晤后举行联合记者会，介绍会晤成果并回答记者提问。当被问道是相信普京还是相信美国情报机构时，特朗普回答，“I don’t see any reason why it would be”（不认为俄罗斯有破坏美国大选的任何理由）。这样一句话招致美国主流媒体的集体炸锅——“美国总统特朗普竟然站在俄罗斯那边！”“美国总统不相信自家的情报机构！”“俄罗斯总统普京的外交胜利！”特朗普在第二天的白宫会议上辩称自己当时出现“口误”，说错话了，表示“The sentence should have been:'I don't see any reason why it wouldn't be Russia'"[那句话应该是:我没有看到任何理由,来证明(干预美国大选的)不是俄罗斯]。他表示充分信任美国情报机构,并接受其关于俄罗斯干预当年总统选举的结论。

资料来源:摘选于21英语网,2018年7月18日。

第一节　口头表达技能概述

微型案例5-1　　周恩来总理外交场合经典妙语集

【案例一】

一个西方记者问:"中国人民银行有多少资金?"

周恩来委婉地说:"中国人民银行的货币资金嘛,有18元8角8分。"

当他看到众人不解的样子,又解释说:"中国人民银行发行的面额为10元、5元、2元、1元、5角、2角、1角、5分、2分、1分的10种主副人民币,合计为18元8角8分……"

【案例二】

一位美国记者在采访周总理的过程中,无意中看到总理桌子上有一支美国产的派克钢笔。

记者便以带有几分讥讽的口吻问道:"请问总理阁下,你们堂堂的中国人,为什么还要用我们美国产的钢笔呢?"

周总理听后,风趣地说:"谈起这支钢笔,说来话长,这是一位朝鲜朋友的抗美战利品,作为礼物赠送给我的。我无功受禄,就拒收。朝鲜朋友说,留下做个纪念吧。我觉得有意义,就留下了这支贵国的钢笔。"美国记者一听,顿时哑口无言。

案例一中,这位记者提出这样的问题,有两种可能性,一个是嘲笑中国穷,实力差,国库空虚;一个是想刺探中国的经济情报。案例二中,这位记者的本意是想挖苦周总理:你们中国人怎么连好一点的钢笔都不能生产,还要从我们美国进口。周恩来总理运用他超人的智慧,以幽默、睿智的语句,巧妙灵活应对着各种外交场合上的难缠,让人折服,不愧是一位举世公认的杰出外交家。

资料来源:节选于搜狐网(https://www.sohu.com/a/215485134_99996724.html)。

在日常生活和工作中，大多数信息都是通过口头表达来传递的。作为一种最直接的沟通方式，口头表达在沟通中占据了很重要的地位。现代社会的发展，对人们的口头表达能力提出了更高要求。

一、口头表达的概念

所谓口头表达，就是人们为了实现沟通目标而运用口头语言来传情达意的活动，而口头表达能力就是指用口头语言来表达自己的思想、情感，以达到与人交流的目的的一种能力。口头表达所涉及的对象非常广泛，从公司的管理者到社区的居民，从商业机构到政府代表，均可成为口头表达的对象。其沟通方式也是灵活多样的，可以是单独发言、两人交谈、小组讨论，也可以是演讲、磋商、辩论。

二、口头表达的特点与原则

（一）口头表达的特点

1. 有声性

有声性是口头表达最重要的一个特点。从口头表达的定义可以知道，口头表达是以由语音表现的音节、词、句构成的语言沟通系统为媒介来表达说话者的思想、情感和观点的。口头表达主要依靠声音，依靠每一个字的字音和整句话的节奏快慢及各种特殊的语调来表情达意。

2. 即时性

口头表达的即时性特点一是表现在口头表达的突发性强。说话者在表达自己的思想时往往没有经过深思熟虑，想说就说，因而说话句子短，结构简单甚至是不太完整，有重复，有脱节，有补充，有冗余。二是传送速度快，话语一旦说出口就难以收回。三是反馈及时。如果接收者对信息有疑问，可以迅速反馈，使说话者及时对接收者的疑问加以解释。

3. 情景性

口头表达是面对面的交谈，有其特定的情景性。在交流过程中，说话者的许多意思不仅可以通过字词传递，还可以借助情景意会，有时说话者只要说出个别词语就能替代全句，结合表情、声调、手势等就能使接收者更加理解说话者的思想和感情。

4. 多变性

口头表达因为是在一定的情景中发生的，所以往往受到很多因素的影响，比如环境、气氛、场合、双方的心理等，因此在交流中常有可能出现意想不到的情况，这就要求说话者必须要善于随机应变。

5. 复合性

口头表达是一种同时使用语言因素和非语言因素的复合行为。对于说话者来说，在表达过程中不但要借助手势、表情等非语言的帮助，还要察言观色，观察接收者的动作和表情。而对于接收者来说，在倾听的过程中，也需要眼耳并用，结合说话者的非语言符号来理解其思想和感情。

6. 失真可能性

口头表达在传递信息的过程中存在较大的失真可能性。每个人都以自己的偏好接收和理解信息，并以自己的方式解释信息，当信息传递到终点时其内容往往与初始时有了很大的变化。可以说，口头传递信息经过的层次越多，信息失真的可能性就越大。

(二)口头表达的原则

为了能够有效地将自己的思想、情感、观点等传递给别人，口头表达必须遵循以下基本原则。

1. 发言前做好充分准备

为了正确地表情达意，说话者在发言前应做好充分的准备。首先要把说话的内容在脑子里酝酿好，对重要的内容要考虑细致，对于哪些话先说、哪些话后说，哪些话该说、哪些话不该说，说到什么程度，采取什么表达方式，都应该做到心中有数。其次是要做好运用非语言手段的准备，应根据表达内容和对象的不同将情绪调整到最佳状态，以更好地补充和完善口头表达的内容。

2. 发言的主题要明确

主题是语言表达的中心思想。无论是文章或说话都应该要有一个明确的主题。没有主题，接收者只能感受到一大堆支离破碎的语言刺激，交流无法深入，达不到沟通效果。当然，在一些非正式场合，思想可以放开一些，形式也可以灵活一些，这有利于缩短沟通双方的距离，但主题仍要明确。

3. 发言时语言要简洁生动

口头表达是在特定的环境中与特定的对象的语言交流，交流的成败主要看接收者是否听得懂、愿意听、受感动、有收益。因此，说话者要根据不同的环境、不同的对象选用不同的语言形式、表达风格、语气、语调和语态，务必做到使语言适合环境、准确、通畅、简洁、生动。为此，口头表达需要注意以下几点：

(1)准确。遣词造句不要模棱两可，避免使用似是而非的语言、隐晦艰涩的词语、不恰当的比喻和不准确的概念。

(2)简洁。“言不在多，达意则灵。”把自身的思想和观点用最简明的语言概括出来，切忌繁琐、拖拉和说闲话、废话、碎话，使语言做到凝重有力、意味深长，使接收者在较短时间内获得较多的有用信息。

(3)生动。语言使用要具有活力,能感动人。要善于汲取当时当地的语言,使语言风趣幽默,避免呆板、僵死、枯燥、凝固的语言及官话、老话、空话、套话等。

微型案例 5－2　　我们都背叛了自己的家庭

据说,苏联首任外交部部长莫洛托夫出身于贵族家庭。一次,在联合国大会上,英国工党的一名外交官向他挑衅说:"你是贵族出身,我家祖辈是矿工,我俩究竟谁能代表工人阶级?"莫洛托夫不慌不忙地说:"对的,我们俩都背叛了自己的家庭!"

莫洛托运用其幽默的语言,简短的一句话,巧妙地化解了一次危机。

资料来源:https:// wenku. baidu. com/view/b986812458f5f61fb636664a. html。

4. 发言过程中注意语调和语词

同样一句话用不同的语调说出来,不仅可以表达不同的意思,而且取得的效果也大相径庭。比如一句简单的口头语"你真行",当语调较低,语气肯定时,表达的是说话者由衷的赞赏;而当语调升高,语气抑扬时,则变成了刻薄的讥讽或幸灾乐祸。

5. 说话要谨慎和留有余地

所谓留有余地,就是指不要把话说得太绝,要根据一定的场景和对象说话,点到为止。我们知道,事物是复杂多变的,任何人都不可能将其完全了解清楚,所以在口头表达时就要采用谨慎的态度。况且接收者的情况各异,能否接收,接收多少,怎样理解,在说话之前,说话者都要将其考虑清楚。

6. 善于倾听别人说话

在善于说话前首先要学会善于倾听。与别人交谈,最重要的是先听清楚别人所说的话,然后再表达自己的意思。由于说话的方式多种多样,因此在交谈的时候说话者必须先动脑筋弄清楚对方说的每句话所包含的全部内容,然后再选择是将自己的思想明确地表达出来,还是不明确地表达出来,将含义隐藏在话语中。只有做到这样,才能有的放矢地表达出自己的意见。另外,要学会耐心地倾听别人说话,让别人说完想要表达的全部内容,切勿断章取义。

微型案例 5－3　　听人说话不要听一半

美国知名主持人林克莱特一天访问一名小朋友,问他说:"你长大后想要当什么呀?"

小朋友天真地回答:"嗯……我要当飞机驾驶员!"

林克莱特接着问："如果有一天，你的飞机飞到太平洋上空所有引擎都熄火了，你会怎么办？"

小朋友想了想："我会先告诉坐在飞机上的人绑好安全带，然后我挂上我的降落伞跳出去。"

当在现场的观众笑得东倒西歪时，林克莱特继续注视这孩子，想看他是不是自作聪明的家伙。没想到，接着孩子的两行热泪夺眶而出，这才使得林克莱特发觉这孩子的悲悯之情远非笔墨所能形容。于是，林克莱特问他说："为什么要这么做！"

小孩的答案透露出一个孩子真挚的想法："我要去拿燃料，我还要回来！"

这就是"听的艺术"。一是听话不要听一半，二是不要把自己的意思投射到别人所说的话上头。要学会聆听，用心听，虚心听。

资料来源：https://www.doc88.com/p-2532074506885.html。

三、口头表达的种类

（一）交谈

交谈是指两个或两个以上的人的谈话或对白。交谈的运用范围相当广泛，诸如交流思想、洽谈工作、探讨学问、调查访问、商讨方案等都要运用交谈，可以说是一种最为常见的口头表达方式。交谈有利于互通信息、沟通思想、开阔视野、增长知识和增进友谊。按照性质和目的的不同，可以将交谈划分为聊天、谈心、问答、会见和洽谈五种类型。

1. 聊天

这是一种随意的、非正式的交谈。交谈双方无须任何准备，形式不拘，话题丰富，属于自由度较高的一种交谈方式。

2. 谈心

这是一种互相倾听心里话的交谈。谈话重在沟通感情，一般是针对双方某一思想问题的交流。

3. 问答

这是一种重在提问与回答的双向性交谈，其特点是问题明确，针对性强，一问一答配合紧密。

4. 会见

这是日常工作中最普遍、发生频率最高的一种交流方式，是一种面对面的交谈。参与双方通过会见，获取有用的信息，满足不同的需求。

5. 洽谈

这是一种与别人商量彼此相关事务以达成协议的交谈。参与双方都有明确的目的，常常围绕一个中心话题阐述各自的观点，经过沟通、商讨逐渐统一认识。政治交往与经贸交易中的谈判就属于这种交谈。

（二）即兴发言

即兴发言，也叫即席说话。即兴发言者事先未做好准备，是临场因时而发、因事而发、因景而发、因情而发的一种语言表达方式。相对来说，生活中的语言表达以即兴为多。如同事间一针见血的辩论，朋友间滔滔不绝的谈吐，酒席上要言不烦的祝辞，谈判时有条不紊地应对等。因此，即兴讲话对我们每一个人来说非常重要。即兴发言一般有两种情形，一是没有外力邀请或督促的主动发言；二是在外力的邀请或督促下的被动发言。即兴发言由于具有现场性、急性型、灵活性的特点，因此被认为是口头表达的最高形式。即兴发言包括传递信息的发言、引荐发言、颁奖词、欢迎辞、祝酒词和口头报告等。

1. 传递信息的发言

这种短时间讲话的主要目的是向接收者提供他们原本不知道或者知之甚少的信息。例如，向员工介绍新的规定或手续，向股东介绍自己的公司、经营活动、产品或组织结构，向顾客提供有关新产品或其销售折扣的信息等。发言者在发言前必须清楚接收者对信息的了解程度，这样才不至于说得太多或太少。为了更清楚与直观地说明问题，在做传递信息的发言时，经常需要用到一些道具，譬如一张图表、一个设计模型或一张宣传材料等，它们能在发言中起到辅助作用。

2. 引荐发言

引荐发言是引荐人为了激发接收者去听被引荐人的讲话而做的即兴发言。为了让接收者关注被引荐人的发言，引荐发言应该短小、吸引人，避免过于盛大、幽默或太长，这样才不至于使接收者的注意力被引荐人吸引而忽视了被引荐人。做好引荐发言的关键是要了解被引荐人和接收者，要善于把双方背景中的令人感兴趣的因素提取出来，找到双方的共鸣点，并且要强调接收者将如何得益于被引荐人的讲话。因此，引荐发言应该具体、有针对性，避免无效琐碎的信息。它可以强调被引荐人的成就，也可以谈谈被引荐人、话题与接收者之间的关系。

3. 颁奖词

颁奖词就是颁奖者向某个个人或者团队颁发奖品时，对受奖者的成就、所获得的荣誉以及颁奖的意义等做出评价的发言。颁奖词要向受奖者表达诚挚的认可，适当介绍一下该项奖励或奖品，或读出该奖状，使接收者对领奖者的成就有所了解。但内容不可太长，要尽量言简意赅，以免让领奖者或接收者感觉枯燥无味。在呈示奖品或奖状时要及时做好总结。

4. 欢迎辞

欢迎辞是当人们参观工厂、企业、学校或其他设施时，东道主所致的简短而诚挚的发言。在欢迎辞中要认可参观者的成就或职务，表达出东道主的友善，并表示愿意提供必要的帮助。有时欢迎辞里还需要包括一些有关安全的具体信息。譬如，在某些区域戴上安全帽，禁止拍照或打断工作人员的作业，在某个时间回到某指定地点等。但表述这种规则的时候一定要以礼貌的方式进行，要让参观者感觉到你的建议是为他的利益和安全着想。总的来说，致欢迎辞应该做到三点：一是言简意赅；二是略带幽默感；三是表达出东道主的友善。

5. 祝酒词

对发言者来说，事先清楚来客的期待是非常重要的。因为参加宴会的人员构成比较复杂，有些人喜欢简洁而幽默的发言，有些人则准备提一些敏感的话题，这就要求发言者做好多方面的准备。一般来说，在祝酒词中，开场白应该轻松，话题的引出要自然，接下来的讲话不仅要体现敬重和感谢之情，还要简要地强调主题思想。气氛轻松的时候，祝酒词的主题应带有相当的幽默色彩，讲话内容要轻松诙谐，可适当引用一些适合此类场景的名言警句或短诗，以便使人印象深刻。而气氛较为严肃时候的祝酒词一般要引入一个新概念，或者确保赴宴者理解某事。发言人可以通过一个故事、一段幽默、一个展示或几样道具来强化自己所要表达的思想。无论是轻松型的还是严肃型的祝酒词，都应该比较简明，并要谨慎措辞。

6. 口头报告

口头报告是就一个论题向接收者简要介绍一个计划好的或正在进行的项目或活动。它可以分为指示型口头报告、信息型口头报告和总结型口头报告三种类型。指示型口头报告的目的是为了让接收者明确如何操作或执行某项任务，这种发言强调语言的通俗易懂，必要时要给接收者当场操作的机会；信息型口头报告旨在传递信息，在这种口头报告中使用一些浅显的术语、图表，并在事先发放材料，将有助于解释一个复杂的问题；总结型口头报告是当一项计划或安排进行到一定阶段或结束后对这项计划或安排的执行情况做出总结，向有关方面汇报，其内容一般包括执行过程、取得的成绩、存在的问题、解决方案、以后的设想等。

（三）演讲

演讲是演讲者在特定时间、特定环境运用姿态、声音，向受众发表意见的有组织的陈述。根据演说的目的，演讲可分为以下几种：

1. 劝导型

劝导型演讲是演讲者为了说服一些持有反对意见或者态度冷漠的接收者赞成或

支持自己的观点或主张所做的演说。在这种演讲中，演讲者要运用感情感染力和逻辑感染力使接收者同意自己的观点。譬如，技术开发人员向公司管理层做演讲，劝说他们投入资金开发一项新技术，这时，开发人员不仅要详细介绍该技术，还要分析该技术能给公司带来的收益，同时还要谈及资金安排问题，这样才能达到劝说购买的目的。

2. 告知型

告知型演讲是为了向接收者传递某些信息，演讲的主题不具有争议。比如向委员会做报告，发言者的责任不是做出什么决定，而是向委员会提供信息材料，以便委员会做出决定；又比如新产品的介绍、应聘时的自我介绍等。

3. 交流型

交流型演讲的目的是为了交流信息，譬如市场部经理向产品设计部经理和生产部经理讲演，解释潜在顾客需要什么、不需要什么，然后引导后者讲出生产中受到的技术限制。通过这种交流，双方可以探讨问题，并最终找到解决方案。

4. 比较型

比较型演讲是比较两个或两个以上的产品、概念、政策或活动，从而向接收者提出相关事实，以便其更好地做出决策。在这种演讲中，仔细列举事实和客观的数据分析是至关重要的。

5. 分析型

分析型演讲一般是说话者深入分析某一事务，然后将分析结果呈现给接收者，以便其做出决策。比如，当需要了解企业生产经营某一方面的深入情况，以便做出决策或采取措施时，就需要分析。

6. 激励型

激励型演讲常用激动人心的语言来激发人们的热情和干劲儿，目的在于鼓励人们采取行动，更加积极地实施相关措施，使人们朝同一个目标努力。公司管理人员在动员大会上的发言可以归结为这一类。

第二节　演讲技能

微型案例 5－4　　**章武的烦恼**

今夜章武失眠了。原因是明天他要代表自己小组的成员在全班做一次演讲。章武现在是某高校的MBA(工商管理硕士研究生)。在读研究生之前，他有一份很好的工作，有7年的工作经验。章武很爱自己的工作，非常想要在这个领域大展拳脚。但让他很苦恼的是，他非常惧怕当众说话，只要一想到演讲，他就会手脚出汗，脑子一片空白。奇怪的是，当与朋友聚餐时，章武往往是众人关注的谈话中心。单位内部几次提拔年轻干部，章武都因为当众演讲的时候过度紧张而中途停下来，最后不能入选。羞怒之下，章武从原来的单位辞掉了工作，专心考到了国内一所著名高校读MBA，打算一边学习先进的管理知识，一边改掉自己演讲恐惧的毛病。

可是一想到明天早上要面对那么多学生和严谨的老师，章武的心就凉了半截，准备找别人替代自己，但是又非常不甘心："我离开原来的单位就是为了克服这个毛病，可是现在又要放弃……"

资料来源：孙健敏、徐世勇编著，《管理沟通》，清华大学出版社2006年版。

一、演讲的含义与特征

（一）演讲的含义

所谓演讲，就是指演讲者在一定的场合，或特定的时境中，借助有声语言和肢体语言，面对广大听众，抒发感情，阐述要旨，宣传和发表自己的主张意见，以感召听众产生共鸣的一种演说活动。演讲应具备一定的条件，即演讲者、听众、沟通二者的媒介以及时间和环境。这四个条件是相互联系，缺一不可的，离开其中任何一个条件，都不能构成演讲活动。

有声语言、身体语言和主体形象是演讲者表达自己的意见、观点和主张，从而影响、说服、感染他人的传达手段。只有具备这些传达手段才能揭示出演讲的本质属性。有声语言是演讲活动最直接、最主要的表达手段，是信息传达的主要载体。它由语言和声音两种要素构成，以流动的声音运载着思想和情感，直接诉诸听众的听觉器官，产生效应。身体语言就是演讲者的姿态、动作、手势、表情等，它是流动着的形体动作辅助有声语言，载着思想和感情，诉诸听众的视觉器官，产生效应。主体形象是演讲者出现在听众面前的自身的整体形象，包括体形、容貌、衣冠、发型、举止神态等。整个主体形象的美与丑、好与差，不仅直接影响演讲者思想感情的传达，而且也直接影响听众的心理情绪和感官享受。这要求演讲者在自然美的基础上，还要有一定的装饰美。在符合演讲思想感情的前提下，演讲者应注意装饰的朴素、自然、轻便、得体，注意举止、神态、风度的潇洒、大方、优雅，只有这样，才有利于思想感情的传达，有利于取得演讲的良好效果。

演讲就是靠着上述手段传播以达到演讲的目的。在综合的传达系统中,缺少任何一个因素也构不成演讲活动。如果只有“讲”而没有“演”(包括主体形象),只作用于听众的听觉器官而不作用于听众的视觉器官,就会缺少感人、动人的主体形象及表演活动——缺少实体感,就如同坐在收音机旁听广播一样;如果只有“演”而没有“讲”,只作用于听众的视觉器官,而不作用于听众的听觉器官,就犹如在聋哑学校看哑人的手势一样,总令人难以理解。所以“讲”与“演”这两个演讲的要素缺一不可,只有使之和谐、有机地结合起来,才能精彩并圆满地完成演讲的任务。

(二)演讲的特征

作为一种特殊的口头表达艺术,演讲具有以下几个特征:

1. 现实性

一般来说,演讲活动属于现实活动范畴,而不属于艺术活动范畴,它是演讲家通过对社会现实的判断和评价,直接向广大听众公开陈述自己主张和看法的一种现实活动。演讲的现实性具有以下三个方面的含义:

首先,演讲的内容具有现实针对性,即人们关心的现实问题,包括衣食住行、治学、为人、处事等各方面。演讲者对现实的评价和判断,主要是通过许多事实、概念和主张以及通过判断、论证、推理及其他逻辑手段来实现的。

其次,从演讲者的活动来看。演讲不属于表演艺术的范畴,演讲者是以自身形象面对广大听众直接表述的,是现实的。而表演艺术中,表演者是在舞台上演绎艺术形象,发表他所扮演的人物的思想和主张。为了更生动、更具体、更鲜明地阐述道理,演讲者可以借助于种种言语艺术手段,比如引述寓言、格言、小说、诗歌、戏剧等艺术作品中的语言、人物和事件,但这些手法的应用要以不影响其现实性为前提。

最后,从表现形式上看,演讲是以“讲”为主,以“演”为辅。这个“讲”虽然是语言的艺术,但仍然是演讲者根据所要表达的思想、情感和需要,进行现实的、真实的“讲”,而不是表演艺术家根据塑造典型人物的需要,所进行的那种艺术的甚至是夸张的“讲”。演讲的“演”也不同于艺术的“演”,它是真实生活的再现,是有节制、有限度的,是为“讲”服务。

2. 目的性

每个演讲者都有自己的明确的动机,或是为了以其思想性、原则性,帮助听众弄清复杂的社会现象;或是要提出一个问题,加以分析,然后解决这个问题;或是为了将自己的思想传递给听众;或是为了激发听众的思想,激活其情绪,使其行动起来。整个演讲的过程就是实现既定目标的过程。

3. 听众不唯一性

演讲的基本形态是“一人讲,众人听”。一般交谈,可以你一言、我一语,或七嘴八舌,说话者可以身兼传播信息者和接收者两种角色,而且随时交换这两种角色,形成非固定的角色。演讲则不同,它只允许一个人站在讲台上讲,而众人站在台下听,即便是论辩性演讲,亦只能一人讲完,另一人再讲。

4. 艺术性

首先,演讲具有多种艺术样式的一些特点和因素。这表现在演讲者是活动在固定空间的舞台上,这就带有戏剧等艺术形式的特点;演讲者在演讲时所运用的有声语言,就具有语言生动形象、幽默感强的特点和诗歌语言感情丰富、优美精炼的特点;演讲者在叙述事件过程和绘声绘色地描绘人物的音容笑貌时,就兼备了文学创作的艺术特点;卓越的演讲者所运用的面部表情和手势动作,往往具有雕刻艺术的意义和美学价值。

其次,演讲的艺术性表现在其具有强烈的艺术感染力。演讲的目的在于唤起听众与自己感情上的共鸣,刻板单调的说教是最令人感到枯燥乏味的。演讲采用相声、戏剧、小说、诗歌等多种艺术样式的特点,目的就是为了使其始终给人以新颖之感,并时时扣动听众的心弦,以强烈的艺术感染力与听众取得思想上的共识。

5. 鼓动性

一切正直的人们都具有追求真、善、美的强烈愿望,都有渴求知识的欲望,而演讲的目的就是要传播真、善、美,就是要传播知识,开启人们的智慧,陶冶人们的情操。在这一点上,演讲家与听众之间就很容易沟通,并能建立起共识。听众自然就愿意听,容易引起强烈的共鸣。其次,演讲者是以热烈的情感去点燃听众的情感之火,配合声音、语调、丰富的表情、多变的手势、严谨的语言结构和缜密的逻辑思维,更容易使听众动情,从而引起共鸣。最后,演讲的直观性使其与听众直接交流,更能触动听众情感,引起共鸣。

6. 工具性

演讲是一门科学、一门艺术,也是一种人们交流思想的工具。任何思想、学识,任何发明和创造都可以借助演讲这一工具来传播。而且这个工具是最经济、最实用、最方便的,随便什么地方都可以随时演说,人人都听得懂,且不必兴师动众,花费什么金钱就可知晓天下事。

微型案例 5-5　　开口说话就是力量

在《超级演说家》的这个舞台上,我认识了很多很多的人,他们都很会说话,一个比一个能说会道,毕竟《超级演说家》是全国第一档以说话为主题的节目,口号就是"说得更比唱得好"。但是在电视机前还有很多听不到声音的人,他们怎么办呢? 现在我就在这里用手语来告诉他们,今天我在这个舞台上都说了什么。

小的时候，我以为张开大嘴巴就是说话，那个时候我还不知道我说的话是没有声音的。上幼儿园的时候，我学会了让喉咙振动，我觉得这就是说话，但是那个时候我还不知道，我说的话别人根本听不清楚。上小学的时候，我又以为大声地表达就是说话，但是那个时候回应我的却是一张张惊愕的脸。即使是这样，我依然特别珍惜每一次开口说话的机会，即使只是一句简单的话啊。因为对于先天失聪的我来说，能够发出声音它就是一种力量。

曾经一度，我拒绝说话，我用大喊大叫的方式责怪妈妈，你凭什么，你为什么给了我一双这样的耳朵？但是，有一次在聋哑康复中心，有一个跟我差不多一样年纪的小女孩，她冲我跑过来然后痴痴地看着我，用一个傻得可爱的笑容对着我，然后用手语告诉我："姐姐，你可以教我说话吗？"第一次，我发现有人羡慕我，是因为我可以像正常人一样用说话来交流，即使发音拗口大舌头，但是对于他们而言是可遇而不可求的事情。我这才知道，原来我是这么幸运，我能够像正常人一样，我能够开口说话了。

试想一下，假如我不会开口说话，我就不会有第一次叫"爸爸"时那种起了一身鸡皮疙瘩的感觉；假如我不会开口说话，我永远也不可能让妈妈知道我遗传了她的好嗓音；假如我不能开口说话，我连让别人叫我是大舌头的份儿都没有；假如我不能开口说话，我现在可能也只有瞎比画；假如我不能开口说话，我又能和谁分享我的喜怒哀乐呢？

所以，对于我们这样的人来说，说话的力量就是能够发出属于自己的声音。只有在这个时候，我才会明白，说话是一种由内而外的力量，只有这种说话的力量才能让我不去在意谁听得清听不清，也不用在乎我说话的声音是大了还是小了。我就是说了，我就是表达了，足够了。

以上是曹青莞的一次演讲，她充分利用了现场观众的感官知觉特点，用童年记忆唤起听众的共鸣，达到了较好的演讲效果。

资料来源：https:// wenku. baidu. com/view/9f8459664332396801lc92cf. html。

二、演讲的准备

(一)分析演讲目的

为什么要演讲？也就是要明白演讲的意图和目的。只有当目的明确后，才能有的放矢地准备演讲内容。一般来说，演讲的目的分为首要目的和次要目的。首要目的往往是达到一些外显的组织目标，比如：说明服务项目，介绍产品；树立企业或个人形象，制订行动计划；公正公开地表扬下属，赞美同事或者组织外部人员；使人接受概念、观点；代表小组、公司或部门发表演讲；表明态度，说明工作方法；建议解决问题的方法等。次要目的更显人性化，如表现演讲者的专业和自信，引起某个重要人物的注意，职业晋升等。

演讲者在准备过程中应充分认清首要目的和次要目的，首要目的和次要目的的失衡可能会对演讲者造成不好的影响。比如，演讲者可能因为过度关注次要目的，忽视了对首要目的的准备，从而影响了观众对演讲的评价；或者演讲者可能在准备的时候并未意识到次要目的，结果在演讲过程中才开始关注这些目的的实现程度，从而造成演讲者过度紧张，影响了演讲的正常发挥。

(二)分析演讲受众

亚里士多德曾说过：演讲有三个要素——演讲者、主题和听众，而后者决定演讲的成功与否。作为演讲者，只有熟知受众的态度、兴趣以及他们对你的感情认知，才能投其所好，使演讲主题吸引人。

1. 受众类别

根据受众的学识、职位、工作性质等，演讲受众可以分为以下几种：

(1)同事受众，即处在同一公司中的职员。这一类受众有可能是最难应付的群体。在公司各部门之间往往存在着竞争机制，受众可能对演讲中提出的任何意见都表示异议。对此，演讲者要有充分的心理准备，切忌用挑衅性的语言，或者出现明显保护本部门的言论和行为。

(2)上级受众。下级面对上级难免会产生紧张情绪，演讲者应在有限的时间里尽量松弛紧张的情绪，将自己的注意力集中在上级想要了解的知识上。为确保高质量的演讲，演讲者必须对演讲的内容做精心的准备，要做到简明扼要、论据充分、语气诚恳。

(3)混合受众，是指演讲者全然不了解的受众。面对这样的受众，演讲者在阐述主题时应创造一个共同的目标意识，尽量引用不同领域的例子，让受众明白你知道他们具有不同的经历。演讲应该简明扼要，避免说一些晦涩难懂的话。

(4)国际受众。在演讲之前，演讲者应充分考虑各国文化的差异。例如，美国受众可能更加倾向于探索实际问题；德国受众可能对技术问题情有独钟；法国受众则要求演讲有理有据，要求演讲者用数字和事实来证明所阐述的观点。

2. 受众人数

一般来说，受众人数越多越容易接受“群体影响”的支配。因此，在受众较多的场合，更需要变更说话的语调，提高内容的感情成分。对出席的人数做尽可能准确的估计，有利于决定演讲需用什么样的辅助手段和风格。否则一旦到发言那天才发觉人数出乎意料，将对演讲者的精神状况产生不利影响。

3. 受众年龄

由于受众的年龄结构不同，思维方式、价值观念也会有很大的不同。例如，当代青年大多具有冲劲、有理性、爱挑剔的特点，中老年人则比较含蓄、稳健，因此演讲者要注意受众的年龄结构。

4. 受众的知识层次

受众的知识水平十分重要。发言如果没有定位在适当的水平，无论是太高或太低，都必将导致演讲的失败。受众的知识层次还会影响演讲方式的选择。对于知识层次比较高的受众，应加强逻辑和理论依据；而对于知识层次较低的受众，则可以考虑应用更多的例子和情感影响。

5. 受众的意愿要求

对于受众的意愿要求的掌握至关重要。如果能事先分析受众的意愿要求，将有助于演讲者确定受欢迎的发言主题，提升演讲的氛围和效果。受众的意愿要求可以分为以下五种：

(1)慕名者：受众来聆听演讲，目的是为了一睹演讲者的风采，对于演讲者的演讲水平不太计较。因此，对于这部分意愿要求的受众，相对而言，演讲者比较轻松。

(2)求知者：受众来聆听演讲，目的是为了获取丰富多彩的知识，其要求演讲者的演讲内容充实，条理清晰，但对于演讲者的演讲技巧要求不高。

(3)存疑者：受众来聆听演讲，目的是为了解决心中存在的疑问困惑，其对于演讲者的演讲内容要求能解疑，演讲的主旨内容要透彻，而对于演讲者的身份地位和演讲水平要求不高。

(4)欣赏者：受众来聆听演讲，目的是为了观看演讲者的演讲技巧及如何调动整个演讲现场的氛围，对于演讲内容要求不高。

(5)不得不来者：受众来演讲现场主要是因为应酬而不得不来，他们对于演讲内容、演讲技巧等均不关心，如年度总结会议、庆典等。

有关受众意愿要求的信息并不难获取，可以通过与主持人接触，事先在受众中调查，提前到场与认识的受众交流，或者事先请教其他演讲者等方式来获得。

微型案例 5－6　　我们将战斗在海滩

这次战役尽管我们失利，但我们决不投降，决不屈服，我们将战斗到底。

我们必须非常慎重，不要把这次援救说成是胜利。战争不是靠撤退赢得的。但是，在这次援救中却蕴藏着胜利，这一点应当注意到。这个胜利是空军获得的。归来的许许多多士兵未曾见到过我们空军的行动，他们看到的只是逃脱我们空军掩护性攻击的敌人轰炸机。他们低估了我们空军的成就。关于这件事，其理由就在这里。我一定要把这件事告诉你们。

……

这次战役尽管我们失利，但我们决不投降，决不屈服，我们将战斗到底，我们将在法国战斗，我们将在海洋上战斗，我们将充满信心在空中战斗！我们将不惜任何代价保卫本土，我们将在海滩上战斗！在敌人登陆地点作战！在田野和街头作战！在山区作战！我们任何时候都不会投降。即使我们这个岛屿或这个岛屿的大部分被敌人占领，并陷于饥饿之中，我们有英国舰队武装和保护的海外帝国也将继续战斗。

这篇演讲是在丘吉尔当选首相后不久发表的，它是丘吉尔在法国战役中发表的三篇著名讲话中的第二篇。这篇演讲发表于敦刻尔克，当时英国军队正向法国大撤退。丘吉尔作为一名演说大师，在演讲中大量使用了首句重复法、接续词省略和日耳曼词根单词等修辞手法，借以加强演讲的影响力。

资料来源：https://www.sohu.com/a/235781327_100138922.html。

（三）演讲的选题

1. 确定题目

题目决定了演讲中要讲的问题，而选择什么样的题目又在一定程度上决定了演讲的价值。因此，演讲前首先要确定演讲的主题，这不仅是演讲者所关心的，也是听众所关注的。演讲的题目不仅与演讲的形式有关，更与演讲的内容、风格、格调有关。一个新颖而富有吸引力的题目，不仅能在演讲前就激发起听众的倾听欲望，而且会在演讲后给听众留下深刻的印象。可以说，题目的选定对演讲效果起着画龙点睛的作用。

(1)题目必须有意义。演讲题目应是大多数人都普遍关心的问题，必须指向听众的兴趣，满足听众的需要。而演讲者的神圣权力，也就是负有言之有理的责任。

(2)题目要有建设性。在实事求是的基础上，标题要选择那些能给人以希望的、积极向上的、令人振奋鼓舞的文字。而在内容上，也要能带给听众新的信息、新的知识，以引起听众的兴趣，满足其求知欲。

(3)题目要新奇醒目。演讲的题目应像磁铁一样,听众一听到题目,就立即被吸引住。具有吸引力的标题必然会在大量雷同陈旧、平庸、司空见惯的演讲题目中脱颖而出,受到听众的关注。

(4)标题突出主题。选定题目,演讲的主题也就确立了。演讲者的见解、观点、主观意图,都是通过具体材料,围绕着核心——主题思想——表达和体现的。演讲的主题应有针对性,对存在的问题有的放矢,而不能空对空地泛泛而谈。另外,主题最好还要具备演讲者有创新的思想观念在其中,切不可老生常谈,人云亦云。

(5)讲究个人色彩。演讲中的感情激发离不开生活基础,生活本身即是最合适的题材。因此寻找演讲的题目,最便捷的方法就是深入自己的生活,从自己的记忆中去搜寻生命里那些有意义并给你鲜明印象的事情。因为演讲中最为听众欣赏的题目,都富有极强的个人色彩。

2. 确定论题

所谓论题,即"讲什么",是选择演讲所要阐述的主要问题。要把论题选好,必须遵循以下原则:

(1)需要性,即选择现实需要亟待回答的论题。马克思和恩格斯认为,一篇生动的当众演讲,究竟能在多大程度上帮助听众弄清社会现实中的复杂现象,并在多大程度上有助于迫在眉睫的社会问题的解决,这是演讲艺术的本质特征。作为一个有责任感的演讲者,总是能从提高人们对客观世界的认识能力和改造能力出发,选择那些"政治上重要的、为大众所注意的、涉及最迫切问题的主题"来阐述,从而解决人们普遍关心、急于得到回答的问题。这样的论题才有价值,才能为听众所欢迎。

所以,每一次演讲都要从客观实际出发,要认真考虑一下自己所选择的论题是否符合现实需要,是否属于听众所亟待得到解答而又有意义的问题。

(2)适合性,即选择那些适合演讲听众、演讲时间、演讲场合和演讲者实际的论题。论题为客观现实需要,但如果不考虑听众的文化水平、思想修养、职业特点、阅历、心理和愿望,不考虑规定演讲的时间,不考虑演讲的场合和环境,不考虑演讲者的年龄、身份、气质、能力等,其论题再好,也无法搞好演讲。

(3)正确、鲜明,即演讲者必须具有科学正确的世界观,即马克思主义的世界观。只有用辩证唯物主义和历史唯物主义的观点和方法,观察问题、分析问题,才能透过现象,抓住事物的本质,才能把握住演讲的正确主题。同时,应做到旗帜鲜明,即肯定什么,否定什么,赞颂什么,贬斥什么,要清清楚楚,明明白白,决不可似是而非,模棱两可。

(4)集中、深刻,即一篇演讲通常只能有一个主题或论题、一个中心,不能多主题、多中心,这就要求演讲的主题必须凝练和集中。如果贪多求全,这儿也想讲,那儿也想说，势必使主题分散，形成多中心，造成演讲的头绪纷繁，缺少一根贯穿整个演讲的主线，结构松散，话说得不少，听众却不知道到底要讲什么。“伤其十指，不如断其一指”，说的就是这个道理。同时，无论是讲人、叙事、论理，都不能停留在表面现象上，而应该挖掘出事物的本质，把握住事物的个性。

（四）演讲材料的收集和组织

1. 演讲的选材原则

如果说演讲论题是演讲的灵魂，那么演讲材料是演讲的血肉。现在是信息化时代，信息众多，如何选择所需要的信息去更好地体现演讲论题，应遵循以下几个原则：

（1）主题定向。材料首先必须服务于主题，有计划、有针对性地收集材料，演讲者要把最典型、最生动、最真实、最有说服力的材料奉献给受众，而不应将自己所掌握的材料随意拼凑、滥竽充数，只有使主题和材料有机统一，水乳交融，浑然一体，才有吸引力、说服力。

（2）受众定向。演讲应针对不同场合、不同受众的具体特点和爱好使用不同的材料，针对受众的心理要求使用与受众切身利益相结合的材料，确保提出的问题是受众所关心的问题。灌输解决问题的方式要能为受众心悦诚服地接受，根据不同的场合和对象，为受众设计不同的演讲内容，特别是求知型受众、存疑型受众等对于演讲内容要求比较高的受众。

（3）口语化定向。由于演讲要诉诸口头语言，拟稿时必须要以易说、能讲为前提。一篇好的演讲稿对演讲者来说要朗朗上口，对于受众来说应该通俗易懂。

（4）自我定向。选择的材料要在演讲者力所能及的范围内，掂量哪些材料能讲得精彩，哪些材料较难把握，只有所选择的材料在自己的能力范围之内，演讲起来才能滔滔不绝、条理分明。

2. 材料收集的途径

（1）谈话。访谈对演讲主题熟悉的专家，调研那些关心演讲主题的市场受众。

（2）阅读。利用网络、报刊、书籍、电视等各种途径广泛阅读，提炼有用的材料。

（3）自身经历。从自己的实际生活、工作、学习中所见所闻、所思所想中组织材料，这往往是演讲者最为熟悉的内容，也是最能引起受众注意力及共鸣的精彩所在。

3. 演讲材料的组织

组织材料，就是确定演讲的框架，以提要、图表等方式列出观点、材料以及观点与材料的组合方式。

演讲中运用的材料的先后次序、详略安排、色彩变化都要灵活得体。例如，受众的注意力是有一定限度的，超过了一定的限度，受众对所演讲的内容就会走神。这时，适当运用必要的趣味材料、幽默悬念、受众熟悉的人和事等，就能调节演讲的变化层次，使受众的精力集中。如遇到材料中的言辞或术语超出了受众理解的范围,就必须花一些篇幅,做适当的解释说明;演讲材料中的统计数据,也必须准确无误,使受众明白易懂。

在准备演讲材料时,应注意材料的多样化,并运用各方面的材料。只有统计数字的演讲必然枯燥无味,只有对材料有所选择地加以分析,引用精彩的例证,才能实现完美的演讲。

(五)演讲的结构安排

演讲的结构分为开场白、主体、结尾三个部分,由于演讲是具有时间性和空间性的活动,因而演讲的结构具有其自身的特点,尤其是对它的开头和结尾有特殊的要求。

1. 开场白

开场白在结构中处于醒目地位,具有特殊作用。一个好的演讲,开场白就能唤起听众的感情共鸣,抓住听众,引人入胜。演讲的开头有多种方法,主要有:

(1)开门见山,直接提示演讲的中心。这样的开头,使听众一听就知道演讲的中心是什么,注意力马上就集中在演讲上。

(2)介绍情况,说明根由。这种开头可以迅速缩短与听众的距离,使听众急于了解下文。

(3)从日常生活或切身体会入题。借助某事件、某一比喻、个人的经历或一段笑话,唤起听众的注意,同时使它成为与题目有关的媒介,或成为与演讲的主要内容衔接起来的因素。

(4)用提问激发听众的思考这种方法是根据听众的特点和演讲的内容,提出一些能激发听众思考的问题,以引起听众的注意。

演讲的开场白可以引用名人名言、名人轶事,可以用设问句设置悬念,也可以引入当下比较时尚流行的、家喻户晓的事件,吸引受众的注意力。

微型案例 5-7　　制造悬念式开场白

中国共产党的早期革命家彭湃当年在海陆丰从事农民工作,一次到乡场上准备向农民发表演讲。怎样才能吸引来去匆匆的农民呢?他想出了一个好主意。他站在一棵大榕树下,突然高声大喊:“老虎来啦!老虎来啦!”人们信以为真,纷纷逃散。过了一会儿,才发现虚惊一场,于是都围上来责怪他。彭湃说:“对不起,让大家受惊了。可我并没有神经病,那些官僚地主、土豪劣绅难道不是吃人的老虎吗?”接着,向大家宣讲革命道理。这次演讲后,该地的农运工作很快就开展起来。

资料来源:节选于 https://wenku.baidu.com/view/095007390875f46527d3240c844769eae109a3ca.html。

2. 主体

主体是演讲的主要部分。主体要环环相扣,层层深入,在行文的过程中,要处理好层次、节奏、衔接、修辞和时间几个问题。

(1)层次。演讲由于听众只能听一遍,因此要求层次、条理十分清楚。每一个层次都要有中心句,常用总起句或总结句。根据听众以听觉把握层次的特点,在演讲中树立明显的有声语言标志,从而获得层次清晰的效果。此外,还可以运用过渡句,或者是用“首先”“其次”“然后”等语词来区别层次。

(2)节奏。演讲的节奏是指演讲内容在结构安排上表现出的张弛起伏,主要是通过演讲内容的变换来实现的。演讲内容的变换,是在一个主题思想所统领的内容中,适当地插入幽默、诗文、轶事等内容,使听众的注意力既保持高度集中而又不因为高度集中而产生兴奋性抑制。演讲结构的节奏既要鲜明,又要适度:平铺直叙,呆板沉滞,会使听众紧张疲劳,而内容变换过于频繁,也会造成听众注意力涣散。所以,插入的内容应该为演讲意图服务,节奏的频率应该根据听众的心理特征来确定。

(3)衔接。衔接是指把演讲中的各个内容层次连接起来,使之具有浑然一体的整体感。由于演讲的节奏需要适时地变换演讲内容,因而也容易使演讲的结构显得零散。衔接是对结构松紧、疏密的一种弥补,它能使各个内容层次的变换更为巧妙和自然,使演讲富于整体感,有助于演讲主体深入人心。

(4)修辞。一篇好的演讲稿应具备音韵美,以达到“上口”“入耳”的效果,可适时使用一些修辞手法来实现这个目标。比如,使用对仗增加演讲的节奏感,使用排比增加演讲的气势,使用押韵表达不同的情绪等。

(5)时间。受众的集中时间和集中精力有限,演讲应根据演讲主题、受众等实际情况,控制好展开的时间。时间过长,内容过于庞杂,受众容易产生疲惫感,分散注意力;时间过短,演讲内容阐述不清楚,又达不到演讲效果。

3. 结尾

结尾是演讲内容的自然收束。结尾应简洁有力,言简意赅、余音绕梁的结尾能够使听众精神振奋,并促使听众不断思考和回味。结尾通常有以下几种方式:

(1)概括要点,揭示主题,把要点做一下总结。

(2)抒发感情,激励人心。用充满激情的话语作总结能激起听众情绪,激动的感情会使听众受到感染,并受到鼓舞。

(3)展望未来,鼓舞斗志。在演讲结束时,提出任务,指明方向,鼓舞听众振奋精神,坚定信念,付诸行动。

(4)饱含哲理,发人深思。用名言、诗句、歌曲作结尾,可以使演讲的主题得到有力的证明,加强演讲的力度,使听众在联想和印证中得到深刻启示。

(5)用幽默性话语作结尾。幽默的结尾会使听众余兴不尽，达到加深印象的效果。

(6)步步加深的结尾法。这种方法也叫“阶升法”，好像阶梯一样步步升高，一句比一句有力量。不过这种方法是不容易运用的，它要求在理论上、语气上层层加深，在较短的时间内，把演讲的语势迅速推向高潮。

演讲稿的结尾没有固定的格式，要根据文章的需要、自己的特长进行选择。

微型案例 5－8　　老舍先生的幽默

我国著名作家老舍先生好幽默。他在某市的一次演讲中，开头即说“我今天给大家谈六个问题”，接着，他第一、第二、第三、第四、第五，井井有条地谈下去。谈完第五个问题，他发现离散会的时间不多了，于是他提高嗓门，一本正经地说：“第六，散会。”听众起初一愣，立刻欢快地鼓起掌来。老舍先生这样打破了正常的演讲内容，从而出乎听众的意料，收到了幽默的效果。

资料来源：无极，《30 天掌握一流演讲口才》，中国经济出版社 2013 年版。

(六)演讲的时空安排

演讲要重视时间安排，包括时间长度和时间段的安排。一般情况下，演讲的开头和结尾部分占整个发言时间的 20%，其余 80%的时间用于主体部分的发言。演讲的时间最好不要超过 90 分钟，如果演讲的时间过长，演讲者可以将演讲内容划分为若干个单元，中间安排休息时间，让听众放松一下。演讲的时间段也最好安排在大家精力最好的时候，不要安排在常规的进餐和休息时间中。

演讲的空间安排与时间安排同样重要。空间安排包括房间的大小和形状、窗户的位置和数目、四周墙壁的位置、电源插座的位置和数目、桌椅及视听设备的配备情况等。演讲者在演讲前应事先了解设施的情况。

演讲的地点应该尽量减少噪音、回音等无关因素的干扰。演讲的空间不能太拥挤，更不能显得空荡荡。演讲者还要考虑与听众之间的距离。小型集会的演讲者与听众的距离以 4～8 米为宜；大型会议上的演讲者与听众的距离一般在 8 米以上，这也是确保演讲者权威的一种表现。

三、演讲技巧

(一)提升自我形象的技巧

如果在演讲前听众早就形成了对你的成见或者怀疑，那他们还会花时间去听你长篇大论吗？

不管演讲的目标是什么，演讲者都需要给听众一个能胜任和专业性强的感觉。首先必须注意自己的仪表，衣着要得体、整洁，不要穿着可能分散注意力的服装，一般服装不宜超过三种颜色。其次演讲者要控制自己的举止，具有一定的礼节，表现出自己的自信和自制力，使听众产生好的印象。

在发表演讲时，演讲者要富有激情。情绪、表情和说话的内容一样，会带动和感染听众。响亮而生机勃勃的声音能给人充满活力、生命力旺盛之感，使演讲的气氛易于达到一个热烈的状态。演讲者在演讲中，还可以适当地使用幽默的话语，听众都不会拒绝幽默，自然的幽默感可以使演讲者和听众的关系更为融洽，但是幽默也要看场合，庄重肃穆的场合就不适宜幽默。

（二）克服紧张情绪的技巧

面对陌生的演讲环境和听众，演讲者难免会紧张。克服紧张情绪，是有效演讲的基础。

首先，要熟悉讲稿和演讲环境，确定自己熟悉、感兴趣、有材料可写的选题，形成讲稿后要熟加记忆。如果一面对听众就紧张，可以在脑海里迅速回忆演讲大纲，以缓解紧张情绪。另外，对演讲所处的空间大小、整个会场的布置、道具的准备及使用情况等都需了如指掌，以减少由于环境造成的不确定性带来的紧张感。

其次，要确立自信，想象自己是做得最好的。演讲者可以把自己想象成是有关演讲话题的绝对权威，而听众只不过是对此话题一点都不了解的人；想象自己在演讲时神采飞扬，听众洗耳恭听，积极配合，演讲结束后听众掌声如雷。总之，自己打击自己，总认为别人比自己强的做法是不可取的。

演讲者还可以用简单的物理方法转移注意力，消除紧张情绪。比如，微笑着环视听众和四周的环境，向你认识的听众点一下头，与身边的人小声说一两句话，做一下深呼吸等。

（三）善于运用非语言的技巧

1. 掌握引人注意的发声

演讲者要正确使用规范的话语，发音要清晰，吐字要清楚，声音要洪亮。一般来说，明朗浑厚的中低音比较受听众欢迎。演讲的语速以每分钟 150 字左右为佳。何为“左右”，并不是简单的每分钟读 150 字左右，而是需要根据感情表达的需要、会场情绪和气氛，适时适度调整语速，有些句子需要说得很快，有些句子需要说得慢些，整场演讲的语速是平均每分钟 150 字左右。

2. 巧用重音

在演讲中，根据表情达意的需要，有意突出或强调某一词、词组或句子，以和其他词、词组或句子形成鲜明对比，这种技巧就是重音。有时，将重音区读得比其他音节轻也能起到突出的作用。主要根据演讲者的目的、理解、心境、感情等综合因素来确定重音。

3. 巧用停顿技巧

停顿指的是演讲过程中语音上的间歇。停顿有语法停顿、逻辑停顿和心理停顿。前两种是根据语法和逻辑结构来处理语言的手段，后一种是演讲者根据演讲需要有意识地安排，停顿的时间一般比前两者长，也更能体现停顿的作用。

在演讲中适当运用停顿手法，不仅能给演讲者和听众整理思路、体会情感的时间，达到沟通同步，还能使演讲内容的展开与推进更有层次性；它还能体现设问和暗示的作用，引起听众的好奇和注意，令听众产生悬念。

4. 采用合适的语气语调

语气与语调在沟通中也占有举足轻重的地位，演讲时声音的轻重变化、语调的高低变化都能表达不同的意义。一般来说，表达“爱”气徐声柔，表达“恨”气足生硬，表达“急”气短声促，表达“喜”气满声高，表达“怒”气粗声重，表达“悲”气沉声缓，表达“惧”气提声滞，表达“疑”气细声黏。语调一般分四类：平调、升调、曲调、降调。平调多用于陈述、说明的语句，表述庄重、严肃、回忆、思索的情形，表现平静、闲适、忍耐、犹豫等感情或心理。降调多用于感叹，表现坚决、自信、肯定、夸奖、悲痛、沉重等。升调多用于疑问句、反问句，表达激昂、亢奋、惊异、愤怒等情绪。曲调多用于语意双关、言外之意、幽默含蓄、意外惊奇、有意夸张等地方，表示惊讶、怀疑、嘲讽、轻蔑等心绪。

5. 善用面部表情

人的面部表情能够传达人的感情和意愿，是人的思想感情最灵敏、最复杂、最微妙的“晴雨表”。演讲时，演讲者的表情应是自信和从容，然后应有一些变化，能配合演讲的内容，善用眉头、眼角、嘴唇等易控制的部分，有效地传达自己的情绪。口角上翘，表示高兴、喜悦、谦逊等明快的情感；口角向下，表示否定或不满；紧闭双唇，表示厌恶；张开双唇，表示心中感到畏惧、紧张。微笑是人际交往成功的催化剂，保持微笑可以拉近与受众之间的距离，演讲者在演讲过程中一般保持微笑。

6. 运用恰当的目光语言

眼睛是心灵的窗户。用眼睛注视有三种方式：一是凝视，集中目光看对方，使人感觉你很诚恳认真；二是环视，眼睛向前然后有目的地扫一下，以使所有听你讲话的人都注意了你，能较全面地了解听众的心理反应，而且可根据你的环视随时调整说话的节奏、内容、语调，把握说话的主动权；三是虚视，就是似视非视，演讲就需要这种虚与实的目光交替，“实”看某一部分人，“虚”看大家，演讲要做到“目中无人，心中有人”。

7. 灵活运用身姿

演讲者的基本身姿包括立姿和头姿。一般来说，演讲者大多是立姿演讲，要挺胸收腹，两肩平直，腰部绷直，腿要站直，上身与两腿同地面要基本垂直，微向前倾，显得精神饱满，坚定自信。同时要注意头姿，头要正，颈要直，这是演讲者头部的基本姿势，但头部也可随着感情变化的需要适当地摆动，或抬高或降低。

8. 合理运用手势

手势是演讲者用来表达思想感情的手和胳膊的动作及造型。在演讲中恰当运用手势，有助于演讲者的表情达意，加深听众对演讲内容的理解。在演讲中运用手势需注意如下几点：一是手势运用要得当，即手势的意思要与手势所表示的意义相适合。二是手势的运用要自然，动作要舒展大方，令听众赏心悦目。三是手势运用简练，该用的时候用，不该用的时候则尽量不用。每做一个手势都力求简单、精练、清楚、明了、干净、优美，获得最鲜明的表现力。四是手势的运用要协调，要与声音、姿态、表情等密切配合进行。

微型案例 5－9　　　　　　巧用非态势语言

意大利著名悲剧明星罗西，在应邀参加的一个欢迎外宾的宴会上，外国客人要求他即兴表演一段悲剧，于是他用意大利语念了一段台词，尽管客人听不懂台词的意思，然而他那动情的声调和表情，让人感到凄凉悲惨，使人不由流下同情的泪水。可一位意大利人却忍俊不禁，跑出厅外大笑不止，原来这位明星念的根本不是台词，而是宴席上的菜单。

资料来源：于保泉、鞠荣祥，《言语交际案例教程》，上海交通大学出版社 2011 年版。

9. 掌握解答的技巧

演讲结束后，听众总希望提出一些问题与演讲者讨论。问题解答中，特别是某些听众对你的观点提出疑问之后，演讲者一定要注意调整好自己的心态。这里就如何机智应答听众，提出六个步骤供大家参考：

一是仔细聆听。仔细聆听听众问题时，要与提出者交换眼神、点头，显示你很感兴趣的表情，这样对方会觉得你对他很尊重，而且对他的问题很感兴趣，且乐于回答，给对方以亲和力。

二是对问题分类。区分对方的问题是寻求理解和帮助，还是带有敌意的刁难，需区别对待。

三是停顿和思考。不要急于回答，稍做停顿以思考对策，这样也给对方一个深思熟虑、稳重可靠的印象。

四是复述、澄清和证实。如果你不理解或没有听清楚，可以提问澄清，或者复述对方的问题，证实对问题本身的理解。

五是回答。回答要切中要害，避免冗长啰唆。

六是检查听众是否理解。回答结束后，可以向对方提问，以确定其是否理解。

10. 有效利用直观教具

直观教具大致分为五种：一是黑板，这是最普遍的教具；二是实物，即与演讲话题有关的东西；三是图表，包括广告、宣传画、组织图、结构图、挂图和表格等；四是多媒体，如幻灯片；五是散发材料，即演讲者分发给听众的有关文字材料。

色彩丰富的直观教具能抓住听众的兴趣，吸引其注意力，而且直观教具还可以帮助演讲者简明要点，使演讲内容意象化，有利于听众把握和记忆演讲内容。

第三节　会见技能

微型案例 5－10　　西方的“13”，中国的“鬼”

美国某公司是昌盛玩具公司的大客户，当美国公司的经理到中国来考察的时候，昌盛玩具公司的张经理做了充分的准备。当美国公司的经理到来时，接待工作井然有序，一切都很顺利。正当张经理如释重负时，张经理的秘书打来电话说，不知为什么美国经理晚上突然开始发脾气。于是，张经理急匆匆赶到美国经理下榻的酒店，发现这位美国经理被安排在酒店 1313 号房间。他知道在西方人的传统文化和民俗习惯中，“13”不是一个吉利的数字。

在见到满面怒容的美国经理后，张经理当什么都没发生，动情地说：“贵公司与我们合作已经五六年，彼此都信任对方，而且互相为对方着想，才成为友好的合作伙伴……”张经理与美国经理的谈话内容都是发自内心的，这使美国经理感到亲切和被理解的愉快，他开始转怒为笑。“有件事很抱歉我们疏忽了，没考虑到西方对数字 13 有避讳。”张经理风趣地说，“等他不怕鬼了，到处去找鬼，鬼也就不可怕了，而西方的 13 正像中国的鬼。”众人听罢哈哈大笑，一场可能泡汤的生意就这样轻松化解了。

资料来源：https://www.doc88.com/p-9846478224877.html。

一、会见的定义与特征

人们通常说的会见就是“人与人面对面的相会”，是面对面近距离的即时会面。会见是一个极普通的经历，它由于不同的原因而出现在各种各样的环境中。通过会见，人们可以获取各方面的信息，处理和解决遇到的问题。可以说，会见是生活中发生频率最高的工作内容。

管理意义上的会见，是一项目的明确、为了达到预期目的而有组织、有计划开展的交换信息的活动。这种会见的目的大致包括六个方面：(1)为了收集或交流信息；(2)选派人员从事某项具体任务；(3)密切关注工作情况；(4)给予劝告；(5)提供咨询，用以反馈；(6)为组织选拔合适的人才。

一般来说，会见具有五个特征：

1. 目的性

这是会见区别于一般闲聊的基础，也是会见的关键所在。它是一种有目的的对话，其主要目的是就主题而发挥，尽量取得合适的资料。

2. 计划性

会见是管理中一项正式的活动。因此，要根据会见的实施预案，确定会见的目的、人员、时间、地点、过程。对每一次会见的准备、实施和总结，都要求组织严密、有计划地进行。

3. 角色差异性

在会见过程中双方担当的角色不同，因此他们的地位也就不同。一般情况下，会见通常由参加会见的某一个人组织、控制和实施，在整个过程中处于主动地位，可以称其为主人(会见者，招聘面试中又称为面试者)，会见的另一方处于被动地位，称为客人(被会见者、受试者，招聘面试中又称为应聘者)，被会见者通常要掌握更多的信息。

4. 互动性

会见是一个双向的沟通，是一个互动交流的过程。会见者提出问题，被会见者回答问题，在双方的互动交流中达到收集与发布信息、解决问题等目的。

5. 技巧性

有效的会见需要具备若干因素，其中最重要的就是要有善于主持会见的人，用专业的技巧来主持会见。被会见者能否合适地回答问题，往往取决于主持人的会见技巧。

二、会见的原则与种类

(一)会见的原则

有效的会见应遵循以下原则：

1. 遵守和合理利用时间的原则

不论处于何种地位，遵守时间的人总是会给对方留下一个良好的印象，尤其是处于会见者的地位时，把握时间的分配往往是成功会见的前提。

2. 平等的原则

会见者不应以咄咄逼人、高高在上的方式来发问，盘问的形式总是容易引起他人的反感。作为会见者，在会见的过程中应尽量保持镇定、从容的态度，不应表现出紧张情绪。

3. 彼此关心的原则

在会见过程中，要尽量避免任何冷漠的态度。会见者应尽量保持微笑，使被会见者感受到亲切和平易近人；而被会见者就要很有耐心地回答问题，用各种方法把自己的优点表现出来。

4. 坦诚相对的原则

坦诚是交流的前提，彼此间信任与和谐的关系是信息交流畅通的润滑剂，不论是主人还是客人，伪装和虚情假意只能给会见带来适得其反的结果。

5. 充分准备的原则

俗话说："不打无准备的仗。"匆忙上阵必然手足无措，因此成功和高效的会见必须做好大量的准备工作。

(二)会见的种类

会见的种类有很多，根据会见的目的，可以分为信息收集会见、信息发布会见、解决问题的会见、招聘面试等。

1. 信息收集会见

信息收集会见通常包括数字信息、客观事实、描述、主观评价和感受等内容。管理中常见的类似会见有市场调研会见、事故调查会见、员工离职会见等。

2. 信息发布会见

信息发布会见是以会见者向被会见者发送信息为主要内容的会见形式，如向新员工介绍公司的基本情况的迎新会见。

3. 解决问题的会见

此类会见的主要目的是为了解决问题。与此相关的会见包括：评估会见、纠正会见、咨询会见。在此类会见中，被会见者至少与会见者起着同等重要的作用。

4. 招聘面试

招聘面试在员工选聘中被广泛应用。正确认识和掌握有效面试的技巧和方法，是管理者应掌握的重要沟通技巧，也是招聘中关键的一环。

根据会见的内容与重要程度，会见还可分为正式会见和非正式会见。正式会见通常是为解决某一问题，按照双方约定的时间，遵照规范的礼仪和程序进行的会见。会见的内容比较重要，因此要求双方事前做好充足的准备。非正式会见是为了彼此联络感情、加深了解或交换意见等而进行的会见。一般来说，非正式会见往往是为正式会见做铺垫，通常就一些正式会见要探讨的问题交换意见，私人化的成分较浓。

三、会见的过程

(一)准备阶段

会见是一项正式安排，它要求参加者严密地组织，有计划地展开，认真地完成准备工作才可能做好一个有效的会见。

1. 明确会见目的

会见的目的是一切与之相关话题的出发点，如果想成为一名成功的会见者，就必须确定会见的目的。为什么要举行这次会见？这次会见要解决什么问题？这次会见的目标是什么？会见的目的是会见的出发点和核心。确定会见什么对象，要提问什么问题和获取什么信息等一切的活动都是围绕这个目的来的。

2. 明确需要收集的信息

在会见开始之前，会见者通常应该阅读有关的文件，把会见中要获取的信息归类，并且按照内在的逻辑关系排序，剔除那些重复的问题。然后将需要收集的信息列成一览表，这样既有利于对具体问题做出决定，也可以避免遗忘。

准备材料时要做到以下几点：

一是哪些资料是会谈需要的，如有时间，可全部收集。

二是找出重要资料，仔细推敲。

三是确定哪些材料可作为我们的观点，找出证据，并做好记录和整理。

3. 选择和布置合适的会见地点

适宜的环境有助于会见的顺利进行。一般来说，会见地点的选择和布置应考虑以下几个因素：

(1)光线。可利用自然光源，也可使用人造光源。利用自然光源时，应备有窗纱，以防强光刺目；使用人造光源时，要合理配置灯具，使光线尽量柔和一些。

(2)声响。会见地点应保持宁静，以便会见能顺利进行。

(3)温度和湿度。室内最好能使用空调机和加湿器，使空气的温度和湿度保持在适宜的水平上，还要保证空气的清新和流通。

(4)色彩。室内大的家具、门窗、墙壁的色彩要力求和谐一致，陈设安排应实用美观，留有较大的空间，以利于人员活动。

(5)装饰。会见场所布置应简洁、典雅、庄重、大方。室内可适当装饰些工艺品、花卉或书画，但不宜繁杂。

(6)座位。座位的安排也有讲究，会见双方是面对面坐着，还是采用某种随意的座次安排，有不同的意义。

4. 安排恰当的会见时间

会见的时间是指何时开始，持续多长时间，何时结束。时间仓促的会见只能是草草收兵而难以达到预期的效果，如果是重要的会见，应该安排在双方都有时间且比较宽裕的时候。因此，会见的时间应尽可能提前安排，以便双方安排好各自的工作，会见可在不被干扰的情况下进行。

5. 会见构思

在决定了会见的目的和研究了有关资料后，应该对即将实施的会见进行概括性的排练，这是对准备工作的检查和进一步完善。

(二)实施阶段

1. 营造和谐的气氛

一般来说，会见要与对方建立良好的关系，创造舒适、和谐、开放的气氛。会见双方的角色与地位的差异会使得被会见者产生紧张的心理，营造宽松的气氛有助于使被会见者放松紧张的神经，信息交流通畅，提高成功的概率。

当然，最终决定气氛的是会见的目的。如果会见的目的是向被会见者传递压力，也可以选择冲突的气氛。

2. 提问与回答

提问是会见中获取信息的主要手段。会见者的提问水平直接影响会见的质量和效率。

采用恰当的提问方式不仅可以将被会见者的思维导向主题，使其思维在限定的范围内活动，避免其分心和胡思乱想，而且会见者还能通过提问的方式把不清楚的信息弄清楚，帮助被会见者理清思绪，开动脑筋。通过被会见者对所提问题的回答，会见者还能了解被会见者接收信息和处理信息的方法、过程以及对信息的接收程度，并据此来调节自己的活动。

3. 结束会见

会见者在获取了需要的信息、达到了会见的目的之后，就要准备结束会见。通常，会见者应直截了当地说明自己的意图，感谢被会见者的合作，同时也应提供给被会见者了解相关信息的机会。会见者应坦率、简洁、全面地回答对方的问题，如果可能，还应告知其以后的活动安排。

(三)总结阶段

与被会见者道别并表示会见的任务已经结束，解决问题才是会见的最终目标。因此，结束会见后，会见者应及时对会见过程中掌握的事务性、细节性的资料进行归纳和总结，将之整理成有用的信息，为解决问题提供依据。

四、会见的技巧

（一）提问的技巧

提问在会见中占有重要地位，提问方式的不同将直接影响会见的气氛、来访者的情感和由此产生的会见结果。一般来说，提问方式有八种。

1. 开放式提问与封闭式提问

开放式的问题就是为引导对方能自由启口而选定的话题。开放式提问能给应答者提供充分的表现机会，能有效地鼓励应答者做出他/她认为全面完整的答复。能体现开放式的问题的疑问词有："什么""哪里""告诉""怎样""为什么""谈谈"等。开放式问题能让被会见者感到自在，回答问题时能讲述丰富的细节，容许被会见者有更大的发挥空间。但是开放式提问可能会产生不相干的细节，要花费大量的时间才能获得有用的信息量，也有可能令会见失控。

封闭式的问题是指为引导谈话的主题，由提问者选择特定的话题将对方的回答限定于一定的范围。封闭式的问题经常体现在"能不能""对吗""是不是""会不会""多久"等疑问词之间，能节省时间，切中要点，得到贴切的数据，但会使被会见者厌烦，失去主要思想。

2. 引导式提问与非引导式提问

引导式谈话中，一方问的是特定的问题，另一方只能做特定的回答。这类问题主要用于征询应答者的某些意向，需要一些较为肯定的回答。举例来说，主考官："你担任车间主任期间，车间有多少工人？主要生产什么产品？"这就是典型的引导式提问，应试者只要回答一个数字，说出产品名称即可，而不必发表其他任何解释。

对于非引导式提问，应答者可以充分发挥，尽量说出自己心中的感受、意见、看法和评论。这样的问题没有特定的回答方式，也没有特定的答案。例如，主考官问："请你谈一谈担任学生干部时的经验。"这就是非引导式谈话。非引导式谈话中，应试者可以尽量多说，该说什么就说什么，因此可以提供丰富的资料。应试者的阅历、经验、语言表达能力、分析概括能力都得到了充分的展现，这样有利于主考官做出客观的评价。

3. 清单式提问

这类提问中，提问者除了提出问题外，还给出几种不同的可供选择的答案，以此为应答者提出思考问题的参考角度，目的是鼓励应答者从多种角度来看待这个问题。比如，"你所在的企业中最主要的问题是什么？营业额、缺勤、产品质量差还是其他？"这样就为应答者提供了思考问题的参考，使问题易于回答，不至于让应答者错误理解提问者的意图，导致应答者的回答离题万里。

4. 假设式提问

在这种提问中，提问者为应答者假设一种情况，让应答者在这种情况下做出反应，回答提出的问题，进而考察应答者的应变能力、解决问题的能力、思维能力。例如："如果你是办公室主任，你将如何处置这个秘书？"回答这些问题，应答者应首先把自己置身于提问者为其设定的一个特定环境，然后用这个环境中的人的身份来思考提问者的问题。因此，这种提问方式要求应答者具备一定的想象力。

5. 压迫式提问

一般来说，提问者应尽量为应答者创造一个亲切、轻松、自然的环境，以使应答者能够消除紧张、充分发挥。但有些情况下，提问者会故意制造一种紧张的气氛，给应答者一定压力，通过观察应答者在压力情况下的反应，来测定其反应能力、自制力、情绪稳定性等。

例如："从你的专业来看，你似乎不适合这项工作，你认为呢？""这个问题你没有给我们满意的答复，你被录用的可能性很小"只要应答者能明白这是提问者故意对其施加压力，那他就能够迅速调整自己的心态，泰然地应付提问者的提问。但有一点应答者必须记住：千万不能因为提问者的"刁难"而发怒，甚至指责提问者，这样只会使你无法达到会见的目的，提前结束会见。

微型案例 5-11　　压迫式提问

某部电视剧的一个情节就是一个很精彩的压迫式提问：女主角误拿了男主角的手机，男主角很生气。女主角还没来得及解释就赶去参加一个重要的面试，面试进行得顺利，女主角的外语水平很快折服了当场的所有主考官，这时，男主角推门而入，他恰好是女主角所要征聘职位的顶头上司并且是主考官之一，女主角一阵惊慌，有些张口结舌，但她很快就镇静下来，她试图向男主角做解释，但男主角绷着铁青的脸，粗暴地用手势阻止了她的话（开始施加情绪压力），说："这个问题没有必要解释，下面开始面试提问，如果你回答上来可以获得这个职位，否则另谋高就。听好了：德国作曲家巴赫的第一任妻子的名字是什么？"（压迫式提问信手拈来，并巧妙融入场景）女主角回答："我不知道，但这与我应聘的职位有关系吗？"男主角说："不用多说了，你不适合这项工作。"（其实男主角对女主角很有好感），话音刚落，女主角再也按捺不住，厉声指责男主角公报私仇，气冲冲摔门而去……

资料来源：https:// wenku. baidu. com/view/ecded3181a37f111f0855b51. html。

6. 重复式提问

重复式提问是提问者向应答者返回信息以检验其是否是对方真正意图；或检验自己得到的信息是否准确。例如："你是说……""根据我的理解，你的意思是……"对于这类问题，应答者可以给出简单的回答“是”或“不是”。如果提问者对应答者的回答有误解，应答者应该再说明一遍。

7. 确认式提问

确认式提问表达出提问者对应试者提供的信息的关心和理解，目的在于鼓励应答者继续与之交流。比如，“我明白了，这很有趣”之类的话。对于这类问题应答者可以不直接做出反应，按原来的话题继续往下讲。

8. 投射式提问

投射式提问是让应答者在特定条件下对各种模糊情况做出的反应。这种方式可以分两种：一是图片描述式，向应答者展示各种图片，然后让他们说出个人的反应。由于这些图片形象朦胧，主体模糊，应答者对图片的感受、想象和反应各有差异，任何描绘都有可能，这样提问者就可以从应答者的描述中，分析出其人格特性。二是句子完成式。完成式是指呈现给应答者仅有句首而没有句尾的句子，让应答者按照自己的感觉、思维来完成整个句子。例如：“我们希望……”“我不相信……”“对于陌生人，我通常的态度是……”

由于应答者的心理素质各有差异，因此完成的句子也彼此不同，提问者通过对应答者所完成的句子进行分析，可以了解到应答者的一些心理特征。

(二)倾听的技巧

在会见的过程中，作为会见者应更多地将时间用于积极倾听对方。积极倾听的意义远不是仅仅听对方说什么，更在于聆听对方陈述时表现的认真、积极的态度。这就要做到：

一是注视对方，以表示对其所谈内容感兴趣。

二是适当的微笑和点头示意，鼓励对方继续说下去。

三是细心倾听，而不是听而不闻。心不在焉是对被会见者的不尊重，也显得缺乏诚意，必将影响会见的效果。

(三)记录和总结

在会见过程中，会见者要对被会见者的陈述进行回顾或做出反应，以确认会见的目标的实现程度，确保会见双方交谈内容取得一致性理解，这就需要适时地归纳和总结交谈的内容。通过适时中断对方的谈话，既可以明确已经交谈的内容，重新选定会见目标，改变话题，又可以掌握会见的主动权，避免被会见者与主题无关的谈话。在多数情况下，把会见要点记录下来也是一种明智的做法。如果要避免会见的思路因为埋头记录而受到影响，可以提前设计好会见表格或者安排专人记录。

(四)运用非语言沟通工具

1. 语音、语调

语言与个性有着一定的联系,交谈双方会根据对方的语音和语调来判断对方的性格特征和心理状态。如,一个人讲话时声音尖细,且不够洪亮,那么他就会被认为太年轻或是有些造作;如果言语中缺乏高潮、音调平缓,则会被看成冷漠;一个讲话带有喉音的人往往被认为是成熟、现实、具有自我调节能力的。语音、语调的正确使用,能够对交谈产生积极的影响。

2. 动态的身体语言

身体语言就是动作,如点头、微笑、手势、眼神等。会谈者往往通过某些身体动作来表示自己的意见、关注、心理,甚至性格。据有关资料介绍,人在神情专注和感情兴奋时,双足会缓缓晃动,或停止不动;而陷入沉思时脚尖则会摆动频繁;坐下把脚抬起来的人,往往较得意和傲慢;喜欢架起脚而又好晃动脚尖的人,往往性格轻浮,目空一切,狂妄自大,等等。

在交谈时,眼睛也会告诉对方很多东西。人们可以通过眼睛流露的隐秘去调整交谈的方向、节奏和基调,也可以通过眼睛表达出丰富的内涵,增强讲话的效果。在非语言信息的传递中,目光具有特殊的作用,人们往往通过目光来判断一个人的性情、志向、心地和态度。眼睛不会隐瞒,正直的人眼睛明亮,心术不正的人目光狡黠。所以交谈者应该心怀坦诚,目光从容,否则"第一关"就难以通过。对谈话的人来说,应该把自己的真诚、热情、感染力通过炯炯的目光传递出去,而听者的眼睛就是无形的屏幕,能把自己的情绪告诉谈话者。目光的交流对谈话状态的维系是必不可少的。

3. 静态的非语言

静态的非语言,首先表现为人们交谈中的相互的空间变化,不同的距离能够表达不同的情感与意义,可以表示相互了解的程度。空间距离是非常重要的非语言沟通方式。美国爱德华·霍尔教授研究发现,人们在交际中有四种空间距离:亲密距离、私人距离、社交距离和公众距离。亲密距离一般在 0.5 米内,是恋人之间、夫妻之间、父母子女之间以及至爱亲朋之间的交往距离,亲密距离的空间一般人是不允许进入的。个人距离一般在 0.5～1.25 米,这是有分寸感的交往空间,身体的接触较少。社交距离在 1.25～4 米,是一种社交性或礼节性的较正式关系,一般工作环境、社交聚会和洽谈协商的场合保持在 1.25～2 米,商业活动、国事活动等更为正式的交往关系一般采用 2～4 米。公众距离可以容纳一切人的"门户开放"空间,在实际的各种会见过程中,具体的空间距离应根据具体情况的需要而不断变化。其次,静态的姿态还包括身体的"附加物",即服饰、发型等,通常是判断一个人的类型及所处的文化团体、社会阶层、精神面貌的重要依据。

第四节　面谈技能

微型案例 5－12　　**成功的绩效面谈**

经理：小明，过几天抽个时间聊聊？

小明：什么事情，经理？

经理：年底了，咱们一起总结总结、计划计划。

小明：后天早上 10:30 以后没什么安排，那个时间可以吗？

经理：可以，到时你带上绩效合约表和明年的工作计划、培训计划，自己先想想吧。

……

小明准时敲响了经理办公室的大门，经理平日放满文件的办公桌今天看上去很整洁。

小明在办公桌前坐了下来，经理也坐到了身边。

经理：今天咱们好好谈谈，一起来回顾下今年的工作得失和明年的工作计划。今年你为部门的团队建设做了很多努力，新员工的培训带教方面也有很大贡献……辛苦了！对照绩效合约表，咱们一起来分析下今年的业绩情况，你自己觉得……

小明：还有，9 月份你分派我的两项，至今没有完成，因为……

经理：理解，我会再协调，你自己要紧紧跟进，其他还需要什么帮助？……作为老员工，我很了解你，在工作态度上向来表现不错，尤其是在工作及时性、服务精神方面……在细致性方面，你今年改进得不多，明年我会加紧督促……今年你的年度绩效得分是 X 分，部门里排名靠中间，有进步，但离我的期望还有距离……

经理：明年自己有什么计划，想参加哪些培训？

小明：……

经理：好，我们再明确下，明年的主要工作有……要完成……培训，主要的困难将是……你看一下这份绩效面谈表，是根据刚才的讲话记录的，如果有异议，可以向××提出，如果没有异议的话，我们都在这里签个字。

小明离开经理办公室的时候，他暗下决心，明年一定要战胜自己、克服困难……

资料来源：http://www.doc88/p-3961053828168.html。

一、面谈的定义与特征

除了非正式谈话，面谈是最经常发生的交流方式。它经常在组织中发生，如人们通过面谈获得一个职位；通过面谈收集信息以完成工作；经理通过和下属面谈，检查他们的业绩并给予建议和指导。

面谈是指任何有计划的和受控制的、在两个人（或多人）之间进行的、参与者中至少有一人是有目的的，并且在进行过程中互有听和说的谈话过程。面谈既可以是沟通者和沟通对象之间一对一进行的，也可以是以一对多的口头沟通形式进行的，它是人际沟通的重要形式。

从面谈的定义看，它具有以下几个方面的特征：

（1）目的性：参与面谈的一方或双方有明确的目的，如获取或交换信息、咨询商讨某问题、了解或纠正工作表现等。

（2）计划性：谈什么（What）？何处谈（Where）？何时谈（When）？与谁谈（Who）？怎样谈（How）？都要有预先的计划。

（3）控制性：至少有一方是处于控制地位，或者由双方共同控制。

（4）双向性：面谈必须是相互的，而不是单向的教训和批评。

（5）即时性：面谈一般要求沟通双方即时对沟通信息做出反应，反应速度快。

根据以上五个特征，首先，应把面谈和闲聊、打招呼、谈话区别开来。如你在走廊、马路上与人相遇，便谈上几句话，这样的聊天不能称为面谈，因为这样的谈话没有明确目的，没有计划。尽管面谈和谈话很相似，但仍有很大区别：面谈作为特殊的交流形式，是与工作有明确的目的相关性的。

其次，对面谈要制订计划和策略。面谈时，沟通双方以口头语言作为沟通的媒介，针对沟通对象的特点，选择相应的沟通策略。面谈与一般沟通一样，同样要针对沟通对象的特点（受众策略分析），结合自身特点（沟通者策略分析），选择相应的信息编码策略、媒体策略和信息反馈策略。

最后，面谈较书面沟通有更高的技巧性要求。面谈作为面对面的口头沟通，在信息组织和表达（信息编码技巧）方面，与书面沟通相比，更有技巧性。这一方面是由于面谈的即时性特征，它更需要快速的反应、灵活的信息组织技巧、及时的受众分析技能；另一方面，是因为我们日常的沟通中，口头沟通的可能性和发生频率要比笔头沟通大得多，正如我们可以一月不动笔，但不能一天不开口讲话一样。这就给我们提出了挑战：如何把自己培养为成功的面谈者，这个问题的解决，在相当程度上也决定了个人职业的成功。

二、常见的面谈类型和面谈技巧

(一)信息收集面谈

信息收集面谈是组织中最常进行的一种面谈,也是最像谈话的一种面谈。当需要收集关于某个话题的事例或在不能解决问题的情况下需要帮助时,可以进行这类面谈。为了保证自己能有效、准确地收集所想要的信息,必须得花时间提前做好计划。应遵循下面的计划步骤:决定总体目的并安排日程;形成问题;构建面谈结构;安排环境及预期可能的问题。

信息收集面谈是唯一能选择内行人作为面谈对象的面谈。在其他面谈中,如选聘面谈或绩效评估面谈,你很少有余地自己决定面谈对象。但当你想收集关于某个话题或问题的信息时,可以自己选择被访者。这种选择基于以下两个因素的考虑:谁能给你需要的信息和谁愿意给你这个信息。通常,访谈者会和那些知道必要信息的被访者谈话。

举例来说,假定你的组织正在考虑实施弹性工作时间表,你被指定要求写一份可行性报告,尽管你可以从一个同事那里得到一些有关时间安排的想法,但如果你能找到一位研究弹性工作方面的专家,与你面谈则更好。但是,当你需要知道这种变化的收效如何时,你最好还是和同事们面谈,而不是找专家面谈。

信息收集面谈很像一般的谈话,被访谈者可能没有意识到你的意图,因而要保证被访谈者围绕正题并响应你的问题,会比较困难。因此作为访谈者,必须灵活对待被访者并适应之。比如,选择能鼓励说话的自然环境,创造轻松的气氛。

微型案例 5-13　　　　真正的天文学家

有一次,英国女王安娜参观著名的格林尼治天文台,当她知道天文台台长、天文学家詹姆斯·布拉德莱的薪金级别很低后,感到震惊,表示要提高他的薪金。可是布拉德莱请女王千万别这样做。他说:“如果这个职位一旦可以带来大量收入,那么,以后到这个职位上来的将不是天文学家了。”

资料来源:邢广义,《幽默大观》,安徽文艺出版社 1986 年版。

(二)雇佣选聘面谈

雇佣选聘面谈用来帮助现有的组织成员挑选新的成员。在选聘面谈中,访谈者试图评价求职者是否适合进入本组织,以及他们是否具有从事该项工作的合适技能。另外,访谈者通常还应试着向被访者宣传自己的组织。选聘面谈中的问题一般涉及四个一般性话题:(1)以前的工作经历;(2)教育和培训的背景;(3)面谈对象的个性特征;

(4)面谈对象参加过的相关活动及对方的兴趣。

其中,面谈者要根据工作的性质和被访者的个性来决定哪些话题应该是交流的重点。对于选聘面谈,根据问题依据不同,一般可以选择以下三种信息渠道:(1)运用工作描述来系统陈述那些涉及与任务有关的技能和个性特征的问题;(2)引用评价表,根据组织成员的一般标准来设计问题,从而评价求职者的特征;(3)运用求职者简历来系统阐述那些有关求职者的特殊技能和以前的工作经历的问题。

首先,为了更好地通过工作描述来评价某人所具有的技术上的技能经验,以及该人是否具有适应组织现有环境的个性素质,在设计问题时,要避免一般性咨询问题。

其次,在根据公司已经设计好的评价表来评价未来的雇员时,所提问题一般应围绕评价表上的话题,但问题的询问方式可以较为灵活。如可以通过设计一些特别的围绕关键问题的话题,来考察面谈对象的特征。另外,在根据面谈对象的简历来提问题时,要仔细阅读这些材料。如果两次工作经历中有时间间隔,可以向求职者询问时间间隔的有关情况。如果简历上的信息太笼统,可以通过提些问题来详细了解情况。

除了上面所提的三类问题依据外,在询问问题的技巧上,还有以下三点建议可供参考:

1. 多涉及具体经历性的问题

在面谈问题的设计上,一定要包括一些涉及具体经历的问题。如"你能告诉我一个你曾经成功实现预定目标的确切时间吗?"被访者可能不想谈得具体,但你可以深究下去,直到被访者给你提供具体的行为信息。为什么行为信息如此重要?一些专家认为,估计将来工作业绩的最佳方法是评价过去的行为,过去的行为预定了将来的业绩。如果你发现,对方过去的行为和实绩中,有些情形与选择本组织所碰到的情况很相似,就可以判断他或她的风格是否适合自己的组织,是否能和其他成员很好地合作。

2. 注意询问问题的平衡性

问题设计时,应注意询问问题之间的平衡。如问一些正面信息时也可以问一些反面信息,这将有助于你了解被访者全面思考问题的能力,同时也使对方隐藏的偏见暴露出来。例如,你询问了正面问题之后,接着问:"那么,请你现在告诉我一个你曾经未能实现目标的具体时间"。同样,也要保证对方给你提供具体的行为信息。

3. 注意面谈过程的"PEOPLE"原则

所谓"PEOPLE"原则,是指面谈准备(Prepare),面谈双方关系建立(Establish Relationship),获取对方信息(Obtain Information),提供自己的信息(Provide Information),有效的结尾(Lead to Close),结论性评价(Evaluate)。"PEOPLE"原则具体描述如下:

第一步:准备(P=Prepare)

①回顾申请书、简历、副本以及其他背景信息；

②同时准备一般问题和个别的、具体的问题；

③准备适当的、自然的环境。

第二步：建立关系（E=Establish Relationship）

①努力使求职者感到舒适；

②表达真诚的兴趣；

③通过语音和举止表示支持性态度。

第三步：获取信息（O=Obtain Information）

①提问；

②深究；

③仔细倾听；

④观察对方（如衣着、形体语言等）。

第四步：提供信息（P=Provide Information）

①描绘现在和将来的工作机会；

②宣传公司的正面特色；

③对求职者的问题做出反应。

第五步：结尾（L=Lead to Close）

①澄清回答；

②为最终求职者的加入提供机会；

③说明接下去需要做什么事。

第六步：评价（E=Evaluate）

①评价技术上的能力和工作要求的匹配性；

②判断个性素质（领导力、成熟度、团队导向）；

③做出推荐。

（三）绩效评估面谈

绩效评估通常是一个更大的专业评估系统的组成部分。这个系统的目的是评价组织成员实现目标的程度，通常就提高工作业绩的方法给下属提供反馈。然而，每个组织在实施业绩评估系统的细节上都不同，这里有一些通常的做法。

1. 绩效面谈的准备

（1）书面材料的准备。一般，在绩效评估面谈之前，下属、上级或两者都准备了书面评价，然而在大多数情况下，还会要求用特定和具体的信息来支持你对下属的评价。例如，假使你在使用一个评估量表，表明某位员工做得不好，应当用客观的措辞写出为什么做出这样的评价，因为下属有权知道，你也有责任用证据来支持你的决定。

(2)面谈结构的准备。为保证面谈成功,访谈者应计划准备好绩效评估面谈的结构。访谈者要为本次面谈安排一个确定的时间和地点,同时要考虑这些安排可能对访谈者和被访者造成的影响。访谈者必须决定面谈的总体目的和日程。在绩效评估面谈中经常提到的话题包括工作知识、工作业绩、工作目标、职业目标、机遇及人际技能。

2. 绩效面谈方式的选择

绩效评估的难点是人们倾向于非面对面地评价别人或被别人评价。在面对面的绩效评估面谈中,参与的双方可能都感到不安,作为访谈者,就需要消除被访者的疑虑,要让对方认识到绩效评估面谈是帮助被访者自我认识的一种手段。由于人们总是不太喜欢受到批评,因此,要用消除疑虑和赞扬的方式来平衡你的批评。如当你提出批评后,你应当与被访者一起找到提高今后业绩的方法。

在实施绩效评估面谈中,应当事先决定你的目标,而这些目标就限定了这次面谈的形式。一般来说,有三种类型的绩效评估面谈对应于实现特定目标,有四种类型绩效评估面谈对应于实现多重目标。

(四)告知—说服型面谈

这种面谈在本质上是一种评价。首先你要告诉下属你是怎样评价他或她的,接着你要用你选择的方式说服下属提高业绩。当你非常清楚你的期望时,应当使用这种面谈。这种形式对以下几类人也有效:(1)那些很难客观评价自己的年轻员工;(2)那些非常忠诚或强烈认同组织的员工、评价者;(3)那些不太愿意在组织中就如何提高工作绩效发表意见的员工。

(五)告知—倾听型面谈

如果你想让你的下属对你的评价做出反应,就应该用此类面谈。在这种方式中,首先要告诉下属你对他或她的评价,然后再倾听他或她的反应,而且在听的过程中,不要轻易表达你的意见。这种面谈的目的也是评价性的,但同时你可以了解下属的想法以帮助他们接受你的评价。那种旨在帮助下属通过对过去自身的表现做出评价以更好地开展工作的情况,告知—倾听型面谈比较有效。这种面谈方式对以下几类人比较有效:(1)强烈希望参加到团队中的员工;(2)与考核者地位比较接近的员工;(3)对受教育程度较高的下属尤为适用。

(六)问题解决型面谈

在此类面谈中,评价下属的表现已不再是目的。评价者的主要目的是帮助员工制订提高工作业绩的计划。对于有些员工,在工作中的不足更应该鼓励他们去思考,而不是评价做决定。作为访谈者,要避免评价和判断,而是针对下属提出的问题提供一些解决建议。在此过程中,你要与下属形成一种伙伴关系来帮助他/她分析并提出解决方案。

(七)混合型面谈

如果你既想评价下属的工作表现,又想为他/她提供一些事业发展的建议,应当采用混合型面谈。在这种面谈中,你从问题解决型的框架开始,而后用更直接的告知—说服型结束。这样,你既能帮助下属实现发展目标,又能给对方反馈你的评价。

不管选用哪一种面谈方式,一个绩效评估面谈需要包括所有一般面谈的要素:(1)建立关系并将被访者引向主题;(2)以一种支持性的方式实施面谈主题;(3)结束时要明确说明接下去应做什么事;(4)绩效评估面谈一般还应讨论具体的改善或改变计划。

三、管理者与下属的面谈技巧——个人管理面谈计划

管理沟通是一个双向的沟通过程,面谈双方要给予对方一定程度上的反馈,使对方感受到支持和鼓励、得到指导和建议。由于管理者平时极缺时间,即使他们希望能够指导、建议和训练下属,也总是找不到时间。因此,当有机会与下属面谈时,需要给下属反馈的机会,提高沟通的效果。为了帮助管理者提升与下属面谈的技能,我们提出"个人管理面谈计划",这种计划既能使管理者的意图得以贯彻(给下属以指导、建议和训练),也为下属提供反馈和发展的机会。

个人管理面谈计划用于管理者与下属之间定期的、一对一的会面。建立个人管理面谈计划分两步走:

第一步为角色协商。阐明管理者对下属的期望、责任、评价标准等。没有这一步,大多数下属会不清楚上司究竟对他们有什么要求,以什么作为评价他们工作业绩的标准。经过角色协商,可以克服双方之间的不确定性。在协商过程中,管理者应与下属就现有管理制度中没有的、对下属有影响的条款进行协商,而后由管理者与下属签署一个责任书面报告。作为一份非正式合同,角色协商的目的在于使双方都明白对方对它的要求。因为这个角色协商不是敌对性的,而是相互支持、团队合作,因而双方都表现出了良好的建设性的沟通意向。

第二步是管理者与下属之间进行定期的、私人性质的一对一面谈。这种面谈能给管理者为下属提供指导和建议的机会,帮助下属提高技艺、改善工作表现。因而,每次面谈应持续 45 分钟至 1 小时。面谈常会提出一些行动条款,这些条款中,有的是由下属完成,有的是由管理者完成。双方都为面谈做准备,双方都提出应讨论的条款。

个人管理面谈计划不是一种管理者召集的正式会议,而是管理者与下属平等参与的会谈。对下属来说,这是一个找出问题、报告信息的机会;对于管理者来说,可以利用这些针对性很强的面谈,减少那些突发性的、无针对性的、冗长无效的会议。在以后的每次个人管理面谈中,首先要回顾一下上次的行动条款被执行的情况,由此鼓励下属工作绩效的持续提高。

本章小结

1. 所谓口头表达，就是人们为了实现沟通目标而运用口头语言来表情达意的活动，而口头表达能力就是指用口头语言来表达自己的思想、情感，以达到与人交流的目的的一种能力。

2. 口头表达具有有声性、即时性、情景性、多变性、复合性、失真可能性等特点。口头表达应遵循以下原则：发言前做好充分准备；发言的主题要明确；发言时语言要简洁生动；发言过程中注意语调和语词；说话要谨慎和留有余地；善于倾听别人说话。

3. 口头表达的种类：交谈、即兴发言、演讲。

4. 所谓演讲，是指演讲者在一定的场合或特定的时境中，面对广大听众抒发感情，阐述要旨，宣传和发表自己的主张意见，感召听众产生共鸣的一种演说活动。演讲具有现实性、目的性、听众不唯一性、艺术性、鼓动性、工具性的特征。

5. 演讲的准备：一是分析演讲目的；二是分析演讲受众；三是演讲的选题；四是演讲的选材；五是演讲的结构安排；六是演讲的时空安排。

演讲者要学会提升自我形象、克服紧张情绪和运用非语言技巧。

6. 人们通常所说的会见就是人与人面对面的相会。管理意义上的会见，是一项目的明确，为了达到预期的目的而有组织、有计划开展的交换信息的活动。一般来说，会见具有目的性、计划性、角色差异性、互动性、技巧性的特征。

7. 有效的会见应遵循遵守和合理利用时间的原则、平等的原则、彼此关心的原则、坦诚相对的原则、充分准备的原则。根据会见的目的，会见可以分为信息收集会见、信息发布会见、解决问题的会见、招聘面试等。

8. 会见分为准备阶段、实施阶段、总结阶段。会见的技巧有提问的技巧、倾听的技巧、记录和总结、运用非语言沟通工具。

9. 面谈是指任何有计划的和受控制的、在两个人（或多人）之间进行的、参与者中至少有一人是有目的的，并且在进行过程中互有听和说的谈话。它具有目的性、计划性、控制性、双向性、即时性的特征。

10. 常见的面谈类型有信息收集面谈、雇佣选聘面谈、绩效评估面谈、告知—说服型面谈、告知—倾听型面谈、问题解决型面谈、混合型面谈。

11. 管理者与下属的面谈技巧——个人管理面谈计划。该计划分为两步走，一是角色协商，二是管理者与下属进行定期的、私人性质的一对一面谈。

案例研究 5－1

上下级之间的面谈

该面谈发生在公司服务部门主管老李和部门职员小袁之间。

老李：小袁，我一直想找时间与你谈谈关于你在某些工作方面的事，也许我的话并不都是你喜欢听的。

小袁:你是我的领导,既然你找我谈谈,我也没有太多的选择。请说吧。

老李:我不是什么法官,也不可能给你什么判决,我只想要你认真对待这次谈话。

小袁:可是……是你安排了这次会谈。继续发你的牢骚吧。我还记得一次我们吃午餐时你告诉我,你不喜欢我那身褐色套服和蓝色衬衫的打扮。我觉得那有些无聊。

老李:我很高兴你提到仪表。我想你给客户造成了一个不合规范的印象。一个技术服务人员看上去应当是精明的。你给人的印象好像是你买不起好衣服,你的裤子是松的,你的领带也不合时宜,并经常沾满油渍。

小袁:公司可以向顾客要价很高,但我的报酬不允许我购买好衣服。我对把自己装扮得使客户感到炫目几乎没有兴趣,但是我从来没有听说过来自他们的抱怨。

老李:然而,我想你的仪表应当更加稳重一点。好,让我们再谈谈另一件事。在对你的报销单的例行审计中发现一件事,我认为你做得不对。你连续三周星期三请一个客户吃晚饭,但你填写的出车单表明你每周都是在下午 3 点回家。那种行为是不符合职业要求的,对于这三次离奇的晚餐费用报销你怎么解释。

小袁:出车单可以说是下午 3 点,但我出去后可以去约见客户,既然约见客户就不妨请他们吃餐饭,公司不是有规定如果工作需要可以在 500 元范围内自己做主请客户吃饭吗?

老李:但你是怎样在下午 3 点在饭店吃晚饭的呢?

小袁:我认为所有在下午 1 点以后吃的饭都是晚饭。

问题:

1. 老李和小袁之间的面谈是成功的面谈还是失败的面谈,为什么?
2. 如果你安排这次面谈,将如何进行?应做什么准备?如何实施面谈?采取什么策略?

复习思考题

1. 什么是口头表达?口头表达有哪些类型?
2. 会见的一般过程由哪几个阶段组成?会见有哪些常用的技巧?
3. 如何进行演讲的构思和准备?常见的演讲技巧有哪些?
4. 常见的面谈有哪些类型?各个类型各有什么技巧?

第六章　谈判技能

学习目标

通过本章学习，你应能够：

了解谈判的含义与要素、分类与评价标准；

掌握谈判的过程；

掌握谈判的原则；

掌握谈判的策略与技巧；

树立良好的谈判理念。

关键词

谈判　过程　原则　策略　技巧

导入案例

谈判定局技巧 ABC

我国某冶金公司要向美国购买一套先进的组合炉，派一名高级工程师与美商谈判。为了不负使命，这位高工做了充分的准备工作，他查找了大量有关冶炼组合炉的资料，花了很大的精力对国际市场上组合炉的行情及美国这家公司的历史和现状、经营情况等了解得一清二楚。

谈判开始，美商一开口要价 150 万美元。中方工程师列举各国成交价格，使美商目瞪口呆，终于以 80 万美元达成协议。当谈判购买冶炼自动设备时，美商报价 230 万美元，经过讨价还价压到 130 万美元，中方仍然不同意，坚持出价 100 万美元。

美商表示不愿继续谈下去了，把合同往中方工程师面前一扔，说："我们已经做了这么大的让步，贵公司仍不能合作，看来你们没有诚意，这笔生意就算了，明天我们回国了。"中方工程师闻言轻轻一笑，把手一伸，做了一个优雅的"请"的动作。美商真的走了，冶金公司的其他人有些着急，甚至埋怨工程师不该抠得这么紧。工程师说："放心吧，他们会回来的。同样的设备，去年他们卖给法国只有95万美元，国际市场上这种设备的价格100万美元是合理的。"果然不出所料，一个星期后美商又回来继续谈判了。

工程师向美商点明了他们与法国的成交价格，美商又愣住了，没有想到眼前这位中国商人如此精明，于是不敢再报虚价，只得说："现在物价上涨得厉害，比不了去年。"工程师说："每年物价上涨指数没有超过6%。一年时间，你们算算，该涨多少?"美商被问得哑口无言，在事实面前，不得不让步，最终以101万美元达成了这笔交易。

资料来源：姜利军，《商务谈判》，中国物资出版社1998年版。

微型案例6-1　　薪资谈判

小张参加了一家他比较心仪的某公司的面试，整个面试过程非常顺利，唯一有顾虑的就是月薪：小张对于薪资的心理价位是月薪2万元，但是公司最多只能给到1.5万元。

人力资源部经理说："小张，公司欢迎你加入，根据公司的情况，这个岗级，给你的薪水在1万～1.5万元，你看1.3万元如何?"

虽然之前小张的心理价位是月薪2万元，但在这种情况下，他努力争取到了1.5万元。

表面上小张谈判胜利，公司做出了让步，由1.3万元提升到了1.5万元，实际上，公司选择式提问技巧，让小张自动放弃了争取2万元的机会。

谈判是当今世界上普遍存在的事实，它时刻存在于人们的日常生活与工作中。父母、子女、同事、朋友、领导、下属各种关系的人们对选购物品、旅游、工作安排、商品购销、薪酬等问题进行协商，为消除分歧、取得一致而共同行动，这就是谈判。国际纷争、政策对话、外交斡旋也离不开谈判。形形色色的贸易谈判、商业谈判更是在现代经济生活中占有很大比重。谈判能力越来越成为管理者应必备的素质之一，也成为管理者能否成功的关键因素之一。

第一节 谈判技能概述

一、谈判的含义与要素

(一)谈判的含义及特征

美国谈判学会会长、著名律师杰勒德·I. 尼尔伦伯格在《谈判艺术》一书中指出:“谈判的定义最为简单,而涉及的范围最为广泛。每一项寻求满足的需要,至少都是诱发人们展开谈判过程的潜因。只要人们是为了改变相互关系而交换观点,只要人们是为了取得一致而磋商协议,他们就是在谈判。”

英国谈判家马什在《合同谈判手册》中指出:“所谓谈判,是指有关各方为了自身的目的,在每项涉及各方利益的事务中磋商,并通过调整各自提出的条件,最终达到一项各方较为满意的协议这样一个不断协调的过程。”

狭义地讲,谈判是指在正式场合下,两个或两个以上有关的组织或个人,对涉及切身权益的有待解决的问题进行充分交换意见和反复磋商,以寻求解决的途径,最后达成协议的合作过程。其中要注意把握两点:一是“谈”,就是指双方或多方之间为解决问题和确定有关的合作意向所进行的沟通和交流。二是“判”,就是对由合作而引起的责任承担、风险分担、亏损或盈利的分配、权利分享等,做出数字、范围、界限标准和时限等方面的判定。谈判的本质是人际关系的一种特殊表现,其核心任务在于一方企图说服另一方理解、允许或接受自己所提出的观点。

与交谈和演讲相比,谈判首先是始于双方需要,即双方都被各自的需要所驱动,从满足某一种或几种需要出发而谈判,这些需要决定着谈判的发生、进展和结局。所以,满足需要是一切谈判的共同目标。其次,谈判的目的是都要取得利益,即谈判的双方都必须感到自己有所得。如果能在合作的基础上谈判,那就有可能使他们深明大义,为实现利益均沾的目标而努力。当然,这并不是说每一项目标对双方都具有同等的价值,但它确实意味着,参加谈判的每一方,即使其中一方不得不做出重大让步,也都有某些需要得到了满足。要是不存在尚未满足的需要,人们就不会谈判。因此,无论什么样的谈判,参与方都是平等的,所达成的协议必须是符合双方利益的。

商务谈判是商品经济的产物。所谓商务谈判,是指两个或两个以上从事经济活动的组织或个人,为了满足各自经济利益的需要,对涉及各方面切身利益的分歧进行交换意见和磋商,谋求取得一致和达成协议的经济交往活动。商务谈判具有以下两个基本特征:

(1)经济利益是商务谈判的最高目的,也是商务谈判成功与否的最高标准。

(2)谈判标的——价格始终是谈判的焦点所在。无论是商品买卖、技术贸易、劳务合作、工程承包,谈判各方关心的焦点问题始终是价格因素,因为价格将最终影响各方的利益分配关系。

(二)谈判的要素

谈判包含四个方面的要素:

1. 谈判主体

所谓谈判主体,是指参与谈判的双方或多方当事人。谈判主体是构成谈判的基本要素,具体又分为两种:一种是关系主体,指能以自己的名义参加谈判,又能够独立承担谈判后果的法人或自然人;另一种是行为主体,指有权参与谈判并且能通过自己的行为完成谈判任务的谈判代表。

2. 谈判客体

谈判客体是指谈判的议题,即谈判的标的。谈判客体是谈判各方共同关心并希望解决的问题。它往往与当事人的利益有切身的利害关系,如商品的品质、数量、价格、装运、保证条款和仲裁方式等。谈判客体是谈判的核心。在商务谈判中,凡是可以买卖、转让的有形和无形产品或是权利都可以成为谈判客体。谈判客体是谈判双方权利和义务的指向,一般通过合同或协议的形式表现出来。

3. 谈判目的

参与谈判的各方都须通过与对方打交道或真实洽谈,促使对方采取某种行动或做出某种承诺来达到一定的目的。一场谈判如果只有谈判主体和客体,而没有谈判目的,那么这个谈判是没有意义的。谈判的目标种类有以下几种:

一是最优期望目标。这是指对谈判某方最有利的理想目标。但是,由于谈判是各方利益重新分配的过程,哪一方也不会心甘情愿地将利益全部出让给对方,谈判的最优期望目标也只能是相对的。

二是实际需求目标。这是谈判各方根据主客观因素,结合各方面的情况,经过科学论证、预测及核算后纳入谈判计划的目标。这是需要谈判者调动各种积极因素,使用各种谈判手段,努力实现的目标。

三是可接受目标。可接受目标是满足对方部分需求,实现己方部分利益的目标。

四是最低目标。这是谈判者必须达到的目标,它与最优期望目标有必然的内在联系。在谈判中,表面上,谈判一方开始往往提出最优期望目标,这实际上是在保护最低目标、可接受目标乃至实际需要目标的策略。然后,通过反复谈判,希望取得一个高于其最低目标的额度目标。

4. 谈判结果

一次完整的谈判都会有结果,有输有赢、双赢或者破裂。没有结果的谈判是不完整的，陷入僵局的谈判往往容易演变成不完整的谈判。不完整的谈判一方面会降低工作效率，另一方面也会影响谈判者的信心，因此谈判者应积极避免“不完整谈判”发生，努力实现谈判目的。

二、谈判的分类

(一)按性质差异划分

1. 政治谈判

政治谈判是政府、政党、社会团体之间就内政及国际关系等方面的问题，为确定各自利益、改善相互关系、协调行为尺度而进行的谈判。例如，国家之间关于建立外交关系、解决边界纠纷，政党之间为争取执政权力和合法地位等问题而进行的谈判等。政治谈判最主要的特征就是讲求原则性。

微型案例 6－2　　“我们不能做李鸿章”

中英两国解决香港问题的谈判，从 1982 年 9 月至 1984 年 9 月，进行了整整 2 年，分为秘密磋商和正式会谈两个阶段。正式会谈的时间是 14 个月，共进行了 22 轮。中国与英国关于香港问题的谈判迟迟达不成协议的焦点是“国家主权”问题，英国步步为营，中国寸土不让。

在多次谈判中，中方坚持“香港回归后，国防、外交必须由中央直接管理”。英国说：“不要驻军，驻军了以后，老百姓就吓坏了，都要移民了。”参加过谈判的中国代表团团长、新华社香港分社社长周南说：“哪有这样的事，你们能驻军，我们为什么不能驻军？”英方说：“我们不一样啊！英国离香港十万八千里，万一有什么事，我们来不了，可你们就在旁边啊！你们不需要在香港驻军。你们在广州、深圳有军队就行了，万一发生香港受到外国侵略的事情，得事先征求港府的意见，立法会同意了，你可以暂时来一下，没有任务了就马上回去。”周南气愤地说：“这简直是荒唐逻辑！”

在驻军这个问题上，邓小平的态度始终是坚定的。早在 1982 年 9 月，邓小平在人民大会堂福建厅面对来访的英国首相撒切尔夫人就提出：“我国政府有权在香港驻军。”并强调，这是中国政府在香港恢复行使主权的象征。他还斩钉截铁地说：“我们不能做李鸿章。”1984 年 4 月，邓小平对英国外交大臣杰弗里・豪十分明确地讲：“1997 年后，我们派一支小部队去香港。这不仅象征中国恢复对香港行使主权，对香港来说，更大的好处是一个稳定的因素。”同月，邓小平在审阅外交部《关于同英国外交大臣就香港问题会谈方案的请示》报告上，又在关于香港驻军一条下批示：“在港驻军一条必须坚持，不能让步。”

资料来源：https://www.sohu.com/a/47301027_352415.html。

2. 经济谈判

经济谈判是由经济组织或其代表人参加，以经济和商务目的为中心，双方因各种业务往来而进行的谈判。例如，有关营销买卖、合作引进、索赔保险等方面的谈判和国际经济组织之间的涉外经济商务谈判等。经济谈判最主要的特征是谈判以价格为核心尺度。

3. 军事谈判

军事谈判是军事组织之间就宣战、停战以及协调武装冲突中的各方关系、限制武装力量等问题而进行的谈判。可分为和平期间的军事谈判和战争期间的军事谈判。和平期间的军事谈判主要是解决关于裁减武装力量，限制军事方面的问题，往往与政治谈判结合进行；战争期间的军事谈判分为战前、战间和战后谈判，有的是为结成联盟，有的是为劝降劝退，有的是为暂时或局部停战，有的是为磋商停战条件等。军事谈判最主要的特征是双方壁垒分明。

4. 私人事务谈判

私人事务谈判是私人之间就个人事务所进行的谈判。比如父母、子女、朋友之间就选购物品、旅游、化解矛盾、寻求理解与支持等方面进行协商。私人事务谈判最主要的特征是广泛性。

（二）按谈判的人数规模划分

1. 一对一谈判

一对一谈判是指谈判双方都只有一人参与谈判事务。因为整个谈判任务须一人承担，因此一对一谈判人员必须具备多方面的知识，比如商务、技术和法律知识等。并且谈判人员一定要有主见，决断力、判断力较强，善于单兵作战，谈判前要做好充分的准备。规模大、人员多的谈判，有时根据需要也可在首席代表之间一对一进行，以便仔细磋商某些关键问题或微妙、敏感的问题。

2. 小组谈判

小组谈判是指谈判双方都有两个或两个以上的人员参与协商的谈判形式。这是最常见的一种谈判类型，一般适用于项目较大或内容比较复杂的谈判。小组谈判的主要特点，在于各方有几个人同时参加谈判，分工合作，取长补短，各尽所能，这样可以缩短谈判时间，取得较好的谈判效果。因此，小组谈判的重要前提是正确选配小组成员，并有一位主要发言人或主谈者，除特殊情况外，他是最终决策者。

（三）按谈判利益主体的数量划分

1. 双边谈判

双边谈判是指谈判活动只有两个利益主体，不存在第三方。双边谈判的利益关系比较明确具体，也比较简单，因而容易达成一致的意见。

2. 多边谈判

多边谈判是指两个以上的利益主体参加的谈判。与双边谈判相比，多方谈判的利益要复杂得多，难以协调一致。实践中的多边谈判，往往先形成利益阵营，即在谈判主体之间根据大原则划分派系，然后谈判在派系之间进行，每一派系内部要本着求大同、存小异的原则，达成某种协议，互相配合，取得最后成功。

（四）按谈判目标划分

1. 形式性谈判

形式性谈判有不求最终的、直接地表明结果的情况，也有为未来可能达成谈判结果做准备，潜在地要求有结果的情况。形式性谈判可以分为三种：

一是一般性会见。这是谈判的初级阶段或准备阶段。此类谈判旨在确定方向性或可能性，气氛大多友好热情，注重培养友谊和连续性。

二是技术性交流。这是交易的前奏，它的表现形式较为丰富，如报告会、讨论会、演示或展示等。

三是封门性会谈。顾名思义，封门性会谈的目的是想封杀某项交易的可能性，或终结正在进行中的谈判。封门性会谈应注意"外交的委婉性"，谈判者要学会"卸责陈述"，即罗列不能继续谈判的原因，尽量把原因转嫁到与己无关的客观因素上，以减缓对方的情绪波动。为了达到维护关系的目的，封门性会谈还常常伴随着"远期空头支票"，即谈判者在封门时常常做远期的、有条件的承诺，使对方抱有合作的期望。

2. 意向性谈判

意向性谈判是指谈判的结果不具备法律约束效力，仅仅是双方意向性的总结和展望的谈判。此类谈判一般是以双方签署某项意向书、备忘录或是口头许诺作为结局。

3. 责任性谈判

责任性谈判是指为实现某项交易并使之达成具备法律约束效力的契约的谈判。谈判的结局是双方签署具有明确责任、权利、义务规定的准合同或合同。所谓准合同，是指带有先决条件的合同，它可以在先决条件丧失时自动失效，而不需承担任何损失责任。而合同则必须执行，否则便为违约。

4. 索赔谈判

索赔谈判是在合同义务不能或未能完全履行时，合同当事人双方进行的谈判。索赔谈判具有三个特点：一是重合同。合同是判定违约的基础条件。二是重证据。这是确立索赔的重要法律手段。三是重时效。只有在有效时间内，索赔的权利才受法律保护。四是重关系。谈判双方应尽量避免把关系闹僵，这样既有利于索赔的处理，又有利于双方今后的合作。

（五）按谈判双方接触的方式划分

1. 口头谈判

口头谈判是指双方通过语言交流进行的谈判，比如面对面的口头谈判、电话谈判、利用互联网工具（如视频或音频）的谈判等。一般来说，首次谈判以面对面的谈判为主，电话谈判、视频或音频谈判等多是咨询性、征求意见性的谈判，或是在谈判主体框架已经确定的前提下，就某些枝节问题可通过电话或互联网的方式谈判。

口头谈判有利于各方直接接触，增进各方的了解和友谊，开拓和发展活动；有利于各方详尽地陈述自己的观点，提出各项具体的交易条件；便于通过反复磋商，达成一致意见；有利于各方察言观色，了解对方的心理活动及反应的程度，并根据谈判的现场气氛和进展情况，运用谈判策略和技巧。但是，口头谈判一般要在一定的谈判时间内做出成交与否的决策，并要根据谈判的具体情况随机应变，因此要求谈判人员具有良好的业务素质、较高的决策水平以及敏锐的应变能力。另外，由于口头谈判一般需要支付谈判人员的往返差旅费、礼节性的招待费、业务费，既费时又费力，这就要求谈判各方需要慎重选择正式的谈判对象，做好各项准备工作，以便尽可能提高谈判效率与效益。

2. 书面谈判

书面谈判是指交易各方利用信函、电报、传真、电子邮件等通信工具和载体所进行的谈判。书面谈判有利于要约方进行充分的调查和准备，慎重地提出交易条件；更有利于对方在规定答复的有效期限内充分考虑、分析和研究，认真答复；还有利于谈判各方克服因谈判人员的身份、级别、资历、心理素质等各方面造成的不良影响，使谈判在更为客观、公正的条件下进行。另外，书面谈判只需花费较少的通信费用，比口头谈判的费用大为减少。但是，书面谈判要求文字的表达措辞严谨，含义确切，内容完整，以防止文不达意、诓骗等所引起的不必要的纠纷。由于书面谈判缺乏灵活性，难以运用各种说服技巧，往往会使磋商过程不易变通，进而增加谈判次数与时间，影响谈判效果。另外，书面谈判所使用的信函、电报、资料受控于邮电、交通部门的传递送达，一旦延误和遗失，就会影响各方的联系，甚至丧失交易时机。

（六）按谈判地点划分

1. 主场谈判

主场谈判是指谈判某一方选择在己方所在地进行的谈判。主场包括自己所居住的国家、城市或办公所在地。总之，主场谈判是在不远离自己熟悉的工作、生活环境，由自己做主人的情况下进行的商务谈判。

主场谈判会给己方带来很多便利和优势，由东道主身份所带来的谈判空间环境的主动权，会使谈判者在处理各种谈判事物时比较主动，便于主动掌握谈判进程。而且谈判者在自己熟悉的环境中没有心理障碍，容易在心理上形成一种安全感和优越感。

当然,作为东道主,必须懂得礼貌待客。礼貌可以换来信赖,它是主场谈判中一张有力的牌,它会使客场谈判者积极思考主场谈判者的各种要求。

2. 客场谈判

客场谈判,是在谈判对手所在地组织的谈判。广义地讲,只要不是在自己所在地的谈判,均可视之为客场谈判。

客场谈判的好处是,当谈判者在谈判中处于逆境或准备不足时,在对方所在地谈判可能更为主动,主要原因是退出方便。选择对方所在地点也是谈判者自信心强的表现。如果谈判者能够保持自信并不断发起进攻,就能取得初步的胜利。选择对方所在地谈判,更有利于谈判人员在企业和领导授权的范围内,发挥主观能动性。

当然,客场谈判对客方来说需要克服不少困难。参加客场谈判时必须注意要入境问俗,审时度势,争取主动。

3. 主客场轮流谈判

这是一种在商务交易中谈判地点互易的谈判。

主客场轮流谈判必须确定阶段利益目标,争取不同阶段最佳谈判效益;坚持主谈人的连贯性,换场不换帅。在谈判中换人尤其是换主谈人是不利于谈判的。

4. 中立地谈判

中立地谈判,是指谈判地点设在谈判双方所在地以外的第三地的谈判。第三地作为谈判地点表现为其不存在倾向性,双方均无东道主地域优势,策略运用的条件相当,双方谈判地域环境较为公平。但是,在第三地谈判会增加谈判成本,而且双方首先要为谈判地点的选择和确定而谈判,地点确定本身比较复杂。因此,中立地谈判通常为相互关系不融洽、信任程度不高的谈判双方所选用。

微型案例 6-3　　何为谈判的胜利

美国纽约印刷工会领导人伯特伦·波厄斯以"经济谈判毫不让步"而闻名全美。他在一次与报业主的谈判中,不顾客观情况,坚持强硬立场,甚至两次号召报业工人罢工,迫使报业主满足了他提出的全部要求。报社被迫同意为印刷工人大幅度增加工资,并且承诺不采用排版自动化等先进技术,防止工人失业。谈判结果是以伯特伦·波厄斯为首的工会一方大获全胜,报业主却陷入困境。最终结果是三方大报被迫合并,接下来便是倒闭,数千名报业工人失业。

谈判"得胜"了,工人失业了。

资料来源:陈向军,《商务谈判技术》,武汉大学出版社 2004 年版。

三、谈判评价标准

评价一次谈判是否成功，通常有三个标准：

1. 自身的需要是否因谈判而获得满足，即谈判的目的是否达到

谈判是谈判双方为了达成某种共识而进行的一种行为，如签订一份合同，进行关贸谈判等，都是为了追求一种结果，谈判中有输有赢，而最好的结果是能够达到双赢，即达到双方都比较满意的程度。没有人愿意为一个不明智的结果耗费时间和精力去交流、沟通，甚至讨价还价。

2. 谈判的效率如何

谈判追求的是效率，最好能速战速决，除非万不得已，不要拖延时间。时间越长，谈判的成功率越低，双方耗费的人力、物力和财力越多。没有人愿意为一件没有结果、遥遥无期的事情耗费人力、物力和财力，如果为一次谈判而投入了过多的时间、精力和资金，从谈判中所获得的收益还不足以弥补由此而付出的代价，则很难说谈判是成功的。当然，这种评价不仅看赚钱的多少，还要看谈判所能带来的长远利益。

3. 谈判之后与谈判对手之间的人际关系如何

谈判不是你死我活，不是在损害对方利益的前提下满足自己的私利，而是要增加双方的利益，通过谈判使双方达到双赢。现代社会的经济交往，常常需要同某个部门某个单位长期合作，不能因一次谈判而断送了将来一系列的合作机会，要特别重视与谈判对手结成长期友好关系。

在谈判中，要使上述的“目的”“效率”和“人际关系”同时都得到满足是很难的，因这三者之间具有某种程度的冲突。所谓成功，是指在三者之间做出适当的取舍，尽可能使三者处于某种均衡状态。

第二节　谈判的过程

微型案例 6-4　　美国人和日本人

有一次，日本一家公司与美国一家公司进行一场许可证贸易谈判。谈判伊始，美方代表便滔滔不绝地向日方介绍情况，而日方代表则一言不发，认真倾听，埋头记录。当美方代表讲完后，征求日方代表的意见，日方代表却迷惘地表示“听不明白”，只要求“回去研究一下”。

几星期后，日方出现在第二轮谈判桌前的已是全新的阵容，由于他们声称“不了解情况”，美方代表只好重复说明了一次，日方代表仍是埋头记录，以“还不明白”为由使谈判不得不暂告休会。

到了第三轮谈判，日方代表团再次易将换兵并故伎重演，只告诉对方回去后一旦有结果便会立即通知美方。

半年多过去了，正当美国代表团因得不到日方任何回音而烦躁不安、破口大骂日方没有诚意时，日方突然派了一个由董事长亲率的代表团飞抵美国，在美国人毫无准备的情况下要求立即谈判，并抛出最后方案，以迅雷不及掩耳之势，催逼美国人讨论全部细节。措手不及的美方代表终于不得不同日本人达成了一个明显有利于日方的协议。

事后，美方首席代表无限感慨地说：“这次谈判，是日本在取得偷袭珍珠港之后的又一重大胜利！”

资料来源：https://wenku.baidu.com/view/fb8031d85eUeTcd184254b35eefdc8d377ee1431.html。

一、准备与计划

为了达到期望的谈判结果，谈判之前必须做一些必备的谈判准备，制订谈判计划。谈判的准备工作做得越好，谈判的效果就会越好。

（一）确定谈判目标

从最低目标、可接受目标、实际需求目标到最优期望目标，谈判者应该制订各个层次的谈判目标，这样才能在谈判中从容不迫地面对对方的压力。

（二）收集谈判信息

谈判信息是指与谈判有关的各种数据与资料，包括对方的真正需求、对方参与谈判的人员、对方谈判的最后期限、对方谈判的风格和个人情况以及对方可能采取的策略等。如果是商务谈判，还需要了解市场、技术、金融、政治、法律、社会文化等方面的相关信息。

微型案例 6-5 **"黄昏征"**

香港有位律师曾代表一家公司参加了一次商务谈判，对方公司由总经理任主谈人。在谈判前，律师从自己的信息库里找到了一些关于对方公司总经理的材料，其中有这样一则信息：总经理有一个毛病，每天一到下午四五点，就会心烦意乱，坐立不安，戏称为"黄昏征"。这一信息使律师顿生感悟，他利用总经理的"黄昏征"，制定了谈判策略，把每天需要谈判的关键内容拖在下午四五点，并取得了谈判的成功。

资料来源：宋莉萍，《商务谈判理论、策略与技巧》，上海财经大学出版社 2012 年版。

（三）组建谈判小组

谈判小组由谈判小组负责人和谈判小组成员组成。谈判的成效在很大程度上取决于谈判人员的主观能动性和创造性的发挥。因此，选取合适的谈判人员，对谈判目标的达成具有关键作用。

1. 谈判小组的构成原则

首先，在选择谈判小组负责人方面。负责人必须具备果断的决策能力，当谈判遇到机遇或障碍时，负责人能够敏锐地利用机遇，解决问题，做出果断的判断和正确的决策。此外，负责人还必须具备较强的管理能力，具备授权能力、用人能力、协调能力、激励能力、总结能力，使谈判小组成为具备高度凝聚力和战斗力的集体。

其次，在选择谈判小组成员方面。一方面，参加谈判的人员都应具有良好的专业基础知识，且知识具有互补性，这样才能迅速有效地解决随时可能出现的各种问题；另一方面，参加谈判的人员必须关系融洽，能求同存异。谈判队伍中的谈判人员性格要互补协调，将不同性格的优势发挥出来，互相弥补其不足，才能发挥出整体队伍的最大优势。

2. 谈判小组的规模

在需要多人谈判班子的情况下，谈判小组以多少人为宜呢？卡耐基访问过谈判专家，其中大多数人认为，谈判小组的人数以 4 人左右最为理想。其理由是：

首先，谈判小组的工作效率。作为一个集体，谈判小组要有效地工作，内部必须进行适当而严密的分工和协作，小组内部交流渠道必须通畅。而人数一多，交流就会发生困难，而谈判却要求高度地集中统一对外和对问题做出灵活、及时的反应。人数多，意见也多，要把这些不同的意见全部集中统一起来，并非一件易事。在谈判这种高度紧张、内容复杂多变的活动中，要达到上述要求，谈判小组的规模过大是不行的。从大多数谈判情况来看，工作效率比较高的人数规模在 4 人左右。

其次，谈判小组管理幅度的有效性。一个领导者所能有效地管理下属的人数是有限的，即管理幅度是有限的。高层领导不能直接管理众多的下属人员，于是设立了许多中间管理层。比如一个上万人的大公司，总经理只需管好几个副总经理，每个副总经理再分别管好几个分公司经理，每个分公司经理再分别管好几个部门经理，每个部门经理再分别管好几个业务主管，每个业务主管再分别管理若干个职员。工作性质与工作内容不同，管理幅度也不一样，层次越高，管理幅度就越小。商务谈判紧张、复杂、多变，既需充分发挥个人的独创性和独立应付事变的能力，又需要内部协调统一、一致对外，其领导者的有效管理幅度不可能太大，只能在 4 人左右。超过这个限度，其内部的协调和控制就会发生困难。

再次，谈判所需专业知识的范围。一场谈判特别是一个大型项目的谈判，会涉及许多专业知识，但这并不意味着谈判需要相应地配备各种专业知识的人同时参加。因为，谈判的不同阶段所涉及的主要的专业知识的种类是有限的，只要谈判班子的成员具备这几种主要的专业知识就能胜任了。某些非常专门或具体的细节谈判可以安排另外的小型谈判予以解决，或者请某些方面的专家作为谈判班子的顾问，给谈判人员献计献策或接受咨询来加以解决。这样就不必为扩大谈判小组人员规模而劳神了。

最后，谈判小组成员的调换。一般情况下，如果谈判小组的成员能够满足谈判所需专业知识的需要，胜任相应的工作，那么，保持谈判小组成员的稳定是有好处的。因为自始至终参加谈判，对双方立场与观点的形成、发展变化等有关问题的来龙去脉了解得很清楚，可以防止对方节外生枝，避免对方利用已方换人之机，在新来人员对情况不甚了解的情况下钻空子。但是，有许多谈判具有明显的阶段性，在某一阶段围绕某一个或某几个方面的问题专门磋商，并可以得出比较一致的看法。这样，某些谈判成员只在某些阶段上能够发挥巨大的作用，而在另外一些阶段的作用不大或没有作用。例如，在谈判初中期，需要技术人员参加，而法律人员则是多余的；但在最后的协议阶段，需要法律人员审查合同草案，技术人员又是多余的。对于这种情况，可以根据谈判的不同阶段的不同需要，调换谈判小组的成员，需要什么样的人，什么人就上场，任务完成了或暂不需要时就退场。这样，既保证了谈判的需要，又使谈判小组的规模保持在合适的水平上，既便于有效地控制，又节约了己方的谈判费用。当然，对于特别复杂的商务谈判，同时需要许多人参加谈判。为了满足这一要求，同时也为了更好地进行协调控制，可以采取一个折中方案，即可以在人数众多的谈判小组中进行分工，成立几个专业性的部，如商务谈判部、技术组织部、法律组织部等，每个部的人数可以确定为 4 人左右。这样，从专业部的谈判来讲，其人员规模比较合适；而就整个谈判小组而言，主要是协调各专业部之间的关系，其数目并不多，协调起来比较容易。

阅读资料

有效管理幅度原则

管理幅度是指一名领导者或管理者直接领导的下属人员数。任何领导人员，因受其精力、知识、经济等条件的限制，能够有效地领导下级人数是有限度的，超过一定限度，就不能做到具体、有效的领导。一个领导者能直接有效地领导的下属人员数，称为有效管理幅度。决定有效管理幅度的条件主要有：(1)处理问题的复杂程度和工作量的大小。(2)领导者及其下属的素质水平。(3)标准化水平和授权程度。对于管理幅度的定量问题，美国的管理学者 A. V. 格丘纳斯提出了一个公式，用来计算在任何管理幅度下可能存在的人际关系数。

$$C=N(2^{N-1}+N-1)$$

其中 C 表示可能存在的人际关系数；N 表示管理幅度。

(四)制定谈判策略

制定谈判策略，就是要选择能够达到和实现己方谈判目标的基本途径和方法。谈判不是一场讨价还价的简单过程，实际上是双方在实力、能力、技巧等方面的较量。因此，制定谈判策略前应考虑如下影响因素：对方的谈判实力和负责人的性格特点；对方和我方的优势所在；谈判本身的重要性；谈判时间的长短；是否有建立持久、友好关系的必要性等。通过对谈判双方实力及其以上影响因素的细致而认真的研究分析，谈判者可以确定双方的谈判地位，即处于优势、劣势或者均势，由此确定谈判的策略。但要注意的是，不能以短浅的眼光看待谈判的策略，灵活性才是采取主动的关键因素。

(五)分配谈判任务

制定好谈判策略后，应向谈判小组简要布置任务，概述谈判策略，简要说明他们在谈判中所充当的角色和应该完成的任务。比如，谁做记录、谁做负责人、谁负责控制谈判的节奏等。分工明确会使谈判计划更加周密。

(六)安排谈判议程

谈判议程的安排对谈判双方非常重要，议程本身就是一种谈判策略，必须高度重视这项工作。谈判议程一般要说明谈判时间、地点的安排和谈判议题的确定。谈判议程可由一方准备，也可由双方协商确定。议程包括通则议程和细则议程。

通则议程由谈判双方共同使用，是指谈判双方共同遵守使用的日程安排，一般要经过双方协商同意后方能正式生效，包括谈判总体时间及分段时间安排、双方谈判讨论的中心议题、问题讨论的顺序、谈判中各种人员的安排、谈判地点及招待事宜等。

细则议程是己方参加谈判的策略的具体安排，只供己方人员使用，具有保密性。

其内容一般包括：谈判中统一口径，如发言的观点、文件资料的说明等；对谈判过程中可能出现的各种情况的对策安排；己方发言的策略；谈判人员更换的预先安排；己方谈判时间的策略安排、谈判时间期限等。

二、开局与阐述

（一）开局

谈判的开局对整个谈判过程起着非常重要的作用，良好的谈判开局会为以后的谈判取得成功打下良好的基础。谈判的开局，是指谈判双方在讨论具体、实质性的谈判内容之前，相互介绍、寒暄以及就谈判具体内容以外的话题交谈的阶段。开局阶段的基本目标就是要形成良好的谈判气氛。所谓谈判气氛，是谈判双方参与人员之间相互影响、相互作用所共同形成的人际氛围。特定的谈判气氛会对整个谈判过程产生重要的影响和制约作用。比如，热烈、积极、合作的谈判气氛有助于谈判朝达成一致协议的方向推进；而冷淡、对立、紧张的谈判气氛，则可能把谈判推向严峻的境地，甚至导致谈判失败。

谈判开局的好坏将直接左右整个谈判的格局和前景。首先，开局阶段谈判人员的精力最为充沛，注意力也最为集中，所有人都在专心倾听别人的发言，全神贯注地理解讲话的内容。其次，谈判各方均需要阐明自己的立场，表明各自的重要观点，谈判双方阵容中的个人地位及所承担的角色基本显露出来，各方都将从对方的言行、举止、神态中观察对方的态度及特点，从而确定自己的行为方式。再次，谈判的总体格局基本上在开局后的几分钟内确定，它对所要解决的问题及解决问题的方式将产生直接影响，而且一经确定就很难改变。最后，开局的成败将直接关系到谈判一方能否在整个谈判进程中掌握谈判主动权和控制权，取得谈判优势地位，以最大限度谋取谈判利益，从而最终影响谈判结果。

营造良好的谈判开局气氛显得尤为重要，可以说，哪一方控制了谈判开局气氛，谁就有可能控制住了谈判对手。根据谈判气氛的高低，可分为高调气氛、低调气氛和自然气氛。

微型案例 6-6　　　谈判的主动权

中国一家彩电生产企业准备从日本引进一条生产线，于是与日本一家公司接触。双方分别派出了一个谈判小组就此问题进行谈判。谈判那天，当双方谈判代表刚刚就座，中方的首席代表就站了起来，他对大家说："在谈判开始之前，我有一个好信息要与大家分享。我的太太在昨天夜里为我生了一个大胖儿子！"此话一出，中方谈判人员纷纷站起来向他道贺。日方代表于是也纷纷站起来向他道贺。整个谈判会场的气氛顿时高涨起来，谈判进行得非常顺利。中方企业以合理的价格顺利地引进了一条生产线。

在与日本企业的以往接触中，中方首席代表发现，日本人比较严肃，谈判中易造成冰冷的谈判气氛，给对方造成一种心理压力，从而控制整个谈判，趁机抬高价码或提供条件。于是，在此次谈判开局，中方首席代表提到自己太太生孩子的事，以此营造一种有利于己方的高调气氛。

资料来源：马克态，《商务谈判——理论与实务》，中国国际广播出版社 2004 年版。

（二）阐述

阐述是在开局结束后，谈判双方表明各自对谈判的相关问题的理解和利益需求。在这个阶段，双方彼此交换最初的提案，并通过最初的接触来判断对方的真正目标、对方对谈判的态度和原则以及己方所能做出的让步等。在这一阶段中双方所发出的信息是整个谈判能否进行下去的基础。进入阐述阶段标志着谈判开始触及实质性内容。

三、磋商

在进入开局和阐述阶段之后，谈判双方对对方有关谈判相关问题的看法和利益追求等都有了明确了解，也意识到了双方的谈判条件存在的分歧和矛盾。为了解决这些分歧和矛盾，双方就必须辩论和磋商，即讨价还价，这是谈判最活跃的阶段。进入磋商阶段时，谈判一方可能是处于优势，也可能是处于劣势，或亦是双方处于均势状态。不管如何，在这个阶段，谈判双方使用各种谈判技巧，进行技能和实力的较量。在这种情况下，谈判方除了依赖于准备与计划阶段的工作外，还要善于察言观色，通过对方的举止、神情和姿态等，弄清对方所说的是否与其本意相符，或者他的回价是否是为了取得某些特殊利益，并据此做出相应的对策。在双方经过一系列的磋商之后，彼此的立场和观点接近或趋于一致。

四、结束与实施

经过一番磋商之后，谈判就进入结束与实施阶段，这是谈判的最后一个阶段。该阶段的主要任务是将谈判双方以达成的协议正规化，并为实施和监控执行制定出所有必要的程序。这一阶段包括三个步骤：

（一）总结与确认

在签订协议之前，谈判双方要进行最后的总结和确认，明确所有的内容是否已谈妥，是否还留有未能解决的问题，这些问题又该如何处理；明确所有交易条件的谈判结果是否已达到己方期望的交易或谈判目标，务必在签订协议前将双方谈妥的内容逐一核实一遍。在一些长期而复杂的谈判中，谈判双方往往需要就每次洽谈的内容与结果做一份谈判记录，这些记录所记载的内容是起草书面协议的主要依据，因此在确认时，都要通读双方记录，查对一致，以避免出现含混不清的地方。

（二）签订协议

签订协议时，尽量使用简洁的文字；要避免使用模棱两可的语句，使协议内容明确，防止条款之间出现新的矛盾的现象；不要轻易在对方拟定的谈判协议上签字。重大的谈判协议签订以后，可将协议送交公证部门公证，确保协议具有法律效果。在谈判协议中，还应包括一项落实协议的条款，该条款应明确规定做什么、什么时候做、谁来做等与谈判协议相关的问题。

（三）谈判总结

谈判结束后，应该对整个谈判的过程做出总结，总结内容包括：谈判的准备工作是否充分、对谈判结果是否满意、谈判人员的表现、谈判的有效策略和行动以及阻碍谈判的策略与行动、谈判效率、谈判中是否了解对方关心的问题、谈判是否达到了对方的目的等。通过总结，可以找出谈判过程中出现的问题的原因并做出解决方案，为以后的谈判提供经验和参考。

第三节　谈判的原则与谈判高手的特征

微型案例6-7　　完璧归赵

公元前283年，赵惠文王时，赵国得到楚国的和氏璧。秦昭襄王听说这件事，派人送给赵王一封信，说愿意用十五座城给赵国，请求换取和氏璧。赵王不舍玉，但又怕得罪秦王。大臣蔺相如自告奋勇，带着和氏璧出使秦国。蔺相如捧着和氏璧呈献给秦王，看出秦王没有把城酬报给赵国的意思，就上前说："璧上有点毛病，请让我指给大王看。"秦王把和氏璧交给蔺相如。于是，蔺相如捧着璧退了几步站住，背靠着柱子，怒发竖立，像要把帽子顶起来。他对秦王说："如果大王您不顾信用，想要抢我手上这块宝玉，我就一头撞上皇宫里的柱子，相信宝玉一定会粉碎！"秦王怕他撞碎和氏璧，就婉言道歉，坚决请求他不要把和氏璧撞碎，并召唤负责的官吏察看地图，指点着说要把从这里到那里的十五座城划归赵国。

蔺相如估计秦王只不过以欺诈的手段假装把城划给赵国，实际不能得到，就对秦王说："和氏璧是天下公认的宝贝，赵王敬畏大王，不敢不献出来。赵王送璧的时候，斋戒了五天。现在大王也应斋戒五天，在朝堂上安设'九宾'的礼节，我才敢献上和氏璧。"秦王估计这种情况，终究不能强夺，就答应斋戒五天，把蔺相如安置在广成宾馆里。蔺相如估计秦王虽然答应斋戒，也必定违背信约，便把宝玉偷偷送回赵国。

秦王斋戒五天后，蔺相如来到，对秦王说："秦国自从秦穆公以来的二十多个国君，不曾有一个是坚守信约的。我实在怕受大王欺骗而对不起赵国，所以派人拿着璧回去，已经从小路到达赵国了。再说秦国强大而赵国弱小，大王派一个小小的使臣到赵国，赵国会立刻捧着璧送来。现在凭借秦国的强大，先割十五座城给赵国，赵国怎么敢留着璧而得罪大王呢？我知道欺骗大王的罪过应该处死，我请求受汤镬之刑。希望大王和大臣们仔细商议这件事。"

侍从中有的要拉蔺相如离开朝堂加以处治。秦王就说："现在杀了蔺相如，终究不能得到和氏璧，反而断绝了秦、赵的友好关系。不如趁此好好招待他，让他回赵都去。难道赵王会因为一块璧的缘故而欺骗秦国吗？"终于在朝廷上接见蔺相如，完成接见的礼节，送他回赵都去了。

蔺相如回国以后，赵王认为他是个贤能的大夫，出使到诸侯国家能不受辱，就任命他做上大夫。

此后秦国没有给赵国城池，赵国也始终没有把和氏璧给秦国。

资料来源：https://baike.baidu.com。

一、谈判的原则

谈判的原则是指在谈判过程中，谈判双方必须遵守的基本准则或规范。遵循必要的谈判原则，是谈判获得成功的基本保证。充分了解谈判原则，有助于掌握和运用谈判的策略和技巧，保护谈判当事人的权力与利益。

(一)尽量扩大总体利益

在谈判中，谈判双方首先应一起努力扩大双方的共同利益，而后再来讨论与确定各自分享的比例，这也就是谈判界常说的"把蛋糕做大"。谈判在很大程度上取决于能不能把蛋糕做大，通过双方的努力降低成本、减少风险，使双方的共同利益得到增长，双方都有利可图。项目越大，越复杂，把蛋糕做大的可能性也就越大。

(二)善于营造公开、公平、公正的竞争局面

在谈判中，应避免谈判伙伴选择单一、"一棵树上吊死"的情况，要善于营造公开、公平、公正的竞争局面，以利于扩大自己的选择余地，有利于打破垄断，避免因不了解情况而陷入被动局面。实践证明:营造公开、公平、公正的竞争局面，可以为人们赢得谈判的主动，避免可能的机会成本损失，争取最有利的合作条件。

(三)明确目标，善于妥协

在谈判中，人们经常会发现，由于双方对同一问题的期望存在差异而导致谈判进程受阻。事实上，在很多情况下，大家只要认准最终目标，在具体的问题上完全可以采取灵活的态度、变通的办法，使问题迎刃而解。

妥协有些时候是种让步，在某些时候则仅仅是为了寻求折中的替代方案。这就要求人们不应在自己的立场上固执己见，而应积极去寻找隐藏于各自立场背后的共同利益所在。

微型案例 6-8　　朱总理在"入世"谈判中的出其不意

中国正式申请加入世界贸易组织(简称 WTO)后，就开始了多达 25 轮的谈判，其中最复杂、最艰难的莫过于中美之间的谈判。

当中美"入世"谈判最终剩下 7 个问题谈判陷入僵局之际，时任国务院总理的朱镕基亲赴现场。谈判桌上，美国人抛出的前 3 个问题，朱镕基都说"我同意"。龙永图着急了，不断向朱镕基递纸条，上面写着"国务院没授权"。但朱镕基一拍桌子，说:"龙永图，你不要再递条子了。"当美方抛出第 4 个问题时，朱镕基提出:"后面 4 个问题你们让步吧，如果你们让步我们就签字。"5 分钟后，美方同意了中方的意见。当日下午 4:00，中美关于中国加入 WTO 的双边市场准入协议签署，

双边谈判正式结束。中美达成协议后，中国"入世"道路上最大的障碍被清除。2001 年 9 月 17 日，WTO 中国工作组第 18 次会议在日内瓦通过了中国"入世"协定书及附件和中国工作组报告书，标志着中国加入 WTO 的谈判全部结束。

资料来源：节选于 https://news.sina.com.cn/c/2018-10-20/doc-ihmrasqt2024909.shtml。

（四）讲究信用

诚实可信、言而有信、信誉至上，是谈判中非常重要的原则。"人无信难立，买卖无信难存"，谈判者应言而有信，行必有果。良好的信用能给谈判对手以信任感，从而使双方消除疑虑和分歧，尽快达成一致。如果没有信用，彼此之间相互猜疑，无疑将破坏谈判中的合作气氛，使谈判陷入困境，最终可能导致谈判破裂。

（五）求同存异

谈判是谈判双方为了谋求观点、利益、做法等一致而进行的协商。既然是为谋求一致，那么在谈判之前，双方就必然会在各方面存在着"同"与"异"。因此，为了实现成功的谈判，谈判者就应当遵循求"大同"、存"小异"的原则。求"大同"是指谈判各方在总体上、原则上必须一致，摒弃细枝末节的分歧和不同的意见，从而使参与谈判的各方都感到满意，这是谈判成功的基础，没有这一基础，谈判必然归结于失败。存"小异"，就是谈判各方必须做出适当的让步，允许与自己的利益要求不一致的"小异"存在于谈判协议之中。谈判双方应该在关心自身利益的同时，也注重对方的利益，双方根据需要与可能，有来有往，互通有无，做到双方互利。

（六）使用客观标准

所谓客观标准，就是独立于各方主观意志之外的、不受情绪影响的标准。在谈判中，谈判各方应依照客观标准而不是根据压力来谈判，谈判者应当把注意力放在问题的价值上，而不是双方的耐力上。

使用客观标准的好处是，它能将双方立场、观点、意志力的较量转换为双方共同解决问题的努力，变"对方是否愿意做"为"问题该如何解决"，变双方以各种方法竞争上风为彼此有诚意地沟通。

（七）运用事实

事实是不以人的意志为转移而客观存在的，它具有客观性、直观性，有时候能比数据、资料等更具说服力。在谈判过程中，当你向对方介绍关于你实力的某件事实后，对方一定会以最快的速度去验证。一旦你所说的经验证是真实可信的，对方对你的信任也就油然而生了。这也要求你在运用事实，显示己方实力时一定要遵守规则，做到实事求是，绝不能言过其实，吹牛夸口。在谈判中口气小一点，多留些余地，反倒会使你陈述的事实更具说服力。

微型案例 6－9　　　伽利略的巧妙说服

伽利略年轻时立志学习哲学，可是他父亲却十分反对。

一次，伽利略又为这事找父亲谈。

伽利略："爸爸，我想问您一件事，是什么促成了您同母亲的婚事？"

父亲："我看上她了。"

伽利略："那您有没有娶过别的女人？"

父亲："没有的事，孩子，老天在上，家里的人要我娶一位富有的女子，可我只对你母亲钟情，我追求她就像一个梦游者，要知道你母亲从前是一位姿艳动人的姑娘……"

伽利略："这倒确实，现在也还看得出来。你不曾娶过别的女人，因为你爱的是她。你知道，我现在也面临同样的处境。除了哲学以外，我不可能选择别的职业，因为我喜欢的正是哲学。别的对我毫无用处！难道我要去追求财富，追求荣誉？哲学是我唯一的需要，我对它的爱有如对一位美貌女子的倾慕。"

父亲终于同意了他的请求。

资料来源：周艳波，《大学生礼仪教育——沟通与演讲实用教程》，安徽人民出版社 2005 年版。

（八）人、事有别

谈判应做到对事不对人，把人与事分开处理。人、事分离是双方合作的前提和基础，也是谈判者修养素质的体现。

由于谈判的主体是人，谈判进程难免受到谈判者个人的感情、要求、价值观、性格等方面的影响。如果将对人的不满情绪带入对问题的解决上来，谈判双方就无法合理地探讨问题的解决方案，谈判内容只会变成对谈判者个人的问题的谈论，这样不仅会降低谈判的效率，还可能影响双方长期合作的关系。

因此在谈判中要注重建立和维护双方的友好关系，把争论和冲突的焦点集中在"事"上，所攻击的是"问题"的本身，而不是"人"本身。当对方提出方案和建议时，要从对方的立场出发考虑提议的可能性，理解或谅解对方的观点、看法。在谈判过程中，应尽量多阐述客观情况，避免责备对方；认识、理解自己和对方的感情，善于忍耐、倾听，注意交流。

二、谈判高手的特征

在明确了谈判应遵循的原则后，我们就能进一步认识到出色的谈判者自身应具备哪些素质和能力。

（一）换位思考

换位思考指的是站在他人的立场和角度，设身处地地理解他人的感受和看法。我们知道，每一个谈判者都有自身的谈判风格和行为方式，由于每个人的处事方法不同，难免会在行为方式、价值观和目标等方面与他人产生冲突。在这个时候，谈判者要避免将自己的意志强加给别人，试着去理解其他谈判者的感受和看法。

换位思考是一种很重要的性格特征，善于换位思考使你能够认清你和对方的差异，同时在理解别人的情感和观点的时候也能够保留自己的看法。这是与人沟通的基本原则，也是一个谈判高手必须具备的品质。

（二）尊重自己和他人

在谈判活动中，双方的力量不论强弱，在相互关系中都处于平等的地位。谈判双方要想取得预期的效果，那就必须尊重对方，这样才能创造一种良好的气氛，促进谈判的顺利进行。

在谈判中，尊重是互相作用的，如果你尊重他人，就会被人尊重。有必要时，先对他人表示尊重。至少应该做到：注意聆听别人讲话，同时注视谈判者的眼睛。当听到好的意见和合理见解时，应表示赞同。

当然，尊重的对象不止包括他人，也包括自己。尊重他人首先必须自重。在谈判中，谈判人一定要有自信，而自信更具体的表达方式恰恰是自重。只有尊重自己，尊重自己的原则和行为准则，才能学会在换位思考的基础上尊重别人的原则和行为准则。更为重要的是，自重还是自主的先决条件，你的所作所为主要是为了使自己满意，而不是为了取悦别人。

（三）诚实守信

优秀的谈判者首先必须是诚实和值得信赖的。诚实是处世的最佳原则，不仅在谈判中是这样，在日常生活的各个领域都是真理。言出必行的人更容易获得谈判对方的信任，使谈判良好有效地进行下去。遵守自己在谈判中的承诺，不仅对此次谈判具有重要的作用，更是双方长久合作的决定性因素。

（四）公正

公正在谈判中的具体含义是：必须承认别人的需求和你自己的需求一样值得考虑，也就是在谈判中应尽量做到平等互利。公正是立足于换位思考之上的又一特征。但是，公正并不意味着以同样的模式对人。因为对于某人的利益来说，此种模式可能是公正的，对另外一个人来说未必如此。如果要培养公正的品质，那么你自己的和他人的目标都要顾及，这必不可少。

（五）坚韧不拔

众所周知，并不是每次谈判都能取得良好的结果，谈判方所期望的目标往往是要经历一次又一次相互协商、相互探讨的过程才能取得。这期间免不了失败和困境。坚韧不拔的能力使你在向目标迈进的路上经受得住失意和困境，并且永不放弃。这种特征使你不畏困难、坚持到底。在吸取失败的教训之后，重拾信心，朝着目标继续努力。只有坚韧不拔的人才能取得最后的胜利。

（六）有责任感

有责任感要求谈判者无论完成任务与否，都能承担后果。谈判者必须表现得可信、可靠，即便是失误之后，也能够迅速地重整旗鼓、卷土重来，以图东山再起。

（七）处事灵活

灵活是一种迅速适应新情况和解决新问题的能力。灵活个性简单地说就是随机应变，不拘泥于俗套。如果一种尝试行不通，你需要立刻进行另一种尝试。灵活是以双方都满意的方式来结束谈判的核心，且在现实谈判中行之有效。在谈判中，只有灵活掌握，才能使双方的目标和需求都有可能得到满足。

（八）富有幽默感

幽默的特点在于含蓄与富有情趣，其表现形式是诙谐而充满机智，幽默感就是运用幽默与感受幽默的能力。在日常生活、工作与人际关系中，有幽默感的人往往能给人以宽厚、机智、豁达而富有生气的印象。

谈判中适当地运用幽默，不仅可以使谈判气氛融洽轻松，便于拉近谈判双方距离，促使谈判成功完成，还能在谈判陷入僵局时，打破僵持气氛，使双方齐心协力地找到解决方法，而不是无休止地去责怪他人。

微型案例 6－10　　丘吉尔的自嘲式幽默

1943 年，英国首相丘吉尔与法国总统戴高乐由于对叙利亚问题的意见分歧而心存芥蒂。直接原因是戴高乐宣布逮捕布瓦松总督，而此人正是丘吉尔颇为看重的人物。要解决这件令双方都感到颇为棘手的事，只有依靠卓有实效的会晤了。

丘吉尔的法语讲得不是很好，但是戴高乐的英语却讲得很漂亮。这一点当时戴高乐的随员们以及丘吉尔的大使达夫·库柏早就知道的。

这一天，丘吉尔是这样开场的，他先用法语说道："女士们先去逛市场，戴高乐和其他的先生跟我去花园聊天。"

然后他用足以让人听清的声音对达夫·库柏说了几句英语:“我用法语对付得不错吧,是不是?既然戴高乐将军英语说得那么好,他完全可以理解我的法语的。”语音未落,哄堂大笑。

丘吉尔在谈判中用幽默姿态消除了紧张形势,建立了良好的谈判气氛,缩短了双方的距离,淡化对立情绪,从而使谈判在和谐信任中进行。

资料来源:李志敏,《有一种口才叫幽默》,中国纺织出版社2014年版。

(九)自律性

自律性是自主生活的核心力量,是勤奋的一种表现。具有自律性的人往往具有很强的自我约束力,能驱使自己朝着制定的目标努力迈进。自律性强的人着手做每件事时,都应是严肃认真的,但是严肃绝不意味着忧郁或缺乏幽默感。如果想成为谈判高手,接受任务时就应该是愉快、乐观、精力充沛且计划充分的,但是在保持和运用你的幽默感的时候,对于目标的完成应是严肃认真的。制订一个计划,而后按计划去做,这是严于律己的表现。为了更好地自我约束,就必须把自律当作生存下去的唯一方式,而事实上也确实如此。

(十)精力旺盛

很多谈判往往并不是一次就成功,而是需要经历漫长又复杂的谈判过程,这就要求谈判者具有充沛的精力。精力旺盛的人在别人掉队时总能坚持下去。如果你不能在游戏中坚持到底,就谈不上做赢家了。

第四节 谈判的策略与技巧

微型案例6-11　　谁的损失更大?

美国“旅店大王”希尔顿曾经有过这样一件他终生引以为豪的事情。当年,希尔顿计划在达拉斯建造一座耗资百万美元的新旅店,以实现他的“以得克萨斯州为基地,每年增加一座旅馆”的发展计划。但由于资金短缺,不得不中途停工。希尔顿决定与卖给他地皮的大商人杜德会面,他开门见山地告诉杜德,饭店工程无法继续。杜德听后不以为然,认为此事与他无关。

希尔顿说："杜德先生，我来找您是想告诉您，饭店停工对我来讲固然不是一件好事，但您的损失会比我更大。"

"我不明白您在说什么。"杜德说。

希尔顿解释道："如果我公开透露一下，饭店停工是因为我想换一个地方盖饭店，那么饭店周围的地价一定会暴跌，这样的结果对您是不利的，您看是不是呢？"

杜德听后，经仔细权衡利弊，最终同意了希尔顿的要求。由杜德出钱将那家饭店盖好，然后交给希尔顿，待赚了钱再分期偿还给杜德。

资料来源：https://www.docim.com/p-961200558.html。

一、谈判策略

谈判策略是指谈判人员为取得预期的谈判目标而采取的措施和手段的总和。它对谈判成败有直接影响，恰当地运用谈判策略是商务谈判成功的重要前提。

（一）按对手的态度制定策略

在谈判中，谈判对手的态度对谈判是否能顺利进行有着直接影响。一般来说，谈判对手谈判的态度主要分为两种：合作型和不合作型。

1. 合作型谈判对手的策略

合作型谈判对手具有强烈的合作意识，注意谈判双方的共同利益，渴求达成双方满意的结果。对于这类谈判对手的策略，是因势利导，在互利互惠的基础上尽快达成协议。

（1）满意感策略。满意感策略的最终目标是使对方感到温暖，从而尽早达成协议。谈判者应从多方面关心谈判对手，比如在谈判日程安排上尊重对方的意见；必要时请己方上级领导会见或宴请对方；安排对方参观名胜古迹，赠送给对方一些有意义和有特色的礼品；在谈判中应尽量做到开诚布公，向对方表露己方的真实意图，创造诚挚和友好的谈判气氛等。这种做法能使谈判对手觉得自己受到了尊重和礼遇，从而在心理上对谈判方产生良好的印象，对谈判的顺利进行开创有利局面。

（2）时间期限策略。不管谈判的进程如何曲折艰难，谈判最终都会有个结局，而谈判双方往往在谈判临近结束时，才会做出实质性让步。时间期限策略就是抓住谈判双方在时间上的共性和特点，适时地明确谈判的结束时间，以促使双方在互利互让的前提下，及时和圆满地结束谈判。

在运用时间期限策略时，谈判方应仔细观察和分析对手的既定截止期限，这样有助于己方掌握谈判的主动权。在给对方一个最后期限时，讲话要委婉和自然，不要引起对方不满，要向对方表明，此做法的目的在于提高谈判的效率，从而迫使对方尽快亮出底牌。

2. 不合作型谈判对手的策略

不合作型谈判对手的主要特征：一是不厌其烦地阐述自己的观点和立场，而不注重谈论实质问题；二是不断地抨击对方的建议，而不关心如何使双方的利益得到维护；三是将谈判本身的问题与谈判对手个人联系在一起，将抨击的矛头指向谈判对手，进行人身攻击。对待这类对手，只有采取恰当的策略，才能引导其从观点争论转向为双方共同获利而努力。

(1)迂回策略。所谓迂回策略就是尽量避免与谈判对手正面冲突，而是引导对方为双方的共同利益去设想多种选择方案，努力将谈判引向成功。

在谈判对手强硬地坚持他们的立场和观点或指责己方谈判人员时，不要抨击对方的观点，而应倾听对方的批评，分析其真正的意图，可利用情感因素拉近双方的距离，力争将谈判对手的谈话引向探求双方共同获利上来。在引导对方讨论实质问题的过程中，可采用启发式的提问法，给对方留有提出异议的余地，不要用发表声明的口气和语调，这样容易引起对方的反感。最后，对于不合作型对手，还可以运用沉默这一武器。这种策略能给对方造成心理压力，使其失去冷静，而且给对方造成一种僵持的感觉，促使其提出新的建议。

(2)调停策略。在采取迂回策略不能奏效的情况下，可运用第三方调停，即请局外人来帮助解决双方的矛盾。调停人必须是双方都认为是中立的、受尊重的、有谋略的人员，调停人主要使用劝说、讲道理、建议采取其他解决方案等方法来促进谈判协议的达成。因为第三方没有直接卷入双方的争论，因此比较容易将谈判双方人员之间的人际关系与谈判实质区分开来，使双方的注意力集中于谈判本身。在采用第三方调停时，调停者非常关键。调停者的首要条件是能够得到双方的尊重，而且应是诚挚和有谋略的，能够恰当地处理各种棘手的问题。

(二)按对手的实力制定策略

1. 对实力强于己方的谈判对手的策略

(1)底线策略。面对比自己实力强大的对手，为了避免使自己陷入被动局面而签订对己不利的协议，可采用底线策略，即事先定出一个可接受的最低标准，对应于谈判目标来说，就是谈判方必须达到的最低目标。制定底线能够使谈判人员把握谈判方向，明确谈判目标，避免做出错误决定。

(2)“狡兔三窟”策略。所谓“狡兔三窟”策略，是指谈判者在预先确定谈判底线的基础上，还要认真考虑谈判破裂后的退路。“狡兔三窟”策略对实力较弱的谈判方尤为重要。谈判中双方实力的对比，不仅表现在客观条件(如财力、物力、人力等方面)，还表现为双方对达成协议的渴求程度以及谈判失败对双方的影响程度。预谋退路可以加强弱者在谈判中的地位。

2. 对实力弱于己方的谈判对手的策略

(1)先声夺人策略。实施先声夺人策略要求谈判人员事先深入分析和研究对手的各方面情况,包括对手的财务状况、市场地位、对谈判的渴求程度、过去经常使用的谈判策略和手法等。在谈判进入正式阶段之后,己方可以口气婉转地指出对方的某些不足之处或不现实的想法,有利于提高己方的气势,使对方从一开始就受到一定程度的心理压力,促使对方尽早认清形势,权衡利弊,达成互利的协议。

(2)出其不意策略。在谈判中占优势的一方采用出其不意策略给对方施加压力,促使其以对己方最有利的条件达成协议。比如利用突然宣布截止日期、加快会议进度、延长会议时间等方法从时间上给对方造成压力;向对方提出其意想不到的问题;采取对方事先不能料及的行动,如谈判中途换人,最高决策人突然参加谈判;公布使对方大吃一惊的资料等。

(三)让步策略

1. 己方的让步策略

谈判实质上是一个理智的取舍过程。有取必有舍,有舍才有取。高明的谈判者除了知道何时该抓住利益外,还要知道何时放弃利益。

(1)互利互惠的让步策略。互利互惠的让步策略就是以己方在某一问题上的让步换取对方在另一问题上的让步。在不损害必得利益的前提下,谈判者应统观全局,分清利害关系,避重就轻,灵活地使本方的利益在某方面能够得到补偿,争取互惠式让步。

(2)舍远利、谋近惠的让步策略。舍远利、谋近惠的让步策略,顾名思义,就是以己方未来利益上的让步来换取对方近期利益上的让步。对于谈判方来说,给予对方远期利益的承诺实际上并未付出现实的利益,相反却能以此来换取对方给己方的近期优惠,何乐而不为。

(3)丝毫无损的让步策略。己方丝毫无损的让步策略就是己方不做出任何让步而使对方做出让步的策略。当对方要求己方让步时,己方应认真倾听对方的要求,肯定对方要求的合理性,然后再用礼貌温和的语气向对方解释因为某些因素,己方无法做到对方的要求。我们知道,谈判双方的心理感受在谈判中占有很重要的地位,当对方感受到己方的诚意及尊重时,对方往往会考虑放弃让步的要求。

2. 迫使对方让步的策略

“最好的防守便是进攻。”在谈判磋商中,迫使对方让步也是达到最终谈判目的的手法之一。

(1)利用竞争策略。制造竞争是谈判中迫使对方让步的最有效的武器和策略。竞争对手的出现,会给对方造成很大的心理压力。当一方存在竞争对手时,其谈判的实力就大为减弱,对方面临的选择就是要么让步,要么放弃。在谈判中,应注意制造和保持对方的竞争局面。

(2)"红白脸"策略。"红白脸"策略就是在谈判过程中,由谈判小组的一个成员扮演强硬派即"白脸"的角色,在谈判开始时果断地提出较高的要求,以后又坚定不移地捍卫这个目标,在谈判中态度坚决、寸步不让,从气势上压倒对方,给对方在心理上造成错觉,迫使对方让步;或者索性将对方主谈者激怒,使其怒中失态,此时,由小组的另一个成员扮演温和派即"红脸",以缓和的口气、诚恳的态度,调和双方的矛盾,寻求解决问题的办法,以便巩固己方已取得的优势,然后在以不损害"白脸"的"面子"的前提下建议做出让步。

(3)虚拟假设策略。所谓虚拟假设,就是利用假设性条件帮助对方分析利害关系,从而迫使对方做出让步;或者提出假设性条件,诱使对方在不知不觉间进入圈套,从而达到自己的目标。提出假设条件可以从两方面考虑:一是在己方认为不太重要的问题上提出假设,如果对方对此反应敏感,则说明他对这一问题比较重视;二是在己方认为比较重要的问题提出假设条件,还应注意提出时机,如果对一个已经商讨多时,几乎可以定下来的问题,就不应再提假设条件,这会打乱已谈妥的方案,只有在双方出现分歧,均在设想解决方法时提出假设条件,才能收到好的效果。同时,在提出假设条件之前,应对假设成真后可能产生的结果有正确的估计,否则,一旦假设条件变成现实,或对方努力地实现这一假设条件时,而己方又有其他的变动和要求,则会处于非常被动的局面。

(4)"最后通牒"策略。"最后通牒"的意思为,谈判破裂前的"最后的话",是谈判一方就自己提出的最后条件,要求对方在一定时间内给予明确答复,否则将要采取强制措施,比如退出谈判。有时在谈判双方争执不下、对方不愿做出让步接受己方交易条件时,为了逼迫对方让步,己方可以向对方发出"最后通牒",比如要求对方在某个期限内接受己方的交易条件并达成协议,或者以强硬的口头或书面语言向对方提出最后一次必须回答的条件,否则己方就宣布谈判破裂而退出谈判。"最后通牒"能给对方心理造成一定压力,迫使对方做出让步。

运用"最后通牒"策略需注意:谈判者知道自己处于一个强有力的地位,所有的竞争对手都不具有自己的条件;使用"最后通牒"必须出其不意、攻其不备;"最后通牒"要在谈判的最后阶段或最后关键时刻才使用;"最后通牒"的提出必须具体明确、毫不含糊、坚定有力、不露声色,不让对方有任何幻想。

(5)避实就虚策略。避实就虚策略是谈判方为了达到某种目的和需要,有意识地将谈判的议题引向无关紧要的问题，故作声势，转移对方的注意力，以求实现自己的谈判目标。避实就虚策略能令对方产生错觉，提高次要问题在对方心目中的价值，一旦己方在次要问题上做出让步，对方就会得到满足，从而给予己方真正关心的让步。比如，对方关心的是价格，己方关心的是交货时间，谈判时，焦点就可以放在价格和运输方式上。在讨价还价时，己方可以在运输方式上做出让步，作为交换条件而要求对方在交货时间上做出让步。

(6)"踢皮球"策略与反"踢皮球"策略。"踢皮球"策略是在谈判形势对己方不利，己方想中止谈判以达到出尔反尔的目的，或想挽回损失、降低对方期望和程度而使之自动让步时所使用的策略。比如，当双方协商好时，己方以权职有限，无权签约为借口，将谈判工作搁浅，让对方心中无底地等待。然后，借口其上司或有关部门或委托人不同意或不批准使谈判劳而无功，或者借口其上司或委托人认为交易条件"太苛刻"，必须降低某条件方能继续商谈等，迫使对方做出让步。

反"踢皮球"策略是以相同的策略反击对方。如果对方称要等待上司做决策，那己方就应限定时日，并且协商一定的约束办法，如在等待期间，对方不能限制己方再寻找其他谈判对象等，这样可以促使对方加快其上司审批的时间或者使对方不敢轻易以上司不同意为借口而中止谈判。如果对方称上司要求降低某条件才能签约时，己方应据理力争，力争无效的时候就准备随时退出商谈，以此试探对方的诚意，绝不能争一时之气而轻易接受对方的条件和要求。

(7)"顺水推舟"策略。"顺水推舟"策略就是当对方提出己方无法达到的要求时，为了不使谈判陷入僵局，给对方留有重新思考和选择的余地，谈判者不直接反驳对方的观点，而是顺着对方的论点判断往下推，直到得出一个荒谬的结论，使对方在听取劝说的过程中反省自己，不得不改变自己的立场和态度，向己方的目标靠拢。

(四)防止对方进攻的策略

1. 限制策略

在谈判中，当对方有力进攻，而己方无充分理由驳斥时，己方可以以某种客观因素或条件的制约而无法满足对方的要求为由，如自己权职有限、资料有限或者在人力资源、时间等因素等方面有所限制，阻止对方进攻，迫使对方只能根据己方所有的权限来考虑这笔交易。

2. 恻隐术

恻隐术，顾名思义，就是装可怜、装为难以求得对方的同情，争取合作。在一般情况下，人们总是同情弱者，不愿落井下石，将之置于死地。这一招对于那些没有经验的对手具有很大的影响力。

3. 疲劳策略

疲劳策略一般是用在那些咄咄逼人、居高临下、气势强大的对手身上。这种策略的目的在于通过许多回合的拉锯战，使此类谈判者感觉疲劳生厌，以此逐渐磨去锐气，同时也扭转了己方在谈判中的不利地位。等到对手精疲力竭、头昏脑涨之时，己方即可反守为攻，促使对方接受己方条件。

微型案例 6－12　　一张回国飞机票

荷伯·科恩年轻时受一家经营外贸业务的公司派遣，前往东京进行一次为期不长的谈判。当他抵达东京机场时已有两位日本代表在等候他，并对他非常客气地鞠躬敬礼，为他特地安排了一辆舒适豪华的轿车。在车上，日本代表一再表示，谈判期间会对科恩的生活尽力照顾，并热情地问："您懂日语吗？"科恩说："不懂，但我想学几句，我还带了字典。"日本代表又接着问："您是否一定要准时搭飞机回国呢？我们可以安排这辆车送您去机场。"科恩想：他们多么体谅人啊！于是从口袋里掏出返程机票给他们看，以便让他们知道什么时候送自己去机场。

下榻后，日方并没有开始谈判，而是花了一个多星期的时间陪科恩游览名胜古迹。科恩几次问及谈判开始时间，他们都回答：时间还多，时间还多。到了第12天，谈判总算开始了，但却提前结束，以便让客人打高尔夫球。到了第13天又开始谈判，但又提前结束了，说是要举行告别宴会。到了第14天早上，才恢复了认真的谈判。说到关键时刻，送客人的车到了，主人建议剩下的问题留在车上谈。科恩无法再找到周旋的时间，于是只好和主人挤进轿车里继续商谈条款。最后，科恩只能答应了对手全部的谈判条件。

资料来源：https:// wenku. com/view/e991a70716fc700abb68fcb4. html。

4."以退为进"策略。"退一步，进两步"，"以退为进"是谈判中常用的一种制胜策略和技巧。这种策略从表面上看，是谈判一方的退让或妥协，或委曲求全，但实际上退却是为了实现下一步的目标。

5."亮底牌"策略。"亮底牌"一般是在谈判让步阶段，当己方处于劣势或双方关系较为友好的情况使用。谈判一方一开始就拿出全部可让的利益，做一次性让步，以达到以诚制胜的目的。在采用这种让步策略时，谈判方应充分表现出自己的积极坦率，以诚动人，用一开始就做出最大让步的方式感动对方，促使对方也做出积极反应，拿出相应的诚意。在这种情况下，当一方做了一次性让步、袒露真诚后，对方一般不会无动于衷，也会做出积极的反应。

二、谈判技巧

（一）打破僵局的技巧

1. 僵局产生的原因

(1)立场争执。这是谈判双方因立场对立而导致的僵局。在这种争执中，当对方越坚持，你就越会抱住自己的立场不变，你真正的利益被这种表面的立场所掩盖，而且为了维护自己的面子，非但不愿做出让步，反而会用顽强的意志来迫使对方改变立场。于是，谈判变成了一种意志力的较量。这种争执会使得双方忽视对利益的调和，既损害双方感情，又不利于达成协议。

(2)对对方的偏见或成见。这类意见是指对所谈议题提出一些不合乎逻辑或带有强烈感情色彩的意见。对这类枝节问题过于苛求就会引起对方的强烈不满，造成僵局，甚至使谈判最终失败。

(3)滥施压力和圈套。在商务谈判中常有人凭借自己的实力或自身争强好胜的性格，强迫对方接受不平等的谈判条件，这就很容易使对方产生强烈不满，造成谈判的僵局。当然，为了达到平等条件下难以实现的目标，有些谈判者会采用僵局策略，人为地制造僵局，从而给对方造成心理压力，创造有利于己方的谈判环境。

(4)外部环境变化。谈判中由于外部环境突然发生变化，对已做出的承诺不好食言，但又无意签约，拖延至对方忍无可忍，造成僵局。

(5)沟通障碍。当谈判双方由于文化背景差异或者对信息理解的方式不一时，就容易造成沟通障碍，导致信息沟通失真，使双方产生对立，从而陷入僵局。

微型案例 6-13　　技术谈判陷入僵局

中海油某公司欲从澳大利亚某研发公司引进“地层测试仪”。澳大利亚公司因缺乏后续研究和开发资金，曾主动来中国寻求合作者。中方公司也曾到澳大利亚全面考察，对该公司的技术设备很满意，并就技术引进事宜正式谈判。考虑到这项技术的重要性和公司未来发展的需要，中方谈判的目标是出高价买断该技术，但澳方坚持只给中方技术使用权，允许中方制造该设备，技术专利仍掌控在自己手中，不同意将公司赖以生存的核心技术卖掉。双方巨大的原则立场分歧使谈判一开始就陷入僵局。

该如何打破这个僵局呢？

资料来源：节选于 https:// www.tuilixue.com/jiaodian/17301.html。

2. 打破僵局的技巧

(1)避重就轻,转移议题。有时谈判之所以出现僵局,是因为双方僵持在某个问题上,这时可以把这个问题避开,磋商其他条款,有效避免时间上的浪费。而且其他条款的磋商成功能使双方气氛好转,给产生分歧的问题的解决带来正面影响。

(2)换位思考。这要求谈判双方互相设身处地为对方着想,站在对方的立场,从对方的角度对问题进行分析和推理,从关心对方的利益出发,让对方心悦诚服。这样做可以使双方多一些理解和支持,消除分歧与误解,找到更多的共同点,构筑双方都能接受的方案。

微型案例 6-14　　将心比心

某精密机械工厂生产某项新产品,将其部分零件委托一家小工厂制造。这天,该小厂负责人将零件的半成品提供给机械厂,却被告知不符合要求。

机械厂负责人对小厂负责人说:"你们生产的零件不符合我们的要求,这批货时间非常紧张,你们必须马上重新制造。"

小厂负责人听了,不服气地说:"哪里不符合？我们可都是按照你们的规格制造的。"

双方僵持了许久。这时,机械厂厂长得知了这个情况,问清原委,委婉地对小厂负责人说:"我想这件事完全是由于我们公司方面设计不周导致的,而且还令你吃了亏,实在抱歉。今天幸好是由于你们帮忙,才让我们发现竟然有这样的缺点。只是事到如今,事情总是要完成的,你们不妨将它制造得更完美一点,这样对你我双方都是有好处的。"

小厂负责人听完,欣然应允了。

机械厂厂长能够站在小厂负责人的立场分析问题,从对方的角度考虑问题,给小厂负责人有一种为他着想的感觉,使小厂负责人有了一定的亲近感,进而找到了双方共同的利益点,很好地解决了零件再生产的问题。

资料来源:许召元,《打动人心的 68 个沟通技巧》,延边人民出版社 2004 年版。

(3)寻求替代。谈判中一般存在多种可以满足双方利益的方案,当其中一种方案出现僵局时,可尝试寻找其他解决方案,这样双方的利益都能有所兼顾。

(4)据理力争。当对方有意制造僵局,或者在一些原则性问题上表现得蛮横无理时,己方要据理力争,而不能退让或妥协,因为这样做不仅会损害己方的利益和尊严,还会助长对方的气焰。

(5)临阵换将。临阵换将是谈判中用来打破僵局的一种常用做法。如果僵局是由谈判人员失职或素质欠缺造成的,就需要调换谈判人员。然而有时谈判人员倒并未失职,临时换将只是一种自我否定的策略,把自己一方对僵局的责任归咎于原来的谈判人员,为自己主动回到谈判桌前找一个借口,缓和谈判场上对峙的气氛。在新的谈判氛围中,双方由于刚刚经历了一场僵局,都会更积极、更迅速地找到一致点,消除分歧,甚至做出必要的、灵活的妥协,以促进协议的达成。

(6)暂时休会。谈判出现僵局,双方情绪都比较激动、紧张,会谈一时也难以继续进行。这时,提出休会是一个较好的缓和办法,东道主可征得客人的同意,宣布休会。双方可借休会时机冷静下来,仔细考虑争议的问题,也可以召集各自谈判小组成员,集思广益,商量具体的解决办法。

(7)借用中间人。当出现了比较严重的僵持局面时,彼此间的感情可能都受到了伤害。因此,即使一方提出缓和建议,另一方在感情上也难以接受。在这种情况下,最好寻找一个双方都能够接受的中间人作为调节人或仲裁人。

在这里,仲裁人或调节人可以起到以下的作用:提出符合实际的解决办法;出面邀请对立的双方继续会谈;刺激启发双方提出有创造性的建议;不带偏见地倾听和采纳双方的意见;综合双方观点,提出妥协的方案,促进交易达成。

(8)有效退让。当谈判双方对某一问题僵持不下时,轻易让谈判破裂是不明智的。谈判方可以选择在某些问题上稍做让步,以换取其他方面的有利条件。

(二)对付威胁的技巧

威胁就是向对方施加压力,这是谈判中用得最多的手段。威胁虽然可以赢得暂时的胜利,但它会打乱谈判的进程,甚至破坏谈判双方的长远关系,而且当威胁无法起到作用时,威胁者的可信度就会降低,有时候还会导致反威胁。

对付威胁,我们可以使用以下技巧:

(1)无视威胁,对其不予理睬,或将它看成是对方的玩笑,对其不予关心。

(2)告诉对方你不能在威胁下谈判,只有对方能够证明接受这样的条件能带来好处时才能做出让步,看有无其他的选择。

(3)向对方表示这种威胁对自己毫无损害,同时还可以让对方知道施加威胁对其自身也具有风险。

(4)以威胁反击,同时警告对方,如果谈不妥,局面会更加难堪。

微型案例 6-15　　日本汽车公司“登陆”美国的谈判策略

日本一家著名汽车公司刚刚在美国“登陆”，急需找一个美国代理商来为其推销产品，以弥补他们不了解美国市场的缺陷。当日本公司准备同一家美国公司谈判时，谈判代表因为堵车迟到了，美国谈判代表抓住这件事紧紧不放，想以此为手段获取更多的优惠条件，日本代表发现无路可退，于是站起来说：“我们十分抱歉耽误了您的时间，但是这绝非我们的本意，我们对美国的交通状况了解不足，导致了这个不愉快的结果，我希望我们不要再因为这个无所谓的问题耽误宝贵的时间了，如果因为这件事怀疑我们合作的诚意，那么我们只好结束这次谈判，我认为，我们所提出的优惠条件是不会在美国找不到合作伙伴的。”日本代表一席话让美国代表哑口无言，美国人也不想失去一次赚钱的机会，于是谈判顺利进行下去了。

资料来源：李逾男、杨学艳，《商务谈判与沟通》，北京理工大学出版社 2012 年版。

(三)入题的技巧

采用适当的入题方法有助于创造良好的谈判氛围，引起对方的兴趣，使谈判顺利进行。

1. 迂回入题

为了避免单刀直入，过于直接，影响谈判的融洽气氛，谈判时可采用迂回入题的方法。比如，从介绍己方谈判人员入题；将有关流行的事物作为话题入题；从介绍己方的生产、经营、财务状况等入题。

2. 直接入题

用开门见山的方法入题，就是直接谈与正题有关的内容。直接入题有以下几种方法：

(1)先谈细节，后谈原则性问题。围绕谈判主题，先从洽谈细节问题入题，待各项细节问题谈妥之后，也便自然而然地达成了原则性的协议。

(2)先谈一般原则，后谈细节问题。一些大型的经贸谈判，由于需要洽谈的问题很多，往往要进行多次谈判，这就需要先谈原则性的问题，再谈具体细节问题。一旦原则性问题达成协议，细节问题也就有了解决的依据。

(3)从具体议题入手。大型谈判中的第一次具体的谈判，一般应经各方预先共同确定本次商谈的具体议题，从这个具体议题入手谈判。

(四)陈述的技巧

1. 语言通俗

尽量使用简洁通俗的语言，使对方能完整、准确地理解己方的观点。应避免使用晦涩难懂、模棱两可的语句。

2. 语速适中

一般情况下，应采用适中的语速和对方交谈。中速说话可以给对手以必需的时间，让对手从容了解你的观点、立场和态度，同时也营造了一种平静的氛围。

3. 语气中肯

在谈判中，语气的强弱对于意见的表述也有重要影响。通常我们应该采用中肯的语气，给谈判对手留下良好的印象。但当你受到对手无礼或有意无意地侮辱时，或者当谈判双方观点取得一致，说话非常投机时，也可采用高调的语气表明你的感受。

4. 态度坦诚

坦诚相见是获得对方信赖的好办法，人们往往对坦诚的人有亲切感。坦诚能满足听者的自我意识及充分的权威感，因此，坦诚常能达到预期的效果。但是，与对方坦诚相见难免要冒风险，对方可能利用你的坦诚逼你让步，因此坦诚要有度，不能把一切和盘托出。

5. 叙述简明扼要

长篇大论往往会使对方感到烦躁，而且由于提供的信息太多，会让对方没有时间厘清思路，表达自己的看法，这样不利于双方观点的交流，容易导致谈判气氛紧张。因此谈判者在叙述自己的看法时，应尽量做到简明、扼要。必要时可以多花些时间，将陈述的内容分为几个部分表达，中间给对方以思考和决策的时间。

（五）倾听的技巧

倾听也是谈判的有效技巧，认真倾听对方谈话，能帮助己方做出更好的决策，掌握谈判的主动权。

1. 专心

当谈判对方发言时，要始终以饱满的精神状态全神贯注地听，将注意力集中到对方所说的内容上。专心听取对方发言不仅是尊重对手的具体体现，而且是了解对方、获取信息、发掘事实真相和探索对方动机与意见的重要手段。

2. 耐心

出色的谈判人员应该具有耐心倾听的涵养。不管对方的发言内容是否不合理，或包含与己方相反的观点，都不应该表现出反感或不耐烦。

3. 细心

细心倾听能够使你不错过对方发言的每一个细节，包括“弦外之音”，这样有助于你获取更多隐藏的信息。

4. 适时复述与提问

适时地复述与提问可以向对方表现你在认真倾听的诚意，并且通过复述和提问，可以帮助自己保持清醒的头脑，辨认和分析所倾听到的信息，从而了解对方的真实意图。

5. 鼓励与理解

面对讲话者，尤其是没有经验、不善演讲的谈话者，需要用微笑、目光、点头等赞赏的形式表示呼应，显示出对谈话的兴趣，促使对方继续讲下去。这样做可以使对方对你产生亲切感，便于谈判的顺利进行。

(六)提问的技巧

提问是了解对方的想法和意图、掌握更多信息的重要手段和有效途径。通过有效的提问，不仅可以引起对方的注意，使对方对提出的问题予以重视，还能收集对方的信息，为对方的思考和回答规定方向，争取谈判的主动权。

1. 精心准备

在提问之前就要预先准备好问题。准备的问题最好是对方不能迅速想出适当答案的问题，以期收到意想不到的效果。同时，预先有所准备也可预防对方反问。

2. 掌握提问的时机

注意对手的心境，在对方最适宜答复问题的时机提问，一般的提问时机有：在对方发言结束后提问；在对方发言的间隙时提问；在自己的发言前后提问；在规定的辩论时间里提问等。这样有利于掌握谈判的节奏，争取谈判主动权。

3. 注意提问的语气和速度

要以诚恳的态度来提问，而不应用审问的口气。问的速度应适宜，速度太快，容易使对方感到你是不耐烦的，引起对方反感；速度太慢，容易使对方感到沉闷，降低提问的力度。

4. 注意对方的情绪

谈判者受情绪影响在所难免。在谈判中，要随时注意和留心对方的心境，在适当的时候提出相应的问题。

5. 留给对方答复的时间

提出问题后应闭口不言，专心致志地等待对方做出回答。提问后闭口不言，制造一种沉默，也会给对方施加一种无形的压力。

6. 保持提问的连续性

在提问时，尽量围绕一个中心主题提问，在该问题解决后再转入下一问题，避免跳跃式的提问。

(七)回答的技巧

有问必有答，在谈判中，如果对问题的回答把握不当，不仅会使对方误认为你缺乏诚意，不值得信赖，也会使己方处于不利地位。

1. 充分考虑，缜密思索

谈判中，对对方的提问，在回答之前必须经过缜密思考，即使是一些需要马上回答的问题，也应借故拖延时间，经过再三思考后再回答，这样可以为自己赢得思考问题的时间。

2. 以反问代替回答

以问代答是应付谈判中那些一时难以回答或不想回答的问题的方式，让对方在反思中自己寻找答案。这种回答对应付一些不便回答的问题是非常有效的。

3. 不确切回答

谈判中，对那些很难答复或不便确切答复的问题，可以采取模棱两可、留有余地的答复方式，或者转移话题，将问题的焦点转移到对己方有利的议题上。例如，当对方询问价格能够再优惠一些时，己方可以回答："价格确实是大家非常关心的问题，但是我方产品的质量是一流的。"

4. 不彻底回答

答话时将对方的问题有意缩小，只回答问题的一部分，或者在回答时加以修饰和说明。比如对方询问产品质量，己方就不必详细介绍产品所有的质量指标，只需列举其中几个主要指标，造成产品质量很好的印象就可。

5. 有理有据，不知者不答

回答问题必须做到理由充分，有事实依据，避免用胁迫、蔑视的口气回答。有时在谈判中经常会遇到一些陌生的或不懂的问题，可以坦率地告诉对方不能回答或暂时不回答，盲目回答有害无利。

6. 认真思考，并适当拖延回答

在遇到难以回答或关键的问题时，谈判者应谨慎从事，认真思考后再作答。如果对方催问，可以明确告诉对方，己方需要时间认真思考一下。如果短时间内无法回答，可以以资料不全或需要请示等借口拖延答复。

微型案例 6-16　　你能保密吗？

罗斯福在就任总统之前，曾在美国海军担任要职，一天，一位记者朋友向他打听海军在加勒比海一个小岛上建立核艇基地的计划。

罗斯福故作神秘地向四周看了看，小声问："你能保密吗？"

朋友欣喜地答道："当然能。"

罗斯福笑着说："我也能。"

资料来源：https:// www.asklib.com/view/7012ef626ae3.html。

(八)说服的技巧

说服是一项很重要的工作,它常常贯穿于谈判的始终。谈判中,经常需要说服对方接受己方的意见,这就需要良好的说服技巧。说服技巧运用得当,有助于达成有利于己方利益的协议,提高谈判的效益。

1. 开诚布公、澄清利害

谈判者首先应该向对方诚恳地说明要其接受己方意见的充分理由,以及对方一旦接受将产生什么利弊得失;其次,谈判者应坦率地承认如果对方接受己方意见,己方也将获得一定利益。这种做法有利于拉近双方距离,使对方感受到己方的诚意,在心理上对己方产生良好印象,从而也就更容易达到说服的目的。

2. 设身处地

很多时候,说服之所以困难,并不是没有把理由说清楚,而是双方固执己见,不替对方着想。要想说服对方,就要设身处地地为对方着想,理解对方难处,在次要问题上做适当让步,帮助对方化解难题。

3. 抓住时机,列举实证

时机对于工作的开展具有很重要的作用。己方要善于把握对说服工作有利的时机,趁热打铁,重点突破。向对方说明,这正是接受意见的最佳时机。通过向对方讲清楚,使对方权衡利弊后做出抉择。在抓住时机的同时,能够举例实证,讲一讲实证例子的具体情节,帮助己方证明观点的正确性,也是非常有帮助的。

微型案例 6-17　　原子弹的研制决策

第二次世界大战期间,一些美国科学家试图说服罗斯福总统重视原子弹的研制,以遏制法西斯德国的全球扩张战略。他们委托总统的私人顾问、经济学家萨克斯出面说服总统。但是,不论是科学家爱因斯坦的长信,还是萨克斯的陈述,总统一概不感兴趣。为了表示歉意,总统邀请萨克斯次日共进早餐。

第二天早上,一见面,罗斯福就以攻为守地说:"今天不许再谈爱因斯坦的信,一句也不谈,明白吗?"

萨克斯说:"英法战争期间,在欧洲大陆上不可一世的拿破仑在海上屡战屡败。这时,一位年轻的美国发明家富尔顿来到了这位法国皇帝面前,建议把法国战船的桅杆砍掉,撤去风帆,装上蒸汽机,把木板换成钢板。拿破仑却想:船没有帆就不能航行,木板换成钢板就会沉没。于是,他二话没说,就把富尔顿轰了出去。历史学家们在评论这段历史时认为,如果拿破仑采纳了富尔顿的建议,十九世纪的欧洲史就得重写。"萨克斯说完,目光深沉地望着总统。

> 罗斯福总统默默沉思了几分钟，然后取出一瓶拿破仑时代的法国白兰地，斟满了一杯，递给萨克斯，轻缓地说："你胜利了。"
>
> 萨克斯顿时热泪盈眶，他终于成功运用实例说服总统做出了美国历史上重要的决策。
>
> 资料来源：节选于 https:// www.doc88.com/p-50554811740.html。

4. 循序渐进

谈判中说服对方需要遵照循序渐进，由浅入深、从易到难的方针。开始时，可以避开重大难题，先来进行那些容易说服的问题，创造和谐气氛，打开缺口，逐步扩展。一时难以解决的问题可以暂时抛开，等待适当的时机再解决。

5. 使用对比

在说服中，谈判者可以事先找出与一般常识背道而驰的项目和欲提示的正事一起提出，使对方脑中被此二事占满，而仅就两件事选一较有利者。也许所提示的那件事，在事先想起来会觉得是无法接受的要求，可是在当时相互比较之下，却认为是较有利的方向，而毫无抵抗地接受了。

6. 推敲说服用语

在说服的过程中，说服用语一定要斟酌仔细，用语需朴实、亲切、富有感召力，不要过多地讲大道理，切忌用胁迫或欺诈的手段进行说服。

本章小结

1. 谈判是指在正式场合下，两个或两个以上有关的组织或个人，对涉及切身权益的有待解决的问题进行充分交换意见和反复磋商，以寻求解决的途径，最终达成协议的合作过程。谈判包含着谈判主体、谈判客体、谈判目的及谈判结果四个要素。

2. 谈判按性质差异划分为政治谈判、经济谈判、军事谈判、私人事务谈判；按谈判的人数规模划分为一对一谈判、小组谈判；按谈判利益主体的数量划分为双边谈判、多边谈判；按谈判目标划分为形式性谈判、意向性谈判、责任性谈判、索赔谈判；按谈判双方接触的方式划分为口头谈判、书面谈判；按谈判地点划分为主场谈判、客场谈判、主客场轮流谈判、中立地谈判。

3. 评价一次谈判是否成功，通常有三个标准：一是自身的需要是否因谈判而获得满足，即谈判的目的是否达到；二是谈判的效率如何；三是谈判之后与谈判对手之间的人际关系如何。

4. 谈判的过程：准备与计划、开局与阐述、磋商、结束与实施。

5. 谈判的原则：尽量扩大总体利益；善于营造公开、公平、公正的竞争局面；明确目标，善于妥协；讲究信用；求同存异；使用客观标准；运用事实；人、事有别。

6. 谈判高手的特征：换位思考、尊重自己和他人、诚实守信、公正、坚韧不拔、有责任感、处事灵活、富有幽默感、自律性、精力旺盛。

7. 谈判的策略:满意感策略、时间期限策略、迂回策略、调停策略、底线策略、“狡兔三窟”策略、先声夺人策略、出其不意策略、让步策略、防止对方进攻的策略。

8. 谈判的技巧:打破僵局的技巧、对付威胁的技巧、入题的技巧、陈述的技巧、倾听的技巧、提问的技巧、回答的技巧、说服的技巧。

案例研究6-1

创业店铺的谈判

两名大学生即将毕业,他们想开一家精品时尚服装店。他们实地考察了市场,了解了一些店铺的基本情况,比较中意其中一家店铺。在后续的一段时间内,这两名大学生通过各种渠道,利用各种方式,充分掌握了该店铺和租客店主的情况。该店铺目前的营业范围和他们想要创业的方向一致,且目前的租客店主正面临房租到期的状况,铺面急于出手(通过租客店主出租这套店铺,他可以把店铺现有的货物卖给下家,收回一些成本)。因为是刚刚毕业的大学生,他们的资金来源是比较有限的,因此,他们决定最好以 2 000 元的价格能盘下这个店铺。一切准备工作做好后,这两名大学生和该店铺租客店主相约,进行了一次谈判。

谈判开始,租客店主具体介绍了店内的基本状况和装修情况,包括面积、水电、地板、货架及其他金属装饰品等,装修成本逼近 2 万元。

大学生问:“店面装修的确有特色和个性,但是我们无从考证装修的成本,更何况目前的装修风格不一定会利用到将来我们店的营业中。请介绍一下该店铺的其他情况吧。”

租客店主问:“你们准备卖哪个方面的产品?”

大学生答:“我们学的是服装专业,开店主要搞时尚服饰。”

租客店主一听,马上说:“你们经营服饰,这店现在就是做服饰的,你们接手以后可以直接做。现在店里的货你们可以直接拿去卖。”

大学生明白了,这是要他们把店铺盘下的同时,再让他们把货盘下来,又是一项成本支出。

租客店主继续:“我有比较良好的货源,开店后,可以帮你们拿货,渠道短保证最低价。”

大学生听后,就其他方面发表意见:“不过这里位置太偏了,在整条街的末端,而且是个拐角怎么会有客流呢?”

租客店主说:“还有半年,后面就会有新的商业街,到时这里会成为商业中心,不用担心客流。”

大学生说:“不,在做生意时我们要把一切考虑清楚,如果有那么长一段时间的萎靡期,我们为什么不选择一个开店就能盈利的地理位置呢?”

双方在认定铺面价值上陷入僵局。

大学生问:“这个店,你打算卖多少钱?”

租客店主说:“渠道加现货加铺子共 5 500 元;现货加铺子 4 500 元;铺子 3 500 元。”

大学生说:“有几个问题:一,你供的货是否符合我们的要求;二,你拿货的价格,我们无法确定;第三,我们不认为铺子的价值值 3 500 元那么多。”

租客店主反问:“那你们认为多少钱合适?”

大学生不紧不慢地说："目前最多拿出 2 000 元，并且我们十分想要你的渠道……"

租客店主淡然一笑，说："2 000 元，到哪里都找不到一个像样的铺子。"

大学生不依不饶地说："如果那么贵的价钱，我们可以找其他地理位置更好的店铺。"

这一招很奏效，顿时把店主将住了，以恳切的态度询问："你们最多能给多少钱？2 000 元真的太低了。"

大学生看出租客店主的软肋，毫不退让。租客店主无奈说："那好吧，2 000 元，但只是空铺。"

大学生见形势不对，说："那不行，店内目前的货品也得给我们，而且最好还是能得到你的渠道。"

租客店主说："如果加货品和渠道，最低 3 500 元。"

大学生说："好吧，就 3 500 元，但目前还是只有 2 000 元，剩下 1 500 元于 1 个月后支付。"

双方签订协议。

问题：

1. 店主和大学生的谈判开局如何？店主采取了怎样的开局策略？
2. 大学生及其谈判对手处于优势还是劣势？

3 当店铺价值谈判陷入僵局时，大学生采取了什么策略打破僵局？

4. 大学生的策略是依靠什么而成功的？

复习思考题

1. 什么是谈判？它包含那些要素？
2. 谈判的种类有哪些？
3. 如何理解谈判的过程？
4. 谈判的原则是什么？
5. 谈判的策略与技巧是什么？

第七章　书面沟通技能

学习目标

通过本章学习，你应能够：

了解书面沟通的定义和特点；

掌握商务信函的写作技巧；

认识商务信函的种类；

明确书面沟通的基本应对方法。

关键词

书面沟通　商务信函　技巧

导入案例

沟通：有技巧才有效果

瑞士咨询集团首席执行官和跨国公司的咨询顾问托马斯·D. 兹韦费尔出过一本书——《管理就是沟通》。这一判断，虽然过于绝对，但"沟通"在企业经营中的重要地位，却是不容置疑的。不少专家指出，沟通不力已经成为企业发展的一大"杀手"，管理者必须尽快掌握沟通的学问。

美杰咨询公司的专家说，两个70%，可以很直观地反映沟通在企业里的重要性。

第一个70%，是指企业的管理者，实际上70%的时间用在沟通上。开会、谈判、谈话、作报告是最常见的沟通形式，撰写报告实际上是一种书面沟通的方式，对外各种拜访、约见也都是沟通的表现形式，管理者大约有70%的时间花在此类沟通上。

第二个70%，是指企业中70%的问题是由于沟通障碍引起的。比如，企业常见的效率低下的问题，往往是有了问题后，大家没有沟通或不懂得沟通引起的。另外，企业里执行力差、领导力不强的问题，归根到底，都与沟通能力的欠缺有关。比如说经理们在绩效管理的问题上，经常对下属恨铁不成钢，年初设立的目标没有达到，工作过程中的一些期望也没有达到等。为什么下属达不到目标的情况经常会出现？在很多调研中都发现，下属对领导的目的或者期望事先并不清楚，当然无法使经理满意，也导致员工对年度的绩效评估不能接受。这无论是领导表达的问题，还是员工倾听领会的问题，都是沟通造成的问题。

美国一项对成名企业家的调查，访问了美国300位企业界的成功人士，了解他们成功的因素是什么。统计结果表示，85%的成功人士认为是因为自己的沟通及人际关系的能力超人一等。他们善于沟通，善于说服，善于推动自己的理念，让外界愿意来帮助他。只有15%的人将成功归功于自己的专业知识和技巧。

在美国财富五百强所作的研究报告中，谈到公司领导人需具备的八项最重要的特质。其中第一项是开创企业的使命、愿景，制定公司未来的发展方向，第二项就是有效沟通。有了使命、愿景，怎样才能让每一个员工了解，并积极执行，这就需要进行大量的沟通，其中包括书面沟通。杰克·韦尔奇说："企业领导人的工作成效与能否同下属沟通具有成百上千倍的正效用。为此，我每天都在努力深入每个员工的内心，让他们感觉到我的存在。即使我在很远的地方出差，我也会花上16个小时与我的员工沟通。"他甚至深有感触地描述自己的工作："我80%的时间是在与不同的人说话。"万科董事长王石也说过一句话："我是职业董事长，我领导万科的秘诀，就是不断地交谈沟通——与投资人、股东、经理层和员工。"

资料来源：节选于 http://finance.sina.com.cn/leadership/mgljt/20070310/08583394617.shtml。

第一节　书面沟通概述

一、书面沟通的含义

书面沟通是以文字为媒体的信息传递，形式主要包括文件、报告、信件、书面合同等。口头沟通是以口语为媒体的信息传递，形式主要包括面对面交谈、电话、开会、讲座、讨论等。书面沟通是一种比较经济的沟通方式，沟通的时间一般不长，沟通成本也比较低。

这种沟通方式一般不受场地的限制，因此被我们广泛采用。这种方式一般在解决较简单的问题或发布信息时采用。在计算机信息系统普及应用的今天，我们很少采用纸质的方式沟通。

正式文件、备忘录或者邮件这些方式都属于书面沟通，它的特点是持久性。书面沟通是指以书面或电子作为载体，运用文字、图式传递信息。

书面沟通应该仅仅在必要的时候并且不会增加双方的工作量情况下使用，我们往往不愿意在琐碎的文档中寻找那些能够在下次会议上能口头沟通获得的信息，所有书面的表达必须清楚、简洁，不能附带与主题无关的其他内容，用短句来替代长句，用主动语态替代被动语态，避免使用双重否定或者古汉语词汇，措辞要自然。书面沟通也是帮助记忆的一种有效方式。

二、书面沟通的优点

在组织管理中，书面沟通通常表现为大量的文书工作，书面沟通本质上讲是间接的，这使得其有许多优点：

(1)可以正式的或非正式的，可长可短；

(2)可以使写作人能够从容地表达自己的意思；

(3)词语可以经过仔细推敲，而且还可以不断修改，直到满意地表达出个人风格；

(4)书面材料是准确而可信的证据，所谓“白纸黑字”；

(5)书面文本可以复制，同时发送给许多人，传达相同的信息；

(6)在群体内部经常受限于约定俗成的规则；

(7)书面材料传达信息的准确性高。

三、书面沟通适用情形

(1)简单问题小范围沟通时(如3～5个人沟通得出最终的评审结论等)；

(2)需要大家先思考、斟酌，短时间不需要或很难有结果时(如项目组团队活动的讨论、复杂技术问题提前知会大家思考等)；

(3)传达非重要信息时(如分发周项目状态报告等)；

(4)澄清一些可能会对团队带来影响的谣传信息。

四、书面沟通写作要则

书面沟通写作要则，简称 4C 原则：

(1)正确(Correct)；

(2)清晰(Clear)；

(3)完整(Complete)；

(4)简洁(Concise)。

五、书面沟通写作过程

书面沟通写作过程包括以下五个环节：

1. 收集资料(Gather information)

收集的资料包括：文件、论文、书籍、财经信息、电话信息、互联网、光盘、企业内部互联网数据库、写作等。

2. 组织观点

(1)分组；

(2)筛选；

(3)归纳标题；

(4)有策略地编排。

3. 提炼材料

(1)设想读者只是浏览；

(2)概括你的观点；

(3)灌输你的观点；

(4)使用“电梯间谈话”技巧；

(5)使用“惜字如金”技巧。

4. 起草文章

(1)不要在乎写作顺序；

(2)不要边写边改；

(3)使用打印件；

(4)安排时间间隔。

5. 修改文稿

(1)从策略上进行修改；

(2)从宏观上进行修改；

(3)从微观上进行修改；

(4)就正确性进行修改。

微型案例 7-1　　　　**是欠条,还是还款证明?**

"还"字多音惹纷争。

2000 年 4 月,黄先生承建北京某农业发展有限公司养猪舍七栋,承包工程款总计 8.4 万元。双方约定工程开工时,农业公司首付黄先生总工程款的 70%,即 58 800 元,但农业公司却只给付黄先生 3 万元,其余款额一直未付。2002 年 4 月 7 日,农业公司出具一张写有"还欠黄某工程款 28 800 元"的证明。黄先生依此欠据将农业公司告上法庭,要求立即给付工程款 28 800 元。

然而在法庭上,被告农业公司在承认欠黄先生工程款 28 800 元的同时,提出此欠款已由当时经手人偿还了,并为黄先生出具了还款证明,"还欠黄某工程款 28 800 元"中的还字应读为 huán,故不同意黄先生的诉讼请求。

顺义区法院认为:被告为原告出具的证明,应视为欠款证明,法院对原告的请求应予支持;被告辩称此证明为还款证明,未提供相关的证据证实,法院不予采信。最终判决被告北京某农业公司给付原告黄先生工程款 28 800 元;案件受理费 1 162 元由被告负担。

资料来源:《北京晚报》2004 年 3 月 18 日。

这是一起围绕一张证明上"还"字读音的扑朔迷离的承揽合同纠纷案,从案例当中不难看出书面沟通在日常管理工作中的重要性。然而,在日常的管理过程中,人们对于书面沟通的认识是不同的。有的人认为,作为领导,有秘书撰写公文,自己就用不着动手写了,如果实在是需要自己出面做,可以利用标准格式信函,或者索性直接打电话;还有的人认为自己是搞理工专业的,不是从事写作的。事实上,上述观点都具有一定的片面性。随着通信技术的发展以及许多公司逐步小型化,从事辅助支持性工作者(如秘书)正在减少,多数秘书并非完全从事纯事务性工作,而是担当起行政管理助理的角色,因此有许多书面沟通的工作必须由管理者自己去做。另外,在常规性问题的处理中,虽然可以采用事先印好的填空式的标准空白信笺,如贺年卡等,但在许多情况下,人们面对的是更多的非常规情景,而且职位越高,其面对的复杂性问题就越多。从写作公文的角度来看,应对这些问题并不是那些标准信函所能解决的。对于那些从事专业技术性工作者来说,如各类技术员、工程师、会计以及其他管理工作者都需要撰写各种公文。从个人的职业生涯角度来看,书面沟通技能也是非常重要的。如果你的总结报告写得十分出色,你给客户的复函具有很强的说服力,显然,会给你带来更多的绩效和提升的机会。

事实上，许多企业在招聘人才时，首先考察的就是其书面沟通能力（如简历、工作申请函等）。一家国际公司的人力资源部总裁曾经感叹道："我曾目睹一些人因为写不出像样的建议书或在项目评估会上不能作流利而清晰的发言，从而痛失升迁的机会。"同样，对于组织而言，有效的书面沟通还有助于与顾客或客户建立良好的关系，有助于树立企业的良好形象和声誉，从而有利于组织实现其战略目标。①

小资料 7—1

书面沟通实务分享

（一）布置工作

布置了工作之后，对方却往往做的结果不符合自己的初衷想法，为什么？障碍在哪里？有没有一套简单有效的方法来布置工作呢？

（二）接受工作

接受了一个工作，之后却发现自己该做什么？不该做什么？到底做到什么程度算是合适的？这些都没有搞清楚。怎么办？如何厘清？

（三）请示工作

作为管理者，如何协助部属提升解决问题的能力？如何去除部属对你的托付心态，提升管理效率？

作为下属，如何提高自己独立思考和解决问题的能力？如何有效地反映问题？如何有效地请示工作？

（四）汇报工作

如何简明扼要地汇报工作？汇报工作主要说哪几个方面的内容？

（五）回顾工作

回顾工作的意义是什么？回顾工作谈什么？

（六）总结工作

总结工作为什么？意义在哪里？如何总结？

（七）表扬工作

如何表扬一个人的工作更有效？更能让对方向更积极的方向发展？

（八）批评工作

批评一个人尤其需要技巧。如何既不伤害对方的自信、自尊，又能达成批评的目的，记住一些重要的技巧吧。

---

① 康青等编著：《管理沟通》，立信会计出版社 2005 年版，第 58 页。

六、书面沟通与口头沟通的比较

下面用表7.1的形式分别说明书面沟通和口头沟通在传播速度、反馈、特性、信息传送区域、方便性、准确性、方式本身的含义七个方面的区别。

表7.1　书面沟通与口头沟通的比较

	书面沟通	口头沟通
传播速度	慢，但可持久存在	迅速、消失快
反馈	有或无，反馈速度慢，但内容可以传阅	双向沟通，能立即获得反应
特性	正式、具有权威性	随意、经济
信息传送区域	广，可达自己去不了的某地	只在沟通发生地传播，能及时澄清疑点
方便性	发文者和收文者在时间、地点选择上都比较方便	不刻板，形象化
准确性	高，可以不断修正，确保正确	低，较个性化
方式本身的含义	显示发文者对相关的工作计划很投入	可同时利用脸部表情、声音、姿势、动作，以及周围环境等表达

七、书面沟通的必要性和重要性

无论是企业部门之间互相协调、支持、沟通，还是企业和供应商、客户等对外的互相协调、支持、沟通，都应当有书面沟通函件。但是在许多管理工作和生产工作实践中，一些人往往习惯于电话交谈之后就完事，或过分相信口头沟通的功能，结果往往耽误事情，造成损失，实为不该。现就管理中实际存在的问题来谈谈书面沟通函件的必要性和重要性，以供参考。

微型案例7-2　　违反的书面沟通程序

2018年4月的一天，某公司外派维修的售后服务工程师陈某电话要求工厂售后服务部门为其在安徽芜湖的维修现场发送配件一个，按规定要求，陈某应当书面传真具体的规格型号然后发货，以保证准确性。结果陈某讲自己干了三年多，都很熟，声称要节省传真费用，且客户很急，要求用电话口头报告型号，售后服务部人员鉴于这种情况，就相信了陈某，按陈某说的型号发去了配件，结果发到现场后，型号错误，又要重发，造成出差费用、运输费用等的增加，更重要的是影响客户生产。

> 事后处理此事，陈某一口咬定自己当初报告的就是第二次发的正确型号，而售后服务人员则坚持陈某当初报告的就是第一次错误的型号。但是没有书面函件，该相信谁？最后因为双方都在明知公司规定的情况下，违反了书面沟通程序规定，造成了损失，都有责任，分别被处理。
>
> 资料来源：https://wenku.baidu.com/view/a65a1915a617866fb84ae45c3b3567ec102ddc86.html。

点评启示：处理不是目的，目的是保证正常的执行到位。仅有相关书面沟通函件的要求还不行，关键是执行中要严格按照要求，如果不执行，结果还是会造成损失，耽误事情。不是双赢，而是双损。

在有的企业，把书面沟通函件叫"内部沟通函"，有的企业则把其叫作"业务联系函件"，等等，称呼不一。但实质是相同的，就是要求企业管理和工作实践中严格按要求执行该书面函件。

和口头沟通相比，书面函件成本大，效率低，时间长；然而书面函件又具有是非分明、防止扯皮、内容清晰可查、具体明确、具有证据力等众多优势。因此，权衡利弊之下，建议所有企业管理启用书面函件沟通方式，形成制度并监督执行到位，这样对企业本身也有巨大的好处。

从以上实例和分析可以看出：在企业经营管理实践中，书面沟通函件不但重要，而且非常必要，对企业来说，应当采纳执行并监督执行到位。

八、书面沟通的基本形式

根据不同的形式，书面沟通包括备忘录、电子邮件、信函、建议书、报告和摘要等。根据不同的用途，书面沟通又可分为内部的和外部的，其中备忘录、电子邮件、建议书、报告和摘要属于内部沟通的书面文件，商务信函、传真属于外部沟通的书面文件。下面着重描述三种组织中广为运用的形式，即备忘录、电子邮件和商务信函。

（一）备忘录

备忘录为组织内部信息传递的方式，它可以写在空白纸上，而不一定要采用印有公司抬头的信笺上。备忘录均比较简明扼要，较长的信息应采用附件的形式。备忘录包括四个基本要素：日期、主题、送交和发送。有时也可包括另外两个要素：附件和复印件。这些要素的排列顺序可按照各公司的习惯，也可有多种方法（见图 7.1）。备忘录不包括附加的问候、地址或签名等。

（二）电子邮件

电子邮件一般遵循备忘录的格式，它是通过网络来实现信息沟通的。电子邮件既

日期： 主题： 送交： 发送：	送交： 日期： 主题： 发送：
送交： 发送： 日期： 主题：	送交： 主题： 日期： 发送： 复印： 附件：

图 7.1　备忘录的格式

可作为组织内部书面沟通媒介，也可作为组织外部书面沟通渠道。然而，由于大多数电脑的屏幕比一般书面的空间小，因此电子邮件趋向于比备忘录短小。如果读者在无须大量使用“下滚条”的情况下就能够读取整篇文章，那么他们就能够迅速地对电子邮件做出反应。另外，电子邮件信息通过标题栏和首段落来吸引读者，如果内容篇幅超过一个屏幕，那么上面的内容必须引起读者足够的兴趣，以引导他们继续往下读。发给你下属的邮件会比较容易一点，因为人们会通读主管发送的邮件，但是在给其他人、其他单位或组织以外的人发送电子邮件时就应特别留意。

（三）商务信函

商务信函主要作为组织外部信息传递的方式，应该写在印有公司抬头的信笺上，通常使用质量较高的纸张。具有抬头的信笺上印有公司的标识（通常是彩色的）、地址、邮编和电话号码以便查看或进一步联系。信函包含接收者的姓名、称谓及其地址。信函的篇幅一般限制在 1～2 页。较长的信息宜采用附件的形式。信函以结束语、签名、职务头衔和日期作为结尾，信函需要签名。信函的格式可不拘一格，有些组织偏好将其设计为独特的风格，主要有顶格式和半顶格式两种。

微型案例 7－3　　书面函件传达的重要性

2018 年 3 月的一天，某公司总经理给新来的总经理助理曹小姐布置了一个任务，要求她向各个部门下发岗位职责空白表格，并要求各个部门在当天下午两点之前上交总经办。总经理问曹小姐是否明白其的意思？她说完全明白，于是就去执行。

结果到了下午，事情出来了：到了规定的时间，技术部没有按时上交。总经理问曹小姐：你向技术部怎么传达的？曹小姐说，完全按正确的意思传达的。总经理又问为什么技术部没上交？曹小姐说技术部就是没上交，不知道为什么。

总经理把曹小姐和技术部都召集到总经理会议室，问这个事情。技术部负责人回答说，当时他没有听到曹小姐传达关于上交时间的要求。而曹小姐说，自己确实传达了，为什么公司12个部门就技术部没听清楚？技术部负责人说，确实没有听到。

到底是曹小姐没传达，还是技术部没听到？因为没有书面的函件，谁也说不清楚。

资料来源：https://wenku.baidu.com/view/a65a1915a617866fb84ae45c3b3567ec102ddc86.html。

点评启示：办公人员在传达文件的时候，一定要严格按照ISO9001：2000的文件管理标准的要求，一定要有传达的书面函件，该签字的要求签字，该署名的要求署名，否则，出现上述情况，既耽误了工作，又难以分清责任，同时还反映了管理水平的落后和管理方式的不足。

提醒您

书面沟通时应该注意的事项有：

(1)书写时应该避免错别字；

(2)注意格式美观大方；

(3)语言通俗简练。

第二节　书面沟通的技巧和工具

一、书面沟通的技巧

适于口头沟通的原则同样适于书面沟通。书面沟通的技巧就是要设法使读者有欲望读下去，这意味着你要先确定主要表达的意思，然后找出合适的方式将它表达出来。不管使用何种书面沟通方式，重要的是保证表达的内容能够被理解。

采用书面沟通必须牢记以下具体原则：

(1)先记下，后修改。就是说，无论记成什么样子，先记下，然后花些时间润色希望传达的内容。别老指望“立马成才”“七步成诗”，老老实实地写下内容，并且做认真的修改。

(2)使用空格、标题、段落和段首缩字。这些项目是视觉和声音信号中卓有成效的替代品,能起到强调、激发兴趣和刺激的作用,鼓励人们更加乐于吸取书面信息并防止他们大脑装得过多而不能自拔。

(3)运用大字标题并选择不同字体,这些都可作为"路标"使读者更易于寻找。

(4)最重要的规则就是"简洁为贵"。口头沟通时所用的语言通常是无拘无束的,但要把思想诉诸文字写在纸上,人们常常会束缚自己。出于某种原因,他们觉得,因为是在写作,所以必须使用一些比较正式的词语,如用"融资"代替"搞钱","生产"代替"做","参加"代替"入伙","然而"代替"但是",等等。一些过于生涩的表述不仅有损信息本身,还会阻碍读者流利地阅读。

(5)书面沟通要把读者时时放在心上。好的书面表达大大有助于对书面材料的理解,当读者能理解您所写下的内容时,他们就获得了继续往下读的动力。只要写得简单易懂,就能抓住读者的心,使他感觉到你写的东西值得一读,也值得重读,并且从中获取知识与力量,与你达成共鸣。

二、书面沟通的工具

书面信息能够长期保存,这个"硬拷贝"是很有用的,它可以在任何时候为任何人使用,通过文字可以将你复杂的思想表达清楚,文字形式也让接受者能够以自己的速度和方式来理解。

我们工作中通常所用的主要书面沟通工具有:信件、报告和便笺。

(一)信件

任何信件都需要满足正常的通信要求,简单来说,也就是信件表述要清楚明了、简洁且有条理。在写信之前先确定写信的目的,问问自己:"我写这封信是想干什么?"将想要表达的意思说清楚,保证收信人能够理解它。保证语言简练、平实,尽量不用专业术语,尽可能使信件观点鲜明、中肯,不要让读者对你想要表达的意思有任何不明白的地方。在将自己的想法写出来之前先想一下,假如现在是和别人在交谈,你会怎么说。这样做显然是有帮助的。但是很多人对于面对面能说清楚的问题,一写出来就会遇到困难。大致步骤如下:

(1)写信说些什么,这是信件的目的。你究竟想对收信人说些什么?如果你想让他们做些什么,就要先搞清楚做什么。

(2)清楚谁是收信人,并给予尊称。

(3)事件的情形,即告诉读者信的主要内容是什么。

(4)接着阐明这一事件带来的后果。

(5)解决的方式,可以建议一个可行的办法。

(6)指出你会采取什么办法,或者你期望对方做什么样的改进。

(7)用词的礼貌,即使对方使你很反感,在用词上必须表现得彬彬有礼,着重陈述事实,而不能使用冒犯性的文字,否则不可能得到积极的回应。最后,尽量以一些祝福性的话语来结束这封信,至少应该看上去是礼貌的。

小资料 7—2

准确表达你的意思

开始动笔写信前,首先仔细整理归纳想要写的内容,以确保收信方能够准确地理解你的意思,以下的步骤——我们称之为 SCRAP 法——将帮助你加强记忆:

(1)事件的情形(Situation)

(2)产生的后果(Consequences)

(3)解决的方法(Resolution)

(4)具体的方法(Action)

(5)用词的礼貌(Politeness)

(二)报告

报告和信件结构相似,但是,由于报告往往比信件要长一些,因此还要遵循另外的一些规则。如有些报告的格式有统一的要求,那么就必须遵守。

1. 报告具有的要求

(1)陈述事实,简要地说明事情发展的状况。为了表明关系,介绍一下背景状况。

(2)发现问题,也就是完成这份报告的原因。

(3)说明产生问题的可能性,列出所有的可能性,逐一分析。即使并不是真正的原因,但至少也给出了一定的方向范围。这一步很重要。

(4)陈述观点,这是整篇报告的亮点,要做到让报告对每位读者都具有吸引力,不要因为担心出错或使别人不高兴而省略这一部分。记住,只要报告合乎逻辑并且运用了系统的方法,就不会有什么大的问题。

(5)建议是报告的主体内容。文字要简洁明了,不要使用晦涩难懂的语句,尽可能多用短句。保证建议确实与存在的问题有密切的关系,不要牵扯无关紧要的东西。

(6)不要长篇大论。在心中时刻提醒自己:报告是要给别人看的,整页整页的文字叙述只会令人厌烦。

因此,在文字中多用一些大标题、小标题、注释等引导读者阅读。还有,多列一些图表也会帮助读者理解复杂的内容。

2. 报告具有的内容

(1)摘要。摘要只有一两段的内容。如果没有足够时间详细阅读报告,通过看摘要,就可以大致了解事情的现状、存在的问题、问题产生的各种原因及你的建议等。用很少的文字覆盖这么多的内容可能比较困难,但是,对于任何一份报告来说,这一部分内容必不可少。完成整个报告之后,再着手这一部分内容。

(2)参考信息。这部分列出完成报告时,上级给予的参考提纲,提纲的各项条款都可以在报告中直接找到具体出处。

除此之外,还应包括给你安排这份报告的人的资料及对这份报告的要求,对这份报告来说这都是一些基本素材。

(3)任务分析。这也是你完成这份报告的原因。

(4)参考文献及出处。参考文献指的是完成报告的过程中以各种方式用到的书籍或文章,无论是听到的还是看到的,都要一一列入参考文献。

(5)附录。一些对报告主体内容起辅助作用的信息应该列在附录里,例如数字、事例分析、费用的其他报告的结果等。虽然这些对你的报告的结果有很大作用,但是往往由于内容太多而不能将其放到主体部分。一些基础的研究发现也应写在附录中。在报告任何一个合适的地方都应该声明参见附录。

(6)最终定稿。进行文字校对后,再慢慢读几次,发现问题,然后再让别人来检查一下,以便最终定稿。

小资料 7—3

一份完整的报告包含的内容

(1)封面;

(2)目录;

(3)摘要(有时称为引言、导言);

(4)参考信息;

(5)任务分析;

(6)主体内容;

(7)目前状况陈述;

(8)存在问题;

(9)问题产生的各种可能性;

(10)我的建议;

(11)参考文献及出处;

(12)附录。

(三)便笺

便笺是最简便的一种书信。人们在日常生活中和工作中,临时遇到某事要告诉别人,然而由于某些原因不能面谈或由于手续上的需要,于是采用便笺。常用的便笺有请假条、留言条和托人办事条等。便笺的内容一定要简洁明了,要注明时间,末了要签署姓名。

微型案例 7-4　　书写习惯的养成

据有关统计,美国的公司职员一般每周要写 10 页左右的信函或备忘录,有人甚至能写 20～30 页。调查还发现,一些公司的高级管理人员,25%的时间都用在写作上。大部分专业人士都有这样的体会:职务越高,写作越频繁。沟通管理专家们研究发现,在世界著名的四大会计师事务所里:80%的人每天都要写备忘录;67%的人每周写一次工作报告、留言或财务说明;93%的人每周至少要给客户写一封信。通用电气的韦尔奇习惯给从兼职人员到高级管理层的各级员工手写字条。有些员工甚至把这些字条装进相框,作为领导关怀的证明。

伯克希尔—哈撒韦公司(Berkshire Hathaway)的 CEO 巴菲特是酷爱以书信方式交流的另一个代表人物。他每年都会给公司股东写一封信,引来所有媒体的高度关注,《财富》杂志会摘要刊登,全球的股票分析师也会对其做一番详细研究。巴菲特的这封信可能左右市场并创造财富。

资料来源:http://book.ce.cn/read/manage/lsd/02/200707/27/t20070727_12332515.shtml。

第三节　书面沟通的重要性

但丁说:"语言作为工具,对于我们之重要,正如骏马对骑士的重要,最好的骏马适合于最好的骑士,最好的语言适合于最好的思想。"一个人的成功只有 15%是依靠专业技术,而 85%却要依靠人际交往、有效说话等软科学本领。可见会说话、会沟通有多重要。同样,在职场中,书面沟通的重要性显得更为重要。

一、书面沟通的重要性

在现实生活中,很多管理工作都是通过书面沟通进行的,正如美国管理学家克莱姆和史尼德指出的,管理者将他们的时间花在与沟通有关活动的事务上,其中 59%在听和说上，19%在读上，22%在写上，因此管理者必须精通书面沟通技能。书面沟通具有以下特点：(1)具有权威性、正确性，不易在传达过程中被歪曲。(2)可反复阅读、研究，可长期保存。

二、书面沟通应该遵循的原则

(一)思路清晰

思维能力是各种沟通技能的基础，也是书面沟通强弱的衡量标准。优秀的管理者特征之一就是思路清晰、思维敏捷，尤其是在管理层，只有思维清晰的前提下，才能实现有效沟通。

解决的方法是：首先，需要做一些积极的自我调整，比如说做决定时要毅然决然，切勿左思右想；和别人交流时要有主见，敢于发表自己的观点；等等。做任何事，要试着让自己变得果断、自主，渐渐地就会看到自己的变化。其次，坚持学习，比如说多读书，尤其是去读些思维性比较强的书籍(类似推理类和科学类的书)，慢慢培养自己的逻辑思维能力，这需要长时间的思考问题，长时间的学习。最后，适当参加一些体育锻炼，适当运动可以帮助调节脑神经，促进新陈代谢，不仅对健康有好处，对思维也有很好的帮助。

(二)写作目的明确

从撰写者的角度上看，书面沟通的主要目的包括提出问题、给出定义、提供解释、说明情况、说服他人，因而撰写者必须明确自己如何展开内容，需要传达什么信息，将信息传达给谁，以及希望获得什么结果。

(三)全面了解主题

为了充分传递信息，书面沟通者必须全面了解有关主题，做到言之有物，避免充斥陈词滥调的文章，以实现有效沟通。

(四)进行换位思考

换位思考是达到有效沟通的根本。书面沟通所传递的信息，必然是满足接收者的需要，而不仅仅是满足发送者的需要，撰写者应当站在读者的角度，重视读者的意愿，维护读者的自尊心。

三、书面沟通与口头沟通的优缺点比较

1. 优点

(1)书面沟通的优点：适合传达事实和意义，适合传达复杂或困难的信息，可以进行回顾，便于存档保管以便日后查证，在发送信息前可以进行细致的考虑和检查。

(2)口头沟通的优点：适合表达感觉和感情，更加个性化，成本较低，可以根据语言

和非语言的反馈及时改正和调整。

2. 缺点

(1)书面沟通的缺点:耗时,反馈有限且缓慢,缺乏有助于理解的非语言暗示,有时人们不愿意阅读书面的文件,你无法了解你所写的内容是否被人阅读和理解。

(2)口头沟通的缺点:说话时较难快速思考,话一出口就很难收回,有时难以控制时间,容易带有过多的个人色彩而影响信息的可靠性。

微型案例 7-5　　书写错误造成的纠纷

上海曾经发生过这样一起办学广告纠纷:有一个中外合作办学的项目,涉及收费标准的问题。以前一直写一学年收费 10 000 元,由于一部分学生一次性缴费有困难,因而校方考虑,在新的一学年里将收费改为一学期 5 000 元。但广告登出时,却将一学期收费 5 000 元误写为一年收费 5 000 元。随即报名者纷纷涌来。这一书写错误造成了很严重的后果。尽管校方做出了解释,但仍然有许多人投诉,使得这一纠纷持续了三年。

上述案例告诉我们,管理过程中的书面沟通与一般的写作是迥然不同的。

资料来源:https:// wenku. baidu. com/view/0675a71108a1284ac950437d. html。

本章小结

1. 书面沟通,是指正式文件、备忘录或者邮件,它的特点是持久性。书面沟通应该仅仅用在必要的时候并且不会增加双方的工作量情况下使用。

2. 书面沟通写作要则简称 4C 原则:正确(Correct);清晰(Clear);完整(Complete);简洁(Concise)。

3. 根据不同的形式,书面沟通包括备忘录、电子邮件、信函、建议书、报告和摘要等。

4. 书面沟通的技巧就是要设法使读者有欲望读下去,这意味着:你要先确定想要表达的主要意思,然后找出合适的方式将它表达出来。不管是使用何种书面沟通方式,重要的是保证表达能够被理解。

案例研究 7—1

一封公务便函

致:人力资源部

自:总裁

主题:饮水机　　时间:25/5/××

现在公司内有诸多抱怨,抱怨上班时间内喝水困难。我不希望员工认为公司不关心他们的生活,实际上公司一直在致力于员工福利的提高,应该配备既节省时间又清洁卫生的饮水机。

但我不清楚员工对安装饮水机的反应如何,有些其他什么不同意见,请向我呈交一份报告。

人力资源部给总裁的报告:

12/6/××

关于饮水机的报告

十分有意思,办公室内的饮水问题引起了这么大的关注。给大家配备饮水机,似乎是一个很好的方案,既能节省员工时间,又能提供清洁卫生的饮用水。但实际上配备饮水机的效果却是很不清楚的。

在好几个办公室,经常谈论谁打水,公司开水供应不足,供应时间不够长,水质差等问题,但实际上大家也就这样过来了,办公室内都已形成了一些固定的规范。如果安装饮水机,则会碰到费用、送水时间、饮水机放置位置等问题,很容易造成矛盾。

因此,我们认为应该加强原有开水供应,个别办公室如有此要求,可让它们自行解决。

问题:

1. 你觉得这两份报告有问题吗?
2. 你觉得第二份报告中的建议合理吗?

复习思考题

1. 什么是书面沟通?
2. 书面沟通的技巧是什么?
3. 按照实例撰写一份致谢函。

第八章　非语言沟通技能

学习目标

通过本章学习，你应能够：

了解非语言沟通的定义；

认识非语言沟通与语言沟通的关系；

明确非语言沟通时的技能；

掌握非语言沟通的作用和基本应对方法。

关键词

非语言沟通　语言沟通　技能

导入案例

双重意义

我们设计了一个面试官和应试者的角色扮演场景，并且进行了录像。在面试官提出一个问题后，应试者突然用手触摸了自己的嘴唇和鼻子。他的这个手势持续了几秒钟的时间，然后又重新回到了轻松自然的姿态，开始回答问题。而且从这时起，他始终保持着开放的身体姿势：大衣的纽扣是松开的，手掌也经常做出动作，回答问题时不断地点头，并且身体前倾。结合这么多表现，我们认为那个接触嘴唇的动作实在有些古怪，和整个情境完全不符。事后，当大家一起回看录像时，我们问那位应试者，为什么会突然冒出用手盖住嘴唇的动作。应试者说，当面试官向他提出问题时，他认为有两种回答方式：一种是消极的回答，另一种是积极的回应。

他在揣测如果做出消极的回答，面试官对此会有何反应时，不知不觉地用手盖住了嘴巴。而当他开始思考积极的回应方式后，手自然而然地放了下来，重新回到了开放松弛的身体状态。“如果采用消极的回答方式，面试官会有怎样的反应呢？”仅仅是发生在一瞬之间的疑惑，便导致了应试者做出用手盖住嘴唇的手势。

这个事例说明在现实生活中，用手接触头部的手势是多么容易被误读，并可能由此将我们带向错误的结论。

资料来源：亚伦·皮斯、芭芭拉·皮斯，《身体语言密码》，光明日报出版社2018年版。

第一节　非语言沟通概述

非语言沟通是不使用任何词语的信息沟通。简而言之，就是指语言之外的所有身体语言，比如手势、表情、动作等。

非语言沟通指的是除语言沟通以外的各种人际沟通方式，它包括形体语言、副语言、空间利用以及沟通环境等。

一、非语言沟通的功能

(1)非语言暗示补充语言信息；

(2)非语言信息调整语言沟通；

(3)非语言信息代替语言信息；

(4)非语言信息加强所说的内容；

(5)对非语言信息的积极倾听。

非语言信息常常比语言信息更加难以正确理解，因为同一个信息(比如微笑或者交叉手臂)可能传达着完全不同的几种意思。因此，最好通过下面三个步骤来检验你的理解是否正确：(1)告诉对方你所看到和听到的，借以得出自己结论的内容。(2)试探性地告诉对方你对其动作的理解。(3)问对方你的结论是否正确。

例如：

(1)“我问你是否愿意一起去我学习结花边的课堂，你只是轻轻地说：‘听起来好像很有意思。’然后就转移了话题。我觉得你不是真的想去，对吗？”

(2)“你刚才说喜欢你的职业，可是又皱了皱眉头。是不是有什么令你不太满意？”

(3)“你不停地打哈欠,我觉得你是不是想回家了?”

如果你没有做出任何结论,也可以把你所看到的做一下陈述,请求对方给出解释。例如:“自从上个月认识你以来,你只想和我吃午饭——从来没有一起吃过晚饭或看演出。我想知道这是为什么?”“我刚才提到去佛蒙特州滑雪的时候,你咧嘴笑了笑。我想知道你在想什么?”

微型案例 8-1　　非语言信息的重要性

有一次经历使得我深刻体会了积极倾听非语言信息的重要性。大学时候有个朋友叫安吉,有一天她突然不再回应我的问候了。这样过了将近一个星期,我对她说:“安吉,这五天来我一直冲你微笑,和你打招呼,你却没有回应。是不是我做了什么事惹你生气了?”安吉回答说:“没有,完全不是,艾伦。我最近为了博士论文忙得焦头烂额,别的事情都没顾得上。”

资料来源:艾伦·加纳,《谈话的力量》,中国水利水电出版社 2004 年版。

二、非语言沟通的特点

由肢体所展现的“语言”往往能将本人一些未说出口的东西显露出来。当然,有时是有意识的,如演员的表演,有时则是无意识的,甚至是自己无法控制的。

在沟通过程中,一方面,可用非语言的方式向对方发出信息。如:不看对方,注视窗外,显然就等于告诉你宁可身在他处,根本不值得浪费时间在这个话题上。又如,把身体前倾,也许表示“很感兴趣”,接受会谈的人因此受到鼓励,可能会做更进一步说明。另一方面,也可以通过观察对方的身体语言以获得更多的、更准确的信息。

(一)非语言沟通的特点

(1)非语言沟通是由文化所决定的;

(2)非语言信息可能与语言信息矛盾;

(3)非语言信息在很大程度上是无意识的;

(4)非语言沟通表明情感和态度。

(二)非语言沟通的重要性

第一,在很多情况下,只有非语言信息才是真实的。例如,情侣中的一方说:“我恨你,再也不要见到你!”但是说得有点不情愿,又有点犹豫,从渴望的眼神及前倾的姿态看来好像是说:“别走! 你伤了我的心,让我们好好谈谈吧!”

第二,肢体语言沟通是普遍的沟通方式之一,我们平时都在自觉或不自觉地使用着。

第三，有时，身体语言比文字和言词更有力量，所谓“行动胜过承诺”。

第四，在人们的日常沟通中，非语言的沟通方式影响力相当大。但是，在以摆事实为主的说明会，如科技、商业性、金融性的主题报告会等场合，文字材料肯定是主要的沟通要素。

第五，如同语言一样，身体语言也是文化、风俗、习惯的载体。所以对身体语言的解读，必须结合多方面信息综合判断。

（三）掌握非语言沟通的好处

掌握非语言沟通的技能包括两个方面：观察对方的非语言信息，适当地发出自己的非语言信息。

就前者而言，如果能敏锐地感受他人发出的信号，并且加以适当的回应，则不论在人际关系、讨论、谈判及销售拜访上，都能占有优势，还可以从中了解对方的真实意图、情绪，以便能适时采取应对措施，引导出想要的结果来。就后者而言，如果能熟练地运用肢体语言，就能在沟通中更多、更快地表达自己的信息用意，轻松地促成沟通目的。

但需要指出的是，必须将所有分散的动作加以组合解读，才能准确、完整地理解身体语言的意义。若把一个姿势与其他的身体动作单独解释，不但难以判断，即使得到了判断结果，也往往是靠不住的。

（四）非语言沟通的类型

用非语言方式表达信息，主要有以下几个类型：

(1)身体的姿势和移动方式；

(2)面部表情和眼神；

(3)触摸；

(4)改变外表，如衣服、发型、首饰等；

(5)讲话时的音量、语言、声调、重音和持续时间。①

一个简单的握手动作却暗藏影响世界格局的政治信息，一个无心的眼神交流已然决策千万元级别的商务谈判，一个不经意的微笑转瞬间成交百万元的销售大单。细微的身体语言蕴藏着如此巨大的魔力，无论你是政治家、谈判专家或是营销高手，在你不知不觉之间，胜负之局已定。

---

① http://www.51fj.com/article.asp? no=231480。

微型案例 8－2　　摩拳擦掌

前两天，一位朋友来到我家，与我们商量即将到来的假期滑雪计划。在谈话过程中，她一直将身体靠在椅背上，笑眯眯地望着我们夫妇俩，并且不断快速地摩擦手掌，兴奋地大声说："你们知道吗，我真恨不得明天就去！"其实，她什么都不用说，我们就已经看穿了她的心思，因为她那"摩拳擦掌"的动作就已经将她迫不及待的心情以及她对假期的无限期待全部清楚地告诉了我们。

资料来源：亚伦·皮斯、芭芭拉·皮斯，《身体语言密码》，光明日报出版社2018年版。

微型案例 8－3　　总统和造车工人

据说，当罗斯福总统的专用轿车被送到白宫时，造车工人也被介绍给总统。当总统兴高采烈地与前来参观的人寒暄之际，这位生性腼腆的工人一直默默地站在一旁，最后，他们要离去时，罗斯福找到这位造车工人，叫出了他的名字，和他亲切握手、热情致谢。当然那位工人非常感动。这件事成为罗斯福的美谈。

资料来源：https://wenku.baidu.com/view/55d55a57eef9aef8941ea76e58fafab068de4462.html?fr=search。

人际交往谈话时，谈话的内容固然很重要，然而在谈话时注意表示出对对方的关心，也是促进感情交流的方法之一。罗斯福总统叫出这位工人名字的同时，通过兴高采烈的表情、亲切地握手、热情的致谢，打动了那位工人。这些非语言信息传递了非常丰富的内容，这正是无声胜有声。

高达93%的沟通是非语言沟通，其中55%是通过面部表情、形体姿势和手势传递的，38%通过音调。

三、非语言沟通的种类

(1)辅助语言。语言沟通是由用于沟通的词语组成的，非语言沟通中存在着辅助语言——一种说话方式，它是由伴随着口头语言的有声暗示组成的。

(2)形体动作。形体动作，也被称为形体语言，具有象征性、说明性、调整性、情感性和调适性。①象征性，是指那些能直接用语言解释的形体动作。②说明性，动作加重和强调词语的含义，有助于使沟通更加准确。③调整性，动作能控制说和听的流畅性，它包括点头、手势、变换姿势和其他表明开始和结束相互作用的形体动作。④情感性，是通过面部和形体动作表明情感的激烈程度。⑤调适性，是根据沟通情景做出调整的非语言方式，它们能满足你的生理和心理需求。

(3)眼神信息。眼神信息包括所有由眼睛单独传递的信息。在许多文化中，没有眼神接触的交谈被认为是粗鲁的，表明缺乏兴趣、不予关注或揭示了害羞或欺骗。

“眼睛是心灵的窗户。”它可以传神地表达一个人的内心感情和思想品质。眼神信息最重要的一个方面就是眼神接触：注视和视线交流。

(4)服装。

(5)空间和距离。

(6)触摸。[1]

四、怎样改善非语言沟通

下面的问题将会对检验自己的非语言沟通有用：

(1)人们如何对你做出反应？

(2)录像带能显示有关自己的非语言沟通吗？

(3)你的非语言沟通适合你所扮演的角色吗？

(4)如何使用空间？

(5)如何利用时间？

微型案例 8－4　　**自信的凯丽**

凯丽掩饰不了她的激动，这种激动在她的脚步里，在她温暖自信的笑容中，在她眼睛的光芒里，在她的一举一动中。她从交往了两年的男朋友那里新得到的戒指是她欣喜的部分原因。前天，一个有名的、吸引求职者的广告公司斯达集团的首席执行官与她有力的握手，使她完全确信自己积极寻找的工作属于自己了，这可能也是对她起激励作用的部分原因。然而，最好的解释可能是她的学位帽上的穗子被从这边拨到了那边，这向世界宣布她已经从学生变成了毕业生。

资料来源：https:// wenku. baidu. com/view/45bc361314791711cc7917bb. html。

大多数非语言沟通就像上例中的脚步、温暖自信的笑容、眼睛里的光芒和动作姿势，是不自觉地表现出来的，人们甚至没有意识到他们正在传递一些非语言信息。从另一方面说，戒指、强有力的握手以及拨帽穗的动作实际上都是有意的，为传递信息而

① http://www.cg163.net/sorthtm/d.aspid=72192.htm。

特别设计的。

第二节 非语言沟通的意义

一、人际沟通中的非语言因素

非语言沟通是指通过某些媒介而不是讲话或文字来传递信息。交相闪烁的红绿灯、慷慨激昂的语调都属于此类。教师上课时，当看到学生们无精打采的眼神及百无聊赖的表情时，其意尽在不言中，学生已经通过无声的方式明确地表达了他们的厌倦之情。一个人的衣着打扮，谈话时的举止无不向别人传递了某种信息。

非语言沟通的内涵十分丰富，包括副语言沟通、身体语言沟通等多种形式。

(1)副语言。心理学家称非语言声音为副语言。最新的心理学研究成果表明，副语言在沟通过程中起着非常重要的作用。一句话的含义往往不仅取决于其字面的意义，而且取决于它的弦外之音。副语言分为口语中的副语言和书面语中的副语言。

①口语中的副语言是通过非语言的声音，如重音、声调的变化、哭、笑、停顿来实现的。语音表达方式的变化，尤其是语调的变化，可以使字面相同的一句话具有完全不同的含义。例如，一句简单的口头语——“真棒”，当音调较低、语气肯定时“真棒”表示由衷的赞赏，而当音调升高，语气抑扬，说“真棒”时，则完全变成了刻薄的讽刺和幸灾乐祸。

②书面语中的副语言是通过字体变换、标点符号的特殊运用以及印刷艺术的运用来实现的，例如某几个字加着重号或用黑体强调。

(2)身体语言。在沟通过程中，人们无不处于特定的情绪状态中。这种情绪状态，除了可以用直接的表达或副语言告知对方外，还可以委婉地以身体语言表达。身体语言通过目光、表情、姿态、衣着打扮等形式来传递或表达沟通信息。

人们可以通过面部表情、手部动作等身体姿态来传达诸如攻击、恐惧、愤怒、愉快、傲慢等情绪或意图。例如，在你很忙碌的时候，有邻居来借件东西。你给了他东西后，他却仍然待在你家与你聊天，你内心肯定希望邻居赶快走，可是在表面上你只能很礼貌、专注地听着，只好通过东挪挪室内的花瓶，西移移室内的摆设来暗示这位邻居“该是你离开的时候了”。除非这位邻居没有感觉或者太专注于自己的话题，否则谈话很可能因此而结束。

沟通者的服饰往往也扮演着信息发送源的角色。人们习惯认为，穿黑色衣服常被视为是严肃、庄重的。如果领导穿着运动服在训斥下属，那么他说话的权威性将大大降低，下属容易产生不认同感，或者偏向认为领导只是很随意地说说。在正式的谈判中，如果有一方举止随便，很容易被对方视为轻视，不尊重自己，也就容易导致谈判失败。

(3)距离和领域。即空间距离，也是一种非语言沟通形式。沟通双方所处位置的远近，会影响到沟通效果。

二、有效运用非语言沟通

据有关资料显示，在面对面的沟通过程中，那些来自语言文字的社交意义不会超过35%，而65%是以非语言方式传达的。因此，正确运用非语言沟通，有助于你获得良好的人际关系。

(一)丰富的表情

表情是仅次于语言而最常用的一种非语言符号，因此，交际活动中面部表情备受人们的注意。而在千变万化的表情中，眼神和微笑是最常见的交际符号。

1. 眼神

注视的时间要掌握好长短。对于不太熟悉的人，注视时间要短；对于谈得来的人，可适当延长注视时间。注视的位置亦应选择适当。交往中，目光应投放在额头至两眼之间；在舞厅、宴会以及朋友聚会时，目光以在两眼到嘴之间为宜；如果是熟人之间或家庭成员之间，注视的位置应在对方双眼到胸之间。

2. 微笑

笑主要是由嘴部来完成的。微笑的基本特点是：不发声、不露齿，肌肉放松，嘴角两端向上略微翘起，面含笑意，亲切自然，最重要的是要出自内心，发自肺腑。

3. 合理的空间距离

常见的沟通距离有：

(1)亲密区。它是很容易辨别的，一般在0～0.5米。与对方只有一臂之遥，适合较敏感的沟通。只有较亲密的人，才允许进入该区，比如恋人、父母、配偶、孩子、密友、亲戚和宠物等。在这个空间里，还有更为私密的一个区域，那就是与我们的身体间距小于15厘米的区域，一般来说，只有在进行私密的身体接触时，我们才会允许他人进入这个区域。我们也可以将这个区域称为特别私密空间。

(2)私人区。一般在0.5～1.2米。朋友之间交谈的距离保持在一臂之遥到距离身体1.2米左右。我们在鸡尾酒会、公司聚餐以及其他友好的社交场合，通常会与他人保持这样的距离。

(3)社交区。一般在1.2～3.5米，用于商业活动和咨询活动。例如，多数办公桌的设计，都是要人们坐在社交区的范围内。在跟不太熟悉的人打交道时，我们会跟他们保持这样的距离，例如初次见面的人，上门维修的水管工或木匠、邮递员、街边便利店的店主、新来的同事等。

(4)公共区。一般在3.5米以上，是人们管不到，也是可以不理会的地方。当我们在一大群人面前发言时，我们往往会选择这个区域，因为大于3.5米的间距会让我们感觉比较舒服。

上述所有间距如果在女人和女人打交道时，可能会缩小；反之，如果是男人和男人打交道，间距则可能会扩大。①

国外有关研究表明，学生对于课堂讨论的参与直接受其座位影响。在倾向上，以教室讲台为中心，座位越居于中心位置，学生对于课堂讨论的参与比例也就越大。

沟通中空间距离的不同，还直接导致沟通者不同的沟通影响，有些位置对沟通的影响力较大，有些位置影响力较小。同样是发言，站在讲台上讲与在台下自由发言所引起的作用是不同的，高高在上的讲台本身具有某种权威性。

(二)恰当的副语言

一般来说，人在高兴、激动时，语调往往清朗、欢畅，如滔滔海浪；而悲伤、抑郁时则黯淡、低沉，如幽咽泉流；平静时畅缓、柔和，如清清小溪；愤怒时则重浊、快速，如出膛的炮弹。从一句话的字面看，往往难以判定其真实的含义，而它的弦外之音则可传递出不同的信息。恰当的语调、音调和语速可以完整正确地传递人与人之间的信息和情感，加深沟通的程度。

(三)优雅的姿势

姿势是说话者传情达意的又一重要手段，一种沟通语言。它包括说话者的姿态、手势、身体动作等既可以帮助说话，又可以诉诸对方视觉的因素。姿势作为一种沟通语言，我们在说话中应怎样正确地运用它呢？

(1)姿势要美观。站着说话时，身体要伸直，挺胸、收腹，重心放在两腿之间，两臂自然下垂，形成一种优美挺拔的体态，使对方感觉到你的有力和潇洒，留下良好的印象。坐着说话时，上身要保持垂直，可轻靠在椅背上，以自然、舒适、端正为原则，双手可以放在腿上，或抱臂，无论是坐姿还是站姿，在非正式场合可随便一点，但在正式场合就应比较讲究。

(2)要有明确的目的。我们在说话时，一举手一投足，都要使其有内在的根据和清楚的用意，这样才能更好地发挥姿势语的表达和交流作用，就能更有助于获取说话的最佳效果。

(3)要确切精炼。说话时，我们运用姿势语的主要目的是沟通感情，补充或加强话

---

① 亚伦·皮斯、芭芭拉·皮斯：《身体语言密码》，光明日报出版社2008年版，第175页。

语语气，帮助对方理解。因此，姿势要精炼，不要太“花”，要以少胜多？恰到好处。例如手势动作，要是不间断地随便使用，或者多次重复使用同一种手势，就有可能丧失它的功效。

(4)要得体。说话时要根据环境和对象运用各种姿势语。在长辈和上司面前不要用手指指点点，更不要勾肩搭背，否则就会被看作一种失礼行为。在同辈和亲朋好友面前可以随便一点，但也要掌握分寸，切忌用手指点他人的鼻子和眼睛。要时刻注意你的各种姿势应与你的说话内容默契配合，自然灵活，恰到好处。

微型案例 8－5　　贝多芬的吻

贝多芬年轻时曾师从著名作曲家海顿，后来因故师生失和。有一次，年老的海顿听到自己的宗教剧《四季》在维也纳演奏因感动而晕倒时，贝多芬马上去扶他，并吻他的手。对于孤寂和充满伤感的老人来说，没有任何言语能胜过这一关切的行为。

资料来源：https://news.qcc.com/postnews.0759cczea3d7dc7f9ecd74bbb1016afc.html。

提醒您

常见的姿势语

点头表示赞成或同意；顿首用来强调所说话的力度；头部上扬表示惊奇或对某一事情突然明了；摇头是否定的信号；摆头表示怀疑；低头含有被压抑或屈从的意味；抬头是一种有意投入的动作。

肩部下垂向后，表明平静且灵敏，向前表明焦虑、惊慌；平举下垂表明沉着果断；向上突起表明愤怒或受恐吓；耸肩表示不知道、无所谓或无可奈何；拍拍肩部表示亲切或庆贺。

竖起大拇指表示赞美；手掌往前摊表示拒绝；紧握拳头表示力量；张开双臂表示欢迎；高举双臂表示胜利；双手在胸前交叉抱住表示自信和进取。

第三节　非语言沟通的表达方式及应用

面试作为招聘过程的重要一环，对用人单位和应聘者来说，都有着重要意义。面试的成功与否关系到用人单位能否招到合适和正确的人才，同时也是用人单位向外界宣传自身品牌和优势，树立良好企业形象的关键时刻。而对应聘者来说，面试是展现自身能力、才华、素养的重要渠道，是决定求职成败的重要环节，也是个人职业生涯的关键一步。如何在面试这样重要的环节中获得成功，也就成为用人单位和应聘者共同关注的话题。

一、非语言沟通在面试中的重要作用

在面试中，语言沟通无疑是影响面试成功与否的重要因素，不少学者和实际工作者对此也进行了很多有益的探讨。然而，另一个对面试成败同样重要的因素——非语言沟通，却没有引起足够的重视。

(一)非语言沟通本身的重要性

非语言沟通是指通过身体动作、体态、语气语调、空间距离等方式交流信息、沟通的过程。在沟通中，信息的内容部分往往通过语言来表达，而非语言则作为提供解释内容的框架，来表达信息的相关部分。因此非语言沟通常被错误地认为是辅助性或支持性角色。其实根据 Kramer 的估计，在沟通中非语言信息占了 94%，而人类学家 Ray Birdwhistell 的估计也有 65%。显然，如果我们单纯重视语言沟通，将无法保证沟通的全面性和正确性。McNeill 等人的研究也证实了这一点，他们发现如果只是对话语倾听会丢失 75%的意义。

(二)非语言沟通在面试中的重要地位

面试由于其在招聘环节中的地位和自身的特点，更加突显了非语言沟通的重要性。首先，在招聘过程中，面试常常是用人单位和应聘者的第一次会面，因此也就成为双方确定第一印象的关键环节。虽然第一印象的主观性颇受非议，但其对面试决策的影响作用却又毋庸置疑。其次，面试又具有时间短暂、面对面交流和双向沟通的特点。时间的短暂性使用人单位和应聘者双方都面临一个共同的问题：如何在短暂的时间内获得尽可能多的信息。在语言信息有限的前提下，识别和解读越多的非语言信息就越有助于在面试中获得成功。而以面对面方式展开的交流，也使非语言信息无处遁形，此时传递的错误信息可能就此让成功擦肩而过。此外，面试还具有双向沟通的特点，是双方相互了解、相互评价的动态过程。对非语言信息的理解，有助于根据对方透露的非语言信息及时调整策略，进而增加成功的概率。

二、面试中的非语言符号

非语言沟通作为一种信息交流过程，它不同于语言沟通之处在于信息交流渠道的不同，在非语言沟通中，信息通过非语言符号交流。面试中的非语言符号具体有以下这些类型：

（一）身体语言

身体语言又称行为语言，是指通过人体各部分动作来传递信息、沟通交流的非语言符号。它既可以是动态的，也可以是静态；可能是有意识的，也可能是无意识的。换句话说，身体任何时候都会"说话"。根据人体的部位，体态语言又可细分为首语、面部表情语、手语言、臂语言和脚语等。在面试中，正确地传递和接收头部、脸部、手部、臂部、脚部等的信息，有助于增加成功的概率。

1. 头部语言

头部语言简称首语，是指运用头部动作、姿态来交流信息的非语言符号。点头和摇头是最基本的头部动作，点头表示同意、肯定或赞许，摇头表示反对、否定或批评。在面试中，面试官根据应聘者的头部动作，常常就能了解应聘者的态度、情绪、价值观等，而且可以推断应聘者的性格是否自信。对求职者来说，及时捕捉面试官通过头部语言透露的信息，有利于找到面试官对自己看法的蛛丝马迹。

2. 面部表情语

面部表情语是指运用面部器官，如眉、眼、鼻、嘴来交流信息、表达情感的非语言符号。体语学的创立者伯德惠斯特尔指出，人的脸部可做出大约 2.5 万个表情，可以说是非语言信息最丰富、最集中的地方。而在面部表情语中，最有表现力的当属眉眼语和微笑语。

(1)眉眼语，顾名思义指运用眉毛、眼睛的动作、姿态所表达的非语言符号。意大利艺术家达·芬奇曾有过"眼睛是心灵的窗户"的论述，一语道破了眼睛的微观动作能显示内心情感的语言功能。而当眼睛在传情达意时，富有表现力的眉毛也会积极"响应"。眼睛的动作，根据运动的主要部位可以分为以下三种：

①眼珠的动作。在面试中，应聘者如果不注视对方，或回避对方的视线，一般会传递出负面的信息，如不诚实、有所隐瞒、不自信、不把握、不感兴趣或厌恶等。而如果长时间注视对方，一般情况有两种意思，一种是说明对对方比对谈话内容更感兴趣，一种是向对方挑衅或施加某种压力，以起到震慑作用；而注视时间太短，则又会有对对方和谈话内容都不感兴趣或厌恶的嫌疑。因此，应聘者和面试官在面试过程中，最好保证注视时间占谈话时间的 30％～60％。视线的角度和视线停留的部位也有不同的含义。在面试中，面试官如果想显示权威和居高临下，可采用视线向下，并用眼睛看着对方脸上以双眼为底线，上顶角到前额的三角形区域。如果要营造平等气氛，则可采用平行的视线，用眼睛看着对方脸上以双眼为上线，以嘴为下顶角的三角形区域(社交注视)；而对应聘者来说，可以采用视线向上，表示尊敬、敬畏，也可用平行视线表达出理性与冷静，但视线停留的部位最好是在对方脸上以双眼为上线，以嘴为下顶角的三角形区域。

②眼睑的动作。眨眼除了有保护眼睛的作用外，也能表情达意。在面试中，面试官往往能通过应聘者眨眼的频率和次数，判断应聘者是否处于紧张、焦虑或惶恐不安的状态，因为在这些状态下，眨眼一般会频繁一些。

③瞳孔的变化。根据1960年赫斯等人的研究，瞳孔的放大与收缩，能分别传达出正面和负面的信息，面试官可以根据应聘者的瞳孔因何放大，判断其爱慕什么、喜欢什么或对什么感到兴奋，而根据瞳孔的收缩，也可判断应聘者厌恶、戒备、愤怒的对象。

(2)微笑语，是指通过略带笑容，不出声地笑传递信息的非语言符号，是由眼睛、眉毛、嘴、脸部肌肉共同表现的面部表情。微笑作为世界通用的语言，是最富有吸引力、最有价值的。心理学家曾做过这样一个实验：找100人作为受试者，让他们根据陌生人的照片判断，说出对哪些人的印象最好，哪些人的品德和能力更强，结果90%的受试者指出面带微笑的人的能力、品行最好，给人留下最好的印象。由此可见，微笑对塑造自身的良好形象有着重要的作用。在面试中，应聘者应把微笑贯穿于面试的全过程，以真诚的微笑向面试官传递友善、关注、尊重、理解等信息，建立在面试官心中的良好形象，进而增加面试成功的概率。对面试官来说，适时的微笑也有助于营造和谐融洽的交流氛围，从而有助于面试的顺利进行。

3. 手语言

手语言是指通过手的动作、姿势表达信息、传递感情的非语言符号。在面试中，如果应聘者将掌心向上，会给人以诚实、谦逊或服从的感觉，如果以这种方式与对方握手，也会表达出服从的意味。但是如果掌心向下，则会传达出抵制、支配、压制的信号，最好不要采用。面试中较合适的握手方式是手掌侧立与对方握手，并且是手掌相握，而不是只抓指尖，这样能显示平等友好且不会过于冷淡。此外，手势语使用的频率和幅度也值得关注，面试交谈过程中，过多的手势语和幅度过大的手势，往往会给人造作之感，而且过多的信息也容易被对方曲解。

4. 臂语言

臂的动作也可以显示出一个人的心理状态和性格特征。在面试过程中，如果面试官采用双臂紧紧交叉于胸前，一般会产生拒人于千里之外的感觉，表达的是防御心理或傲慢态度，不利于建立平等友好的面试氛围。而应聘者如果采用“握臂”或“局部臂交叉姿势”，则会显示出内心紧张并竭力掩饰的自制信号。前者指双臂交叉的同时，一只手或两只手都握住另一只胳臂的上面；后者指用一只胳臂横过胸前，握住另一只自然下垂的胳臂，或者左右手在体前相握的姿势。但对于某些善于掩饰紧张心理的应聘者来说，还有一种“伪装性的臂交叉姿势”，即用一只手触摸另一只手上的挎包、手表、袖扣等物品，实际上也是紧张的外在表现。

5. 脚语言

英国心理学家莫里斯经过研究发现，人体中越是远离大脑的部位，其可信度越大。面试官可以通过应聘者的脚步推断其性格、情绪，一般情况下，脚步沉稳，表示其沉着、踏实；脚步轻快可反映其内心的愉悦；脚步小且轻，表示其谨慎、服从；脚步匆忙、沉重且凌乱，则可判断其性格开朗、急躁、缺少城府。此外，脚语还能透露出人的心理指向，若面试官或应聘者一坐下来就跷起二郎腿，则可能表明他（她）有不服输的对抗意识，或是有足够的自信，或是有强烈的显示自己的欲望。

（二）类语言

类语言，是指人体发音器发出的类似语言的非语言符号，如笑声、哭声、叹息、呻吟、哼哼及各种叫声，还包括说话时的语音、语调、音调、音速、音响等。在面试中，面试官可以通过应聘者表达句子时采用的语调和重音，理解其强调的重点及态度倾向。也可以通过其采用的叹息声、哼哼声等，判断其情绪状态和态度，或是诚恳或是虚假，或是谦恭或是傲慢，或是同情或是讥笑。此外，语速也可以表示情感，语速快表明激动、兴奋；而语速缓慢则表示悲伤、漠不关心。类语言除了影响内容表达和对所表达内容的理解外，还有助于调节沟通。面试中，应聘者如果适当采用“嗯”“哦”等声音，可以向面试官表示自己在注意倾听对方的讲话。而且注意倾听面试官通过类语言表达出的信息，也有助于理解面试官的态度和心理。

（三）形象语言

形象语言，指通过相貌、穿着、打扮等来传递信息、表达情感的非语言符号。作为一种非语言符号，形象语言具有交际功能，能够表明主体的身份、地位和职业，而且也可以表现情感和价值观念。在面试中，应聘者应根据面试的公司、应聘的职位、面试的时间、面试的地点等的不同，选择得体的衣着服饰。一般情况下，面试场合以正式、职业、稳重的形象为宜，太过休闲和放松易给人以轻浮之感。面试者可以选用深色制服、套装、套裙，因为深色调的服装能给人成熟、稳重、权威的感觉，套装也能传达出成熟、干练等素质。从而能向面试官传递出精明干练、办事可靠、对工作负责等信息，有助于应聘者在面试中脱颖而出。

（四）时空性非语言符号

时空性非语言符号具体包括时间性非语言符号和空间性非语言符号。时间性非语言符号是指通过守时、迟到、早到传达信息的非语言符号。一般情况下，在面试场合中，无论是应聘者还是面试者都应遵循守时的原则，或者宁可早到，毋宁迟到，面试场合的迟到可能会被理解为对面试本身不重视或对对方不尊重，或者二者兼有。

空间性非语言符号则指通过人际距离、空间布置传达信息的非语言符号。美国西北大学人类学教授爱德华·霍尔（Edward Hall）博士有一个著名的论点是“空间能说话”，一语道破了非语言符号中的个人空间机制。他把美国人的人际距离分为亲密距离(Intimate Distance)、个人距离(Personal Distance)、社交距离(Social Distance)和公共距离(Public Distance)四种,并对四种距离的具体适用范围进行了解析。亲密距离为0～18英寸(约46厘米),适用于很亲密的朋友关系、亲人关系,关系不够亲密的人之间或陌生人之间,用亲密距离内的体语会有威胁对方、侵犯对方或表示防卫的意味。个人距离为18英寸(约46厘米)～4英尺(约1.2米),适用于关系友善,较熟悉的同事、上下级之间,一般不含亲昵或爱情的成分在内。社交距离为4英尺(约1.2米)～12英尺(约3.6米),适用于社交场合,个人色彩较淡薄。社交距离又细分为下限和上限,下限是4英尺(约1.2米)～7英尺(约2.1米),上限是7英尺(约2.1米)～12英尺(约3.6米)。公众距离为12英尺(约3.6米)以上,下限为12英尺～25英尺(约7.6米),适合于不太正式的聚会。而非常正式的场合则用上限公众距离,即25英尺以上。面试作为社交场合的一种,个人色彩较淡薄,应聘者与面试官之间的距离较宜采用社交距离,但当双方有身体接触(如握手、拍肩)时,则可以采用个人距离。如果面试时的人际距离过近,可能会对对方造成威胁,进而使对方建立防御心理,而过远的人际距离则可能显得过于疏离,也不利于面试的正常沟通。

除人际距离外,空间性非语言符号还包括空间布置,对面试来说,具体指面试场所的布置。面试场所的布置,作为一种非语言符号,能向应聘者传递出无声的信息,进而影响着面试的成败。一般来说,面试场所的布置包括面试场所的选择、桌椅的选择、桌椅的摆放位置和摆放角度等,这些要素既能营造出宽松、融洽的交流氛围,也能制造出紧张、威严的审视氛围,从而对面试的顺利开展有着不容忽视的作用。用人单位应选择宽敞明亮的面试场所、舒适的桌椅,并合理布置桌椅的摆放位置和摆放角度,努力营造出平等、开放的沟通氛围,从而促进面试的有效进行。

三、面试中非语言沟通对语言沟通的作用

(一)非语言沟通能对语言沟通起到补充作用

首先,相对于语言沟通来说,非语言沟通信息量大,能够多方面多层次交流信息。在面试中,面试官和应聘者的头部动作、面部表情、手势动作、臂部动作、服饰装束、空间距离等都能传递信息,面试官可以从应聘者的点头、微笑、皱眉、手臂交叉、手势动作等获取更多关于应聘者的信息,而应聘者也能从面试官的身体动作、面试场所布置、人际距离等掌握更多用人单位的相关情况及面试官的态度,从而在信息量上弥补面试双方语言交流的不足,使面试官和应聘者更有效地交流。其次,非语言沟通具有连续性特点。连续性是指,只要双方在各自的视线范围内,非语言信息交流就能不断进行。面试中,面试官和应聘者的交谈可能会出现暂停,此时虽然语言沟通停止,非语言沟通却仍在进行,双方仍可以用非语言符号沟通,从而保证交流的连续进行。再次,非语言

沟通还具有变化性。变化性是指非语言交流的信息是变化的，在面试中，面试官或应聘者的面部表情、手势动作、臂部动作等都在不断变化。这些变化往往与语言信息的传递相伴，能够对语言信息起到强调和渲染作用，从而增加沟通的生动性和直观性。非语言沟通的这些丰富性、连续性、变化性的特点，从数量上和生动性上对语言沟通起到了补充作用。

（二）非语言信息能对语言信息起到验证作用

面试中，应聘者为了增加成功的概率，往往会对如何应答面试官的提问进行精心准备，从而可能导致语言信息的失真。而相对于语言信息来说，非语言信息，尤其是身体语言具有确定性和失控性的特点，从而使其比语言信息更真实、更可靠。身体语言的确定性是指身体语言多数具有先天性或习惯性，一般情况下较难改变。身体语言的失控性，则是指身体语言多数是人们无意识或半意识状态下显示出来的，例如瞳孔变化、出汗、心跳加快等往往不是意识可以控制的。因而身体语言常常是人们内心状态的真实反映，也就是说，语言信息可能会“言不由衷”，但非语言信息却常常是“真情流露”。面试中，如果应聘者在表达出某种语言信息后，出现脸色发红、假笑、目光回避、掩嘴、频繁舔嘴唇、触摸鼻子等身体动作，则可能表明其语言表达的不真实。特别是当这些表明说谎迹象的身体动作相伴出现时，面试官就更有理由怀疑其语言信息的真实性。正是由于非语言信息的确定性、失控性，使其能对语言信息的真实性起到验证作用。

微型案例 8-6　　**非语言沟通**

如果有人在高速公路上超你车时对你竖中指，即使他什么话也没说，你也能完全明白他是什么意思；如果你回家时发现你妻子站在那儿，双臂交叉、臀部翘起、脚轻敲着地板，你就可以从这些身体语言中推断出她对某些事情抱有不满，急着想要告诉你。对非语言沟通而言，重要的是意识到这种沟通，包括你传达给别人什么信息，以及别人向你传达了什么信息。

资料来源：https：// wenku. baidu. com。

案例研究 8—1

为什么鲍勃总是败北

我们的同事鲍勃非常喜欢下国际象棋。有一次，我们在和他一起下棋的时候，偷偷地用录像机拍摄下全过程，打算分析他在下棋时的身体语言。

录像带显示，在比赛中，鲍勃只要对下一步棋的走法没有把握，就会做出抓耳朵或者摸鼻子之类的手势。我们还发现，当对手接触到某颗棋子，打算移动这颗棋子时，鲍勃的身体语言也会暴露出他对这颗棋子的动向怀有怎样的想法。如果他觉得自己可以对付得了这步棋，或者是已经想好了应对的法子，那么他的十指就会松弛地合在一起，显示出自信十足的样子；相反，如果他对此毫无把握，或者不希望对方走这步棋，他就会用手遮住嘴巴，或是拉扯耳垂、抓挠脖子。

我们把这些可以为对手提供预判的手势，私底下告诉了国际象棋小组的其他成员，很快，大部分人都能通过鲍勃的身体语言准确预测他的想法，并且把可怜的鲍勃杀得片甲不留。更可怜的是，鲍勃至今都被蒙在鼓里，因为我们没有把这本书送给他看过。

资料来源：亚伦·皮斯、芭芭拉·皮斯：《身体语言密码》，光明日报出版社 2018 年版。

案例研究 8－2

一个真实的故事：说谎的求职者

在我们开展的一次面试中，一位男性面试者向我们解释了他放弃之前那份工作的原因。他告诉我们，他觉得之前的公司没能给他提供足够的发展机会，但是由于他和所有的同事都相处得十分融洽，因此在是否离开原来那家公司的问题上，他一直有些犹豫，觉得很难抉择，直到最近才做出了这个艰难的决定。听完他的陈述后，一位女面试官说，她的“直觉”告诉自己，这位求职者在说谎，而且尽管他对自己的前任老板赞美不已，但是事实上，他却并不认可这位上司。通过对面试录像进行慢动作回放，我们注意到，每当提到前任老板，这位求职者的左脸上便会闪现出一种转瞬即逝的嘲笑的表情。

在大多数情况下，这些自相矛盾的信号都会在说谎者的脸上显现出来，但是显现的时间非常之短暂，稍纵即逝，因此，没有接受专业训练的观察者大多无法发现和辨认这些细微的信号。事后，我们致电他的前任老板，结果发现，这位求职者是因为与其他同事共同贩毒而被公司开除的。显然，他相信自己能够用虚假的肢体语言骗过我们的眼睛，但是他自相矛盾的细微肢体信号却让我们的女面试官发现了他的破绽，从而揭穿了他的谎言。

通过上述故事中提到的方法，我们完全能够区分真假肢体语言，判断出对方究竟是个诚恳诚实的人，还是一个说谎者或冒名顶替者。摊开手掌以示诚恳的方法学起来并不困难，但是一些细微的身体信号，譬如说瞳孔放大、发汗、脸红等，却很难通过有意识地学习来掌握。

作假者的谎言只能维持一段很短的时间。

资料来源：亚伦·皮斯、芭芭拉·皮斯，《身体语言密码》，光明日报出版社 2018 年版。

问题：

1. 案例一中的鲍勃为什么总是会在下棋时做各种各样的身体动作？
2. 如果你是案例二中的女面试官，会发现应试者的破绽吗？

本章小结

1. 非语言沟通比语言沟通传递更多的信息，非语言沟通绝大多数是习惯的和无意识的。

2. 非语言沟通具有重要的功能，它能补充、调整、代替或强调语言信息。
3. 非语言沟通有很多种：辅助语言、眼神信息、吸引力、服装、空间和距离、触摸等。

复习思考题

1. 非语言沟通的主要特点包括哪些内容？
2. 非语言沟通的重要性一般包括哪些信息？
3. 如何有效运用非语言沟通？

第三篇

管理沟通策略

第九章　变革沟通

学习目标

通过本章学习，你应能够：

了解变革的三个阶段、变革的阻力以及克服变革阻力的方法；

理解变革沟通的原则；

掌握变革沟通的策略。

关键词

变革沟通　变革阻力　沟通策略

导入案例

惠普的整合变革

在与康柏公司合并后，惠普公司必须快速有效地将两家公司在全球各地的分公司整合起来。在惠普挪威分公司，管理人员把主要精力集中在了解员工目前的行为状况，并弄清需要采取哪些变革措施才能实现整合惠普的宏伟计划。他们进一步意识到，当把惠普挪威分公司的员工和资源正式合并到一个新的办公场所时，整合工作便迎来了真正的难题。

管理人员采取多种手段保持沟通顺畅，并为整个变革计划提供支持。为了能够更全面地了解这一变化对企业文化意味着什么，惠普挪威分公司开展了一次电子问卷调查，将专门制作的、可在网上填写的问卷发给了所有员工，以便弄清惠普和康柏公司间的企业文化在合并前有哪些共同点和不同点、员工对于公司整合的态度以及在哪些方面有潜在的风险等。

此次电子问卷调查对管理人员了解员工的期望、判断他们是否懂得惠普公司的核心价值及采取什么步骤以保证过渡期的顺利进行提供了很大帮助。

惠普挪威分公司还推出了用来沟通和共享知识信息的门户网站，为变革计划的实施进一步提供支持。该门户网站结合了公司现有的网站，为员工提供了实用信息，例如，我在新办公场所将坐在什么位置，公司领导新发表的讲话等，这些讲话回答了员工们所关心的问题，引起了每个人的关注。

在变革时期，管理人员需要不断与员工进行交流，面对面的交谈是多种交流和动员手段的一种。如今，公司或企业可以利用很多不同的渠道进行交流，通过多媒体、公司内部的门户网站以及网上学习课程使员工参与变革。有了这些交流手段，公司领导人面对重要的变化难题时便可以迅速做出反应，并在整个变革周期的不同阶段，针对不同的对象能采用不同的交流内容和方式。

资料来源：http://old.blog.edu.cn/user2/loveocean/archives/2006/1263315.shtml。

随着近年来科学技术的突飞猛进以及国际经济一体化进程的不断加速，各国企业必将面临更加严峻的竞争环境。在这种情况下，对绝大多数企业而言，变革已成为组织的常态，在组织中唯一不变的就是变革。变革成功的关键是沟通。沟通是打破隔阂的最佳武器，是取得支持的基础。只有产生共鸣、达成共识，变革才有可能成功。越来越多的事实证明，卓有成效的变革领导者既是预言家、实干家，又是具有高超沟通策略的艺术家。

第一节　变革阶段与沟通

变革是一个从已知向未知发展的过程，由于它具有相当大的不确定性，存在着失败的风险，因此，公开、积极与坦诚的沟通可以帮助人们了解变革的原因，学会变革的方法，掌握变革的动态，推动变革的深入发展。良好的沟通不仅可以促进个人之间、组织之间的思想交流，实现上情下达，消除分歧，保持彼此的协调一致，而且可以加强公司与客户的联系，促进彼此间的理解和信任，保证变革向着更好地服务顾客、提高公司竞争力的正确方向发展。总而言之，沟通是变革获得成功的重要保证。

自 20 世纪 40 年代，以勒温(Lewin)为代表的社会学家和管理学家就开始研究组织变革的理论。勒温提出一个包含解冻、变革、再冻结三个阶段的有计划组织变革模型，用以解释和指导如何发动、管理和稳定变革过程。解冻，是创造变革的动力，研究人们是否认识到改革的需要，使人们看到组织需要变革，通常要打破原有的平衡，激励员工，使他们准备改变，或者增加员工的压力，消除妨碍变革的障碍。变革，是指出改变的方向；实施变革，是使员工形成新的态度和行为；再冻结，是为了稳定变革，利用必要的强化方法使新的态度和行为方式固定下来，使之持久。这三个阶段都离不开沟通，也就是说，沟通存在于变革的全过程中。

一、解冻阶段的沟通

现状可以视为一种平衡状态。要想变革就必须打破这种平衡状态，也就是说必须要克服个体阻力和群体的从众压力，因此解冻是必要的。解冻可以通过三种方式来实现：(1)增加推动力；(2)减少约束力；(3)同时增加推动力和减少约束力。

微型案例 9-1　　公司的合并政策阻力

某公司要合并东北地区的三个办事处，并把新办事处设在沈阳。公司的管理者预料到外地员工会抵制这项合并政策。为了克服这种阻力，他们运用正面激励员工接受变革，如给接受迁移的员工加工资、由公司支付一大笔迁移费、提供低成本的抵押金让外地员工在公司办事处新址购买住房。当然，公司也可以考虑通过解除约束力的办法来解冻现状，可以个别咨询员工，倾听和澄清每一个员工所关注和担忧的问题。如果大多数恐惧都是不合理的，咨询顾问可以使员工确信没有什么可怕的，并通过有力的证据证实阻碍变革是没有必要的。如果阻力极大，要想解冻成功，可以同时借助两种方法：一是减少阻力，一是增加变革方案的吸引力。

资料来源：张莉主编，《管理沟通》，高等教育出版社 2007 年版。

在解冻过程中，离不开沟通。根据沟通的基本原理，首先，在沟通的方向上应选择双向的沟通，即先由公司与办事处主任沟通，然后由办事处主任与员工沟通，这是自上而下的沟通；同时要进行自下而上的沟通，以此来了解员工的心态。其次，应选择正式沟通。最后，在沟通渠道的选择上应选择面谈的方式。

二、变革实施中的沟通

变革进入项目实施的具体阶段，员工在此阶段已明白变革不可避免。员工通过学习和培训开始抛弃原有的工作模式，并带着相当大的疑问和不信任感开始尝试接受新的工作方式、组织结构。此阶段为变革的反复和相持阶段，变革的阻力最大也最易失败。一旦员工在接受新的工作体系当中发现局部的错误和不合理之处，或者由于培训、沟通的不充分导致人与系统的不匹配造成工作困难，就会谣言四起，员工工作时阳奉阴违，消极怠工甚至发起对新系统的集体抵制。变革过程中需要沟通，具体来说，变革中的沟通需要掌握好以下方面：

首先，应该确定沟通的计划。沟通计划包括沟通的对象、目的、内容、时间、形式、地点、节奏等，针对变革过程中员工的心理从不安、怀疑、认同到支持的变化历程，在不同阶段制订相应的沟通计划是有效缓解员工压力和消除焦虑情绪的必要准备工作。

其次，注意沟通的形式。一般有正式动员会、研讨会、培训、定期评估会等正式沟通会议，以及不定期的项目进展简报、调查问卷、变革宣传栏等正式的书面沟通，还有个别谈话、娱乐活动、聚餐等非正式沟通形式。通过各种形式的沟通，将变革的原因、具体操作办法、各岗位在变革中的职责等信息传递给员工，争取广大员工的理解和支持。

最后，沟通的力度和分寸。并非轻松活泼的沟通就一定有效，对于顽固不化、坚持反对变革的个别人，态度须严厉；对于思想上想不通的人，须循循善诱，有耐心同时有强制手段(胡萝卜加大棒)。

三、再冻结阶段的沟通

再冻结是组织变革过程的最后阶段，也是变革的巩固阶段，因此在这个阶段，必须利用必要的强化手段，如通过制度、政策及流程的方法，使新的态度与行为固定下来，使组织处于稳定状态。如果缺乏这一冻结阶段，变革的成果就有可能退化消失，而且对组织及其成员也将只有短暂的影响。

组织经过变革后，要把胜利果实深深地印刻在组织结构内部——组织机构、组织程序、组织体系和公司文化，这样，深层次的变革在其消失前会变得不可逆转。通过使之程序化，它们会成为“我们的做事方法”的一部分。机构、体系和程序决定了行为。它们规范着组织中谁拥有什么权力，确定员工表现的要求，疏通沟通渠道，引导人们的注意力并影响其时间分配。作为组织成员共同财富的公司文化是公司内部一整套不成文的规定，对员工表现也具有强有力的影响。不幸的是，许多变革是颇为壮观的临时性运动，如同一道闪电，来了又去了，未能“锁定”于组织的软硬件中。为防止这种倾向的“锁定”方法有：将临时性的项目结构转变为真正的结构；根据新的优先领域分配预算资金；调整人力资源管理体系，以确保期望的变革包含在员工的日常表现中；重新设计共同财富内容，以提高变革的说服力。

另外，从一个已经冻结的组织内部来讲，人员、职责、分工经常处于变动之中；从组织的发展过程来看，为达到组织目标，适应外部环境，组织处于不断的变革之中，一次变革的冻结过程的结束，也是下一次变革解冻的开始。必须使每一个管理者和普通员工都清楚这一点，才能够感受到压力，也才能有动力。

在整个变革实施过程中，变革管理工作的核心是沟通。沟通是为取得那些会受到变革影响的人的支持的基础，这种支持只会在关键决策者认识到变革的作用并推动变革时才会取得。从变革的解冻阶段到再冻结阶段，沟通交流就一直贯穿于变革的全过程。

第二节 变革阻力与沟通

第一节我们谈到变革阶段的三个阶段，这三个变革阶段都可能会遇到阻力，这节将具体阐述变革的阻力。

一、变革的阻力

人们的变革思想是被“激发”出来的，但通常他们也会反对、抗拒变革。如果管理者希望在企业内部成功引入积极的变革，就必须了解人们为什么会反对变革。任何组织变革的成功都有赖于绝大多数组织成员的赞成、支持和积极配合，但任何一项变革也都涉及对原有制度、关系、行为规范、传统和习惯的改变，这些都会造成人们心理上的失衡和行为上的抵制，从而对变革产生阻力。

传统观点认为抵制变革的原因来自技术，而现代观点则认为阻力来自文化、经济、社会、心理等多个方面。任何组织都处于不断发展、变化的过程中，组织内部也必然会产生一种变革的客观要求，当组织文化及核心价值观与变革的要求不相符合并产生矛盾时，组织文化固有的稳定性和惯性就发展成为组织变革的障碍。组织文化对组织变革的阻碍，在组织环境急剧变化的过程中表现得更为明显。这是由于组织文化往往是组织精神多年的沉淀，长期内具有相当的稳定性。组织发展和变革的阻力可以从两个层次来分析，即组织层次和个体层次。

(一)组织层次

在组织层面上产生变革阻力的因素有很多，既包括了组织结构、规章制度等显性阻力，还包括组织文化、氛围、员工的工作习惯等隐性阻力。由于组织变革会重新分配组织内部各部门、各个群体的利益，那些原本在组织中权力较大、地位较高的部门和群体必然会将变革视为一种威胁。

1. 组织结构的惯性

组织固有的机构、机制具有稳定性，要改变运行已久的系统要花费很长的时间。当组织面临变革时，结构惯性就充当起维持稳定的反作用力。任何一种新的主意和对资源的新用法都会触犯组织的某些权力，所以往往会受到抵制。典型的等级制组织结构，强调信息从高层流向基层，员工只能按特定渠道来获取信息，只反馈工作的积极信息，对实际存在的问题和应该采取的变革方法避而不谈。

2. 群体惯性

即使个体想改变他们的行为，群体规范也会成为约束力。例如，在长期的工作中，员工与员工之间，员工与领导之间，员工与组织之间已经形成了某种默契或契约。一旦实行变革，如果只是个别员工或管理人员接受新的方式，而大部分人采取的是抗拒的态度，那么他们也可能会一起抵制。

3. 变革的有限性

变革的有限性是指在组织局部实施变革，而非整体的系统的变革。组织由一系列相互依赖的子系统组成，不可能只对一个子系统实施变革而不影响其他的子系统。如果只是对一个子系统进行有限变革，加之沟通不畅，则未变革的子系统就可能成为变革的阻力。

4. 对原有资源分配和权力关系的威胁

组织的资源是有限的，组织的变革会导致资源分配关系的重新调整和决策权力的重新分配，这会导致某些群体的不满和抵制。组织中控制资源的群体和长期以来已有的权力关系往往倾向于对现有状态的满意，从而成为变革的抵制者。

(二)个人层次

个体层次包括以下四个方面：

1. 个人的心理阻力

(1)职业心向对变革的障碍。经常性的工作和长期从事的职业，容易使员工形成心理上的准备状态，称为职业心向。在变革过程中，新的工作、新的技术、新的方法、新的组织结构，同组织员工原有的职业心向发生冲突，会产生心理压力和负担。如果这种压力和负担超过了员工的心理承受能力，便产生抵触和反对态度，阻碍变革。

(2)保守心理对变革的障碍。具有保守思想的人往往迷恋传统，安于现状，习惯于原有的秩序和章程，害怕变革。变革思想和保守思想的冲突往往贯穿变革的全过程。变革的解冻阶段，保守势力往往以各种借口维持现状，反对变革；变革实施中，又有员工以这种调和的方式，抵制变革；变革受挫时，具有保守思想的员工又会秋后算账，指责变革。

(3)习惯心理对变革的阻碍。人们总是习惯于按自己固有的行为模式或思维方式思考问题、解决问题、处理事情，这是一种心理定式效应，使人们不愿放弃过去的惯例。而变革会有许多不确定性，这就意味着人们要改变原有的行为习惯和已经达成的心理平衡。根深蒂固的心理定式和行为惯性会使人们产生消极的反抗力量，从而不自觉地抵制变革。

2. 个人利益的关注

变革意味着利益的重新分配，旧的利益分配平衡被打破，新的利益平衡格局建立起来。当发生变革时，人们往往担心自己不能适应新的环境和新的工作，尤其是当报酬与工作能力息息相关时，工作任务或工作规范的改变会引起人们的经济恐慌。如果变革带来了预期收益，人们便会支持变革；否则，就会对变革产生抵制。

微型案例 9－2　　变革为何如此艰难

Tommy 原任职于某跨国公司，担任高级副总裁，现被“空降”到国内一家从事系统集成业务的企业 A 公司。

由于竞争日益加剧，A 公司盈利能力逐年下降，为尽快扭转亏损局面，公司董事会聘请 Tommy 担任公司总裁。Tommy 本人踌躇满志，来公司两个月后他做出了如下判断：主管业务不明确是业务下滑的主要原因。业务不能贪大，一定要精。于是 Tommy 对 A 公司的业务调整拉开了序幕。更多的问题也出现了：

1. 调整严重影响了员工心态

在公司开完调整会议的第二天，按会议规定两周后再向员工正式通知，但消息已经在公司内部传开了。被裁掉的部门的员工只来了三分之一，其他部门的员工也心神不定。原来商务谈判用的洽谈室也成了员工相互抱怨的场所。整个公司员工情绪低落，工作效率下降。

2. 调整使客户满意度短期内急剧下降

上午消息在公司内部传开后，下午许多客户的电话就打到了公司投诉中心。他们问道：购买的机器以后的维护保养问题如何处理？现在要么 A 公司退回相应的服务费用，要么继续提供服务。许多客户说合同尾款不会轻易归还。此类纠纷一旦真的对簿公堂，A 公司胜算不高，这直接影响了公司利润。软件部分的维护更是个大问题。因为软件由 A 公司自行研制开发，由于各类开发文档管理混乱，其他公司很难维护，所以 Tommy 不得不做出决定，保留几个开发人员继续部分合同的维护工作。但没有想到，开发人员却没有一个愿意留下来。

3. 调整影响考核连续性

在年初，公司的每个部门、每个人员均有明确的考核任务指标。但业务方向调整之后，相关人员的考核问题也就凸显出来，员工个人的收入也受到不小影响。以副总经理陈某为例，他在业务方向调整之前，管理 A、B、C 三个部门的业务，他的考核任务是三个部门的纯利指标之和，他的年终奖金、股票均与此目标挂钩，但在考核期中间，公司调整了业务方向，与目标挂钩的年终奖和股票如何兑现成了难题。何况，变革不仅对陈某本人的情绪产生不小影响，他所管理的三个部门员工的不稳定性也对他的工作目标提出了严峻的挑战。而 Tommy 迄今未有一个好的提案，公司董事会更无法做出一个合理的决议。

Tommy 万万没有想到，来 A 公司不到半年的时间里，做一次业务调整就令他威信扫地，员工与客户的满意度迅速下降，年初向董事会承诺的盈利目标也基本无望，公司董事会对他的能力开始表示怀疑，他本人也只好选择另谋高就。

资料来源：http://www.emkt.com.cn/article/74/7447.html。

二、克服变革阻力的方法

变革过程的阻力往往导致组织难以推动变革，约翰·科特建议推动者可以采用教育和沟通、参与和投入等多种方式消除个人或组织对变革的抗拒。其实，这些方式通常都离不开沟通，甚至其中很多方式本身就是沟通。克服变革阻力方式具体包括：

（一）加强沟通

首先，沟通是组织变革前必不可少的一环。通过与员工沟通，帮助他们了解系统实施的理由以及可能带来的改变，会使变革的阻力减少。这种策略的基本假设是，产生阻力的原因在于信息失真或沟通不良，如果员工了解了全部事实并消除了所有误解的话，阻力就会自然消失。沟通可以通过个别交谈、小组讨论、备忘录或报告来实现。

（二）实施人本管理，把握员工动机

克服变革阻力少不了员工的积极配合，员工对变革的认同感是在思想和行动上理解并支持变革，向着变革目标行动。培养员工对变革的认同感，需要变革组织充分认识和理解员工的行为和动机。为此应当采取适当授权，发挥员工的自主能力，推行弹性工作制，提高员工创新能力，强化工作挑战性，激发员工潜在能力，关心员工生活，培养员工的忠诚感，以满足员工多层次需求等措施来调动员工的积极性，激发员工对变革的参与和认可。

（三）促进与支持

当员工感到害怕或焦虑时，管理者需要通过良好的沟通适时地给予支持。例如，做个良好的倾听者，提供心理咨询和治疗，处理员工的重要问题，协助其促成变革等，这个策略的不足之处是费时，实施起来花费较大，并且没有成功的把握。

（四）协商与协议

变革过程中还需要综合运用多种沟通方式。例如，当变革的阻力非常强大时，谈判可能是一种必要的策略，但其潜在的高成本也是不应忽视的。另外，这种方式也有一定的风险，一旦变革推动者为了避免阻力而对一方做出让步，他就可能面临着其他权威个体的类似威胁。

（五）强制

强制是直接对抵制者实施威胁和压力。系统一旦实施，那些经过不断反复推敲的新政策、组织架构及流程出台后，就必须实施强制执行，不能在短时间内因某些人的意见而颠覆项目成果。必须保持信心，将制度有效执行下去。

克服变革阻力的其他方式还包括谈判、参与和投入、操纵和收买等。无论采用何种方式，都需要必要的沟通工作。有效沟通可以降低劳资双方的不信任，增进双方的理解，克服变革的阻力，促进变革的成功。如果沟通没有得到足够的重视，则往往会导致变革的失败。

其实，对于变革的阻力，我们还需辩证地看。管理者往往看到抵制变革的负面影响：减缓变革的进度，员工对组织的抱怨影响到组织的声誉。事实也确实如此，但变革的阻力也并非一无是处。抵制变革有利于平衡鼓励变革和寻求稳定之间的内外部力量。在变革中，既要避免变革过头，也要确保不因过分强调稳定而导致变革停滞不前。抵制变革可以引导管理者找到变革与稳定之间最佳平衡点的方法。

第三节　变革沟通的原则

缺乏必要的沟通是大多数企业变革失败的核心问题。实际上，变革的速度越快，就越需要进行沟通。变革中沟通的原则如下[①]：

一、公开的沟通

公开的沟通不仅意味着员工们能够积极发表自己的意见，提出自己的疑问，发出自己的呼声，而且意味着员工可以了解领导层变革的意图，获得实施变革的指令，掌握变革的进度，以及为了参与变革进行的讨论，这样可消除员工心理上由于不确定性而产生的紧张与焦虑。

二、正式的沟通

在企业的动态经营中，变革自始至终都需要大量的正式的沟通，尽管高层管理者并不能与人们全面交流，但至少可以打开沟通的渠道，定期与人们进行诚挚的对话。由于公司原有的沟通渠道、沟通机制以至方式方法也许未必能满足变革的需要，这就要重构原有的沟通渠道、沟通机制和方法，并增加新的沟通渠道、沟通机制和方法。变革需要建立众多的组织和个人间的有效沟通渠道，同时，也需要评价更新正式的与非正式的沟通渠道。实际上，公司内部这两种渠道都在发挥作用，但我们应当尽可能强化正式沟通渠道，化非正式沟通为正式沟通，以降低非正式沟通可能对变革信息产生的真相误传的负面影响。正式的沟通系统的目的是降低不必要的损失。

三、相互理解的沟通

沟通各方必须承认差异，尊重和深刻理解相互依赖的重要性。沟通发生的原动力已经由劝导和说服转化为理解和谈判。人们之间进行沟通，往往想说服他人，把他人

---

① 赵慧军：《管理沟通——理论·技能·实务》，首都经济贸易大学出版社 2003 年版，第 282—283 页。

的观点扭转到自己这一方的观点和立场上来。而在变革中,更多地需要人们本着相互理解和相互让步的原则,致力于取得双赢的结果。因为,沟通的基础已经由原来的依靠共同价值的取向,转变为依赖于在不同的,甚至有时是对立的价值观体系中保持中立的价值取向;实现沟通的前提也由过去双方在共同价值观引导下承认某些问题并达成意见一致,转变为以是否承认相互依赖为重点。

四、真实、准确、反复的沟通

在任何一个组织中,信息的流通都视其决策速度、准确性以及计划执行质量为最重要决定因素。确保信息正确、及时的传递是沟通的基础。通过建立信息系统,定期发布有关变革的信息,宣传变革的重要意义,通报变革的重要事项,解决变革中出现的问题,支持变革的首创精神,提出未来变革的任务,是发动员工投身变革行动的重要手段。信息交流要经常反复地进行,任何信息的脱节和失真都有可能产生谣言而破坏变革。真实的信息有利于建立相互之间的信任,信任对于领导者来说是最宝贵的财富。

五、坦诚的沟通

坦诚能够使组织成员在变革中就一些实际问题消除误解,统一认识,共同推进变革的深化。它不仅可以确保变革的必然性,而且可以确保变革的持续性。当沟通网络中的大多数人都能坦率、平等地面对实际情况时,他们往往会根据既定的一套企业目标做出大致相同的选择。即便是发生了讨论和争辩,也会通过思想交流达成共识,而且这种讨论还能够带动大家深入地调查研究和认真思考。坦诚沟通、交流和争论是公司变革中探索真理、激发活力的能源。

微型案例 9-3　　惠普公司的"开放式政策"

1938 年惠普公司的创始人比尔·休利特和戴维·帕卡德在一个简陋的车库里以 538 美元利用业余时间开始创业,并于 1939 年 1 月 1 日正式创办了由他们两人组成的合伙企业。从此,惠普公司经历了 70 多年的风风雨雨,逐渐成长为全球领先的面向大中小型企业、研究机构和个人用户的技术解决方案提供商,其服务能力遍及 170 多个国家和地区,在 IT 基础设施、全球服务、商用和家用计算机以及打印、成像等诸多领域位居领先地位,在全球 500 强中居于前列。截至 2005 年 1 月 31 日过去的四个财季中,惠普公司的总收入达到了 818 亿美元,在全球共有约 15 万名员工。是什么让这个企业如此神奇般持续而又有活力地成长呢?惠普公司先进的管理沟通理念起着非常重要的作用。

惠普实行“开放式管理”政策，保证公开沟通。惠普公司制定了“开放式政策”(Open Door Policy)，对员工、直线职能经理、人力资源经理、人力资源部雇员关系等职位和责任进行明确规定，用以确保惠普的开放式工作环境。例如，在其员工的责任条款中规定：员工有责任公开提出问题，并表示关注；与直接上司讨论解决问题是最佳选择，如不可行，可以向其他主管经理或人力资源部门寻求解决方案；一旦有问题就及时提出，寻找每个人的最佳解决方案；明朗而真实地进行沟通交流；了解解决方案应该包括与他人进行交谈；清晰表述具体需要的管理行动；等等。在其直线职能经理的责任条款中包括：公开倾听员工提出的问题和关注点，争取充分理解；力求解决问题；识别并寻求人力资源经理的帮助以找到解决方案；采取清晰、决定性的行动解决问题等。“开放式管理”政策旨在建立相互信任和理解，以及创造一种环境，使人们感到可以自由表达他们的思想、意见和问题。不管雇员的问题是属于个人的，还是同工作有关的，“开放式管理”政策鼓励他们同一个合适的经理讨论这种问题。从大量的情况来看，这个经理将是雇员的顶头上司。但是，如果这个雇员不大愿意同这位上司谈，他可以越级同较高一级的经理讨论种种的误解或任何其他问题。通过这项政策发现，人们乐意提出他们可能有的问题或关心的问题，而且经理们通常也能够很快地找出令人满意的解决办法。比尔·休利特和戴维·帕卡德都经常各自参加不同雇员的“开放式管理”沟通工作，通常是讨论大家普遍关切的问题，而不是个人的不满。“开放式管理”政策在惠普公司是很重要的，因为它体现了惠普的管理风格。它意味着，经理们平易近人、坦诚、爽快。惠普公司的每个人，包括最高主管，都是在没有隔墙、没有门户的大办公室里工作的。这种随时可以见到的做法虽然也有其缺点，但是惠普公司发现这种做法的好处远远超过其不利之处。“开放式管理”政策是惠普管理哲学不可分割的一部分。而且，这个做法鼓励并保证了沟通交流不仅是自上而下的，而且是自下而上的。

资料来源：崔佳颖，《组织的管理沟通》，中国发展出版社 2007 年版。

第四节　变革沟通策略的制定

成功的变革，是一个全员参与的过程。成功的变革家必须善用沟通的手段，来促使变革的实现。孙键敏提出了“七因素模型”用以评价变革方案是否有效，这七个因素是预测变革能否成功的重要工具。

孙键敏教授认为，要想变革成功，需要具备七个因素：(1)变革的压力；(2)清晰的共识；(3)变革的能力；(4)可实现的第一步；(5)树立榜样；(6)强化与巩固；(7)评估与改善。本节重点从以下三个方面来谈：

一、建立共同的愿景

在成功的变革过程中，领导小组都会为企业描绘未来的前景。这种愿景规划明确了组织在未来的努力方向。要使变革有效，需要让大家对变革达成清晰的共识，即共同的愿景，帮助人们理解变革的目的并对变革做出承诺。员工需要有参与感，并共同制定目标，而不只是由别人传达给他们一种目标陈述。高层管理者必须找到一种方式，能够把目标有效地传达给全体员工。

一般来讲，参与目标实现过程的人有一种需要或愿望，他们会关注目标的可行性和适应性，他们希望获得充分的证据来表明目标的意义。如果目标没有被员工理解，或者组织内没有达成共识，员工接到目标任务后就匆忙动手，辛苦了半天，很可能结果就是失败。在有些组织中，管理层认为他们的目标很清晰，但遗憾的是这种清晰的目标没有传达给全体员工，没有让员工认识到目标的必要性、可行性和现实性。员工接到的往往是公司的任务通知、文件，或是通过公司的报纸、宣传栏获得这些目标，这样的话，期望他们全心全意地投入这种目标并努力是不现实的。

二、领导者的角色

组织变革中的高层管理者通常把变革看作一个动态的过程，分阶段进行。高层管理者在组织变革中扮演三种角色：角色模范、沟通者、激励者。[①]

（一）角色模范

领导是一般员工和管理人员仿效的榜样，其模范行动是一种无声的号召，对下属起着重要的示范作用。当变革即将到来时，所有人的目光都会投向CEO，寻求来自领导层的力量、支持和指引。高层管理者就要身体力行，积极采纳新的方式，使下属感觉到挑战和激励。高层管理者必须统一号令，并以身作则。

（二）沟通者

领导者只有充分地理解员工对变化的情绪反应以及新的制度和政策可能会在员工中引起的焦虑，才可能取得员工的信任。领导意义上的沟通不同于管理意义上的将数据、事实和决策在上下级间如实、准确地传递，高层管理者往往运用故事、比喻、暗

---

① 张莉：《管理沟通》，高等教育出版社2007年版，第92页。

示、描绘、口号、演说等方式向下属描述发展战略，向员工灌输激情和信念，激发其成就感，最终使高层管理者个人的理想和信念成为组织的理想和信念。

（三）激励者

领导者能否抓住员工心理有效地加以激励，调动起每个人的积极性是变革成功与否的关键。高层管理者在组织变革的过程中需要拥有主人翁意识，在自己的影响力范围内承担起激励职责，引导员工发现问题并提出解决方案，同时附以刺激性的激励和回报。激励的形式既可以是物质上的，也可以是精神上的。

三、评估与改善

变革方案在推行过程中的评估是影响变革的重要因素。很多组织没有及时实施结果，或者只是蜻蜓点水，做一些表面文章，结果导致变革只是在管理者个人感情的基础上进行，没有深入员工的心中。及时评价变革的结果，不仅有利于管理者监控组织进程，而且有利于强化员工的参与和成就感。

变革方案评估的过程其实也是沟通的过程。对于变革结果的评估既有口头语言沟通也有书面语言沟通，甚至还有身体语言的沟通等。评估变革方案的一种最好方式是使用四水平模型。四水平模型包括[①]：

1. 反应

通过问卷调查或评价参与变革的人对变革方案的各方面的态度，包括对沟通状况、工作满意度、团队工作等的评价来了解变革情况。

2. 学习

主要关注参与变革的人需要什么知识，已经学到了什么知识，可能包括变革的理由，以及关于变革过程的信息，如质量工具、远景陈述等。

3. 行为

测量工作中实际发生的行为改变的程度，必须与变革想要调整的个人和群体的工作绩效直接有关，为此，常使用行为评定量表。

4. 结果

主要涉及组织目标的达成程度。如团队或组织是否更有效？流动率降低了吗？工作满意度提高了吗？事故和牢骚减少了吗？组织的运行效率提高了吗？评价这个水平时，所有的衡量指标都取决于要考察的结果。我们可以对变革方案的实施结果进行全面系统分析，以确定变革方案是应该继续，还是需要在某些方面做些改进或调整。调查和基础测量指标应该在变革方案一开始就收集上来，并在变革过程中重复进行。

---

① 孙健敏、徐世勇：《管理沟通》，清华大学出版社 2006 年版，第 301 页。

微型案例 9－4　　平行班班主任

有一位中学老师接管了一个平行班班主任工作，正好赶上学校安排各班级学生参加平整操场的劳动。这个班的学生躲在阴凉处谁也不肯干活，老师怎么说都不起作用。后来这个老师想到一个以退为进的办法，他问学生们："我知道你们并不是怕干活，而是都很怕热吧？"学生们谁也不愿说自己懒惰，便七嘴八舌说，确实是因为天气太热了。老师说："既然是这样，我们就等太阳下山再干活，现在我们可以痛痛快快地玩一玩。"学生一听就高兴了。老师为了使气氛更热烈一些，还买了几十支雪糕让大家解暑。在说说笑笑的玩乐中，学生接受了老师的说服，不等太阳落山就开始愉快地劳动了。

案例点评：人都是有自尊心的，就连三岁孩童也有他们的自尊心，谁都不希望自己被他人不费力地说服而受其支配。

资料来源：https://www.lizhigushi.com/renshengganwu/a14726.html。

微型案例 9－5　　从篱笆上的木牌谈起

法国著名女高音歌唱家玛·迪梅普莱有一个美丽的私人园林。每到周末，总会有人到她的园林摘花，拾蘑菇，有的甚至搭起帐篷，在草地上野营野餐，弄得园林一片狼藉，肮脏不堪。

管家曾让人在园林四周围上篱笆，并竖起"私人园林禁止入内"的木牌，但均无济于事，园林依然不断遭到践踏、破坏。于是，管家只得向主人请示。

迪梅普莱听了管家的汇报后，让管家做一些大牌子立在各个路口，上面醒目地写明：

如果在林中被毒蛇咬伤，最近的医院距此 15 公里，驾车约半小时即可到达。

从此，再也没有人闯入她的园林。

案例点评："私人园林禁止入内"和"如果在林中被毒蛇咬伤……"有什么不同——有时成败只在于一个观念的转变。

资料来源：https://www.lizhigushi.com/renshengganwu/a14726.html。

案例研究 9—1

友邦中国:变革沟通案例

自 2010 年友邦保险上市以来,面对内外部环境变化,友邦中国以两个"五年计划"为指导,推出了一系列变革举措,有力支撑业绩目标的达成。

2010 年至 2014 年"快进计划"下推出的公司策略重新定义、架构整合、岗位评估,以及绩效付薪等转型,使友邦中国提前完成五年计划,在整体寿险保费下降的市场环境中,实现逆势增长,重回"行业标杆"地位。

立足于此,2014 年友邦中国重新出发,制订"新五年计划",起航新的蓝海战略,转型迈向以客户为中心的新愿景目标,为达成新的愿景目标,战略上对组织模式、组织能力、企业分化、员工敬业等提出更高要求。

因此,友邦中国开启了"以客户为中心"的服务领导力文化变革之旅,通过服务文化塑造,重新定义新的组织架构、流程、员工思维与能力和服务文化落地的全方位转变突破,为未来发展奠定坚实的基础。

一、变革历程

应"新五年计划",友邦中国有计划分步骤推动服务领导力文化转型变革逐步落地:

2014 年构筑全新愿景,塑造服务思维:引入新愿景,每个部门或个人在此基础上重新制定自身的目标,明确在新愿景下个体所扮演的角色。这一阶段的重点是思维模式的转变,通过服务愿景工作坊、卓越服务工作坊等,确立服务标准,达成共识。

2015 年设计扁平架构,开创服务能力:建立扁平灵活的架构,强调对一线的授权赋能,同时规划全新的服务能力模型,为服务领导力文化转型提供落地的重要支撑与条件。

2016 年优化内部流程,倡导个人践行:梳理新架构下的内部流程,加强跨部门协作;并通过领导团队示范先行、个人绩效目标的配套设置,推动个人服务行为的具体落实。

2017 和 2018 年内化服务行为,根植文化基因:侧重服务能力与服务行为的结合,鼓励并认可展现服务文化的行为,并将服务文化融入日常工作,成为组织的 DNA。

二、变革沟通

在文化转型变革过程中,友邦中国十分注重战略沟通,将其作为推动变革顺利发生的重要手段之一。

1. 成立沟通委员会

为了更好地向员工传递变革信息,推动变革有序落地,友邦中国专门成立沟通委员会。该委员会由中国核心管理层主导,并由该委员会形成沟通方案,包括不同变革阶段的沟通侧重点,沟通的时间表以及沟通的主要对象,以可持续、差异化的沟通策略,保证沟通的高效。

领导力在变革中起着至关重要的作用,友邦保险的核心管理层均将"沟通"视为日常工作的一部分,在变革中扮演着十分积极的角色。高管需要带领员工去实行变革,传递变革的信息,并时刻关注员工在变革中的态度和转变。而人力资源部门则作为"推手",配合业务高管促使变革的发生。

2. 创建变革沟通框架

友邦中国基于变革实践经历,建立了属于自己的沟通框架与流程。不论是从公司整体层面推动，抑或是各部门或个体实际细化，都可根据具体情况不断扩充与丰富内涵。

(1)理解变革的背景与原因(Why Conduct the Change?)：阐明变革的内外部背景与原因，描绘变革的蓝图与意义，深入理解变革的必要性。

(2)阐明变革的概念与内容(What's the Change?)：阐释变革项目的基本概念，说明变革的具体内容，同时明确项目目标与沟通目标之间的联系。

(3)确定变革的挑战与收获(What's the Possible Impact?)：评估利益相关者在变革过程中可能遇到的挑战或变革的风险因素，管理期望值；厘清所有利益相关者可能获得的积极影响，展现变革收益。

(4)定义变革的顾虑与疑问(How to address the Concern?)：对相关人员可能会产生的顾虑进行预判，准备"常见问题解答(FQA)"模板。

(5)细化沟通的计划与方案(How to Communicate the Program?)：制订详细的变革沟通计划(步骤、流程等)；根据不同部门或个人的特性，选择恰当的沟通方式(如一对一沟通、路演等)；设计要传达的具体内容；评估所传递信息的有效性和员工的接受度。

3. 沟通过程中的"闪光点"

对于友邦而言，沟通并非单方面的简单"通知"，而是双向的。即由传统"自上而下"沟通向"开放式"沟通转变，将"自上而下"的传达与"自下而上"的反馈有效结合，鼓励经理人与员工的参与，倾听来自员工的故事与声音，展现沟通的驱动力。

(1)"自上而下"的层层推进：根据不同角色的差异化定位，确定相对应的沟通内容与方式。

核心管理委员会——战略层面的宣导与行动的先行示范：身体力行的同时，通过公告、员工大会、在线视频等方式，鼓励并塑造变革的氛围。

中层管理团队——变革的先锋与推动者：借助领导力大会、工作坊、部门员工会议等形式，达成变革的共识，并驱动部门变革的推进。

一线员工——变革的参与者与建议者：通过服务领导力工作坊、服务大使认可、管理层面对面等形式，了解变革，理解变革，并参与变革。

(2)"自下而上"的积极融入：员工不只是"被动"的接收信息，而是"主动"投入变革全过程，不论是积极参与决策制定，规划自身的行动方案，抑或是开放地探讨变革沟通。

4. 获取员工声音的方式

(1)获取员工声音的方式之一：听证会。友邦中国会选取部分员工代表加入听证会，员工通过听证会一方面可以参与到公司的决策中来，另一方面也可以借此提出自己的建议。

(2)获取员工声音的方式之二：借力"盖洛普 Q12"。盖洛普 Q12 原本用于衡量员工敬业度水平，友邦中国则充分借助该工具，收集员工在企业文化变革过程中的意见、建议，并对于大家反馈最集中的几类问题，制定行动方案，积极践行员工提出的需求或建议，提升公司在员工心中的承诺度，也更顺利地推行变革。

(3)获取员工声音的方式之三：日常沟通。HRBP 在日常工作中会与大量员工接触与沟通，通过询问了解员工对变革的看法，发掘并展现员工群体中变革文化落实的先行者与标杆，更为直观地定位变革的状态。

5. 变革沟通过程中的注意点

(1)设"停顿"，及时复盘。在变革过程中，需要及时停下脚步，对于履行情况佳的部分进行褒奖;而对表现不佳之处,需要及时指出并修正。

(2)立目标,庆祝达成。设立变革的“里程碑”,并告知相关人员变革的进度及成果。当大的里程碑顺利完成后,需要和员工共同庆祝,激励员工在下个里程碑完成之前共同奋斗。

(3)讲故事,树立典型。变革中的“先锋队”可以作为榜样,将其以“讲故事”的方式发扬。这在一定程度上可以鼓舞士气,相对慢热的员工在了解到变革的成果后,也能在未来积极地拥抱变革。

(4)遇阻碍,践行承诺。变革实行之时,大部分员工对变化或多或少存在抵抗心理,并认为变革存在风险。友邦保险通过将各承诺一步一步实现,同时和员工共同分享成功,从而逐渐获得了员工的信任和支持。

三、变革沟通成果

经历了服务领导力变革的友邦中国,在“首选”战略的征程中,实现了一个又一个里程碑目标,如投保与回访时间由原来的4～5天,缩减为15～30分钟;普通理赔时间从原来的3天,转变为3小时等,从而收获内外部客户诸多认可,“公司易互动度”由85%增长为91%,敬业员工的占比也从50%增长到63%。此外,友邦中国连续多年荣膺国际权威机构Top Employers Institute的“中国杰出雇主”称号,连续两年荣获怡安翰威特“中国最佳雇主”。2016年,友邦中国更成为第一财经金融价值榜唯一的“年度保险公司(寿险)”。

友邦认为,变革沟通成效应以战略整体的执行情况衡量。沟通归根结底服务于企业战略,当每年战略执行情况较好时,说明企业整体的沟通机制往往也是可行、有效的。

四、变革沟通的关键成功要素

1. 共识紧迫感

意识到并重视组织变革的必要性与紧迫性,以此形成变革的共识,从而采取有效行动,既是变革沟通的重点,也是变革成功的前提。

2. 组织准备程度

组织的准备程度若不足,沟通将很难发挥效果。企业应借助工具自测,提前了解企业在变革中的准备是否充分。

3. 先锋领导力

不论变革还是沟通,都需要一支有能力的团队规划整个方向。高管需要在变革中扮演积极的先锋示范角色,并具备指导推动与冲突管理的能力。

4. 目标明确性

组织目标需要清晰定义且切实可行,并且具备一定的挑战性,在员工的认同中,激励每个员工完成该目标。

5. 信息一致性

沟通前,企业需要制定体系化、分步骤的沟通方案,对信息进行整合,防止因信息过多导致的信息不连贯、不一致。

6. 激励持续性

变革并非一蹴而就,建立张弛有度的沟通节奏,意识到不足,并赞赏阶段性成果,不仅有助于始终保持必要的紧迫感,也能最大限度发挥变革中新机遇的优势。

资料来源:程菲,变革沟通管理实践调研报告。

阅读资料

领导在组织变革中的生存法则

“领导”是一种高风险的行为。当领导处于困境又不得不发生变革的组织时，则要面对更加复杂的利害关系。事实上，这源于人们对变革给组织带来的不稳定性的反感。为了阻止这种变革，人们甚至更顽固地坚持原有的规则和他们所熟悉的事物，以求保护自己。

所谓组织性的转变就是领导对一个复杂的组织系统所做的根本性重组。当原来的情形因变革而被扰乱的时候，人们通常会试图抵制这种转变或是除去这股力量。下面的策略性建议能够帮助你将威胁缩到最小。

一、以观察者的身份置身于争论之上

领导的行为会受宏观视角、价值观以及战略性计划的引导。但是，要想从宏观的角度看清问题并不那么容易，当你保持一定的距离来看问题时，必须要准确地理解所听到和看到的东西；往下看的时候必须客观地看待你自己，这是最难做到的。所幸的是，你可以试着同时成为一个观察者和一个参与者。

二、争取中间力量

为了让变革顺利进行，需要招募那些可以保护你免受攻击或是可以为你指出你致命缺陷的搭档。同时你还必须和你的反对派接近，只有知道了你的对手所想，才能更有效地帮助你挑战对手，或者从对手那里借鉴思想，从而改善你的变革。

处理好与同盟和与对手的关系至关重要，但真正决定你成败的人常常是那些在公司中处于中层位置，以及那些看似无所谓，但事实上对你的计划相当关注的人。他们在你的变革中可能显得无足轻重，但他们对维持舒适、稳定、安全的地位却很关注。你所要做的就是确保人们这种一般性的焦虑不会演变为将你排斥在外的举动。这部分人需要明白的是你对变革是严肃认真的。同时，你对他们接受变革后所承受的损失抱着理解的态度。

此外，两种个人化的行为也有助于缓和人们对你和你的变革的抵触情绪，即身体力行地做你所说的事，让潜在的对手意识到处理组织所面临的问题是你的责任，以使他们保持中立。

三、调和冲突，利用冲突

对于一个提倡组织变革的领导来说，他所要面对的最大挑战之一便是如何去管理冲突，因为变革中的冲突可能会阻碍变革，也可能使人们对如何转变组织各执己见，互不妥协。有两种技巧可以帮助你有效地管理冲突：第一，创造一个可以让冲突“自由沸腾”的安全场所；第二，控制温度以确保冲突不会“过度沸腾”以至于把你自己烧伤。使冲突慢慢沸腾的场所，也就是能让各种观点混杂在一起，互相撞击，慢慢失去各自的尖锐度，最后趋于一致的场合。

容器只能承受一定的张力，不然它就会爆炸。领导者所要面对的一个重要挑战就是将你的员工的压力保持在一个最有效的水平上。首先要做的就是将“沸点”设置在足以引起人们关注，并让他们对面临的威胁和挑战做出反应的程度上，强迫他们在处理和解决这些问题上担负起责任，通过将潜在的冲突明朗化来积极地提升温度。但是也必须有效降温，否则就会引起对组织变革产生消极作用的混乱。可以通过减慢变革的速度、处理与该问题相关的一些技术性问题来降低温度。这样有助于减少人们的焦虑程度，同时让他们为迎接更大的挑战做一下热身运动。这两种技巧的目的就在于让热度高得足以去鼓励人们的动机，同时也让热度适当降低以避免引起灾难性的爆炸。记住：虽然大多数员工本能地希望降低热度，但是他们的抱怨事实上可能就说明了这样的环境下正是变革的好时机。

四、任务下放

重大的变革要求整个组织的成员都参与。作为一个领导，要避免不由自主地向你的下属提供解决问题的答案，而应该用实际行动来强调职权的转移，把大多数工作交给下属去做。否则，真正持续的变化是不会发生的。

上述这些策略是用于对付你周围的人的。它们可以帮助你提升你的变革，而且可以让你处在实行变革的最佳位置。但是事实上，若想要“推翻你”，最佳的方案便是让你自己加速自己的“死亡”。所以，要想经受住考验，处于不败之地，还要从自己的内心着手。

五、控制欲望

人人都有欲望。两个最普遍也最危险的欲望就是掌握控制权的欲望和显示个人重要性的欲望。有时候这些欲望会阻挠我们更富成效的行动，有时候欲望太强烈会使我们更容易受到伤害，变得脆弱。

掌握控制权的欲望可能会伤及自身，因为你专注于在组织内培养或是营造一种有序性，却忽略了组织内部一定程度的危险性而让其愈演愈烈。你让一切尽在掌握之中的能力迎合了那些从本质上希望平静而不喜欢混乱的人的口味，而且你的下属也会尽量避免去做那些会引起争论的工作。

许多人有显示个人重要性的需求，也就是自身受到别人肯定的需求。这里所存在的危险就在于这种认可让你虚荣心膨胀，并且经常导致自我欺骗。自我重要性膨胀的另一个副作用是鼓励员工依赖于你，这就减轻了员工自身在推动组织前进过程中所应承担的责任。这种依赖性很快就会转变为鄙视，因为你的拥护者发现了你的弱点。

六、稳固自身

为了在动荡的变革中求生存，你需要找到一条让自己保持稳定的路子。首先，你必须为自己找一个安全的港湾，在这里你可以思考前段时间的旅程，疗养好你所遭遇的创伤，坚定你的信念，找准你的前进方向。其次，你需要一个知己，一个你可以告诉他在你心里或是脑海里所想的一切而不用担心被出卖或被评判的人。你的知己通常不是你的同事，也不是你的同盟。知己是支持你而非支持你革新的人。他在你泄气的时候为你打气，在你洋洋得意的时候让你重回现实。

也许，最重要的是，你需要区分自己和自己扮演的角色。批评别人可能是你所扮演的角色的真实反映。试想，当你宣布好消息或是分发巨额奖励的时候，谁又会进攻你呢？当人们不喜欢这个消息时，他们才会进攻你的人格、作风和判断力。你需要意识到的是：人们进攻的并不是你本身，而是你所扮演的角色以及你所代表的职位。

资料来源：http://www.job-sky.com/art/html/1023.htm。

本章小结

1. 变革可以分为解冻、变革、再冻结三个阶段。解冻可以通过三种方式来实现：一是增加推动力；二是减少约束力；三是同时增加推动力和减少约束力。变革实施阶段的沟通包括：制订沟通计划，确定沟通的形式，掌握沟通力度和分寸等。再冻结是组织变革过程的最后阶段，也是变革的巩固阶段。

2. 变革的阻力可以从个人层面与组织层面分析，克服阻力的方法具有多种形式。

3. 变革沟通的原则包括：公开的沟通，正式的沟通，相互理解的沟通，真实、准确、反复的沟通，坦诚的沟通。

4. 变革沟通的策略主要谈了三个方面：建立共同的愿景、领导者的角色、评估与改善。

复习思考题

1. 举例说明变革的各阶段应该如何沟通。

2. 以某企业曾进行的一次变革为例，分析该变革中存在的阻力，以及克服变革阻力的方法、策略。

第十章　危机沟通

学习目标

通过本章学习，你应能够：

了解危机的特征、原因与类型；

理解危机预防与预警机制；

掌握危机处理程序及相关的沟通问题。

关键词

危机　危机公关　危机预防　危机处理

导入案例

顺丰快递小哥被打事件

2016年4月17日，在北京某小区内，一名顺丰快递员在派件过程中，其所骑行的三轮车不慎碰撞到一辆正在倒车的小轿车。轿车驾驶员下车后情绪激动，先是言语辱骂快递员，后又连续扇了快递员数记耳光。事件在网络发酵后，顺丰集团官方微博第一时间发文，表示要追究肇事者的责任。同时一张网络流传的截图显示，顺丰集团总裁王卫在其朋友圈发文称："如果这事不追究到底，我不配做顺丰总裁！"

事件发生后，顺丰不到24小时就在官微上表明了自己的态度："对于责任，我们不会因愤怒而抛弃公允；对于尊严，我们也不会因为理解而放弃追回！"声明态度明显，一方面表示追究责任，另一方面将单纯的打人事件上升到社会道德层面，成功地引导舆论转向对快递行业生存状况的讨论。

紧接着顺丰官微又发布:“我们已找到这个受委屈的小哥,顺丰会照顾好这个孩子,请大家放心!”引发舆论同情。一方面总裁的表态,一方面公司的撑腰顺应了舆论风向,既给了外界一个交代,又暖了员工的心,博得了公众好感。

任何组织的日常生活中都会不期然地遇到危机事件,这些危机组织形象的事件如果处理得当,问题就能迎刃而解,能为组织增加美誉度和知名度;相反,如果处理不当,则有可能使组织遭受巨大的损失,使组织处于危机之中。如何应对危机,事关组织发展的大局,也是对组织应对危机能力的考验。

第一节 危机与危机管理

一、危机与危机事件

危机,是指事物由于量变的积累,导致事物内在矛盾的激化,事物即将发生质变或质变已经发生但未稳定的状态。这种质变给组织或个人带来了严重的损害。为阻止质变的发生或减小质变所带来的损害,需要在时间紧迫,人、财、物资源缺乏和信息不充分的情况下立即进行决策和行动。

(一)危机事件的特点

危机事件的产生有可能是由于问题处理不当造成的,也有可能产生于组织总结工作或展望未来的过程中。这些事件一般都能引起媒体的广泛报道和公众的广泛关注,对组织正常的工作造成极大的破坏,而且可能会严重损害组织的形象,使组织面临舆论压力和困境。危机是对社会组织公共关系最具挑战性的考验,组织对危机事件的处理,集中反映了组织的公共关系工作的水平。

1. 突发性

组织所面临的危机事件大多是无法预知或没有准确预知的情况下发生的。有些危机是可以预知的,如自然灾害、管理危机等都可以提前预知,但对于外部因素引起的危机,组织是难以提前预知的。无论面临的是可预知的还是不可预知的危机,组织都要积极应对,避免因突发性而使组织陷于混乱无序之中。

2. 危害性

危机事件的危害性是无法估量的。社会性的危机能给国家带来一定的危害,导致社会的混乱状态;组织内部的危机能给组织以致命的伤害,或造成不可估量的经济损失。如美国“9・11”事件、“SARS”、新冠肺炎等。只有充分认识到危机的危害性，才会在发生危机时保持清醒的头脑，处理好危机，将危机转化为契机。

3. 可变性

危机事件的可变性是指危机事件的无规律性，每一次危机事件发生的背景、形式、影响的程度、损失的大小都不尽相同。危机的可变性让组织对危机无法严防死守，需要具体问题具体分析，采取不同的危机处理方式。

4. 紧迫性

组织的公共关系危机总是在短时间内猛烈爆发，具有很强的紧迫性。这对组织处理危机要求有很高的效率，赢得时间就意味着减少损失。果断处理、积极面对对于组织来说具有很重要的意义。

5. 危机的双重性

危机兼有破坏性和建设性的特征。古人云：“祸兮福之所依，福兮祸之所伏。”这一辩证关系恰好反映了危机的双重性特征。一般情况下，危机在本质上或事实上都会起到一定程度的破坏作用，不仅对组织而言，对社会也是一样。但对危机的破坏性处理好也能转变为建设性。正如一位公关公司经理所说：“危机，即危险加机遇。”对受损的组织形象的恢复要有迅速的切实有效的危机对策。

（二）危机事件的基本类型

1. 不可抗力危机

不可抗力危机指自然灾害危机和社会环境所造成的危机，是针对具体的政府机关和企事业单位而言。自然灾害如干旱、台风、海啸、火山爆发、泥石流、地震等具有突发性、无法回避的重大损害性事件，其发生与政府或组织的管理联系不大，事态的后果也是人力所能及的，灾难程度对组织的公共关系形象没有损害。但是，组织对灾难的处理过程或采用的方式可能给组织带来有利或不利的影响。

社会的政治、经济环境造成的危机如世界大战、经济危机、恐怖主义等危机事件，这些危机同样无法避免，并具有重大损害性。这是某个个别组织无法把握和控制的，其危害性也极大。如伊拉克战争造成的大量难民、政治经济的瘫痪、全球油价上涨等。

2. 人为破坏危机

现实生活中，组织经常有一些不法分子蓄意破坏组织的形象。一些组织的竞争者采取的不正当手段包括制造谣言恣意损害竞争对手形象，生产假冒伪劣产品，通过恶劣行径扰乱对手的经营秩序等，都对组织的形象有所损害，组织在面对这种危机时应增强自我防范意识。

微型案例 10-1　一汽—大众奥迪“被泡”72 小时危机公关

2015 年 5 月 17 日至 18 日，一场突如其来的暴雨夹杂着冰雹袭击了长春，这场暴雨造成了长春城区多处发生严重积水，将一汽—大众奥迪引入一场公危机关事件。位于长春的一汽—大众奥迪停车场，二百多辆新车全部被暴雨浸泡。这场舆论漩涡，来得有些突然。

5 月 21 日一汽—大众奥迪发布官方声明，就车辆进水一事做出回应，证实了由于长春暴雨导致了 283 辆奥迪 A6L 浸泡受损，并确保这些车辆不会进入销售渠道。5 月 22 日，为彻底平息媒体和消费者担忧，奥迪再次发布公告，并且将 283 辆受损车底盘号全部公布。

资料来源：http://www. chinapr. com. cn。

3. 公众误解危机

公众有时会误解政府或企业经营中的政策和策略，尤其当两者利益发生冲突时，公众很容易对组织发生误解。这些误解有公众对组织的误解、内部公众对组织的误解、媒介对组织的误解等，都有可能引发组织的公关危机，这时更需要组织做出应急措施，挽回组织信誉。

4. 管理失误危机

管理失误是机关、企事业单位因管理不善而造成危机频频出现。管理失误主要指贪污腐化、重大生产责任事故、重大工伤事故、合同纠纷等。这些危机大多因疏于对员工的思想教育，或疏于生产流程的管理，或不懂法律，或疏于对印章的管理，或受利益的驱使，造成组织危机，给组织信誉、形象造成不可估量的损失。

微型案例 10-2　“海底捞勾兑门”事件的危机公关处理

事件回顾：

2011 年 8 月 22 日，一篇报道《记者卧底海底捞·揭秘》，直指骨汤勾兑、产品不称重、偷吃等问题，引起社会轩然大波，海底捞遇到了一个大坑。

2011 年 8 月 22 日，海底捞官网及官方微博发出《关于媒体报道事件的说明》，声明语气诚恳，承认勾兑事实及其他存在的问题，感谢媒体监督，并对勾兑问题进行客观澄清。此微博被转发 1 809 次，评论 690 条，用户基本接受海底捞的道歉态度。

2011年8月22日，海底捞官网及官方微博发出《海底捞关于食品添加剂公示备案情况的通报》，态度更加诚恳，“多年厚爱，诚惶诚恐”之类的词语都用上了。

2011年8月23日，海底捞官网及官方微博发出《海底捞就顾客和媒体等各界关心问题的说明》就勾兑问题及员工采访问题进行重点解释。

2011年8月23日，海底捞掌门人张勇的一篇微博尤为经典，转载在这里：“菜品不称重、偷吃等根源在流程上落实不到位，我难过地告诉大家我从未真正杜绝这些现象。责任在管理，不在青岛店，我不会因此次危机发生后追查责任，我已派心理辅导师到青岛以防该店员工压力太大。对饮料和白味汤底的合法性我给予充分保证，虽不敢承诺每一个单元的农产品都先检验再上桌，但责任我一定承担。”

此篇微博瞬间被转发近4 000次，评论1 500条。在如今遇事自保、互相推诿、丢车保帅的职场中，张勇以敢担当、人情味十足的人格魅力化解掉此次事件80%的危机。随后，海底捞邀请媒体记者，全程记录骨汤勾兑过程，视频、照片瞬间布满网络，事件就此暂时画上句号。

资料来源：https://www.zhihu.com。

（三）造成危机的原因

美国危机管理专家诺曼·奥古斯丁形容危机：危机就像普通的感冒病毒一样，种类繁多，难以列举。事实上，造成公共关系危机的原因很多，诸如，经营管理不善、市场信息不足、同行竞争至恶意破坏等，或其他自然灾害、事故，都可能使现代组织处于危机四伏之中。正确分析危机发生的原因，对于制定正确的预防和处理对策有十分重要的意义。

1. 企业内部环境因素

(1)企业员工自身素质低。一个企业的素质也就是指一个组织内部员工的素质和领导者素质。这两类中任何一方素质低下都有可能引发危机，特别是领导自身素质问题致使企业陷入危机的可能性更大，而且难以有效地处理这种危机。员工素质不高也会引发危机事件。在组织的经营中，员工素质须与其所从事的事业相匹配，如若不然，也会引发企业危机。

微型案例 10－3　　　　“瘫痪门”中被玩坏了的携程

国内最大的在线旅游网站——携程网陷入了“瘫痪门”。2015 年 5 月 28 日中午 11 时左右，携程官网、App 同时崩溃。将近两个小时后，携程才发表声明，仅简单表示服务器遭到不明攻击，正在紧急恢复。随即，这份声明被携程删除。

接着，据说是携程内部泄露的言论称，是服务器某根目录被删除了，备份都被删掉了。同时，互联网上也传出携程数据库被物理删除的说法。之后，携程网站才提示用户可以访问艺龙网站，但很快，承载不了过大流量的艺龙网也崩溃了。

直到当天 23:29，携程官网才恢复正常。携程官微发布声明称，数据没有丢失。第二天早上，携程发布官方解释，称是由于员工错误操作，删除了生产服务器上的执行代码导致。

资料来源：https://www.zhihu.com/question/19574802/answer/72810593。

(2)决策失误。组织的决策失误也是导致企业公关危机的重要原因之一，在现代社会中，组织的经营决策都不能有损于公众、有损于社会环境，否则，便会造成组织的决策失误。

微型案例 10－4　　　　海底捞就涨价事件致歉

新冠疫情逐渐缓和后，消费者出门就餐日渐增多，结果有消费者注意到，恢复堂吃的海底捞菜品价格出现上涨。一位北京的消费者在微博晒出菜单，“人均 220 元以上，血旺半份从 16 元涨到 23 元，八小片；半份土豆片 13 元，合一片土豆 1.5 元，自助调料 10 元钱一位；米饭 7 元钱一碗；小酥肉 50 元钱一盘”。对此，海底捞方面回应称，“受疫情和成本上涨因素的影响，海底捞确实调整了部分菜品价格，整体价格上涨幅度控制在 6%”。但是这一涨价策略很快引起了广大消费者的极度不满。

2020 年 4 月 10 日，面对巨大的舆论压力，海底捞火锅官方微博发布致歉信称，海底捞门店此次涨价是公司管理层的错误决策，伤害了海底捞顾客的利益。对此我们深感抱歉。自即时起，中国内地门店菜品价格恢复到 2020 年 1 月 26 日门店停业前标准。此外，海底捞还在致歉信中表示，海底捞各地门店实行差异化定价，综合考虑门店所在地的经营成本、消费水平、市场环境等因素，每家店之间菜品价格会存在一些差异。海底捞各地门店推出的自提业务，目前提供 69 折或 79 折不等的折扣，我们将在 4 月 25 日前改良包装材料，并持续优化成本，希望顾客能够满意。

资料来源:http://news.cctv.com/2020/04/12/alfizzen。

(3)法制意识淡薄。在依法治国的社会里,组织是否具有法律意识在某种程度上决定着组织经营活动的成败。树立法制意识,开展正当的经营活动,规范管理行为,塑造良好的组织形象都有十分重要的意义。然而,有的组织却无视法律的存在,恣意损害公众利益,最终促使组织陷入危机。

微型案例 10-5　　与工商总局大战三百回合的淘宝

这场堪称贺岁大片的对战,始于 2015 年 1 月 23 日。国家工商总局于当日公布 2014 年下半年网络交易商品定向监测结果,其中点名淘宝网:在购物网站的检测结果中,淘宝网正品率最低,仅为 37.25%。1 月 27 日,淘宝官方微博上发了一篇名为《一个 80 后淘宝运营商小二心声》的公开信,对工商总局这份报告的调查方式和结果提出了质疑,直接喊话国家工商总局网络监管司司长刘红亮:"您违规了,别吹黑哨!"

27 日晚上,工商总局发布了三点官方回应。1 月 28 日上午,工商总局官网发布了一篇文章《关于对阿里巴巴集团进行行政指导工作情况的白皮书》,其中指出,阿里系网络交易平台长期存在大量违法经营问题。28 日下午,淘宝发声明向国家工商总局正式投诉刘红亮在监管过程中程序失当、情绪执法。

两个小时后,淘宝官微发表文章,在文中,马云说,假货是所有商业模式发展的硬伤,假货不是淘宝造成的,但淘宝注定要背负这种委屈、这种责任,淘宝只能认下它、解决它。

1 月 30 日,工商总局发布消息称,张茅局长在工商总局会见马云,马云称阿里巴巴将配合政府打假,加强日常线上巡查和抽检。国家工商总局发言人强调,此前发布的白皮书,是行政指导座谈会会议记录,不具有法律效力。至此,这场罕见的政企过招正式结束,双方握手言和。

资料来源:https://www.zhihu.com。

(4)缺乏危机意识。"人无远虑,必有近忧""生于忧患,死于安乐"等古代诗句中都告诫人们这样一个道理:要时刻警惕着危机的发生,并防患于未然。然而,现实生活中的很多组织在取得成绩时却无法保持清醒的头脑,对危机丧失了警惕,最后走向毁灭之路。

微型案例 10－6　　波音客机 737MAX 停飞事件

波音作为全球两大客机供应商之一，在过去的几十年来，一直和空客垄断了全球的窄体客机市场，而由于竞争压力较小，也就失去了研发新型客机的动力，很多飞机都是改进后继续用。2018 年 10 月到 2019 年 3 月间波音的埃塞俄比亚航空和印尼狮航的 737MAX 客机先后发生坠机事故，事后调查由于软件漏洞引起，结果导致波音 737MAX 机型在全球大面积停飞，重创了波音，导致波音成立以来的最大危机。

资料来源：新浪财经。

2. 企业外部环境因素

(1)企业间不正当竞争。企业间不正当竞争，是指企业在经济活动中，弄虚作假，投机倒把，通过非法手段牟取企业利益，而损害国家、同行业生产者及消费者的利益，扰乱社会经济秩序。

微型案例 10－7　　中电电机创始人盗窃事件

中电电机创始人、原董事长王建裕，2020 年 4 月 18 日下午翻墙进入竞争对手华永电机厂区拍摄新研发的电机，被工作人员发现并控制后报警，当地警方随后将其带走调查。王建裕是否涉嫌窃取商业机密，以及该行为将对华永电机造成何种程度的损失，尚待进一步调查，但是公司创始人盗取竞争对手商业机密的行为，立刻在社会上引起了强烈反响，作为一家 A 股上市公司，其股票甚至被戏称为“盗窃概念股”，盗窃事件对公司形象造成了巨大不良影响。

资料来源：搜狐财经。

(2)社会公众误解。公众对组织的经营状况并不是很了解，尤其对组织在开发新产品方面不能马上接受，便对组织产生误解，引发组织危机。这包括几个方面：一是顾客对组织的误解；二是内部公众对组织的误解；三是新闻媒介对组织的误解；四是金融组织对组织的误解等，其中的任何一项误解都能引发组织危机。

微型案例 10－8　　万达旗下 AMC 破产流言重创 AMC 股价

受全球新冠疫情影响，万达旗下美国最大的连锁院线 AMC 大规模闭店。有消息指出，随着 AMC 现有现金流的消耗，AMC 申请破产保护的可能性越来越大。

另据该消息表示,AMC正在洽谈聘请美国律师事务所Weil Gotshal & Manges探讨"破产保护申请"的可能性。有内部人士表示,有关"破产保护申请"的想法还处于早期阶段,尚不清楚AMC院线是否还为重组事宜聘请了其他顾问,"但破产极有可能,因为AMC已开始付不起租金"。

2020年4月14日,万达集团官方发布消息称,"网上个别自媒体炒作'万达控股的美国AMC院线申请破产纯属不实消息'"。

早在2012年时,万达以26亿美元收购了AMC100%的股权,当时AMC在北美市场拥有343家影院,超过4 900块屏幕。尽管规模可观,但在2012年前,AMC一直处于亏损状态,在接受万达投资后,AMC首次实现扭亏为盈,当年度盈利3.63亿美元。

截至2020年4月13日收盘,AMC院线大跌超20%,报2.08美元,股价创历史新低,总市值仅剩2.17亿美元。

资料来源:https://baijiahao.baidu.com/s?id=166436898552811844。

(3)网络传媒。网络传媒是科技进步的产物,具有传播速度快、互动效率高、更新及时、成本低等优势。现代企业也越来越重视通过网络传媒为企业塑造良好形象,部分企业已经拥有自己的网页,有的则在网上发布企业的信息,但也有企业因消费者的网上投诉处理不当而损毁名誉。

微型案例10-9　　"六六维权"事件

2015年7月11日,知名女作家六六在个人微博上发文,称自己在京东上购买的天天果园水果是烂的,自己要求退款却遭到拒绝。此微博一出,即刻引起了网友的大量关注。一小时后,天天果园联系六六提出全额退款。

随后,六六拒绝了这个请求,但京东与天天果园又相继联系六六商讨退款事宜,甚至天天果园还邀请六六成为其质量监督员。

7月13日,六六再次发表一篇名为《我要的是公平》的文章,表明自己拒绝和解的态度,并感叹"做一介草民好难"。

7月14日,天天果园在微博上公开向六六道歉,京东方面进行转发并表示要加强自身服务。

原本舆论该趋于缓和,孰料,7月18日,王思聪转发了六六微博,表示自己的私人信息被截图放到网上,商家也没给出任何说法。19日,京东官方微博即刻发文向王思聪公开道歉，京东官方也被戴上了“看人下菜碟”的帽子。

资料来源：根据乐客网资料整理。

总之，除了上述所归纳的危机发生的原因之外，还有其他一些突发事件引起的组织危机。组织要想在危机发生时及时有效地处理，必须广泛收集有关信息，对造成组织公关危机的原因进行深入分析，找出症结所在，将危机适时地转为契机。

二、危机管理

危机管理，又称危机沟通管理，原因在于，加强信息的披露与公众的沟通，争取公众的谅解与支持是危机管理的基本对策。

危机管理是企业为应对各种危机情境所进行的规划决策、动态调整、化解处理及员工培训等活动过程，其目的在于消除或降低危机所带来的威胁和损失。

根据对《财富》杂志排名前500强的大企业董事长和CEO所做的专项调查表明，80%的被调查者认为，现代企业面对危机，就如同人们必然面对死亡一样，已成为不可避免的事情。其中有14%的人承认，曾经受到严重危机的挑战。

普林斯顿大学的诺曼·R. 奥古斯丁教授认为，每一次危机本身既包含导致失败的根源，也孕育着成功的种子。发现、培育，以便收获这个潜在的成功机会，就是危机管理的精髓。而习惯于错误地估计形势，并使事态进一步恶化，则是不良的危机管理的典型。简言之，如果处理得当，危机完全可以演变为契机。

第二节　危机管理的过程

危机管理包括危机前的预警、危机中的应急处理和危机后的善后工作。不论在哪个阶段出现危机，组织都应该及时地、诚恳地妥善处理，将危机扼杀在萌芽状态。如果处理不及时就会使组织陷入更大的危机，甚至无法自拔。

危机预防是指对组织监测、预控潜在隐患的危机管理活动，并能对组织管理者提出警告，以利于组织及时脱离危机，减少组织的损失。大多数组织形象危机都可以在发生前通过组织的预警机制得以控制。引起危机的因素通常潜伏在组织中，但没得到重视，到后来便失去了控制局面的能力。因此，建立科学的危机意识，高度重视组织形象的危机管理，将危机意识落实到行动，这对预防和解决危机是至关重要的。

一、对危机事件的分析预测

对组织来讲，危机的出现虽然是无法把握的，但其中也存在一些带有规律性的东西。这就需要从以下几个方面分析预测：

（一）从组织自身的类型做预测

要准确预测危机事件，首先要弄清楚组织属于什么类型的组织，列出组织可能发生的公关危机事故。

（二）从组织发生过的事件中做预测

查看组织曾发生过什么样的危机，当时对危机的处理方法如何，可以将此类事件做个总结，以备日后发生同样问题时有可参照的依据。

（三）从同行业组织的经验或教训中做预测

查看本组织所属的同行业或类似的行业发生过怎样的危机事件，分析危机如果发生在本组织，那么对本组织会造成多大损害，并且有针对性地对自身的组织进行完善，以增强防御能力。

二、在日常业务中预防危机

在日常业务中须严格执行科学管理制度，保证产品和服务的质量，遵章守法，维护公众利益，从而消除危机隐患。

（一）有严格的制度作为保障

“无以规矩，不成方圆”，组织能够持续发展下去，首先要有严格的制度作为其有力的保障，凡事都按照组织的规程来做，就会将危机发生的可能性降到最低。

（二）建立危机预警机制

组织可以在部门内部专门成立一个危机处理小组，主要负责各类危机发生前的监测、识别、诊断，危机发生时的处理工作，危机发生后的善后工作等。

（三）树立全员危机意识

危机一旦发生，不仅是组织领导者的责任，组织内部的任何员工都有责任，同时组织内部的每个人也都有义务为组织的健康发展尽自己的一分力量。组织要使每个员工从思想上做好应对各种危机的准备，树立全员危机感，开展危机教育，预防各种潜在的危机思想意识。

微型案例 10－10　　　肯德基严把质量关预防危机

为防止与顾客发生矛盾纠纷，肯德基餐厅严格执行如下纪律：

第一，餐厅制作的炸鸡要严格按"七、十、七操作法"进行，即将一袋鸡块放到鸡蛋中浸七下，再放到干粉里滚十下，最后再按七下。有一天，因顾客爆满，炸鸡供不应求，操作工为了加快速度，按"七、十、七操作法"一次同时操作两袋鸡块，结果被经理发现，立即给予口头警告，并扣奖金 15 元。

第二，肯德基制定了一项铁的规定：鸡块炸出超过一个半小时就不能再卖了，不管剩多少都要扔掉，不准做廉价处理，不准给员工吃。不做廉价处理的理由是便宜卖给顾客，会损害餐厅的名声。

第三，运用科学手段，保证炸鸡的分量。在制作过程中，餐厅运用电脑控制选用肉鸡，体重均在 1.13～1.23 千克之间。每只鸡分 9 块，保证分量。

此外，美国肯德基总公司还明文规定，肯德基快餐厅一律不许卖酒。世界各地的 7 700 余家肯德基快餐厅都要遵守这一规定。

肯德基的这种严格控制产品质量的规定为其他企业提供了范本，从日常业务中就开始预防危机的产生。

资料来源：崔景茂编，《新编公共关系教程》，北京大学出版社 2005 年版。

三、建立危机预警系统

许多危机在爆发之前都会出现某些征兆，因此应当建立组织的预警系统来及时捕捉这些危机的预兆。公关危机预警，是根据预警监控做出危机预警的报告，在各种信号都显示将要来临时，及时向组织发出警报，以提醒组织采取相应行动。预警主要是对组织内部成员的警示，对象通常是组织的领导阶层、公关人员及全体员工，目的是引起他们对组织形象危机的关注，以便做好应对的准备，采取措施，减少危机带来的损失。

（一）设置危机管理机构

在组织内部设置危机管理机构，这是组织危机处理机制的反映。一般来说，危机管理机构主要由组织的高层管理人士、中层管理人士以及公关人员组成。高层管理者具有危机管理的最终决策权，并负责对外召开新闻发布会，负责提供解决危机事件发生的策略。中层管理者直接参与制定公关策略，在发生危机时及时向高层领导反映情况，同时还应兼备处理突发事件的敏捷反应能力，并善于与媒体打交道。公关人员在危机发生时是处在危机最前沿的，能主动承担公众与组织领导者之间沟通的桥梁作用，及时收集危机发生的原因，外界公众对组织的评价等，帮助组织渡过难关。

微型案例 10－11　　　　肯德基危机管理小组的结构

肯德基的危机管理小组是公司的常设机构，有一个庞大的团队，经验丰富、应变能力强。当危机出现的时候，危机处理功能立即启动，对危机事件进行分析并做出相应决策。危机小组由公司相关部门人员组成，他们的主要工作是密切关注事态的发展，收集各种信息，包括中国政府出台的有关政策、媒体及社会公众的反应等，并及时对危机造成的影响做出判断，进行危机公关。全球化的经营网络使得肯德基信息化程度很高、反馈迅速。危机发生时，总部采取的措施能很快传达到中国 200 多个城市的 1 000 多家店铺和 6 万多位员工。

资料来源：陈敏编，《现代公共关系实务》，上海中医药大学出版社 2004 年版。

（二）完善危机管理计划

为了有效地预防和处理公关危机，组织必须建立健全危机管理计划，规定在对危机事件处理中各个管理小组与各部门之间的职责分工，保证对危机的处理过程有效而有序，维护组织的形象。公共关系危机管理计划按内容包括应急计划和传播计划。

1. 应急计划

危机应急计划是在组织领导层全面分析预测危机的基础上，针对本组织常发生的危机事件的出现概率而制订的有关工作程序、施救方法、应对策略等详细的书面计划。应急计划的侧重点在危机事件发生时的处理过程。

微型案例 10－12　　　　“5・11”网易服务器危机事件

2015 年 5 月 11 日约 21 时，许多玩家发现网易旗下的游戏产品连接异常，无法正常登录。除游戏产品之外，陆续有用户发现网易新闻客户端、网易云音乐、易信、有道云笔记等在内的数款产品无法连接服务器的情况。

随后，有网友在微博发布了网易大厦着火的谣言（暂时不明动机），于是话题开始在微博发酵。网络上的谩骂和抱怨开始呈现上升态势。

网易到底该如何接招？

从“网易新闻客户端 VS 新周刊”“网易新闻客户端 VS 腾讯新闻客户端”等众多事件，想必很多人已经见识到了网易君的智慧，他时而是一个不卑不亢的君子，时而是一个风趣优雅的文艺青年，时而是搞怪顽皮的小孩。他到底是谁，他就是一个百变达人。

现在看来，分析此次网易危机公关的成功原因在于三点：

第一，反应迅速。

在网易服务器连接不上之后，网易用户怨声载道，同时谣言遍地，但网易官微在21:42发布声明，反应时间42分钟，低于1小时。

声明原文：尊敬的网易用户，2015年5月11日21点，因骨干网络遭受攻击，导致网易旗下部分服务暂时无法正常使用，技术人员正在抢修中，具体修复时间请关注稍后公告通知，给您带来的不便敬请谅解。关于网易大厦着火的新闻为谣言，网易公司保留追究法律责任的权利。

时间把控得非常到位。也许有朋友会说，42分钟，时间太长了吧，不就是发条微博吗？怎么那么费劲？但是，需要明白的是危机公关除了反应迅速外，更需要的是“准确、全面、一次性”地解决所有用户的疑惑。危机发生后，是需要一定的时间通过社交媒体去分析和判断舆论的源头和导向，弄清楚目前用户存在的误解和疑惑。如果只注重时效性，不花一定的时间去对目前的舆论做准确的判断，就会导致发出的声明不能干净利落地解决目前所有的问题，危机依然存在。

第二，多渠道扩散。

得益于网易的多产品战略，网易在游戏、资讯、社交、娱乐、电商、工具等产品上都有微博阵地，粉丝超亿，这些都是自有的发声渠道。另外，值得一提的是，各个产品并非单打独斗，而是有着紧密的沟通和配合。产品线以网易新闻客户端为中心，各产品助力信息扩散。如网易花田、网易云音乐等产品与网易新闻客户端信息出口一致，网易云阅读则转发扩散。当然，完全百分之百地信息一致难免显得有些单调乏味，网易考拉则独树一帜，发布了以下信息：

亲爱的网易考拉海购用户，2015年5月11日21点，因外星人袭击，导致考拉海购网站及App暂时无法登陆，复仇者联盟已经出动，具体修复时间请关注稍后公告通知，给您带来的不便敬请谅解。

网易云音乐与其趣味互动：你的公告为什么不按套路出牌?! 场面十分有趣，引发了很多笑场。

第三，段子手趣味化扩散。

想必大家都已经看到了段子手的调侃，不知道是否和我一样认同这是此次公关最为出彩的地方。

让我们设身处地感受一下，当一个用户每天都在通过网易的服务器登录各个产品，这已经成为一种生活习惯的时候，突然有一天无法登录上去，他会是什么心情？相信那是一种焦急、不解和紧张。段子手们这种趣味化地表达，很好地分散了网易服务器被攻击这一事件的注意力。从“网易被黑出翔”到“网易被娱乐”，这完全引发了不同的效果。假如网易只有一种被攻击、被黑的受害者身份，这很难去引发普通粉丝的声援，反而会引发一些用户质疑网易的技术能力，甚至赌气去谩骂，最后形成从众效应。通过另一种被段子手娱乐的身份，则有效分散了注意力，甚至激发了网友的想象力和创造力，形成全民娱乐。

总之，相比痛苦，人们会更愿意记住那些有趣并让他们感受到快乐的事情。

让我们再一起欣赏其中段子手的创作：

@李铁根：急报！公元 2015 年 5 月 11 日，全宇宙知名 boss 哥斯拉攻击网易大厦，导致网易游戏全面断线。据消息人士介绍，哥斯拉喷火前曾大吼：“我如此 Q 萌，为什么不把我做进梦幻！我不服！”神情颇为幽怨。

@八卦_我实在是太 CJ 了：公元 2015 年 5 月 11 日，我们的记者直播网易大厦被攻击现场，由于哥斯拉入侵，导致网易游戏全面断线，只见哥斯拉对着网易大厦喷出愤怒之火：“网易游戏里跟我结婚的那位给我死出来！把我的蛋蛋还给我!!”

那么为什么要选择段子手去做这些事情?

拿网易非常重要的一块业务网易游戏来说，2014 年第四季度网易在线游戏服务收入为 28.63 亿元人民币，平均每天收入 3 111.96 万元，平均每小时收入 129.66 万元。喜欢玩网游的朋友会非常清楚，晚上是游戏用户在线的高峰期。此次停电不仅是网易自身直接损失了超过千万元收入，还会影响海量游戏玩家的虚拟收入。如果处理不得当，会引发用户的强烈抱怨甚至索赔。段子手在社交媒体上粉丝巨大而且活跃度高，信息穿透力很强。他们将一件灾难性事件，通过娱乐化的表达，塑造成了一种全民娱乐，有助于消除用户和玩家的负面情绪，这样不仅是拯救了品牌，同时也避免了被集体诉讼，导致进一步的经济损失的局面。

当然，除此之外，网易还有其他一些补充动作，比如服务器在次日凌晨 2:31 恢复后，网易第一时间发布恢复消息，并向用户表达了歉意。

资料来源：http://www.xuexila.com。

2. 危机媒介公关计划

危机媒介公关计划主要是针对在危机发生后，组织出现声誉受损、形象受挫以及伤亡事故等意外事件而制订的与媒介公关的计划方案，目的在于维护声誉、消除误解、告知公众。

危机媒介公关计划的重点是危机事件发生后的媒介沟通和信息传播。危机事件发生后组织要向外界及时公布组织的处理方案或对公众做解释，加强与外界的信息沟通，这样可以在一定程度上消除组织与公众的误会和隔阂。因此，在危机传播计划中，应当包括与新闻媒介的联系方式、与外界信息沟通与处理，必要时组织还需专门成立新闻传播中心，专门负责对记者的接待与解释工作，还有一些文件的准备工作（如新闻稿等）。

微型案例 10－13　　高露洁正确应对牙膏致癌风波

高露洁牙膏致癌风波，这一事件缘起于英国伦敦《标准晚报》科技记者在2005年4月15日的一则报道。报道称，超市里出售的数十种牙膏今天接到了癌症警告。研究人员发现，化学物质三氯生能够和经氯消毒的水反应生成三氯甲烷（俗称"哥罗芳"）。如果吸入大量三氯甲烷，就会导致消沉、肝病，有些时候甚至导致癌症。而在该报列举的产品中就包括了高露洁全效清爽彩条牙膏、高露洁全效牙膏等产品。事件被中国媒体报道后，立即引起轩然大波。高露洁牙膏的销售量急速下滑。面对致癌嫌疑，济南等部分城市临时撤下高露洁牙膏。

【危机公关】

(1)4月27日，高露洁举行新闻发布会，中国广州高露洁棕榄有限公司董事长方宝惠先生在会上说，高露洁全效牙膏是安全有效的，消费者可以继续放心使用高露洁全效牙膏和所有高露洁口腔护理产品。

(2)借助一些知名国际媒体的高级编辑及负责人，用较为温和的手法指出部分媒体的报道失实，援引报纸仅仅是英国的一家不知名的小报《旗帜晚报》。

(3)《旗帜晚报》有关高露洁牙膏致癌的报道援引英国美弗吉尼亚理工暨州立大学威克斯兰教授的一项研究报告。而威克斯兰认为其报道内容偏颇，并对报道的误解和混淆表示不满。他通过录音澄清：他的研究根本没有涉及牙膏或提出对高露洁全效牙膏安全性的任何担心。"很多相关报道是错误的，造成了不必要的恐慌。"他说，"事实上我本人就使用高露洁牙膏。"

(4)争取到中华口腔医学会和中华预防医学会的支持，两家机构再次确认高露洁牙膏的使用安全。

(5)加大在央视等主流电视媒体的广告投放。

高露洁耗费了相当的财力和精力，承担数百媒体中外地记者来京的食宿、交通费用。高露洁广州高露洁棕榄有限公司董事长方宝惠、高露洁棕榄有限公司副总裁魏德威、高露洁棕榄公司亚太区总裁高仕亚均出席了新闻发布会。这种高规格、大规模的媒体发布会，显示了高露洁积极应对的姿态，应予肯定。

高露洁在危急发生后积极与媒介沟通，调查事件的始末，召开新闻发布会澄清，极力维护组织的形象。这一系列工作显示出高露洁公司危急媒介公关计划的成熟性。

资料来源：根据危机公关培训网相关资料整理。

（三）危机管理的条件准备

第一，危机管理专项经费的准备。在危机预防阶段，针对危机管理的各项经费开支可通过组织内部预算预留出来，以便在危机发生时各项工作不因为经费而耽搁组织对危机事件的及时处理。

第二，危机信息资料的准备，包括危机事件处理小组的联系方式与预警方案，突发事件的处理程序、善后工作的材料，并能够随时取用。

第三，媒体关系的准备。组织应积极主动与媒介建立长期的、有效的联系，并善于借助强大的舆论力量为组织在关键时刻客观宣传与报道。

第三节 危机沟通的原则

危机处理原则主要有以下六个原则：

一、公众利益至上原则

公众，是政府的服务对象，更是企业的服务对象。尤其对企业来说，公众是其生存发展的土壤、空气和阳光，漠视公众实际上是无视自己的生存条件。所以，企业管理者必须具有公众利益至上的公关意识。当企业与公众因误解而出现利益冲突时，组织应向公众传递的是“尊重顾客意愿”“顾客满意为先”的诚挚理念。

微型案例 10－14 呷哺呷哺——即使躺枪也要淡定地站起来

某年“3・15”晚会，央视报道呷哺呷哺、小肥羊等知名餐饮企业用价格低廉的猪血冒充鸭血。据了解，猪血冒充鸭血可降低成本，麻辣烫店等使用的“猪血”中含有较高浓度的甲醛，这种非法添加强致癌物甲醛的做法很大程度上危害消费者的健康。新闻一曝光，立刻引起了消费者的恐慌和热议。

呷哺呷哺当晚八点多就立即通过微博发布了企业声明，先表明了其坚持品质、对消费者负责的经营理念，然后称会配合相关部门、媒体和检测机构展开调查。随后，当日就通知近 500 家门店停售鸭血，3 月 16 日一早将产品运回呷哺呷哺总部封存检测。这些消息也是通过微博等渠道公开发布，并对媒体的征询安排专人处理。

这一下，让消费者和媒体的疑问有了沟通和落实的正规途径。虽然不少消费者仍持激烈的质疑和谴责态度，但在检测证明未出来之前，呷哺呷哺井然有序的处理和应对步骤，使其处于主动位置，也安抚了不少人偏激的情绪，表示愿意耐心等待结果。

随后，呷哺呷哺在相关部门的检测和检查中，始终积极配合，使得检测流程顺利进行，同时也在不断打消大众的疑虑。

直到最后，检验结果出来，为呷哺呷哺澄清了“猪血”乌龙。呷哺呷哺第一时间接受媒体采访，并宣告鸭血继续售卖。

聪明的呷哺呷哺还借机营销了一把——特别推出“安心鸭血免费试吃”，任意现金消费即送鸭血。至此，呷哺呷哺的危机公关案告胜。

其实，呷哺呷哺此次危机公关取胜的关键也是企业确实清白，因此整个事件胸有成竹，配合积极到位。当然，更值得学习的还是其在整个躺枪事件中，逻辑清晰、井然有序的处理危机方式。

资料来源：http://www.wenfangge.cn/yq/a/wjgg/2019/0703/215.html。

二、承担责任原则

组织与利益公众之间的关系一旦发生危机，最有效的办法就是协调好利益关系，承担起危机的责任，尤其是要使受害者的利益得到最大限度的保护。

三、真诚沟通原则

在危机发生后，负责危机处理机构要由专人负责与公众、与媒介的沟通协调工作。

不论是面对媒体，还是面对受害者或内部公众，都要以真诚的态度沟通，告诉他们事实真相以及组织的处理方案，以消除公众的疑虑，掌握舆论的导向，使危机的消极影响降到最低。

微型案例 10－15　　　　哈药集团不回避银杏叶事件

2015 年 5 月 9 日至 11 日，国家食品药品监督管理总局发现桂林兴达业有限公司“擅自改变提取工艺生产银杏叶提取物，由稀乙醇提取改为 3%盐酸提取；从不具备资质企业违规购进银杏叶提取物，且其提取工艺也为 3%盐酸提取”，还将非法银杏叶提取物用于银杏叶片生产并销售。由此引发制药企业连锁反应，哈药集团、云南白药集团等企业均被卷入，而其应对策略也大相径庭。

哈药集团首先开展了自查并发布公告详细说明，原料量、封存量、使用量、下架等，均有明确数量，并启动召回。而相应的，云南白药集团则被质疑“先否认后承认”，再站出来申明“不存在前后不一、相互矛盾的情况，亦非‘先否认后承认’”，并被指出多次有类似做法。

资料来源：根据演讲网整理。

四、实事求是原则

面对危机，组织一定要采取实事求是原则。无论是面对内部公众，还是面对新闻记者、受害者和上级领导，都不能违背、隐瞒事实真相，否则将会自食苦果。

五、及时行动原则

危机发生后，公关人员要及时赶到现场，迅速查明事实真相，及早采取措施。对待受害公众及其家属，要尽其所能，给予帮助，并能尽可能第一时间约见媒体，答疑解惑，稳住大局。

六、权威证实原则

权威证实具有很强的说服力。上文提到的高露洁牙膏致癌风波中，高露洁不仅及时召开新闻发布会，将真相告知公众，而且也得到了中华口腔医学会和中华预防医学会的支持。

第四节 危机处理的沟通策划

一、危机处理的一般程序

正确、有效、快速地处理危机对组织而言是十分重要的。组织所发生的危机事件尽管会在规模、性质、表现形式以及对公众影响等几个方面有所不同，但在处理程序上有共同的特点。这个程序应与危机的应急方案相结合，同时根据危机发生时的具体状况再予以适当的调整。

微型案例 10－16 麦当劳——以速度和态度取胜的机智大叔

2012 年，央视“3·15”晚会曝光了记者对北京三里屯一家麦当劳餐厅的暗访情况：麦当劳北京三里屯店有销售已过保质期食品、随意更改食品保质期等行为。

在曝光约一个半小时后，麦当劳中国总部迅速展示出了十足的诚意——通过微博向公众道歉，并感谢相关监督部门的监督，表示将彻查涉事餐厅，深化管理，确保运营标准切实执行，为消费者提供安全、卫生的食物。

据了解，麦当劳是当时曝光企业中第一个给予回应的。微博的快速传播形式，及正面对待的态度，使其在危机公关的速度上取得了第一步胜利。同时，微博的主要用户群体和麦当劳目前的消费群体也有很大部分的重合和相似，这让麦当劳获得了社交媒体时代的最大限度的信息传递速度和效率。同时，消费者也能直接面对事件，而不是从其他非官方渠道获取，并进而滋生更多猜测和麻烦。因此在公关处理的速度及渠道和扩散途径方面，麦当劳做了最有效的选择。

除了表明道歉诚意，麦当劳在事件处理和决策上采取了连贯性的措施——立即关闭问题店，让大问题化小，巧妙地回避了其他舆论产生的机会。

而大众的态度也比较有趣。在当时，微博上一项名为“央视‘3·15’晚会，麦当劳被曝光了，你还吃吗?”的调查显示，在参与投票的 1 331 名消费者中，有 48.2%的消费者表示会继续在麦当劳消费。

知名媒体人马志海还在其微博上表示：我平时极少吃麦当劳。但明天，我要去吃它一套巨无霸。是央视告诉我，过期 15 分钟在麦当劳就是一件在全中国丢脸的事，而且麦当劳中国居然还认错了！这么脸皮薄的企业，我不撑，行吗？

资料来源：http://www.silver.org.cn。

麦克·里杰斯特对危机的处理方法能给我们启示，但一套完整、正确的危机处理程序还不仅限于此。一般来说，危机处理的基本程序包括以下环节：

（一）快速启动应急预案

危机发生后，组织应快速启动应急预案，以保证危机损失控制在最小范围。

微型案例 10－17　　国航应急管理关键时刻显身手

2002年4月15日，中国国际航空公司飞往韩国的CA129航班在韩国釜山不幸坠毁。此次航班上载有旅客155人，机组11人。其中韩国旅客135人，中国旅客19人，乌兹别克旅客1人。事出紧急，中国国际航空公司马上调动了紧急应对措施。启动紧急事件应急程序：

4月15日，上午10:40，空难发生。

11时15分，国航召开各部门负责人会议，商定应对空难的几条紧急措施。

空难发生后不到一小时，国航善后事务工作小组成立。

15日下午，公司向各大单位下发了紧急通知，提出几点要求：

(1)各单位领导必须坚守岗位，即日起取消主管领导外出、休假、疗养；公司有关领导、应急中心人员和安全、生产部门领导24小时值班，有关部门电话24小时保证信息畅通。

(2)各级党委和领导要掌握职工思想动态，做好深入细致的思想工作。

(3)各飞行人队要以安全为中心，安排好航班生产，领导干部带头，以加强机组配备，重点研究落实复杂气象条件下的飞行和各种特殊条件下的处置准备工作。

(4)航修厂加强电机维护，及时排除故障，消除安全隐患。

(5)地面各保障部门要加强服务工作，保证航班的安全与正常。

当天17:45，国航紧急事故处理小组乘专机从北京飞往韩国釜山。

为统一对外新闻口径，确定宫国魁副书记为公司在韩国的新闻发言人，总局航空安全办公室栾宝主任为总局在韩国的新闻发言人。

资料来源：何春晖编，《中外公关案例宝典》，浙江大学出版社2003年版。

（二）深入现场，掌握第一手资料

组织负责人、公关部门负责人及相关的调查人员，在第一时间赶到危机现场，首先要确定事件发生的时间、地点、原因、人员伤亡和财产损失情况，并及时掌握事态的发展进程和控制情况。

（三）控制损失，控制事态的恶化程度

危机发生后，一定要按照拟定的应急方案，全力采取措施，控制事态的蔓延和发展，把损失控制在最低限度，尤其是在危机处理中要注意维护之前组织所树立的声誉和形象，有计划有目的地公关。

（四）分析情况，确定对策

组织高层人员应根据所掌握的危机第一手材料、公众和舆论反应等情况，深入研究并确定应采取的策略和措施。所采取的策略和措施不仅要考虑到危机本身的处理，还要考虑到处理好危机所涉及的与员工、受害者、受害者家属、新闻媒介、社区、消费者、客户、政府主管部门等的关系。

（五）召开新闻发布会，发布正式信息

组织在发生危机时须主动获得舆论信息。在了解事实的基础上，确定初步对策，并以尽可能快的速度召开新闻发布会或记者招待会，及时、准确、全面公开事实真相，尽量缩小危机影响面，淡化危机影响，降低公众敌意。如出现失实报道，应寻求媒体帮助，及时予以更正。

（六）组织力量，有效行动

公众和舆论不仅关注组织是否对外有过交代，还更关注组织所采取的行动。危机的处理需要组织决策者亲自组织行动和协调工作，甚至要亲赴一线。如中国国际航空公司在空难发生后确定宫国魁副书记为公司在韩国的新闻发言人，中国民航局航空安全办公室栾宝主任为中国民航局在韩国的新闻发言人。落实措施情况要详细记载并及时向公众和媒体宣布。

（七）认真处理善后事宜

善后工作包括赔偿、安抚等，同时危机公关人员还需收集、整理并分析外部公众尤其是媒介对危机事件的报道情况，评估危机处理结果。危机处理组织机构应全面检查、评估危机处理情况，并将检查结果向组织高层领导汇报，向公众和媒介公布。组织应本着一切从公众利益出发，认真做好善后工作，才能恢复和重新塑造形象。

（八）总结评估，重塑形象

这是危机管理最后阶段必不可少的工作。危机处理组织机构应全面检查、评估危机处理情况，并将检查结果向高层领导（政府、董事会、股东大会等）报告，向公众和媒介公布。有些重大事故也可采取广告形式在媒介上公布，表明组织敢于承担责任。一切从公众利益出发，认真做好善后工作，才能恢复和重新塑造形象。

二、危机处理中的新闻发布会

新闻发布会是组织与新闻界建立联系的一种较正式的沟通形式，危机处理期间选择召开新闻发布来传播信息比其他方式的发布信息无论是在内容的广度还是深度上都是比较有效的方式。

提醒您

国外危机管理专家认为危机期间进行新闻发布会非常必要：

1. 当危机发生时，会有记者聚集在事故现场或公司总部的外面，要求获得更多的信息和采访。

2. 举行新闻发布会为组织提供了一个讲清事实的机会，使媒介真正了解事故的真相以及组织正在采取的弥补损失的措施。

3. 组织可以面对面地对事故的发生表明态度和立场。

4. 便于各新闻媒介现场拍摄或录音，便于报道。

5. 帮助组织把握主动权并直接控制危机事件的信息传播。

(一)新闻发布会的准备工作

新闻发布会的准备工作关系到发布会能否成功，能否达到预期效果的关键。准备工作包括：

(1)选择时间和地点。当危机发生时，组织掌握一定的资料后便可召开新闻发布会。召开新闻发布会越早越好，具体时间适宜选在上午10～11点。地点的选择，一是交通方便的会场，二是拥有良好设备的会场。

(2)确定应邀记者的范围。邀请记者的范围应视危机事件的影响范围及事件发生的地点而定。

(3)确定会议时间的长短。在危机期间，新闻发布会一般应在30～45分钟。

(4)准备好新闻稿等资料。收集有关危机的资料、图片、模型、表格及组织处理危机的措施，本着真诚负责任的态度通过媒介告知公众所发生危机的真相和组织正在采取的补救措施等。新闻稿的内容应事先在组织内部通报，以统一口径，防止在会上出现自相矛盾的现象。

(5)准备好记者有可能提出的问题的答案。如：事故发生时间、人员受伤和死亡、事故原因、进展情况、组织的高层决策者的态度、对当地政府或环境的影响。

(6)准备好会议所需的设备条件。会前应检查扩音设备、录音、录像设备及幻灯设备，保证不出故障，并准备足够的座位等。

(7)为连续报道的记者安排好住宿、餐饮等。

(8)相应的其他准备工作。如熟悉媒介通常的工作时间，各种联系方式，便于新闻发布会之后的各类信息的传递。

(二)新闻发布会中的注意事项

新闻发布会中的注意事项主要有以下几点：

(1)介绍新闻发布会的目的,到会的主要宾客;

(2)在会场中安排一些图片、模型以及其他工具;

(3)详细、准确地解释所发生了的事件及进展的情形如何;

(4)态度要诚恳,对所发生的危机表示遗憾和关注,对受害者及其亲属表示同情和安慰;

(5)向新闻界发布的消息要统一规范,多做正面介绍;

(6)重要事项以新闻稿的形式发给记者;

(7)控制会场秩序,有序提问;

(8)回答问题尽可能让记者满意;

(9)发布信息要真实且讲究回答的策略;

(10)个别记者有特殊要求,想针对某一问题进一步采访可以安排在会议结束后;

(11)如果还需召开新闻发布会,应明确告诉记者下次信息发布的具体时间。

(三)危机期间的新闻发言人

新闻发言人是组织所指定的代表在危机发生后代表组织向内外公众介绍事实真相和组织所采取的措施,并保持和新闻界有良好关系的专门人员。在举行新闻发布会之前,组织应将收集到的情况全部提供给新闻发言人,使其充分了解和掌握整个资料。危机处理过程中的新闻发言人必须选择受过专业训练、有经验的专门人员来担任,一般多由组织高层决策者兼任。新闻发言人作为危机期间组织正式的对外组织代言人,经常出现在新闻发布会等各类公开场合,因此,代表组织形象的新闻发言人应举止合体、沉稳干练、思维敏捷、善于表达,并具有良好的公众亲和力。

新闻发言人在与新闻界沟通时,不要事先向外界透露任何重要消息,尽可能向媒体提供充分的信息,充分运用事先准备的资料,面对媒体,组织应尽量争取各种可能的帮助,以处理好各种问题和多方面关系。掌握舆论的主导权并遵守所有对媒体做过的承诺,谨言慎行。掌握和调动各种信息传播和传递方式,这样可以有效、快捷的散发信息,并有利于形成一定的舆论声势。

(四)新闻发布会之后的工作

新闻发布会之后,应尽快整理出新闻发布会的会议材料,对新闻发布会的组织、发言等情况进行总结,并及时收集新闻媒介对此次新闻发布会的相关报道,检查组织在信息发布和面对媒介方面的得失之处。

(1)收集新闻媒介的相关报道,并对报道的内容和影响力做出分析,检查是否达到了预定目标。如果出现不利于本组织的报道,需及时联系媒介,采取应对策略。

(2)继续媒介保持良好的关系,及时通过媒介对外发表后续的最新消息。可以通过创造新闻等办法再次吸引媒介的关注。

(3)借助政府机关、权威机构和人士等的间接传播,以提高危机处理过程中组织的形象认可度。

(4)通过广告等途径,重塑组织形象。

牢记要点

在新闻发布会中牢记下列“不要”:

不要对前来参加新闻发布会的记者厚此薄彼;

不要推测危机的结果,特别是伤亡的人员及数量;

不要使用行话,避免别人听不懂;

不要推卸责任,即使确定组织不负主要责任,也要婉转说明,对责任的界定属于法院或仲裁机构;

不要发布不准确的消息;

不要求记者一定刊登什么或不刊登什么;

不要拒绝记者提问,即使不能回答也要说明原因;

不要查看记者所写的报道,但可提出问题,阐明真相;

不要抱怨组织领导或同事以前如何如何等;

不要指责临阵退却的同事,因为会有更重要的工作需要去做;

如果组织没有什么可以隐瞒的,不要轻易采取低姿态等。

本章小结

1. 危机,是指事物由量变的积累,导致事物内在矛盾的激化,即将发生质变或质变已经发生但还未稳定的状态。这种质变给组织或个人带来了严重的损害。为阻止质变的发生或减小质变所带来的损害,需要在第一时间、人财物资源缺乏和信息不充分的情况下立即决策,并采取行动。

2 危机管理包括危机前的预警、危机中的应急处理和危机后的善后工作。不论在哪个阶段出现危机,组织都应该及时、诚恳地妥善处理,将危机扼杀在萌芽状态。如果处理不及时就会使组织陷入更大的危机,甚至无法自拔。

3. 危机事件的特点有突发性、危害性、可变性、紧迫性、危机的双重性。

4. 危机事件的基本类型包括不可抗力危机、人为破坏危机、公众误解危机、管理失误危机。

5. 危机出现的原因:(1)企业内部环境因素,包括企业员工自身素质低、决策失误、法制意识淡薄、缺乏危机意识;(2)企业外部环境因素,包括企业间不正当竞争、公众误解、网络传媒。

6. 建立危机预警,包括设置危机管理机构、完善危机管理计划、危机管理的条件准备。

7. 危机处理原则包括公众利益至上原则、承担责任原则、真诚沟通原则、实事求是原则、及时行动原则、权威证实原则。

8. 危机处理的一般程序包括：快速启动应急预案；深入现场，掌握第一手资料；控制损失，控制事态的恶化程度；分析情况，确定对策；召开新闻发布会，发布正式信息；组织力量，有效行动；处理好善后事宜。

案例研究

圣元事件

事件回放：

2012年1月10日前一名死者去世后，其家属找家家福超市和圣元奶粉经销商理论，圣元危机事件开启。

2012年1月10日死者家属在超市门前停尸问责，圣元江西分公司主动向当地工商和公安部门报案，事件升级。

2012年1月11日圣元营养食品有限公司、客服部人员、生产总监表态积极配合相关部门调查，公司统一向外界发布信息。

2012年1月12日圣元发布"20111112BI1批次出厂检验报告"，所有检验项目检测结果均为"合格"，国际董事长兼CEO张亮表示，非常同情遭受了这一悲剧的家庭，与此同时，坚信这是与圣元产品无关的孤立事件，已决定不召回其任何产品。

2012年1月13日第三方检测结果出炉，九江都昌县人民政府也对该事件发布公告，江西卫视二套《都市现场》栏目就事件采访了都昌县工商局秦局长，事情得以澄清。

资料来源：http://www.xuexila.com。

问题：

1. 圣元奶粉在处理事件中体现了危机公关哪些原则？
2. 通过本事件总结危机公关的策略。

复习思考题

1. 浅谈危机与危机管理的关系。
2. 造成组织出现危机的原因有哪些？
3. 处理危机的原则有哪些？
4. 处理危机的程序有哪些？

第十一章　跨文化沟通

学习目标

通过本章学习，你应能够：

了解文化与跨文化沟通的含义；

理解跨文化管理的沟通原则；

掌握跨文化沟通策略及相关问题。

关键词

跨文化　沟通　文化差异　策略

导入案例

跨文化下的开场白

在美国，大家公认的最有效、最能引起大家注意和好感的开头就是先讲一个笑话或故事，这个笑话最好是与要做的演讲内容有直接联系。听众都笑开了，把气氛搞得轻松活泼之后，再进入正题，听讲互动的效果就会很好。幽默感在美国文化中的重要性可见一斑。

假如用这样的方式去德国做演讲或工作报告效果会怎样呢？德国的听众会认为你不严肃、不认真，居然以开玩笑的方式讲述不能有丝毫差错的科学问题，很不可取。那么，他们喜欢怎样的开头呢？直接进入主题，呈现数字、图表等客观的基于研究之上的硬性材料，表情严肃、没有废话在德国人眼里才是有效的演讲方式。

再看一看中国人一般的演讲开场白。最常见的恐怕就是“很荣幸今天有这个机会来与大家交流。但是，我其实并不是专家，各位在座的才是。所以我在这里只是抛砖引玉，还希望多得到大家的指教。”这样的开头显示出演讲者的谦逊，会赢得听众的好感。另外一种开场白是"感谢各位光临,你们的到场是我的荣幸",也是让台下的人感觉良好,显示自己的谦逊。

然而如果当你面对美国听众这样开始的时候,底下的听众就会想:"如果你不是专家,你来干什么?难道来浪费我的时间吗?早点走吧!"根本不领谦逊的情。另外,他们很难想象自己来听演讲与给主讲人"面子"之间的联系,不得要领。

另外,日本人喜欢在开讲之前说"道歉",为准备不周道歉,为招待不好道歉,为天气道歉,有时候实在没什么可道歉的,就为没东西道歉而道歉。道歉是另一种谦虚的表示,也是对客人或听众尊重的表现。但是这种道歉的"文化深意"却无法被美国人所理解,他们往往会往相反的方向想,准备不周到,招待不好,都是对我不尊重的表现,怎么还好意思说!

从这些例子可以看出,要在不同的文化背景下有效沟通,必须对当地文化有较深刻的理解才行。常说"笑话出了国就不再可笑"自有其深刻的道理。

资料来源:陈晓萍著,《跨文化管理》,清华大学出版社 2009 年版。

在当前经济全球化的趋势下,越来越多的企业进入了全球化发展的阶段,其经营的环境不再是单一的本土化经营,而是多种文化主体和多种差异很大的文化环境,这就不可避免地涉及企业的跨文化管理问题。要进行成功的跨文化管理,跨文化沟通则是重中之重。

第一节 文化与跨文化沟通

一、文化的内涵

(一)什么是文化?

按照荷兰文化协作研究所所长 Hofstede 教授的观点,文化是同一环境中生活的人的"共同心理程序"。文化不是一种个体特征,而是具有相同的教育和生活经验的许多人所共同拥有的心理程序。

文化作为一系列观念、习俗、规范和准则的总和是一个奇特的存在,它有自身的特性和运行规律。不同的国家、地区和民族就有不同的文化,正如哲学家帕斯卡在其《思想录》中所说:"在比利牛斯山这边是真理的东西,在比利牛斯山那边就成了谬误。"

(二)文化的两重性

文化具有相对性和普遍性,任何一种文化既是民族的又是世界的,具有两重性。由此文化可以分为本文化和泛文化,前者指人类群体创造出的,区别于其他文化的内容;后者是因为地理环境文化创造等因素存在于不同地区的共同文化内容。现实表明，不同的群体之间存在文化的差异甚至文化的冲突，而从国际商务活动中的主体，基本上都来自不同的国家、不同的群体、不同的企业、不同的个人还有其他组织，企业竞争的全球化必然会带来管理活动的国际化，而管理活动受人们的价值观、伦理道德、行为准则、社会习俗等各个方面的影响。

（三）中西方文化的差异

当不同地区的文化相结合时，就形成了不同的管理文化和管理风格。在思维方面，中国人表现出来的一般是总体的、综合的、非线性逻辑的特征，注重对等级、人或事的方面更侧重于人，对于特殊性或原则性，这时候容易选取特殊性，而对于个人与集体则更注重整体的方面，这是中国人的文化方式。

所以，从文化上看，有很多的不同，在沟通方面，中国人的表现往往是注重人的，注重等级的、被动的、间接的、委婉的、内向的、学习的，注重过程的，注重和谐气氛的，注重给予和获取平等的方式。而一般来说，西方则表现为注重事的，注重合作的、主动的、公开的、外相的、教导式的、简明扼要的，注重具体相关事项的一致性，注重收益的方式。

（四）企业管理中的文化

美国学者戴维·A. 利克斯曾指出："大凡跨国公司大的失败，几乎都是仅仅因为忽视了文化差异这一基本的或微妙的理解所招致的结果。"美国著名管理学家德鲁克也认为，国际企业其经营管理基本上就是一个把政治上、文化上的多样性结合起来而进行统一管理的问题。

国外管理学家的经验表明，有35%～45%的跨国企业是以失败而告终的，其中约30%是由于技术、资金和政策方面的原因引起的，70%是由于文化差异引起的。另有调查显示，目前有1/3的著名跨国企业因为跨文化管理不利而面临内部关系紧张的状况。

微型案例 11-1　"达娃之争"——跨文化商务之间的冲突

2007年4月11日，世界五百强亚太区总裁范易某发出一声吼："违反契约精神的那个人，他的余生将在诉讼中度过。"范易某所在的企业叫达能，一个法国血统的跨国集团，是欧洲排名前三的大型食品企业。1996年达能与娃哈哈集团合资，后达能取得合资企业控股权。而范易某放狠话要"放倒"的"那个人"，就是"娃哈哈之父"宗庆后。

达能，世界五百强企业，英国《经济学家》杂志曾对达能的扩张战略做了归纳：一是在世界各地广泛收购当地优秀品牌，实行本土化、多品牌战略；二是果断地从衰退行业转向朝阳行业，并不断割舍边缘产品和效益不佳的企业；三是把自己定位为一家全球化公司，在任何一个市场上准确"袭击"国际竞争对手。而从校办工厂起家的娃哈哈，走的是事业发展模式。二三十年来，娃哈哈一步一个脚印壮大发展，通过脚踏实地的运作，造就了“娃哈哈”这一如雷贯耳的民族品牌。

在范易某一声吼的前十年，达能与娃哈哈维持着一种“达能出钱，娃哈哈挣钱，达能分钱”的合作模式。从合作的成果看，双方都是非常满意的。刚开始的达娃合资，是互利的、双赢甚至多赢的理想合作。是什么不为人知的根本分歧，导致合作这样“高调”地破裂了？

从2000年起，达能开始采取另一种策略，开始大量收购乐百氏等与娃哈哈构成直接竞争关系的同类企业，企图借此对娃哈哈施压。达能控股收购乐百氏后，因为恶性价格竞争，娃哈哈饮用水每年的利润额下滑得非常厉害，每年有数千万元的利润损失。

2007年5月，达能集团得寸进尺，欲以40亿元的低价强行并购杭州娃哈哈总资产达56亿元、2006年利润达10.4亿元的其他非合资公司51%的股权。对此，宗庆后表示强烈不满，双方矛盾日益激化，纠纷不断升级，由开始的相互指责演变为双方互相起诉的法律战。

事实上，1996年，娃哈哈公司与达能签署《商标转让协议》，将“娃哈哈”商标转让给达娃合资公司，但当时国家商标局对此未予核准。为此，双方协商于1999年再次签订《商标使用许可合同》，替代原来的《转让协议》，将“娃哈哈”商标许可给达能合资公司使用，双方对此也再无异议。但在2006年强行收购风波引起一系列争议之后，达能方面提出，1996年的《转让协议》并未终止，要求将“娃哈哈”商标继续转让给合资公司。为此，娃哈哈集团申请仲裁。2007年12月6日，杭州仲裁委员会做出裁决，裁定《商标转让协议》已经于1999年12月终止，“娃哈哈”商标权不归属合资公司。

宗庆后在致法国达能集团董事长小里布老生及各位董事的公开信中提到，法国达能董事不懂中国市场与文化，宗庆后多次提过开拓市场和开发新品的合理化建议都被其否决；且达能对宗庆后提出的发展项目总是不愿投资，让娃哈哈承担前期投资风险，等到后几年产生效益又强行进行合资。而且11年来从合资公司中拿走了8 000多万元的技术服务费，但并未提供过任何技术服务。

从开始到最后，达能一直主动控告娃哈哈，娃哈哈始终站在被告席上，刚开始宗庆后用“情感”回应达能的应战，想用自己率性的发言还击达能的法律诉讼，以致使自己处在不利地位，最后在律师的帮助下，才一步步由被动变为主动，最终赢得了这场战争。

资料来源：根据管理在线相关资料整理。

二、跨文化沟通的内涵

跨文化沟通是指管理者在不同的文化里，有效地协同不同文化对组织行为的影响，有效地与来自不同国家和文化背景的人良好的沟通。

管理顾问公司罗兰·贝格曾调查我国50家国际化大企业跨国经营，其中一项调查结果表明，中国企业对经营海外业务人才的培养不够重视。受访企业认为，东道国语言和文化是海外经营区位选择中最次要的因素，这一结果十分令人担忧。他们觉得文化和外国市场的知识不是很重要，只要产品好，什么地方都能卖，这种认识一般发生在企业国际化的初始阶段。

还有一些企业认为，只要有严格的纪律和严密的制度，国外经营生产过程就能顺利进行。这充分说明这些企业的管理者没有认识到制度只是外在约束，而文化才是内在影响。

当制度没有形成文化形态时，其成本自然就会很高，而当制度形成文化形态时，员工就会在一种文化环境里自觉工作，制度成本就会大大降低。制度不能代替文化发挥作用，而文化可以部分代替制度发挥作用。

事实上，全部的管理活动都可以归结为人与人之间的相互沟通与信息转换。这种沟通与转换的有效性几乎全部依赖于人与人之间、管理者与管理者之间的相互理解。在跨文化的经营环境中，管理者之间的相互理解和跨文化的沟通尤为重要。从全球发展的角度来看，随着科学技术与经济的飞速发展，不同文化群体之间的距离越来越近，持有不同世界观、价值观、语言、行为的人们需要越来越多的相互理解和交往，因此跨文化沟通是一个必不可少的过程。如果不能很好地跨文化沟通，由于风俗习惯、行为举止、价值观方面的差异会给管理带来很大的障碍。

三、影响跨文化沟通的主要因素

（一）感知

感知与文化有很密切的关系。一方面，人们对外部刺激的反应，对外部环境的倾向性、接受的优先次序，是由文化决定的；另一方面，当感知形成后（指感知过程的结果——知觉），它又对文化的发展以及跨文化的沟通产生影响。

在跨文化沟通过程中，研究感知或知觉对沟通的影响具有十分重要的意义。人们在沟通过程中存在的种种障碍和差异，主要是由感知方式的差异所造成的。要有效地沟通，必须了解来自异文化环境中人们感知世界的不同方式。

（二）成见

当我们突然进入一种我们不太熟悉的符号和行为的情境的时候，就会经历一种气势很强的令人烦恼不安的情境——文化冲击，我们会因此而感到焦虑不安，甚至茫然不知所措。在这种情况下，成见常常就油然而生了。成见不是不可避免的，但它常比悬而未决或模棱两可的状态容易接受得多。由于我们大多数人都很怠惰,不愿意发展在不同境遇中所需的必要能力,我们就心安理得地根据错误的信息来减少悬念状态带来的不安和痛苦。然而,问题是,成见作为我们头脑中的图像,常常是僵化的,难以改变的,以其作为防卫的机制则是不妥当的,而且常常是极为不利的。我们必须认识到,凡此种种的成见,对于成功地进行跨文化的沟通是全然无益的。

(三)种族中心主义

种族中心主义是人们作为某一特定文化中成员所表现出来的优越感,它是一种以自身的文化价值和标准去解释和判断其他文化环境中的群体的一种趋向。

所有的人都经历了促使种族中心主义心态发展的社会过程。人们通过受教育知道了“如何行事”的准则,通过观察知道了周围人的行为方式,对某一特定的制度和体系也越来越熟悉。从一种文化的角度看,假定另一种文化能选择“最好的方式”去行事似乎是不合理的。因而,我们对文化差异很大的人们之间的沟通,在早期是抱着否定态度的。

(四)缺乏共同感

缺乏共同感的主要原因是人们经常是站在自己的立场而不是他人的立场上理解、认识和评价事物的。缺乏共同感也是由许多原因造成的。

首先,在正常情况下,设身处地地站在他人立场上,设身处地地想象他人的境地是十分困难的。尤其是文化的因素加入之后,这个过程就更加复杂了。

其次,显示优越感的沟通态度,也阻碍了共同感的产生。如果一个人总是强调自己管理方法的科学性,固执己见,那么我们就很难与之产生共同感。

最后,缺乏先前对于某个群体、阶级或个人的了解也会阻碍共同感的发展。如果从来没有在国外的企业工作过或从事过管理,也就没有机会了解他人的文化,我们就很容易误解他人的行为。这种知识的缺乏,可能致使我们从某些不完全跟行为背后的真正动机相联系的行为中得出结论。我们头脑中所具有的跟人种和文化相关的成见也是达到共同感的潜在的抑制因素。

第二节 文化差异模型

自从改革开放以来,我国的发展可谓日新月异,综合国力突飞猛进,同世界各国的经济往来日益频繁。大量的外资企业来我国投资建厂,据统计,截至 2019 年 12 月 31 日,在我国的外资企业有 90 多万家。同时,我国越来越多的企业也将其经营领域从国内市场扩展到国外市场,以此扩大自己的经营规模,利用更为广阔丰富的生产资源,提升企业的综合竞争力和国际影响力。一大批国内企业蜚声国际,令世人瞩目。

据统计,2017 年我国共对全球 174 个国家(地区)的 6 236 家境外企业新增非金融类直接投资，累计投资 1 200.8 亿元。而且，还有一大批其他国内企业正准备加入国际经营行业。然而，跨国经营是一项极其复杂的工程，要想在国际市场上取得成功绝非易事，因为要面对的是一个拥有诸多差异的经营环境，这些经营环境包括经济环境、法律环境、社会环境、文化环境等，其中文化环境对企业运行来说，其影响力是全方位、全系统、全过程的。

如果跨国企业在跨国经营过程中不考虑文化差异，而一味地照搬、照抄在自己国家的做法，其结果将是致命的。所以跨国企业在国外从事生产经营活动的过程中，必须了解所投资国的文化差异，实施跨文化管理，完善自己的一套行之有效的跨文化管理体制。

一、文化模式理论

文化模式理论最初是由美国文化人类学家克罗伯和克拉克洪在广泛而深入分析 160 个文化定义之后提出的。他们认为："文化是由各种外显和内隐的行为模式构成的，这些行为模式是通过符号习得和传播的，它们构成了人类群体的独特成就，其中包括体现在人工制品方面的成就。文化的本质内核是由传统的（即历史衍生的和选择的）观点，尤其是其所附带的价值观构成的。文化体系从一方面来讲，可被视为进一步行动的制约因素。"

在克罗伯和克拉克洪的推动下，文化模式理论在美国盛极一时。许多人类学家都进一步阐述了文化模式理论，其中贡献最大的当数罗丝·本尼迪克特。正是她在其《文化模式》一书中正式提出了"文化模式"的概念。她认为文化的发展是一个整合的过程，在历史的发展中，一些文化物质被选择、吸收，渐渐规范化、制度化、合理化，并被强化为人的心理特征和行为特征；而另一些文化物质则被抑制、排除、扬弃，失落了整体意义和价值。文化的这种内聚和整合就渐渐形成一种风格，一种理想，一种心理和行为模式。

她还认为，不同民族和社会有不同的文化模式，每一种文化模式都有自己的特色和价值取向及潜在的价值意识。由此可见，本尼迪克特所说的文化模式实际上是一种文化的整体意义和价值，因此可以称之为"价值模式"。

我国著名文化人类学家司马云杰认为，任何一种文化的存在都不是散漫的、无结构的，而是按照一定的法则秩序结合起来的。文化在一定的生态环境中创造、积累、内聚、发展，并慢慢定型，文化的这种内在结构及其特征的稳定形态，就称之为文化模式。由此可见，文化模式实际上是文化要素的内在结构及其活动规律的表象形态。

二、跨文化管理及其发展

(一)跨文化管理

跨文化管理并不是一个新的事物,它起源于古老的国际商贸往来。早在古代,古埃及人、腓尼基人、古希腊人就开始了海外贸易,并懂得了如何与不同文化背景下的人们做生意。到了文艺复兴时期,丹麦人、英国人以及其他一些欧洲国家的商人更是建立起了世界范围的商业企业集团。当他们与自己文化环境以外的人们贸易时,就会对与他们不同文化背景下产生的语言、信仰以及习惯保持敏感,以避免发生冲突并顺利实现交易。

这些事实上就是在从事跨文化的经营与管理活动。不过这时候的跨文化管理活动完全取决于从事贸易活动的商人们的个人经验,有关文化及文化差异与相似的研究也仅仅是人类学家的事。公司与企业还很少注意对文化及其差异的研究跨文化管理,还没有成为一门独立的科学。

(二)发展

跨文化管理真正作为一门科学,是在20世纪70年代后期的美国逐步形成和发展起来的。它研究的是在跨文化条件下如何克服异质文化的冲突,进行卓有成效的管理,其目的在于如何在不同形态的文化氛围中设计出切实可行的组织结构和管理机制,最合理地配置企业资源,特别是最大限度地挖掘和利用企业人力资源的潜力和价值,从而最大化地提高企业的综合效益。

兴起这一研究的直接原因是第二次世界大战后美国跨国公司跨国经营时的屡屡受挫。美国管理学界一直认为,是他们将管理理论进行了系统化的整理和总结,是他们最先提出了科学管理的思想,也是他们最先将这一思想应用于管理实践并实现了劳动生产率的大幅提高,因此他们的管理理论和管理实践毫无疑问应该是普遍适用的。

然而,第二次世界大战后美国跨国公司跨国经营的实践却使这种看法受到了有力的挑战。实践证明,美国的跨国公司在跨国经营过程中照搬照抄美国本土的管理理论与方法到其他国家很难取得成功,而许多案例也证明对异国文化差异的迟钝以及缺乏文化背景知识是导致美国跨国公司在新文化环境中失败的主要原因,因此,美国人也不得不去研究别国的管理经验,从文化差异的角度来探讨失败的原因,从而产生了跨文化管理这个新的研究领域。

除此以外,日本在20世纪60年代末和70年代初企业管理的成功也是导致跨文化管理研究兴起的重要原因。这一时期,日本的跨国公司和合资企业的管理日益明显显示出相对于美国和欧洲公司的优越性,在这种情况下美国也明显感觉到了日本的压力,产生了研究和学习日本的要求。

美国人对日本的研究大体上有两种方式:一种是专门介绍日本,从中总结出好的东西;另一种是联系美国来研究日本,进行对比。经过研究,美国人发现,美日管理的根本差异并不在于表面的一些具体做法，而在于对管理因素的认识有所不同。如美国过分强调诸如技术、设备、方法、规章、组织机构、财务分析这些硬的因素，而日本则比较注重诸如目标、宗旨、信念、人和价值准则等这些软的因素；美国人偏重于从经济学的角度去考虑管理问题，而日本则更偏重于从社会学的角度去对待管理问题；美国人在管理中注重的是科学因素，而日本人在管理中更注重的是哲学因素等。

研究结果清楚地表明，日本人并没有仿造美国的管理系统管理，而是建立了更适合于其民族文化和环境的管理系统。这个系统远比美国已有的管理系统成功。这一研究结果的发现使得人们对文化以及不同文化下管理行为的研究变得更加风行。

三、霍夫斯泰德的四个维度

关于跨文化管理的研究方兴未艾，有关论文和专著更是层出不穷。霍夫斯泰德(Geert Hofstede)选择了四个重要维度来讨论文化对组织的影响。国际企业的人力资源管理具体的职能往往与文化差异有密切的联系。

(一)霍夫斯泰德关于文化对组织影响的四个维度

权力距离：权力在社会或组织中不平等分配的程度。

不确定性的规避：一个社会考虑自己利益时受到不确定事件和模棱两可环境的威胁程度，是否通过正式的渠道来避免和控制不确定性。

个人主义与集体主义：社会是关注个人的利益还是关注集体的利益。

男性化与女性化：社会对男性特征(如进攻、武断)是赞赏，还是对其他特征欣赏，以及对男性和女性职能的界定。

1. 权力距离

霍夫斯泰德的四个维度考虑的主要是从社会角度来分析文化对组织的影响，他充分考虑了权力、环境以及社会对女性的重视程度，通过权力距离这个维度，判断权力在社会和组织中不平等分配的程度。对这个维度，各个国家由于对权力赋予的意义不完全相同，所以也存在着很大的差异。比如，美国对权力的看法跟阿拉伯国家就存在很大的差异，美国不是很看重权力，他们更注重个人能力的发挥，对权力的追求比阿拉伯国家要逊色不少；阿拉伯国家由于国家体制的关系，不注重权力的约束力，由此，阿拉伯国家的机构，不管是政府部门或者企业都多多少少带有权力的色彩。

2. 不确定性规避

霍夫斯泰德认为，人们抵抗未来这种不确定性的途径主要有三种：科技、法律和宗教。人们用科技来抵抗自然界的不确定性，用法律(成文和不成文)来抵抗来自其他社会成员的不确定性，而宗教则被人们用来化解无可抵抗的死亡和来世的不确定性。霍夫斯泰德的调查表明，不同民族文化之间在不确定性状态的规避倾向上有很大的不同，有的民族把生活中的未知、不确定性视为大敌，千方百计加以避免，而有的民族则采取坦然接受的态度，“是福不是祸，是祸躲不过”。为了衡量这种不同，他提出了不确定性规避(Uncertainty Avoidance)的概念。

所谓不确定性规避是指一个社会感受到的不确定性和模糊情景的威胁程度,并试图以提供较大的职业安全,建立更正式的规则,不容忍偏离观点和行为,相信绝对知识和专家评定等手段来避免这些情景,其强弱是通过不确定性规避指数。一个鼓励其成员战胜和开辟未来的社会文化,可被视为强不确定性规避的文化;反之,那些教育其成员接受风险,学会忍耐,接受不同行为的社会文化,可被视为弱不确定性规避的文化。

强不确定性规避国家的人民比较起来更忙碌,常常坐立不安,喜怒形于色,积极活泼,其文化对法律、规章的需要是以情感为基础的,这不利于产生一些根本性的革新想法,但可以培养人们精细、守时的特质,因而善于将别人的创意付诸实施,使之在现时生活中生效;而弱不确定性规避国家的人们比较起来则显得更沉静些,也更矜持,随遇而安、怠惰、喜静不喜动、懒散一些,人们对于成文法规在感情上是接受不了的,除非绝对必要,社会不会轻易立法,其文化能容忍各种各样的思想和形形色色的主意,因而有利于产生一些根本性的革新想法,但却不善于将这些想法付诸实施。

3. 个人主义与集体主义

另外,个人主义与集体主义这个维度也很能说明问题。在霍夫斯泰德的研究中,一个社会的个人主义与集体主义倾向是通过个人主义指数(Individualism Index,II)来衡量的。这一指数的数值越大,说明该社会的个人主义倾向越明显,如美国;反之数值越小,则说明该社会的集体主义倾向越明显,如日本和亚洲大多数国家,如表 11.1 所示。

表 11.1　　部分国家和地区个人主义指数

国别	得分	排名	结　论
美国	91	1	很强的个人主义倾向
英国	89	3	很强的个人主义倾向
法国	71	10/11	较强的个人主义倾向
德国	67	15	较强的个人主义倾向
日本	46	22/23	较强的集体主义倾向
中国香港	25	37	较强的集体主义倾向
韩国	18	43	较强的集体主义倾向
中国台湾	17	44	较强的集体主义倾向
危地马拉	6	53	很强的集体主义倾向

在美国几乎没有集体主义这个概念,跟他们说集体主义,可能他们都会一脸茫然。

4. 男性化与女性化

霍夫斯泰德把这种以社会性别角色的分工为基础的“男性化”倾向称之为男性或

男子气概所代表的维度，即所谓男性度（Masculinity Dimension），它是指社会中两性的社会性别角色差别清楚，男人应表现得自信、坚强、注重物质成就，女人应表现得谦逊、温柔、关注生活质量；而与此相对立的"女性化"倾向则被其称之为女性或女性气质所代表的文化维度，即所谓女性度（Feminine Dimension），它是指社会中两性的社会性别角色互相重叠，男人与女人都表现得谦逊、恭顺、关注生活质量。

男性度与女性度的倾向用男性度指数（Masculinity Dimension Index，MDI）来衡量，这一指数的数值越大，说明该社会的男性化倾向越明显，男性气质越突出（最典型的代表是日本）；反之，数值越小，说明该社会的男性化倾向越不明显，男性气质弱化，而女性气质突出。几个主要国家的男性度指标的得分情况参见表 11.2。

表 11.2　　部分国家和地区男性度指数（MDI）一览表

国别	得分	排名	结　论
日本	95	1	很强的男性化倾向
英国	66	9/10	较强的男性化倾向
德国	66	9/10	较强的男性化倾向
美国	62	15	中上的男性化倾向
中国香港	57	18/19	中上的男性化倾向
中国台湾	45	32/33	中等的男性化倾向
法国	43	35/36	中等的男性化倾向
韩国	39	41	中等的男性化倾向
瑞典	5	53	很弱的男性化倾向

在男性气质突出的国家中，社会竞争意识强烈，成功的尺度就是财富功名，社会鼓励、赞赏工作狂，人们崇尚用一决雌雄的方式解决组织中的冲突问题，其文化强调公平、竞争，注重工作绩效，信奉的是"人生是短暂的，应当快马加鞭，多出成果"，对生活的看法则是"活着是为了工作"；而在女性气质突出的国家中，生活质量的概念更为人们看中，人们一般乐于采取和解的、谈判的方式去解决组织中的冲突问题，其文化强调平等、团结，人们认为人生中最重要的不是物质上的占有，而是心灵的沟通，信奉的是"人生是短暂的，应当慢慢地、细细地品尝"，对生活的看法则是"工作是为了生活"。

（二）不足

需要说明的是，尽管霍夫斯泰德在跨文化管理研究领域做出了开创性的工作，对后来学者从事跨文化管理的研究方法产生了非常深远的影响，但他的研究仍然是不全面的，其中既缺乏俄罗斯和许多东欧国家的资料，也没有我国大陆（内地）的有关数据。后来他接受了有的学者用中国人的价值观（儒家文化的价值观）进行跨文化研究后对其理论提出的质疑，从中归结出他的文化价值观的第五个维度——长期观—短期观，也对中国大陆（内地）与西方国家的文化维度进行了比较研究。

霍夫斯泰德的观点对一个组织从宏观方面来考虑是很有意义的，但是他忽视了个人这一因素，这点 F. 克勒汉和 F. L. 斯庄贝克他们就做得很好。我们现在撇开社会这个大的组织，单纯地从企业这个角度来看霍夫斯泰德的观点的实用性。众所周知，组织是由个人组成的。跨国公司的特殊性使得他们需要从东道国吸纳绝大部分人才，在这种情况下，不同文化之间的差异就显得十分重要了。

第一，霍夫斯泰德的观点没有考虑到东道国对跨国公司的政策性规定。许多国家出于各种目的，纷纷制定关于跨国公司或者合资企业的各种各样的法律条文。

第二，跨国公司不能单纯地从本国的法律或者惯例出发，制定公司的章程、薪酬等。

第三节 跨文化管理的沟通原则

通用电气公司前 CEO 杰克·韦尔奇曾说："全球化已经成为不容忽视的现实。衡量企业（业绩）成与否的标准只有一个：国际市场占有率。成功的企业通常依靠在全球各地找到市场而获胜。"随着世界经济全球化进程的不断加快，市场已不再是某一个国家内部的市场，客户也不再是某一个国家内部的消费者，企业所面对的外部经营环境已经变成了世界的，超越国界的。企业只有在世界市场上取得成功，才能称得上是真正的成功。企业"走出去"，开展全球化经营已成为必然的发展趋势。

实行全球化经营，企业面临的是一个个与母国有着诸多差异的生产经营环境，包括经济环境、政治环境、法律环境、社会环境、文化环境等。但其中，文化环境对于企业的经营来说，其影响是全方位、全系统、全过程的。这是因为文化是社会生活的总和，它包括诸如一般行为、信仰、价值观、语言和社会成员的生活方式等要素，它也是某区域内人们的价值观、特性或行为的特征表现。

在不同文化背景下的企业经营中，最重要的就是要理解消费者观念、价值观和社会需求的差异。由于企业经营本身即是为了满足客户的需求，当这个需求在很大程度上以文化为基础时，企业就应该努力去理解所要开拓的市场文化规范。由此可见，企业经营环境的跨文化差异是企业在全球化经营中所必然要遇到的一大难题。因此，跨文化管理的成功与否是关系到企业全球化经营成败的关键所在。

一、跨文化管理是企业全球化经营管理的核心

跨文化管理又称为“交叉文化管理”，即在全球化经营中，对子公司所在国的文化采取包容的管理方法，在跨文化条件下克服任何异质文化的冲突，并据以创造出企业独特的文化，从而形成卓有成效的管理过程。其目的在于在不同形态的文化氛围中设计出切实可行的组织结构和管理机制，在管理过程中寻找超越文化冲突的企业目标，以维系具有不同文化背景的员工共同的行为准则，从而最大限度地控制和利用企业的潜力与价值。全球化经营企业只有进行了成功的跨文化管理，才能使企业的经营得以顺利运转，竞争力得以增强，市场占有率得以扩大。

跨文化管理就要针对不同的企业、不同的国家之间存在的差异，选择合适的跨文化管理模式克服文化差异所带来的冲突和不利影响，消除不利因素，转变为积极因素，获取文化协同的力量。通过对跨文化能力的培养，整合不同的文化差异，促进不同文化的理解和融合，避免或者解决由于文化差异所带来的障碍与冲突。

二、企业进行跨文化管理要树立正确的观念

首先，开展全球化经营的企业必须承认并理解各国之间文化差异的客观存在，要重视对他国语言、文化等的学习和了解，这是增强跨文化管理能力的必要条件。理解文化差异有两层含义：一是理解东道国文化如何影响当地员工的行为；二是理解母国文化如何影响企业派去当地的管理人员的行为。对于不同类型的文化差异需要采用不同的措施去克服。例如，因管理风格、方法或技能的不同而产生的冲突可以通过互相传授和学习来克服；因生活习惯和方式不同而产生的冲突可以通过文化交流来解决……只有把握不同类型的文化差异才能有针对性地找出解决文化冲突的合宜办法。

其次，要辩证地对待文化差异，在看到其不利一面的同时还应看到其有利的一面，并恰当、充分地利用不同文化所表现的差异，为企业的经营发展创造契机。如广州本田汽车公司总经理所说的：“我们企业内部的矛盾颇多，但这也有好的一面。我们在中国选择合作伙伴时，总是喜欢挑选一些与我们想法不同的合作者，这使我们经常发生意见的碰撞，这样不同思想的碰撞就会产生新的想法，从而创造出本田新的企业文化。”

根据这位总经理的体会，只要能正确对待不同文化的矛盾和冲突，不仅不会使其成为企业经营的障碍，反而会使之成为企业发展的动力和创新的源泉。

最后，要充分认识到跨文化管理的关键是对人的管理，要实行全员的跨文化管理。一方面，跨文化管理的目的就是要使不同的文化融合，形成一种新型的文化，而这种新型的文化只有根植于企业所有成员，通过企业成员的思想、价值观、行为才能体现出

来，才能真正实现跨文化管理的目的，否则跨文化管理将会流于形式。

另一方面，在全球化经营企业中，母公司的企业文化可通过企业的产品、经营模式等转移到国外分公司，但更多的是通过熟悉企业文化的经营管理人员转移到国外分公司，因此全球化经营企业在跨文化管理中必须要强调对人的管理，既要让经营管理人员深刻理解母公司的企业文化，又要选择具有文化整合能力的经营管理人员到国外分公司担任跨文化管理的重要职责，同时还要加强对企业所有成员的文化管理，让新型文化真正在管理中发挥其重要作用，从而使全球化经营企业在与国外企业的竞争中处于优势地位。

第四节　跨文化沟通策略

上海通用汽车有限公司由美国通用汽车公司与上海汽车工业总公司于 1997 年共同合资组建而成的合资企业。合资之初中方总经理就找出了以共同价值为基础的“4S”合作理念，其核心内容是：学习理解（Study），以上海通用汽车为重（SGM），规范行为（Standardization），灵活务实（Spring）。这种以共同价值为基础的管理理念为中美员工的沟通和成功管理上海通用汽车公司创立了文化基础，因此“4S”合作理念就是中美文化整合的具体体现。上述事例证明，文化整合对合资企业成功经营起着举足轻重的作用。因此，只有创立以共同价值观念为核心的文化整合，才能创造“1＋1＞2”的管理效应。

一、跨文化沟通策略

随着经济全球化，跨国经营是企业发展过程中的必然结果。有效分析、利用跨文化优势是企业跨国经营的动因与前提。跨国经营给企业提供了巨大的机遇，它是全球经济增长的关键因素。要成功地经营跨国企业，实现预期的商业目标，跨国企业应实施以下跨文化管理策略：

（一）识别文化差异，发展文化认同

按照美国人类学家爱德华·郝尔的观点，文化可以分为三个范畴：正式规范、非正式规范和技术规范。正式规范是人的基本价值观、判断是非的标准，它能抵制来自外部企业改变它的强制力量，同时引起的摩擦不易改变。非正式规范是人们的生活习惯和风俗等，因此引起的文化摩擦可以通过较长时间的文化交流来克服。技术规范则可通过人们对技术知识的学习而获得，很容易改变。

不同规范的文化所造成的文化差异和文化摩擦的程度和类型是不同的，其被改变的可能性与程度也不一样。只有首先识别文化差异,才能有的放矢,采取针对性的措施,并尊重对方文化,发展文化认同。

(二)通过跨文化培训,达成跨文化理解

要在其他文化里建立有效的组织,并不是一味适应本地文化和妥协,更不可能刻意去改变本地人的文化和行为。一个企业跨出国界经营,要实现商业目标必须融合三种文化,即自己国家的文化、目标市场国家的文化和企业文化。所以企业在跨国经营中,在东道国的文化环境里,要面临两者不同的适应策略:追随文化策略(被改变)和创新文化策略(改变人)。世界上大多数跨国公司更多地选择了追随文化策略,也叫学习策略。

对我国企业的跨国经营而言,其实力和管理经验远不能与西方大公司相比拟,学习策略应该是友好而且有效的方式。可以通过培训跨文化管理人员实施学习策略,跨文化教育与培训是跨文化管理的重要内容。

企业跨文化教育与培训应包括三方面内容:

首先,针对本国人员外派任职的培训。

其次,针对东道国人员的培训。

再次,针对多元化文化团队的组织与训练。

跨文化培训的主要内容包括对文化的认识、对文化敏感性的训练、语言学习、地方环境模拟等。文化敏感性训练是为了加强员工对不同文化环境的反应和适应能力,通过简短演讲、角色扮演、情景对话和实例分析等形式,以便有效地打破每个员工心中的文化障碍和角色束缚,更好地找出不同文化间的相同之处,加强每位员工对不同文化环境的适应性,加强不同文化间的协调与融合。

(三)加强文化融合,发展与提高跨文化沟通能力

沟通是管理领导过程中很重要的环节,沟通能力是成功领导者的关键能力之一。当团队中有不同文化的成员时,这种沟通过程就变得更加复杂、重要。良好的跨文化沟通有助于企业更好地理解文化差异,化解文化冲突。相反,因不知如何是好而害怕沟通,因为害怕沟通而缺乏沟通,这样有可能在多元文化的组织成员之间出现沟通中断、过度保守、员工之间的非理性反应和怀恨心理等诸多不良后果,并形成恶性循环、矛盾加深、对立与冲突加剧,最后因为一系列误解而导致企业投资行为的失败。

因此,在跨国经营中,必须了解东道国的诸多言语与非言语沟通的差异,并建立起各种正式或非正式的、有形或无形的跨文化沟通组织与渠道,针对既存的文化差异和文化障碍,建立起良好的相互理解与信任的协调机制和沟通机制,以便及时有效地化解文化障碍。

(四)建立共同经营观,树立人本主义管理思想

通过对文化差异的识别,通过敏感性的训练及其他方面的培训,通过良好、有效的沟通,公司职员提高了对文化的鉴别与适应能力。这时,跨国公司应在文化共性认识的基础上,根据环境的要求和公司战略的需求建立起公司的共同经营观,建立起以公司价值观为核心的强有力的企业文化。

新兴的企业文化既要有足够的包容性,又要有创新性。要做到这一点,就必须充分了解东道国的文化,同时克服和抛弃"民族文化优越感",克服自己的偏见,使自身的文化特征具有足够的包容性和可塑性。这样,方能减少文化摩擦,使得每个职员能够主动地把自己的思想与行为同公司的经营业务与经营宗旨结合起来,在企业建立起一种和谐的氛围。"完美的和谐存在于那些企业与其每一个利益相关者的主要目的一致或至少是相容的地方。"

跨文化管理的主体和客体都是人,所以应树立人本主义管理思想。人最大的特点就是认同或抗阻。认同,便与管理者合作,企业就能成功,就能取得好的效益;抗阻,便难与管理者合作,企业就难以成功,难以取得较好的效益。美国学者弗兰西斯说:"你能用钱买到一个人的时间,你能用钱买到劳动,但你不能用钱买到热情,你不能用钱买到主动,你不能用钱买到一个人对事业的追求。而这一切,都可以通过企业文化而争取到。"

因此,只有建设"合金"文化,树立人本主义管理思想才是跨国经营成功的关键所在。

随着经济的全球化,企业国际化的序幕早已拉开,国际化的步伐越迈越大,对跨文化的研究在企业国际化过程中起着举足轻重的作用。掌握跨文化管理艺术与技巧,实施一套行之有效的跨文化管理策略是企业能从容驰骋于国际舞台、实现成功经营、实现预期目标的有利保证。

二、企业跨文化管理的策略选择

(一)本土化策略

本土化策略即根据"思维全球化和行动当地化"原则来进行跨文化的管理。全球化经营企业在国外需要雇用相当一部分当地员工,因为当地员工熟悉当地的风俗习惯、市场动态以及其政府的各项法规,并且与当地的消费者容易达成共识。雇用当地员工不仅可节省部分开支,更有利于其在当地拓展市场、站稳脚跟。

(二)文化相容策略

根据不同文化相容的程度可分为以下两种策略:

1. 文化的平行相容策略

这是文化相容的最高形式,习惯上称之为“文化互补”,即在国外的子公司中不以母国的文化作为主体文化。这样母国文化和东道国文化之间虽然存在巨大的文化差异,但并不互相排斥,反而互为补充,可以充分发挥跨文化的优势。

2. 隐去两者主体文化的和平相容策略

管理者在经营活动中刻意模糊文化差异,隐去两者文化中最容易导致冲突的主体文化,保存两者文化中比较平淡和微不足道的部分,使得不同文化背景的人均可在同一企业中和睦共处,即使发生意见分歧,也容易通过双方的努力得到妥协和协调。

(三)文化创新策略

将母公司的企业文化与国外分公司当地的文化进行有效整合,通过各种渠道促进不同的文化相互了解、适应、融合,从而在母公司文化和当地文化的基础之上构建一种新型的企业文化,以这种新型文化作为国外分公司的管理基础。这种新型文化既保留着母公司企业文化的特点,又与当地的文化环境相适应;既不同于母公司的企业文化,又不同于当地的文化,是两种文化的有机结合。这样不仅使全球化经营企业能适应不同国家的文化环境,而且能大大增强竞争优势。

(四)文化规避策略

当母国的文化与东道国的文化之间存在着巨大的不同,母国的文化虽然在整个公司的运作中占主体地位,当无法忽视或冷落东道国文化的存在的时候,由母公司派到子公司的管理人员,就应特别注意规避双方文化的重大不同之处,不要在这些“敏感地带”造成彼此文化的冲突。在宗教信仰者多的国家更要特别注意尊重当地的信仰。

(五)文化渗透策略

文化渗透是个需要长时间观察和培育的过程。跨国公司派往东道国工作的管理人员,基于其母国文化和东道国文化的巨大不同,并不试图在短时间内迫使当地员工服从母国的人力资源管理模式,而是凭借母国强大的经济实力所形成的文化优势,对于公司的当地员工进行逐步的文化渗透,使母国文化在不知不觉中深入人心,使东道国员工逐渐适应了这种母国文化,并慢慢地成为该文化的执行者和维护者。

(六)借助第三方文化策略

跨国公司在其他的国家和地区进行全球化经营时,由于母国文化和东道国文化之间存在着巨大的不同,而跨国公司又无法在短时间内完全适应由这种巨大的文化差异而形成的完全不同于母国的经营环境。这时跨国公司所采用的管理策略通常是借助比较中性的、与母国的文化已达成一定程度共识的第三方文化,控制管理设在东道国的子公司,用这种策略可以避免母国文化与东道国文化发生直接的冲突。

如欧洲的跨国公司想要在加拿大等美洲地区设立子公司,就可以先把子公司的海外总部设在思想和管理比较国际化的美国,然后通过在美国的总部对在美洲的所有子公司实行统一管理。而美国的跨国公司想在南美洲设立子公司，就可以先把子公司的海外总部设在与国际思想和经济模式较为接近的巴西，然后通过巴西的子公司总部对南美洲其他的子公司实行统一管理。这种借助第三国文化管理母国管理人员所不了解的东道国子公司可以避免资金和时间的无谓浪费，使子公司在东道国的经营活动可以迅速有效地取得成果。

本章小结

1. 文化是具有相同的教育和生活经验的许多人所共同拥有的心理程序，是一系列观念、习俗、规范和准则的总和。跨文化沟通是指管理者在不同的文化里，有效地协同不同文化对组织行为的影响，有效地与来自不同国家和文化背景的人进行良好的沟通。

2. 霍夫斯泰德关于文化对组织影响的四个维度：权力距离，不确定性规避，个人主义与集体主义，男性化与女性化。

3. 跨文化管理就是要针对不同的企业、不同的国家之间存在的差异，选择合适的跨文化管理模式克服文化差异所带来的冲突和不利影响，消除不利因素，转变为积极因素，获取文化协同的力量。通过对跨文化能力的培养，整合不同的文化差异，促进不同文化的理解和融合，避免或者解决由于文化差异所带来的障碍与冲突。

4. 跨国企业应实施的跨文化沟通的策略：(1)识别文化差异，发展文化认同；(2)通过跨文化培训，达成跨文化理解；(3)加强文化融合，发展与提高跨文化沟通能力；(4)建立共同经营观，树立人本主义管理思想。

案例研究 11－1

文化差异导致采取的方式不同

中国人喜欢在餐厅谈判，酒酣耳热之际，协议就达成了。美国人从不在餐厅里谈公事，而德国人进餐厅就是为了谈公事。不同的文化差异决定了能否在餐厅谈判。

与不同文化背景的人打交道应采取不同的方式。一个中国人与一个美国人在中国谈判时合作愉快，临走前中国人告诉美国人，7 月 1 日会去美国，美国人让中国人到时打电话给他，他请中国人吃饭。但是，中国人就算到时去了美国，一般也不会和美国人联络，因为觉得彼此没有那么深的交情，美国人也不会真的招待中国人。可如果对方是德国人，7 月 1 日时他会请假在家等客人，如果中国人没去他会非常不满。日本人则会干脆先给对方一笔钱，告诉对方，你去东京时我没有同样的时间招待你，先结算清楚好了。

资料来源：根据新华网相关资料整理。

问题：

1. 由案例说说跨文化沟通的重要性。

2. 从这个案例中，你得到什么启示？

复习思考题

1. 浅谈文化差异。
2. 影响跨文化沟通有哪些主要因素?
3. 跨文化管理的沟通原则有哪些?

第四篇

管理沟通应用

第十二章　求职与面试

学习目标

通过本章学习，你应能够：

做好求职前的准备；

撰写求职信和个人简历；

掌握面试时的礼仪；

掌握面试的基本应对方法。

关键词

求职　求职者　求职信　个人简历　面试

导入案例

面　试

应试者：一位从事技术工作的女士

面试官：爱立信（中国）人力资源部副总裁

面试过程：

问：你以前在哪里工作？

答：我在一家公司做技术支持。

问：进入公司的目的？

答：喜欢技术支持，因为我具有这个能力。

问：你有什么成绩呢？

答：做了上海的一个方案，且在各个部门有很好的协调能力。

问：周围的同事朋友怎么评价你呢？

答：待人诚恳。

反问：您问我这个问题的目的在于哪里呢？

答：看你在工作中的沟通能力……做技术支持的，当然应该有技术方面的能力，但合作是最重要的一点。

面试官点评：这位小姐很敏锐，但作为应试者，不应该反问面试官提出问题的目的。如果为了显示主动性，可以在最后问问面试官自己在以后的面试中应注意什么。再有，讲故事特别重要，把自己最得意的成绩、做得最好的项目详细说出来，像这样一句话概之，不令人信服，印象也不会深刻。

资料来源：https://zhidao.baidu.com。

第一节　求职信与个人简历

微型案例 12－1　　　　“才子”洪新强的遭遇

四年的大学生活就要结束了，作为化学系仅有的“才子”，洪新强对那些已经开始着手准备找工作的同学不屑一顾，最后的才是最好的！

在班上大部分同学签了就业协议之后，洪新强才开始行动：“那些土包子就为求个职，连简历怎么写、写多少内容都去咨询！”洪新强花了三个晚上，写了一份三页的求职信、一份四页的个人简历，而且经过润色，使词句流畅，读起来朗朗上口，颇有《少年中国说》的气势。然后，又用整整一天的时间，把求职信和简历进行了精美的设计，最后不惜血本用彩色打印机打印了 20 份，用洪新强的话说：“这份求职材料，洋洋洒洒万言，管教人家看了就不想放下。”

可事与愿违，20 份精美的求职材料都寄给了那些他认为比较喜欢的企业，竟然没有一家企业和他联系。

洪新强不知道，他的“洋洋洒洒万言”的求职材料和求职简历，使企业一下子失去了往下看的兴趣。每个职位企业都能收到几十份求职材料，不会有那么多的空闲时间看你的万言书，而且彩色求职材料，恰恰是最不受企业欢迎的。

可见，即使是准备求职材料这样简单的事情，求职者也要同样予以重视。

求职书面材料应包括求职信、个人简历、相关技术等级证书、职业资格证书、各级荣誉证书、其他相关资料六个方面的内容。用人单位往往是通过这些书面材料来判断和评价求职者的现在状况和工作潜力的。

所以说，求职书面材料是毕业生在求职过程中的第一步，是求职者叩开用人单位大门的第一块敲门砖，它往往决定求职者能不能争取到面试机会。求职前制作一份合格的求职书面材料就显得非常重要了。

除求职信、个人简历外，其他材料如相关证书等都是既成事实的，不需要再去制作加工，所以我们这里讨论的"书面材料"，就是专指求职信、个人简历两项内容。

一、求职信

求职信是求职者写给招聘单位的信函，集自我介绍、自我推荐和下一步行动计划于一体，并重点突出求职者的背景材料中和企业最有关系的内容，其内容紧紧围绕"我符合要求、我可以胜任、我有诚意应聘等"来展开。

一封好的求职信能体现求职者清晰的思路和良好的表达能力。换句话说，它体现了求职者的沟通交际能力和性格特征。它可以拉近求职者和人事主管（负责人）之间的距离，从而更容易获得面试机会。

由此可以看出，一封好的求职信对于求职者来说是非常重要的。

（一）求职信的内容与格式

1. 求职信的内容

求职信在书写时应包含以下内容：写信的动机，即为什么写这封信，在求职信中介绍个人情况，争取获得面谈的机会。

2. 求职信的格式

求职信一般分为三个部分：开头部分说明写信的目的，主体部分阐述谋职资格和工作能力，结尾部分请求对方给予面试的机会。

（1）开头首先写上用人单位的称呼，并填入合适的问候语，说明在什么地方了解了用人单位的招聘信息，直接写出这封求职信的具体目的，表明你想寻找什么类型的工作和自己所具备的人事这项工作的知识和能力。撰写时要注意技巧，必须一开始就抓住目标单位的注意力。常见的求职信的开头有三种写法。

第一，赞扬目标单位近期取得的成就或发生的重大变化，表明自己渴望加盟的愿望。

第二，表述自己的特长和能力。

第三，说明具备目标要求的一些技能，然后陈述自己的工作能力，表明你有足够的能力做好此项工作。

(2)求职信的主体部分要概述自己所具有的对目标工作有用的知识和技能。主要包括求职资格、工作经验、相关社会活动经历和个人素质等。应该提及你的个人简历，提示对方查阅相关资料，以便于进一步加强对你的了解。

(3)结尾部分主要是请示求职单位做出进一步的反应，给予面谈的机会。写作口气要自然，不可强人所难。

(二)求职信的写作技巧

(1)要说清楚为什么应聘。要列举用人单位的优点及吸引人之处，要表达自己对加盟该单位的渴望和对该单位真诚的关心。写作时要得体、中肯，不要过分吹捧和有意讨好，以免对方反感。

(2)要说清你希望承担什么工作。应说明你应聘的专业和岗位，但不必太具体，太具体了容易缩小求职范围或与用人单位对不上口径。所以求职信的行文里要有一定的回旋余地，以便使相关的工作也有入选的可能。

(3)有的放矢，说明自己的条件、能力、表达对胜任工作的信心。可以列举自己的专长和曾经获得过的成绩、荣誉等，表明应聘的必备条件，突出自己的工作经历中与所谋职位相关的部分，增强对方的信任感。

(4)注意措辞得体及突出个性的包装。写自荐信既要正确评价自己，对自己的特长、优势、能力有具体、充分的说明，同时也要态度谦虚、语气委婉，做到自信而不妄自尊大，自谦而不妄自菲薄。言辞一定要诚恳、充满热情、有人情味，切不可枯燥、呆板、教条化。成功的自荐信往往还在真实的基础上，通过独具匠心、巧妙构思的包装，达到不同凡响的效果。

(5)内容得体、文法正确。求职信的语气应不卑不亢，不要给人一种你失业后无事可做的印象。尽管你现在有求于人，但不是在讲求施舍，而是以自己的工作能力证明你对别人有用，这是一种等价交换。要检查、确保求职信内容没有错字、文法正确、句子通顺等，以免影响企业对你的印象，因而错失面试机会。

(6)简明扼要。求职信是自我表白，目的是让人事主管看的。因为人事主管有太多的求职信要看，所以求职信一定要简明扼要，内容控制在两页之内就足够了。

(7)不要提薪水的事情。求职信的目标是建立联系，争取面谈的机会。如果提薪水，单位会认为求职者在钱的问题上是非常计较的。

微型案例 12－2　求职信

××经理：

您好！

我写此信应聘贵公司招聘的经理助理职位。我很高兴地在招聘网站得知你们的招聘广告，并一直期望能有机会加盟贵公司。

两年前我毕业于首都经济贸易大学国际贸易专业，在校期间学到了许多专业知识，如国际贸易、国际贸易实务、国际商务谈判、国际贸易法、外贸英语等课程。毕业后，就职于一家外贸公司，从事市场助理工作，主要是协助经理制订工作计划、一些外联工作以及文件档案的管理工作。本人具备一定的管理和策划能力，熟悉各种办公软件的操作，英语熟练，略懂日语。我深信可以胜任贵公司经理助理之职。

个人简历及相关材料一并附上，希望您能感到我是该职位的有力竞争者，并希望能尽快收到面试通知，我的联系电话：139××××××××。

感谢您阅读此信并考虑我的应聘要求！

此致

敬礼！

×××谨上

××××年××月××日

二、个人简历

个人简历主要是针对应聘的工作，将相关经验、业绩、能力、性格等简要地列举出来，告诉应聘单位你是一个怎样的人才，以达到推荐自己的目的。

（一）个人简历的内容

个人简历应包含以下内容：

（1）基本情况介绍：包括姓名、性别、年龄、身高、籍贯、政治面貌、毕业学校等。

（2）学习情况介绍：几年间总的学习课程、学习成绩、主攻方向。要有选择性地列出自己所学的课程。

（3）工作或实习实践情况：现代社会强调实践经验及动手能力，单纯学习好的学生，不一定能够得到用人单位的认可，因此在履历中要介绍自己的实习实践情况，如自己发表文章的情况，在企业实习情况以及社会实践情况等，工作过的单位及岗位，在工作中取得的成绩等。这部分内容主要是向用人单位证明自己的应聘资格，用人单位比较重视这一部分内容，所以应该认真对待。

(4)专长爱好：选择有说服力的，尤其是用人单位所需求的特长，但一定要实事求是，不要弄虚作假。

(5)获得奖惩情况。

(6)通信地址及联系方式。

简历是一种书面的自我介绍，应力求用词准确、内容完整、条理清晰、简明扼要。不能出现文字或语法错误，应避免使用第一人称，而且要实事求是，应尽可能展现自己最优秀的一面。

(二)个人简历的写作技巧

个人简历写作时应注意以下几点：

(1)突出"职"，即突出所应聘的"职位"信息。应聘主管关心主要经历的目的是为了考察求职者能否胜任工作。所以，不管是写自己的经历，还是做自我评价的时候，一定要紧紧抓住所应聘职位的要求来写。

(2)突出"简"。招聘主管不可能仔细阅读所有的简历，但是内容简洁、易懂、清楚的简历最不易被漏掉。

(3)突出"历"。此处的"历"为"经历"，用人单位最关心的是求职者的经历，从经历来看求职者的经验、能力和发展潜力。所以，在写简历的时候，要重点写学过的东西和做过的事情，即学习经历。学习经历包括主要的学校经历和培训经历，工作经历要标明你经历过的单位、从事的主要工作。如果你的经历太多，不好一一列出，也可以把近期经历写详细些，把初期参加工作的经历写得简略些。

提醒您

写简历时应该注意的事项有：

(1)个人简历上应该消灭错别字；

(2)篇幅在一页内为好；

(3)写简历时注意扬长避短；

(4)切忌过于谦卑；

(5)注意格式美观大方；

(6)语言朴实简练。

(三)个人简历的写作忌讳

个人简历可以说是求职材料的核心内容，所以在写作简历时一定要多多揣摩，以免出现差错。除前面介绍的内容外，下面四点要尽量避免：

（1）缺乏重点。一封有效的求职信应该重点突出：求职者能干什么，优势在哪里，谋求什么职位，应当一目了然。很多求职者竞争力很强，写起简历来却没有突出重点。如果一份简历看上去适合任何单位、任何职位，它给人的印象就是求职者不能确定自己的工作目标，相比别人而言，也就缺少了优势。

（2）缺乏营销战略。具有市场营销观念的人，会动用各种销售工具，获得决策者的信任。你的求职信实际上是一份市场销售书，目的是把你带到下一轮的面试中去。求职信上每个词都要表明你能满足他们的需求，帮他们解决问题，节省时间和金钱，增加利润或改善客户关系。

（3）要有工作业绩的陈述。可以说大部分简历都缺乏工作业绩陈述，过去的工作成绩是雇主评判你未来表现的依据。工作业绩能刺激雇主迫不及待地抢在竞争对手之前给你打电话。为了达到业绩陈述的最好效果，业绩必须量化成数字或百分比，量化的业绩比空洞的叙述更可靠、具体和客观。

（4）不要把幼稚的语气带到简历里。像“给我一个机会，还您一个惊喜”等幼稚的求职语经常在个人简历里出现，如果主考官真的给你一个机会，你会带给应聘单位什么惊喜？这样的语言显得既虚伪又空洞。

微型案例 12－3　　应聘客户代表简历

本人概况

姓名：钱诚　性别：男　出生年月：19××年 5 月

民族：汉　政治面貌：中共党员

学历（学位）：大学本科　专业：电气自动化

联系电话：××××××××　手机：×××××××××××

联系地址：北京市朝阳区××路 10 号 1-2-201

邮编：100013

E-mail：××××@hotmail.com

教育背景

毕业院校：山东大学（1993.7～1997.7）工业电气自动化

其他培训情况：

有英文口译证书；

熟练应用计算机及其他各种办公软件；

接受 Hayes 技术培训获得 Hayes 工程师认证。

工作经历

1999 年 9 月至今龙华网络技术公司

任职：市场主管

● 建立战略合作伙伴；

● 建立国外合作伙伴；

● 建立和维护基础渠道；

● 市场调查并向公司提出需求；

● 拟订市场计划并付诸实施。

成绩：1999 年度爱国打印机华北地区销售第一名

1997 年 9 月至 1999 年 9 月择日电脑公司

任职：客户部项目经理

● 负责激光打印机、3com、Hayes、Legend Modem 在华北市场的渠道管理和维护。

● 开发了 200 多家外资企业客户。

● 开展了 15 家代理商，建立了良好的客户关系及信誉，取得了优秀的销售成绩。

自我评价

优秀的销售成绩，具有丰富的客户拓展经验、良好的产品渠道开发和管理能力，举办过产品展示会的经验和管理经验，具备丰富的 Internet 经验。性格开朗，具有强烈的团队意识，喜爱运动、交友。

最重要的是能力，相信贵公司会觉得我是此职位的合适人选！

期盼与你面谈！

提醒您

在求职的时候，需要求职信、简历以及相关技术等级证书、职业资格证书、各级荣誉证书、其他相关资料等材料。就整体来说，需要注意的事项有：

1. 白纸黑字是求职材料的最佳载体。
2. 简历贴上照片。
3. 附上相关材料复印件。
4. 将所有材料装订在一起。
5. 如需邮寄简历，用大号标准牛皮纸信封。
6. 邮寄材料时注明收件人。

第二节　求职面试策略

求职的重要一关是面试，面谈时要注意一定的应聘礼仪，谈吐要适当，不要急于求成，要有组织认同感，面试结束时也不要忘了周全的礼仪，要善始善终，因为这些代表着你的修养，会给考官留下深刻的印象。另外，往往在面试考官中就有你的未来上司，面试中的交流就决定了上司对你的印象和态度。个人的天赋、学历、工作经验是重要的，但更重要的是考官对你的感觉，有时录取或拒绝一个面试者往往说不出理由，这就更说明外表形象与个人的谈吐是至关重要的。在应聘时注意并恰当地遵守这些礼仪，有助于你择业成功。

微型案例 12－4　　面试细节

某公司经理对他为什么要录用一个没有任何人推荐的小伙子时如是说："他神态清爽，服饰整洁；在门口蹭掉了脚下带的土，进门后随手轻轻地关上了门；当他看见残疾人时主动让座；进了办公室，其他的人都从我故意放在地板上的那本书上迈过去，而他却很自然地俯身捡起并放在桌上；他回答问题简洁明了，干脆果断，这些难道不是最好的介绍信吗？"

资料来源：http://www.gkstk.com/article/wk-78500000755205.html。

从这个案例我们可以看出，应聘礼仪在一个人的求职过程中起着很重要的作用。

一、面试前的准备

（一）研究应聘单位

面试的时候，不论是哪种类型的主考官，都会通过一定的方式具体验证求职者的才能和应对能力，以此来看求职者是不是符合招聘的岗位要求进而决定是否录用。所以应聘者有三个方面的信息要传达出来：有能力胜任这项工作、很愿意做这个工作、必定适合贵公司和这份工作。这就要求求职者必须对面试企业的情况有所了解。

1. 研究企业的基本情况

必须研究和这家公司相关的各种资料，比如公司成立背景、创立的年代、总公司的所在地、经营业绩、行业地位、经营理念、企业规模、发展趋势、公司产品、产品的市场定位和占有率、主要客户、近几年的成长概况，或是公司负责人和组织成员的名单，甚至包括最近有关新闻媒体对该机构的关注等。

只有研究了这些情况，求职者才会对该企业有更全面的认识，才可以使面试的话题更深入，对方也会了解你的良苦用心，当然也就对你刮目相看了。

接到面试通知后，要查清楚乘车路线，并要留出充裕的时间去乘车。

2. 收集企业资料的途径

可以通过大众传播媒介，如电视、电台、报纸、杂志或互联网等了解应聘单位信息，也可通过亲朋好友等其他途径来了解应聘单位的信息。通过以上途径了解公司的性质、特征、发展前景、所聘职务、待遇、薪金等信息，越详尽越好，以使自己有备而去，“投其所好”。

(二)个人形象准备

求职者的外表形象往往关系到应聘效果，因为，人的第一印象中，70%是由外表决定的。所以，应聘的偶然性决定了应聘者必须注意自己在应聘、面试那一刻的形象。

外表形象是应聘的敲门砖。虽然应聘者的五官相貌很难改变，但是他的穿着打扮、风度气质、言谈举止是可以训练改变的，从而给人留下深刻的印象。

1. 应聘者的形象设计

应聘者的基本外表形象要求是服装合体，搭配合理，色调和谐，服装整洁，尤其注意领口、袖口不要脏。女性的最佳效果是端庄、干练，尽量要用淡妆，不要浓妆艳抹，否则给人以轻浮的印象；男性不要留长发，将鼻子和胡须修好，显得面部光洁神采奕奕，最好穿西装，系领带。

2. 应聘者形象方面的注意事项

(1)女士应聘者的注意事项。女士的着装要大方得体，应注意服饰整体的搭配，以简单朴素为主。不穿超短裙，也不穿极薄透明的或紧绷的衣服；可穿西装套裙，西装应稍短些，裙子不宜太长，以免因紧张而不慎绊倒，但也不要穿太短；如果要配裤子，上装要稍长为宜，注意将衬衫的下摆扎进裤子里。皮鞋要擦亮，鞋带要系紧。昂贵的珠宝及饰品不宜佩戴，饰品数量也不宜过多。若擦香水，宜使用香味清新的，而不要用香气过浓烈或奇特的。

(2)男士的穿着以正式的西装为宜，领带要打端正，若有领带夹应夹在衬衫第三与第四个扣子中间的位置。袜子颜色最好配合西装颜色。

(3)不管男士还是女士，在应聘时要注意自己的修饰，注意一些细节，例如将新衣服的价签取下来，不然，考官会认为你做事粗心大意，不注意细节。女士一定要穿丝袜，并随时检查是否有脱线或破损的情形。应试出门前应再检查一遍整体仪容是否整洁，扣子、拉链是否扣好、拉好，衣缝及袖口是否有破损或弄得皱皱的，鞋子是否干净光亮，鞋底是否有磨损。面试当天除脸部清洗干净外，还应注意耳朵、脖子的清理和指甲的修剪。注意吃好早餐，否则因空腹会产生胃气，妨碍口气清新。清新自然的形象有助于取得应试成功。

(4)面试前应选择适当的服饰。如果可能,宜在一个月前就将面试穿着的服装准备好并试穿过,以免当天因穿新衣有不舒适的感觉。参加面试者的衣着应视工作性质而定,表现出来的形象越专业越好。

(三)面试前的心理准备

心理准备是谋职者应该在面试前必须做好的,我们无不希望在面试时留给主考官一个优良而深刻的印象,以增加录取的可能性。因此了解主考官一般在主持面试时会关心些什么,对应试者而言是非常重要的第一步。主考官考核应聘者的内容往往包括以下几方面:

(1)主考官会先评价一个应试者的衣着、外表、仪表及行为举止。例如一位经理登报招聘一位商务人员,约有50人前来应聘,但是这位经理最后选中的是一位没有任何突出特点的应聘者,其原因是这位应聘者衣着整齐、指甲修得干干净净。

(2)主考官也通过提问或交谈对应试者的专业知识、口才、谈话技巧、反应灵敏与否等做整体性的考核。有的时候招聘者往往通过与你闲聊感受你的反应灵敏与否、专业知识扎实与否等,虽然他问的问题很随意,但却是在试探你、感受你,所以,你要顺其自然,不要志在必得,造成不必要的紧张,从而影响你的正常发挥。因为有些问题本身没有标准答案,仁者见仁,智者见智。

(3)主考官可能会从与你短暂的谈话中去了解你的性格及人际关系、情绪状况、人格成熟度。主考官可能会通过诸如:“面对压力你怎样工作?”“你能形容一下自己吗?”“遇到恃强凌弱者,你如何处理?”“当你的老板经常批评你时你应该怎样处理?”这些问题是很随意的,但是却能考察你处理人际关系的能力和人格的成熟程度。所以,如果说某一个人怎么那么幸运得到一份别人追求了很长时间的工作,其原因在于,应聘者看中了他的某一方面长处,这是一个人长期素质培养的结果而不是短期能够培养的。

(4)主考官也会从面谈中观察应试者对工作的热诚度及责任心,了解应试者对人生的理想、抱负及上进心。一个人的专业知识和技术水平往往是在工作中磨炼出来的,而有没有责任心和对工作是否热爱则是决定他能否经受住工作中的各种困难考验的决定性因素。我们把这种素质叫作“敬业精神”或“职业道德”,这是公司最需要的。对一项工作的热爱是一个人出成绩的根源,它是一个人百折不挠的精神动力源泉。同样,主考官也会问“你将来准备做什么?”“你的人生的最终目标是什么?”等问题来考察你的上进心和抱负,一个没有上进心的人很难不断学习和追求上进,将工作做得完美。

对于主考官将会问你什么问题,一般没有固定程序化的东西,主考官可以现场发挥,这是很难预测的,你唯一能准备的是你的沉着、镇定与自信。

二、面试礼节

(1)提前10分钟赶到。由于交通状况不好,因此最好提早出门,比原定时间早5～10分钟到达面谈地点。早到可先熟悉这家公司附近环境并整理仪容。但如果早到10分钟以上,千万别在接待区走来走去,此时可向别人询问盥洗室在哪里,再一次检查自己的服装仪容。

(2)进入室内时,应先敲两下门,等对方答应"请进"时方可进入,然后向对方行点头礼或鞠躬礼后,再关上门。

(3)走到椅子旁边时,应恭敬地自我介绍:"我是某某。"

(4)如果有指定座位,则坐上指定的座位,若无指定座位时,可以选择主考官对面的方位,和主考官成桌角位落座,方便与主考官面对面交谈。

(5)当对方请你坐下时,说声"谢谢"再坐下;如对方未请你坐下,则站着等主考官示意后才坐下,也可以礼貌地询问:"我可以坐下吗?"等主考官示意后才可就座。

(6)坐姿端正,两手自然轻放在膝上,千万不要两手下垂,或放在胸前,或背后交叉。注视对方讲话的神情,静心聆听问题的内容,然后从容回答,不可半途插嘴、反问。

(7)简明扼要地回答一切问题,如果谈论自己的设想、建议、计划等,可详细谈论,但言谈必须有礼貌,提到公司要称"贵公司"。

(8)面带微笑,举止得体,不要紧张。

(9)称呼准确。

(10)面谈结束后,行礼、握手后再离开,离开时要先采用"后退步"的走法,然后离开。走出考场之前,再次站在门前行礼才出去。

微型案例 12-5　　"见面熟"

张强向来以"见面熟"著称,这次他去面试一家向往已久的公司。到公司后,前台人员礼貌地接待了他,并把他安排到休息室,让他稍等一会儿。这时,他又用开了"见面熟"的特长,坐了不到两分钟,就来到前台,和刚才接待他的工作人员聊上了。那位工作人员很忙,对他说了好几次"您先去休息室坐着稍等一会儿吧"。张强说:"没事,不用休息,咱们以后是同事了,哪用这么客气。"一会儿又说:"我帮你接电话吧。"15分钟后,张强接到了主考官的通知:下次有机会再来面试吧。

资料来源:吕维霞、刘彦波编著,《现代商务礼仪》,对外经济贸易大学出版社2003年版。

三、面试时需注意的细节

(1)应聘前不喝酒、不吃辛辣味的食物。喝酒会使人的大脑反应迟钝,并且说话时带酒味,会给主考官留下“酒鬼”的印象;吃辛辣味的食物如葱蒜等会使你出气带有葱蒜味,给主考官的印象也不好。如果口气较重,最好应聘前多喝几杯茶,应聘前少吃些食物。

(2)应聘时应提前10分钟赶到,不要迟到。如迟到,一般认为有70%的概率不利于获得工作机会,有50%的概率使你失掉工作机会。例如有位女士去一家电器公司应聘,通知她去面试文秘,说好了时间是上午9:00,可是那天因为她出门前打扮得太久,耽误了时间,加上路上堵车,结果整整迟到了45分钟。她到后,工作人员向她扬起手上一堆报名表对她说:“小姐,你不适合做文秘,只适合做老总。”

(3)应聘时不要带陪伴,带陪伴说明你缺乏自信。

(4)随身除了带公文包或手提包外,不要带其他物品,不可放置于考官办公桌上。可将公文包、大型皮包放置于座位下右脚的旁边,小型皮包则放置在椅侧或背后,不可挂在椅背上。

(5)应聘时不要抽烟,不要嚼口香糖。与人谈话时,口中吃东西、叼着烟都会给人不庄重的感觉,也显得不尊重对方。

(6)别弯腰垂头。这不但显得没朝气、精神不振,也会令人觉得你对此面谈缺乏兴趣。正确的姿势应是腰杆挺直,双手放置适当位置,双眼直视对方双目并面带微笑。

(7)当对方谈兴正浓时,不要轻易转移话题。谈话时不要抢话头,不要连珠炮式地发问,不要轻率地下断语,不要乱开玩笑。

(8)谈话时不可使用夸张的动作言语,不可用主考官听不懂的方言或行话。不要攀龙附凤,如说你单位某某是我的什么人,这一来对证明自己的才干不利,二来即使被对方单位录用,也不易和其他人搞好关系。

(9)与主考官谈话,不要引起争辩,因为争辩成功了,伤了主考官的自尊,他不会录取你;失败了,更不会录取你。

(10)即使考官所提问题非常不礼貌,身为求职者,也不能意气用事或表现出不礼貌的言辞。你可以拒绝,但口气及态度一定要婉转温和。

(11)不可要求茶点,除非咳嗽或需要一杯水来镇定自己。

四、面试常规问题的应对

用人单位无非希望了解求职者以下的素质:(1)表达能力。谈话是否前后连贯、主题突出、思路清晰,说话是否具有说服力。(2)思考判断能力。能否准确理解对方的提问，迅速找到答案，回答和提问紧紧相扣。(3)和他人沟通的能力。是否能够听取并尊重别人的意见，有不同意见的时候能不能恰当地表达自己的意见。(4)与他人相处的能力。与他人合作的精神，理解他人并互相尊重的素质，健康的竞争精神。(5)自信心和责任感。与人交往时是否有信心，是否勇于承担责任。(6)仪容仪表。穿着是否得体，回答问题是否认真、诚实，举止是否文雅、大方等。

所以，主考官无论是提问还是观察，也都是围绕上述目的进行的。以下我们就列举一些面试时常见的问题，以供读者参考。

1. 谈谈你自己。

面试的时候，主考官往往提问的第一个问题就是："谈谈你自己吧！"也就是让你做个自我介绍。很多求职者会认为："我不是都已经写在简历中了吗？为什么还要问？"因而显得有些不耐烦，有的求职者甚至用"这些我在简历中都已经写得很清楚了"这样的话答复主考官。

在面试的面谈中，"自我介绍"应该算是重要的内容，是为了揭开更深入的话题而设计的。同时，通过自我介绍，企业不仅可以基本了解你的口头表达、沟通等能力，还可以基本判断你是否了解该职位的要求。

很多人回答这个问题时过于平常，只说姓名、年龄、爱好、工作经验，而这些在简历上都有。其实，企业最希望知道的是求职者能否胜任工作，包括：最强的技能、最深入研究的知识领域、个性中最积极的部分、做过的成功事例、主要的成就等，要突出积极的个性和做事的能力，说得合情合理才让人信服。

自我介绍的要点主要有以下三个：

第一，有针对性。自我介绍时要选择与该公司有关的内容为好。将自己过去的经历与现在要谋的职位相联系的地方重点讲，其他的略讲或不讲。如果是一家电脑软件公司，应说些电脑软件的话题；如果是一家金融财务公司，便可说一些金融财务的事。

第二，强调自己的优势。话题要突出自己将来在该公司工作的话，将如何开展工作，将对公司做出哪些贡献，如增加营业额、节约成本、发掘新市场等。

第三，重点放在前面。将自己最出彩、最突出的优势放在前面介绍，这样能更好地抓住主考官的注意力，也使他对你印象深刻。也可以将自己的有关作品或记录呈上，以增加印象分。

提醒您

自我介绍的禁忌

1. 只顾自己说，不给别人插话的机会；

2. 语言重复啰唆；

3. 语言确定性的两个极端。求职者讲话时，既要注意不要过多地说“肯定是……”“绝对是……”“当然了……”也不能一味地没有主意地说：“也许”“大概”“差不多”等；

4. 去掉口头禅和多余的小动作；

5. 言行虚假。

2. 你有什么业余爱好？

有些求职者认为，主考官对业余爱好的询问是他们想招聘有多项专长的人，其实这是个错觉，他们的目的是想借此判断你的性格、涵养、为人以及品德。

最好不要说自己没有业余爱好，不要说自己有哪些庸俗的、令人感觉不好的爱好，不要把自己仅限于读书、听音乐、上网，否则可能令主考官怀疑你性格孤僻，最好能有一些户外的业余爱好来补充你的形象。

比如，你从小学就开始练习书法，直到现在还经常参加各种书法竞赛，主考官就会对你的毅力及书法艺术的修养肃然起敬。有的人喜欢中长跑，而且成绩也比较好，就会让人认为你有毅力、耐力，竞争意识强，而且能够忍受长时间的工作。有的人喜欢下棋，经常看棋谱，说明爱动脑子、善于分析、逻辑性强。

3. 你为什么想来我们公司？

通过这个问题，用人单位既可以了解求职者是否对公司了解，也可以了解求职者的动机，是否想为公司长期工作。

当求职者听到这类提问的时候，可以推断出自己的条件对该企业的该职位来说还不错，所以要用坚决的语气、态度诚恳地说出有兴趣来该企业的原因，如专业对口、公司有发展、工作环境好、公司的经营理念好、福利待遇好、离家近等。

4. 你善于和哪些人相处？

主考官是出于某些职位、行业的特殊需要才提出这个问题的。通过提问，他可以了解求职者能不能和同事进行良好沟通，以营造良好的工作氛围，提高工作效率，能否对外打开工作局面，广为结识顾客群，以便更好地完成工作任务。

所以求职者就要以亲切、轻松的语气回答，给人自信、通达、开朗、热情的印象，这种印象本身就说明你很好相处。如果你的态度拘谨、严肃，从侧面说明你这个人不善于与人相处。

回答这个问题要站在工作的角度考虑问题，与领导、同事等友好相处，通过换位思考，为他人着想，处理好工作中的各种关系为重点。

5. 你为什么经常换工作或你为什么离开原来的公司？

主考官提出这个问题的目的有两个：一是想深入了解你申请新工作的内在动因，是嫌过去的工资低？还是本人能力差、表现不好而让人辞退？或是生性好动，总是这山望着那山高，哪儿都待不住？而这些情况是任何单位都忌讳的。二是考察求职者的工作态度和应变能力，所以求职者听到这样的问题之后，即使觉得不好回答，也一定要保持轻松、自如的心态。

可以说的理由是：原单位倒闭、不能实现个人抱负；有更多的发展机会；专业不对口、结婚、生病、休假；欣闻贵公司要扩展业务，想施展个人的才能等。

不宜说的理由是：收入太低、人际关系复杂、领导有问题或与领导不和、工作压力太大、被辞退了等。

6. 你认为自己适合干什么？

主考官的这个问题实际上是在考察求职者的自我认知能力。对求职者来说，就要根据自己的理想、价值观、兴趣爱好、能力、性格等特点，正确认识自己的优势和劣势、自己的与众不同处和发展潜力，明确自己的想法、期望、品德、行为等方面的特征。这个问题可以和自己的职业规划结合起来回答或者与现在谋求的职位相结合回答。

像下面这些说法："我不知道自己适合干什么，只知道自己希望从事这份工作""我选择这个工作，是因为我原来做过""我干什么都行，对什么都感兴趣"等都不适合作为该问题的答案，因为这些回答很明显地给人以不着边际或没有独立主张，甚至是混日子的不好印象。

7. 过去工作中最大的压力是什么？

主考官是希望通过这个问题，了解一下求职者对工作压力的应对情况：是消极逃避还是积极应对？求职者在回答以往的工作压力时没必要就压力谈压力，应注意给主考官留下这样的印象：你喜欢迎接工作中的挑战，你有把压力转化为动力的信心、习惯和能力。

所以，在回答的时候，不应该直接说"从没有工作压力"这样让人听起来不可信的话。可以从工作中产生压力的原因开始说起，要说清楚因为压力而使你通过什么方式去求知，并获得了解决方法。最后一定要说明，压力反而是你的动力，使你从中获得了乐趣，不要透露出应付压力的消极思想。

以下的回答可以参考：

我喜欢接受新的工作挑战。当然从事新的工作，比较缺少经验，所以就需要缜密的思考和妥善的规划。我的工作压力大多是在新工作开始的初期，因为这时候总是会产生很多新的问题，这样就需要我不断学习新的知识来应对工作压力，尽力完成全部工作。刚开始有压力，但那份成就感却也是让人满足而且值得回味的。

8. 你最大的缺点是什么？

这个问题被主考官问到的概率非常高，主考官通过这个问题，一是想了解求职者在碰到紧张不自在的难题时，能不能从容不迫地解决；二是想听听求职者能不能对自己做出正确的评价,因为不能正确评价自己的人,往往也不会正确评价自己的工作。

不要说自己没缺点,不要把明显的优点说成缺点,不要说出严重影响应聘工作的缺点,不要说出让人不放心、不舒服的缺点,可以说出一些对于所应聘的工作无关紧要的缺点,甚至是一些表面上看是缺点,从工作的角度看却是优点的缺点。事实上,表明自己的缺点并不完全是件坏事情,只要你能够提出改掉缺点的方法并付诸行动,反倒证明了是一个有能力战胜弱点的人。

通常不希望听到直接回答的缺点,如小心眼、爱忌妒人、非常懒、脾气大、工作效率低等,这些缺点会影响工作,主考官可能就要考虑不能录用你了。

9. 你和其他求职者有什么不同?

回答这个问题时,可以先说自己对于所求职位的优势,然后再比较所有来参加面试的求职者,再列举自己所特有的优势就行了。

以下的回答可以参考:

对于这一点,可能要因具体情况而论,比如贵公司现在所需要的是行政管理方面的人才,虽然前来应聘的都是这方面的人才,但我深信我在大学期间当学生干部和主持社团工作的经历已经为我打下了扎实的基础,这也是我自认为比较突出的一点。

10. 你是应届毕业生,缺乏经验,怎样胜任这项工作?

对于刚毕业的学生,主考官往往会提出这样的问题。明明知道应届毕业生没有工作经验,却还要问这样的问题,说明主考官并不真正在乎“经验”,而是想考察求职者的应变能力。如果真的在乎经验,就不需要给他面试的机会了。

求职者在回答这个问题的时候,要告诉主考官这样的信息:你是个诚恳、果敢和敬业的人。工作经验的不足,可以通过发挥你的积极、勤奋的工作态度和谦虚好学的品德向有经验的同事和领导学习来弥补。

以下的回答可以参考:

作为应届毕业生,我在工作经验方面的确有所欠缺,所以在上学期间一直利用各种机会在这个行业里做兼职。我也发现,实际工作远比书本知识丰富、复杂,但我有较强的责任心、适应能力和学习能力,而且比较勤奋。所以,在兼职的时候都能圆满完成各项工作,从中获得的经验也让我受益匪浅。请贵公司放心,学校所学以及兼职的工作经验使我一定能够胜任这份工作。

11. 说说你的家庭。

问这样的问题,不要以为主考官有什么闲情逸致来调查求职者的家底、探究隐私,而是要了解家庭背景对求职者的塑造和影响。所以,你要传递给主考官的一定是积极的一面。要强调温馨、关爱、和睦的家庭氛围,强调家庭成员的良好品质并对你的积极影响,强调家庭成员对自己工作的支持,强调自己对家庭的责任感。

以下回答可以参考：

我很爱我的家庭！我的家庭一向和睦，虽然我的父亲和母亲都是普通人，但是从小我就看到我父亲起早贪黑，每天工作特别勤劳，他的行动无形中培养了我认真负责的态度和勤劳的品质。我母亲为人善良，对人热情，特别乐于助人，所以在单位人缘很好，她的一言一行也一直在教导我做人的道理。

12. 你希望得到多少薪酬？

这是所有求职者最希望听到的，也是最怕的问题。回答这个问题的时候要小心，不要让主考官觉得你脑子中只想着钱，但也不要装出一副完全不计较薪酬的样子，因为薪酬在某种程度上也是衡量一个人给企业创造价值的标准。

如果仓促回答，随便说一个数目，可能会不妥。数目太高，会让主考官觉得你不认真，或者不了解行情，太脱离现实；数目太低，有可能让求职者失去争取较高薪酬的机会。

应该预先了解自己申请的这个职位大约应该得到多少薪酬，也就是说要熟悉这类工作、这个层次工作的“行情”，这也是求职前的准备工作。

一般而言，正规的公司都有自己的薪酬体系，不会因为求职者要求低就给低工资，或者求职者要求高就给高工资。所以求职者可以这样回答：“我想请教一个问题，以我现在的经历、学历和您对我面试的了解，在贵公司的薪酬体系中大约能达到怎么样的水平？”或“我愿意接受贵公司的薪酬标准，不知按规定这个岗位的薪酬标准是多少？”或者说：“自己最看重的是职业发展空间，薪酬希望能符合贵公司的标准及和自己的付出相平衡即可。”

如果必须先开价，而自己又没有把握，可以给出一个稍微大一些的幅度。

13. 你什么时候可以来上班？

对于新单位来说，当然希望新招的员工能够马上走马上任。但在现实中，并不是每个人都能马上上班的，比如有的人参加应聘的时候还没有在原单位办理辞职手续，如果说自己要办妥原单位的辞职手续以后才能来上班，新单位一般不会表示反对，因为这也是责任心的一种表现。

对于这个问题，要分情况回答：一是如果能够立即上班，就可以马上直接回复，表现出你对这份工作的珍爱。二是如果不能立即上班，应该把原因简要地说清楚，比如原单位要移交工作等这些可以接受的理由，这会充分体现出你的责任心。三是如果不能在规定日期报到，应该和新单位协商好，看能不能采取一种有弹性的过渡方式来解决。

本章小结

1. 求职信是求职者写给招聘单位的信函，集介绍、自我推荐和下一步行动建议于一体，并重点突出求职者的背景材料中和企业最有关系的内容，其内容紧紧围绕“我符合要求、我可以胜任、我有诚意应聘”等来展开。

2. 求职信一般分为三个部分：开头部分说明写信的目的；主体部分阐述谋职资格和工作能力；结尾部分请求对方给予面试的机会。

3. 个人简历主要是针对应聘的工作，将相关经验、业绩、能力、性格等简要地列举出来，告诉应聘单位你是一个怎样的人才，以达到推荐自己的目的。

案例研究 12－1

某航空公司要面向社会招一批空姐，前来报名的人络绎不绝。其中有几个女孩，心想空姐是多么时髦的职业，招的都是那些漂亮的女孩，于是，几个姑娘就到美容院将自己浓墨重彩地打扮了一番，如电视剧里的韩日明星，她们高高兴兴地来到报名地点，谁知工作人员连报名的机会都不给她们，便让她们离开。

问题：

如果你是其中的女孩，会如何面对这些面试？

案例研究 12－2

阿枫参加了去年某大型国企的校园招聘会，那天是在一个大体育场里进行，队伍排到了出口处，每一个应聘者与面试官只有几分钟的交谈时间，如何在这么短的时间里取得面试官的好感，进入下一轮呢？阿枫放弃了常规的介绍，而是着重给面试官介绍自己完成的一个项目，他还引用了导师的评价作为佐证。由于运用了一点小技巧，阿枫顺利闯过这次“海选”般的面试。

问题：

请谈谈阿枫被录用的原因。

复习思考题

1. 求职信的主要内容包括哪些内容？
2. 个人简历一般要包括哪些信息？
3. 求职面试时注意的问题有哪些？

第十三章　薪酬谈判

学习目标

通过本章学习，你应能够：

了解薪酬的含义与薪酬制度、薪酬谈判的步骤与要点；

掌握获得协商优势的技巧；

掌握谈判战术问题的回答方式；

掌握协商中的交流技巧。

关键词

薪酬　谈判　协商　战术

导入案例

巧用沉默出奇制胜

爱迪生发明了电报以后，西方联合公司表示愿意买下爱迪生的这个新发明。爱迪生对这个新发明究竟应该要多少价疑惑不决。他的妻子建议开价2万美元。"这么高！"爱迪生听了不觉目瞪口呆。他觉得妻子把这个新发明的价值看得太高了，不过到了谈判的时候他还是打算照妻子的建议要价。谈判是在西方联合公司的办公室进行的。

"爱迪生先生，你好！"西方联合公司的代表热情地向爱迪生打招呼，接着就直率地问爱迪生："对你的发明，你打算要多少钱呢？"

爱迪生欲言又止，因为2万美元这个价格实在高得离谱，很难说出口，但究竟开个什么价比较好呢，他陷入了思考。办公室里没有一点声响，对方在等待，爱迪生虽然有点着急，但还是沉默着。

随着时间的推移,沉默变得十分难熬,西方联合公司的代表急躁起来,然而爱迪生仍然没有开口。场面十分尴尬,西方联合公司的代表失去了耐心,终于按捺不住试探性地问:“我们愿意出10万元买下你的发明,你看怎么样?”

爱迪生对自己的新发明定价2万美元都认为太高,却卖了10万美元。

第一节 薪酬谈判要点

微型案例13-1 “薪水”历史起源

“薪水”本指打柴汲水。

据《南史·陶潜传》记载:陶潜送给他儿子一个仆人,并写信说:“你每日生活开支费用,自己难以供给自己,现在派一个仆人来帮助你打柴汲水。他也是人家的儿子,要好好待他。”后来人们便把工资叫作“薪水”了。

东汉以前,一般俸禄都发放实物,如粮食、布帛,唐以后一直到明清,主要以货币形式为俸禄发给朝廷官员。古代官员俸禄的名称有很多,如“月给”“月薪”“月钱”等。明代曾将俸禄称“月费”,后又改称为“柴薪银”,意思是帮助官员解决柴米油盐这些日常开支的费用。而在魏晋六朝时,“薪水”一词除了指砍柴汲水外,也逐渐发展为日常开支费用的意思,如《魏书·卢昶传》中记载:“如薪水少急,即可量计。”这里的“薪水”就是指日常费用。现代一般人按月支取的工资近乎古代的“月俸”“月费”,主要也是用来应付日常生活开支。因此,人们常把工资称为“薪水”。

一、了解薪酬的含义与薪酬制度

薪酬是求职者在面试中最为关心的问题之一。当求职者被问到薪酬问题时,通常都希望知道如何回答这两个问题:一是“你现在挣多少”;二是“你希望能挣多少”,在了解这些问题的回答技巧之前,我们首先应明确什么是薪酬?薪酬制度包括哪些?

在企业中,薪酬是指员工因为被雇用而获得的各种形式的收入,包括基本工资、奖金、津贴、加班加点工资、各种福利项目、长期与短期激励等。薪酬包括如下几个定义:

(1)基本月薪:员工每月的含税基本收入,不包括补贴性现金收入。

(2)年度付薪月数:企业每年发放给员工的基本月薪次数,例如,年底双薪,这就表示年度付薪月数为13个月。

(3)年度基本收入总额:基本月薪乘以年度付薪月数。

(4)津贴:定期以固定现金形式发放的、用于补偿员工劳动损失的报酬。

(5)年度固定收入总额:年度基本收入总额加上年度津贴的收入总额。

(6)变动收入:根据员工表现,以现金形式进行发放的报酬。

(7)年度变动收入总额:一年中员工得到的绩效工资、奖金、提成等变动收入之和。

(8)年度货币收入总额:年度基本收入总额加年度津贴收入总额,再加年度变动收入总额。

(9)福利:企业为了保留和激励员工,采用的非现金形式的报酬。福利与津贴的最大差别就是,福利是非现金形式的报酬,而津贴是以现金形式固定发放的。福利的形式包括保险、实物、股票期权、培训、带薪假等。

(10)年度薪酬总额:年度基本收入总额加年度津贴收入总额,再加年度变动收入总额和年度福利总额。

目前,薪酬已不是单一的工资,也不是纯粹的经济性报酬。薪酬具有两个主要作用:首先是物质回报,即公司对员工所完成工作的经济回报,这是公司给员工的基本的生活保障。如果这些经济回报达不到员工期望,会使员工感到不安,出现士气下降、人员流失,甚至招聘不到人员等现象。在作为一种回报完成首要的也是基本的作用以后,薪酬还具有一个更高层次的作用——公司与员工的沟通,良好的薪酬管理制度能够提高和调动企业员工的积极性和创造性,提高员工对企业的满意度,使员工对企业产生高度的忠诚和归属感。

小资料 13-1

薪水与食盐

英文中"薪水"(Salary)一词的来历与食盐有关。

罗马帝国强盛时期,所谓条条大路通"罗马",而最著名的便是"盐路"。在这条路上,罗马的远征军开进开出,商人们赶着满载盐块的牛车,从遥远的东方直奔罗马的台伯河。当时,罗马士兵的军饷还包括一部分食盐,称作"薪水钱",从这一个词中就引出了沿用至今的英语"薪水"一词。古希腊人、罗马人常用盐购买奴隶。如奴隶主认为某一奴隶劳动不力,则说:"他不值那么多盐。"此话若用到士兵身上,那就意味着扣他的薪水了。

二、现行的薪酬制度

(一)岗位工资制度

岗位工资有很多种形式,包括岗位效益工资制、岗位薪点工资制、岗位等级工资制。它们的主要特点是对岗不对人。岗位工资制按照一定程序,严格划分岗位,按岗位确定工资；调度的弹性不大，但凡出现员工因认为岗位工资是他们理所当然得到的，认为他们为公司作出的贡献没有得到应有的回报这种情况，岗位工资就难以发挥应有的激励作用。

（二）绩效工资制度

绩效工资制度强调工资与员工的绩效直接挂钩，员工的工资调整取决于员工个人、部门及公司的绩效，以成果与贡献度作为评价标准。绩效工资通过调节绩优与绩劣员工的收入，影响员工的心理行为，以刺激员工发挥其潜能。然而，绩效工资制度也存在着很多不利影响，比如，绩效工资的使用会影响"暂时性"绩劣员工的情绪，可能会导致企业将其淘汰，引发企业管理成本的大幅上扬；绩效评价难免会存在主观评价，影响员工对绩效评价公正性的认同等。

（三）混合工资制度

混合工资制也称机构工资制，是指有几种职能不同的工资结构组成的工资制度。混合工资制度吸收了岗位工资制度和绩效工资制度的优点，对不同的工作人员进行科学分类，加大了工资调整的灵活性，其各个工资单元分别对应体现劳动结构的不同形态和要素，因而较为全面地反映了按岗位、按技术、按劳动分配的原则，对调动职工的积极性、促进企业生产经营的发展和经济效益的提高，在一定时期起到了积极的推动作用。

（四）年薪制度

年薪制很早以前就被发达国家广泛应用，年薪制一般作为高层管理人员使用的薪资方式，是一种"完全责任制"薪资。从人力资源的角度看，年薪制是一种有效的激励措施，对提升绩效有很大作用。年薪制突破了薪资机构的常规，对高层管理人员来说，年薪制代表身份和地位，能够促进人才的建设，也可以提高年薪者的积极性。但是，年薪制也有其局限性，如高级管理人员年薪最高多少，最低多少为合理，尚无一个客观标准。

不同的薪酬制度对于员工有不同的作用，因此，求职者在谈判薪酬时，应先了解企业的薪酬管理制度，结合自身的情况做出选择。

三、明确薪酬谈判四步骤

（一）商谈工作

很多求职者在还未与雇佣方商谈，不知道工作是否适合自己的时候，就要决定是否需要这份工作。他们被动地听取有关这个工作的信息，思考是该接受还是拒绝。其实，在决定之前，先试着和雇佣方商谈一次，掌握谈判的主动权，想想怎么改变让你拒绝这个工作的各因素，诸如工作层次问题，通过商谈，提高对工作职责的认识，增加工作在你心目中的价值，在这个过程中，暂时先不提及薪酬问题。

（二）战胜竞争对手

掌握竞争对手的情况，如有可能，了解雇佣方对竞争对手的看法。尽量提供比竞争对手更多的筹码来使雇佣方注意你，增加与你的会面次数。确保自己满足雇佣方的一切要求，并且对于自身不利的因素，能快速做出反应，掌握说服的技巧。在未确定自己的优势之前，先不要将薪酬问题拿出来商谈。

（三）获得工作机会

不到确保自己已获得这份工作的机会时，不要谈关于工资的问题，这只会浪费彼此的时间。一旦人事经理认定你就是这份工作的合适人选，这个时候你就在商谈中处于优势，这种优势可以帮助你获得合适的报酬。

（四）协商整套报酬

一旦确定自己已获得这份工作，就可以和人事经理协商整套报酬了。协商的内容可以包括基本工资、津贴、福利、薪酬制度，甚至是将来的发展前景等。在协商这份工作之前，最好给自己提供练习的机会，比如试着获得一些你并不感兴趣的工作机会，然后练习怎样协商薪酬，这样可以使你在协商中驾轻就熟、游刃有余。

小资料 13－2

英语中“薪水”的种种表达法

1. Pay check（工资支票）：公司签发的、能够在指定金融机构兑现的支票。

2. Pay stub（工资存根）：存档的收据，用来核算签发的支票金额和应付的相关项目金额。

3. Pay period（工资周期）：两次发工资间隔的时间，可以是每天（极少）、每周、每月、双周、半月。

4. Pay rate（工资标准）：公司按双方商定的支付标准，以计时或计件的方式支付员工工资。

5. Gross（总额）：根据一定的工资标准，员工在一定时期内的基本收入可以是：

Salary（薪水）：每日/每周/每月固定的数额，根据工作日数做调整。

Wage（时薪）：根据工作时数做调整的每小时工资标准。

Piece（计件工资）：对每件完成的工作支付的金额。

工资总额还可以根据佣金和奖金做调整。

6. Commission（佣金）：根据以往的销售业绩，定期发的钱。

7. Bonuses（奖金）：公司根据不同原因支付的钱，如完成任务，激励员工提高生产力，特殊节日（如圣诞节），等等。

8. Deductions（扣除）：扣除费用是公司从你的工资总额中保留的部分，通常也被称为从源头上扣除（直接从工资中扣除），一些常见的扣除费用有：Income tax（个人所得税），Pension（养老金），Medical（医疗保险）。

9. Net（净工资）：从总工资中扣除所有项目后剩余的数额，这是你最终能放入钱包中的钱。

10. Raise（加薪）：工资标准的调整，通常是根据工作表现、生活费用和升职。

11. Direct deposit（直接存入银行）：将你的净工资直接转入银行。

四、掌握薪酬谈判十要点

（一）合理定位

如果薪酬的要求太低，雇佣方会认为你的能力不够；如果要求太高，雇佣方会承受不起。根据自己的人际网络以及对所应聘行业的调查，合理定位价值，确定自己市值几何，不要盲目地提高薪酬，要知道，提出超乎价值的薪酬只会使你和雇佣方的谈判以失败告终。

（二）组织思想

明确自己的要求，将你的要求详细列出来：薪酬、保险、职衔、休假。如果你认为合适，还可以加上停车位、旅游补贴、专业书籍等，做到心中有数。

（三）只说范围

当别人问及你的薪酬期望时，不假思索地报出一个数字，不管合理与否，只会让对方觉得唐突。可以的话，不要说出薪酬的具体数字，可以选择一个适当的范围，比如，要求薪水在 5 000～7 000 元。如果要具体的数字，可以瞄准中位数。也可以借用别人的口来表达，如“我听别人说这个行情是……”这样既回答了问题，又给自己留有余地。

（四）战略考虑

弄清楚对自己而言，最理想的情形是什么，能够接受的条件是什么。要求你想要的东西，但在次要的问题上做好让步的准备。

（五）提前打算

争取合理的薪资是一个长远的目标，第一次没谈成不代表就要放弃。要提高谈薪水成功的几率，其实只有一个关键：准备。所谓的准备，包括技巧的准备，也包括信息的准备，以及谈判万一破裂，做好接受现况或是拒绝的心理准备。如果第一次面试未能获取所需，考虑人事经理提出的薪酬条件是否在自己能接受的让步范围，如果能接受，可以在面试之后提出将来加薪的要求。

（六）积极主动

要知道，你和雇佣方都企图从这次谈判中获得满意的结果，积极主动会使你掌握谈判的主动权。俗话说：“会吵的人有糖吃。”其实你可以对自己的薪水尽可能提出要求，雇佣方也未必不能全然接受。

（七）开诚布公

在谈判中，也可以采用开诚布公的方法，一开始就把自己期望的结果和所有要点拿上桌面。这样做一来可以使谈判更具效率，二来也可使雇佣方感觉到你的诚意。

（八）从容镇定

在面对雇佣方的提问时，不要急于回答。为自己争取详加考虑的时间，向人显示你的兴趣，告诉对方你会在一天时间给出答复。

（九）薪资条款

协商清楚所有聘请的条款，包括基本责任、薪水、福利以及各项备注。要知道，这些条款与你以后的工作密切相关，不要因马虎大意而有所遗漏。

（十）三个十年策略

事实上，在不同阶段中，应该设定不同的薪水目标。

假如一个人要工作 30 年，在工作的前 20 年，你得非常努力，可是赚到的钱可能只是一生收入的 20%；但在最后的 10 年，赚的薪水可能是一生收入的 80%。这就是职场薪水的 80/20 法则，也道出了薪水对于个人而言并不公平的本质。

因此，从长期来看，工作的第 1 个 10 年，应该是学习期；工作的第 2 个 10 年，是可以看到薪资明显攀升的成长期；而第 3 个 10 年，是可以望见个人薪资最高峰出现的收成期。收成期并非是必然的结果，而是你在前面的 2 个 10 年中学习与成长的结晶。所以，在为现在的薪水烦恼的时候，不妨也思考一下 10 年后的薪水。为了将来的发展，工作技能的学习是必要的，有时候，可以暂时牺牲一下当前的薪水。

第二节　如何获得协商优势

微型案例 13－2　　格瑞·高瑞的工作机会

格瑞·高瑞拥有 3 个可能的工作机会，而且想尽快开始工作，因为他还要养家。职业顾问凯特·温德顿建议他再联系看看其他的雇主。因为这不会使现在的协商速度放慢，相反甚至可能使事情进展更快。

格瑞·高瑞采纳了这个建议。为了找到更合适他的目标，他必须完成固定的步骤，过去他把这些都遗漏掉了。如果能做好固定工作，或许格瑞·高瑞可以找到一份他乐意去做，又能满足养家糊口需要的工作。

格瑞·高瑞最后拿到了 6 份工作通知。他后来找的 3 家公司在原来的 3 家公司之前给了他合适的职位。

资料来源：[美]温德顿(Wendleton)著，黄若西、洪玮、贾真译，《把握面试和薪水谈判》，中国劳动社会保障出版社 2004 年版。

在协商中，你能掌握的最重要的优势就是让你在别的地方也很受欢迎，让自己有别的选择，以便有资本不接受这个工作协议，其实这种局面你很容易就能制造。

一、做好充足准备

大多数求职者都会倾注很多的时间和精力在一份工作上，他们在心理上做的打算是，先坚持到最后，等这次面试失败了，再想想还有其他什么机会。这样做其实是很不明智的。你至少应该有一个假设的答案：如果你在这家公司碰壁了，将怎么办？不要把赌注压在一份工作上，确保自己有其他的选择。

首先，这样做可以使你在与雇佣方的协商中更加放松，让你在协商这个职位时更明智，增加你在该公司获胜的机会。

其次，准备好其他的选择，可以帮助你忍受搞定这份工作前的几个月。要知道，你并不是只能依靠这份工作，在心态上你会比其他人更轻松。

最后，你可以拿别的工作和这个工作相比较，以便做出更客观的决定。

在求职过程中，不要遗漏其中的固定过程，明确自己的定位以及各个工作的利弊。固定的结果可以帮助你从一开始就确定正确的目标，使你可以在各个工作中做比较，而且也使你更客观地看待接下来要做的工作。总之，充足的准备必不可少，它会增加你协商的筹码。

二、让雇佣方知道你有其他选择

让雇佣方知道你有其他的选择，可以让他了解你的能力也得到了别人的认同。你可以在协商中更轻松地去谈判。如果你是一位正在工作的在职人士，可以像其他寻找工作机会的人一样获得协商优势。如果人事经理问你为什么放弃现在的工作，你可以回答："我并不认为我一定会放弃现在的工作，或许我还会在这儿待着。"其实你并不确定你到底要怎么做，因此在协商中要掌握主动权，让自己成为一个被争抢的求职者，因为你还有其他选择。

但有一点要注意，千万不要在你没有得到其他工作通知的前提下说你有，工作并不是说你的谎言可能被雇佣方识破，因为雇佣方可能会说："你应该接受别的工作。"其实你此时已经没有别的选择了，而且也已经失去了你在这份工作上的机会。所以说，在你和一家公司协商之前，花些精力让自己拥有更多的机会。

微型案例 13－3　　加　薪

得知同事小刘在上个月提出加薪，这个月工资表上的数目就有了变化，小王认为，平时工作表现、能力各方面自己不比小刘差，如果加薪，主管一定不会不同意的。

小王：(敲林经理的办公室门，进去后开门见山地说)林经理，我有点事情想与你商量一下。

林经理：(和颜悦色地，指示小王坐下)哦？什么事情？

小王：(有些不好意思)其实也没什么别的事，这段时间我的工作表现你觉得怎么样？

林经理：(有些不解)很好啊。

小王：那就好，我在公司工作这么长时间了，一直是勤勤恳恳，能力在这段时间自认为也得到了很大的提高，因此，我希望公司能重新评定我的薪水，你看呢？

林经理：(思索许久)噢，原来是要加薪。公司对你的表现是很满意，可是最近公司接了几笔新业务，根本没有闲置资金，你的加薪要求我会考虑，年底如果业绩好你们的奖金肯定不会少的，你放心好了。

小王：(皱着眉头，认为林经理在有意为难)林经理，这样说我觉得不妥，年底的奖金是公司理所当然应该给我们的，我现在谈的是加薪，我认为我有足够的理由！

林经理：(气氛已经很僵)就这样吧，你的情况我会报告给上司，由他来决定。

公司不知什么原因，最终没有给小王加薪。

小王认为林经理是在"踢皮球"，他感到非常愤怒。没过多久，小王离开了这家工作了3年的公司，并带走了3年里已建立良好伙伴关系的客户，公司的客户关系网破了一大块，业务范围大不如前了。

三、直接与人事经理协商

如果可能的话，直接和人事经理协商，而不是招聘人员。因为招聘人员并不能决定你的薪酬，而且他不能代替你与人事经理协商工作。如果对与人事经理的协商感到害怕和紧张，而通过猎头公司或者人力资源部门等中间人来协商酬劳的问题，有可能你试图通过中间人传递的信息结果会与你的本意差别甚远。应该明白，当你得到一个工作机会时，人事经理已经决定了他需要你，他是唯一能认识到你的真实价值的人，而且他对招聘的结果有一种感情投资，因此，一般来说你和他之间更容易协商。所以，你完全不需要惧怕和他之间的交流。另外，协商不仅涉及报酬，还涉及与报酬相对应的那份工作，所有这些都很难通过一个中间人来协商。

有些时候，中间人可能会避免你与人事经理直接接触，因为万一你将协商搞砸了，那将会是准许你面试的他的工作失误。这个时候，你可以告诉中间人，你遇到一些关于工作的问题要同人事经理商量，以此来取得你和人事经理的协商机会。一旦你跟人事经理直接接触，就可以和他讨论一些有关工作的问题，在谈论报酬之前先营造融洽的气氛，好的气氛能让彼此的交流更轻松，然后再提出你想说的报酬问题。

四、掌握一些协商技巧

以下一些技巧可以帮助你在协商中占据优势。

(1)在协商薪酬之前，首先要了解这家公司以及整个行业的工资水平，以便心中有对比的标准。

(2)要明确协商目的，了解你在协商过程中所要得到的以及可以牺牲的东西，做好让步的准备。

(3)将要协商的问题进行时间上的合理分配，一段时间只协商一个问题。首先解决基本的薪酬问题，然后就雇佣方容易同意的条件进行协商，最后再协商有争议的问题。不重要的问题不要提及。

(4)给予这份工作一定的重视，但不要过分在意。过分在意只会让你在协商中丧失优势。但也不要表现得无所谓，那样只会让人事经理怀疑你的诚意。

(5)让对方先出价，这样可以使你掌握协商的尺度。如果对方问你想要的薪酬，可以使用反问，将出价的问题推给对方，如“你能给多少?”如果对方非要求你给出具体数目，可以把预期要得到的工资数目，包括奖金、额外补贴或加薪等都算在其中。

(6)确保你是在和处于适当层次的人协商。如果一成不变地把提高薪水的协商与起不到作用之人对话，那就不是你协商薪水能力的问题了，问题在于你正和一个不适当的层次的人交谈。

(7)在谈工资之前可以先谈谈你对这份工作、这个公司的热情。表现出自己略显失望的表情，说明自己已迫不及待想要投入工作，但唯一让你有所保留的就是报酬问题，询问该怎么解决这个问题。

(8)在协商过程中保持理智，随机应变。

第三节 对战术问题的回答

微型案例 13-4 **中行之梦**

中国银行某省分行拟在北京大学、中国人民大学、清华大学、复旦大学等几所名牌大学招收应届毕业生，竞争很激烈。

中国人民大学的杨峰是一个热门专业的本科应届毕业生，他从同学那里得知，中国银行某省分行将在学校开招聘会，由于时间十分仓促，他没有来得及换上西装和领带，只是穿着平时的夹克衫，带着自己的简历就去招聘会了。

中国银行某省分行的招聘会有些特别：招聘现场，放了十多张椅子，按交简历的顺序，让十几名应聘者向招聘人员自我介绍，再据此决定下一轮的角逐。

杨峰没有时间再回宿舍去做准备了，只好仓促上阵。针对自身的特点，他为自己做了一个定位：勤奋、朴实、团结、有团队合作精神。他只用了两分多钟，以简洁明了的语言介绍了自己，然后便在一边静待结果。

他顺利地通过了第一关，接下来填应聘表格。表中所涉及的内容很多，杨峰填写表格后，有一种一切不出所料的感觉。与他一起填表格的十多个人都收到了中国银行某省分行的草签接收函。

杨峰不久就接到了通知，让他到单位去面试，由行长直接与复试的应聘者单独谈话，决定录取与否。他这一次是有备而去的，对银行的特点和银行工作的特点都有了一定的了解，准备以一个勤奋、团结的形象出现在领导面前。

面试时，行长提的第一个问题是："你为什么选择我行作为应聘目标？"杨峰讲了自己的理解，他把自己求职目标的选择界定在三个方面：第一，对金融业的热爱，想在金融系统工作；第二，银行可以使自己很快地积累经验，提高素质；第三，中国银行是中国对外金融业务的窗口，自己所学的是涉外专业，希望从事与此相关的金融业务。他的回答条理清晰，也很有诚意。

行长提到了期望值，杨峰谈了自己的看法。行长说："许多大学生在求职时，都把中国银行的工作想得十分浪漫而富有激情，而实际上，工作是很单调、很平凡的，对这一问题你是如何看的？"杨峰重点强调了自己踏实勤奋的品格，并表明了自己为中国银行服务的热忱和态度。行长几次对他表示赞许。

中国银行对人员的要求与其他单位有所不同。外企、民营企业看重员工的创新意识、开拓精神,中国银行则侧重于员工的勤奋、朴实:是否具有一定的政策理论水平和业务水平,能否处理比较复杂的问题。杨峰在与行长的谈话中,有意识地强调了自己是银行所需要的类型,所以这次面试是成功的。不久,他接到了银行的录用通知。

资料来源:http://www.shoeshr.com/assistant_469.html。

之前已经提过,“你现在挣多少?”“你打算挣多少?”这两个问题是求职者最为关心的,也是最不知如何回答的问题。回答得少了,会使你丧失对这份工作的热情;回答得多了,就有可能失去这个工作机会。如果可以的话,尽量把薪酬谈判推迟到拿到工作通知之后,但是我们知道在现实中,很多情况都不能让你这么做。所以在收到工作通知之前,我们最好确定自己对这两个问题的答案。

在明确这些问题的答案时,我们必须战略地看待这些问题,这样才能根据自己的情况准备一个合适的答案。

一、背景知识

掌握如下这些背景知识可以使你更好地设计这些问题的答案。

(一)计算自己实际所挣的数额

实际所挣的数额包括基本工资、奖金以及所有额外的津贴,如加班费用、工作午餐、公交补贴、保险等。这些是你将要协商的薪酬的对比尺度。

(二)计算自己的市场价值

明确自己的市场价值的方法有很多,如同猎头公司交谈、看电视新闻、通过互联网查询、阅读报纸杂志上的广告以及自身的人际网络等,通过这些渠道对自己的市场价值有清楚的把握。这些市场价值不仅仅是你在某个行业、某个公司的价值,而是你在各个目标市场以及相关公司的价值。因为不同的市场,价值标准都不一样,也许你在这个行业中市值是这么多,而在另一个行业却是另外的价值。另外,在参加公司的面试时,也要尽量对他们的薪酬制度了解清楚。

(三)将自己的所有收入与市场价格进行比较

在新的薪酬谈判之前,你必须清楚你现在的薪酬是低于市场价格还是高于市场价格,抑或是与市场价格持平。这对于你薪酬谈判的定位非常重要。

二、如何回答

（一）薪酬低于市场价格

如果你的薪酬在市场价格之下，你可以避免直接回答人事经理关于"你现在挣多少？"的提问。这个时候，应尽量诱导人事经理说出他能接受的薪酬尺度。比如你可以回答："我认为现在的市场价格是在 5 000～7 000 元。"这时候如果人事经理向你表示公司无法给出这么高的薪资时，你可以趁机反问对方："那么，您觉得大概是多少呢？"在你揣测出人事经理的期望值，而他又了解你的具体现值或期望值的情况下，你就占据了谈判的有利地位。要知道，最先出价的人会让自己处于劣势。

或者你还可以回答："我现在的薪水是 4 000 元。我知道现在的市场价格是在 5 000～7 000 元。我之所以接受我现在的薪水是为了培养我的技能，增加我的知识，但是现在我已经不需要通过牺牲我的薪水来换取什么了，所以我想换一份工作。"

或者你可以回答："我的薪水很低，只有 4 000 元左右，这和市场价比相差很多。但是我愿意这样做是为将来打算，现在，我希望能挣与市场价相当的薪水。"

（二）薪酬高于市场价格

如果你的薪酬比市场价高，那么应该尽量创造一个能给予你所要工资的职位。你可以尽量推迟协商薪酬，直到得到你想要的工作。很多时候，你提出来的高薪并不是人事经理不雇佣你的理由，而是你谈论高薪时的态度，对薪水的过于强调，只会让他认为薪水对你来说是个问题。这个时候，你必须给他一个机会来认识你，并且考虑要怎样创造出一个工资适合你的职位。你应该告诉他："工资不是问题。"你要让他相信你们是站在同一条战线上的，而且你们可以解决这个问题。当人事经理对你的认识加深之后，了解到你能为他所创造的价值，薪酬就不会是一个问题了。

比如当人事经理问及你现在的工资，你可以回答："我更希望对要做的工作有一个清楚的认识之后再来谈论薪水的问题，因为等我们在工作问题上有了共识，我想薪水也不会是一个问题了。"

或者你可以回答："我现在薪酬丰厚，而且这是我应该拿的。但是我对贵公司非常感兴趣。如果你也愿意的话，我很愿意在这上面做个投资。我认为，薪水并不是问题。"

有时候你也可以说："薪水不是问题。我知道您不愿意付那么多薪水来雇人，这让您不快。而且我也肯定您也不愿意我感觉不快。我觉得我们能愉快地达成共识。"

（三）薪酬与市场价格持平

只有当你的薪酬与市场价格相当的时候，你才能确切地说出你现在的收入。因为，大多数公司都会付给你比现在的收入多 10％～15％的薪酬。如果你现在挣 4 000

元，市场价格是在5 000～7 000元，那你这个时候就可以说："我现在的薪水是4 000元，但是我希望能拿比这高一点的薪水。"

总之，在谈薪酬之前，确定自己已经清楚了解了这份工作。在你不知道将来需要为这份工作贡献多少力量的时候，你根本没法明确你需要的薪酬。先谈工作再谈薪酬才是理智的做法。

第四节　协商中的交流技巧

微型案例13-5　　灵活变动你的薪水要求

琳达得到一家大公司的工作邀请。她的期望工资是年薪90 000美元。公司也希望能给她90 000美元，但是却只能拿出年薪80 000美元。后来琳达意识到，她提出要参加两个联合会，这些会费将花掉10 000美元。如果她一年参加两次这样的会议，每次要花费3 000美元会议费，不包括住宿费、路费等费用，公司会付这些费用吗？

公司非常欢迎这个建议。对公司来说，相比多给她薪水，他们更愿意给她付会议和成员资格的费用。

资料来源：[美]温德顿（Wendleton）著，黄若西、洪玮、贾真译，《把握面试和薪水谈判》，中国劳动社会保障出版社2004年版。

到了谈判的时候，说明你已经拿到了工作通知。你和人事经理不再是坐在谈判桌的两边，而是处在并排的位置了。到了这个阶段，轮到你来掌握对话的步调了，你必须让自己掌握谈判的主动权。

任何协商的目的都是为了要达成共识。在协商当中，可能会出现障碍和争执，但要记住，你们双方的目的是一致的：希望能合作，协商有收获。因此，双方都应该采用合作方式解决问题。冷静地分析细节，设身处地地理解对方的想法和处境。

你需要花一些时间来听取你将要得到的这份工作的不同方面的报告，然后对此做出反应，讨论出一个能让双方都接受的折中方法。所有这些都完成之后，才可以决定接受或者拒绝这份工作。

然而，在关于薪水的讨论中，你负有更大的责任。当人事经理已经在面试和决定人选上花了很长时间后，他希望能早点结束。这时候你应该使讨论继续进行，直到所有你想谈的问题都得到协商，你要控制你们的谈话，让它进行下去，你要感谢人事经理和你讨论这些细节，这些都是你的责任。因为这个时候人事经理一心只想雇一个人来继续做这份工作，而这个人并不一定是你。

一、表现你的热情

一些求职者认为求职时表现得很热情，会使他们在谈判中处于不利的地位，事实上恰恰相反。你的热情可以让人事经理感觉你的诚意，了解你是为了双赢的局面而努力。这会让他产生良好的印象，便于谈判继续进行。好的氛围对于谈判的顺利达成是很重要的。

在谈判的过程中，你应该明确自己想要什么，什么能让自己满意。因为经过了长期的面试过程，人事经理不想再花时间听你那些不着边际、没有重点的话了。这个时候，你应该用积极的语言和态度使你们的谈判不那么枯燥和死板。说话时尽量保持条理清晰，态度积极冷静。不要因为意见的不合而发怒、烦躁或者语带嘲讽，表现得不友好只会让你们的谈话尽早结束。

当人事经理对你说明他面临的问题，如考虑到那些挣得比你少的雇员，如果给你高于他们的薪酬，难免会使他们有异议，这时，你应该承认这些问题，然后试着说明他们跟你的情况不一样。也许，你将要做的这份工作与其他人正在做的有些不同，而且你可以为公司带来更大的利益。

如果人事经理不愿意答应你的工资请求，那么你仍然可以要求得到书面的工作通知，这样你可以再考虑一下，而且可以确保你手头上至少有一个工作机会，你也可以说你想在那里工作，让自己留在“最后的游戏”中。

二、对薪酬偏低的工作邀约做出反应

当你面试的公司提供给你的薪酬过低时，不要表现出不耐烦和不满的情绪，那只会让你丧失协商的机会。要知道，你和雇佣方之间还是有协商的可能。这个时候，你可以适当地表现出你的失望情绪。比如，你可以说：“我很高兴能得到这个工作邀请，说实话，我确实很希望能在这里工作，不过薪水比我所期望的低了点，我们接着再谈谈吧。”

如果可以的话，应尽量让人事经理给你书面的工作通知，在等待工作通知的这段时间，就可以赶紧联系之前面试过的其他公司，看看能否拿到比这更好的工作，就算没有其他的工作机会，至少你可以争取到让你考虑的时间。然后你可以给人事经理答复：“我一直在考虑这个工作……不过我觉得您提供给我的薪水让我有点难以应付开支。我想知道，您可以在这个数目上多给多少？”

三、不要急于接受减薪

事实上，很多求职者在开始找工作时，都愿意接受减薪。因为他们觉得，愿意接受减薪能使他们在就业市场上更受欢迎，拥有更多选择的机会。有时候，事情并非如此。首先，在就业市场上，很多求职者与你想法相同，他们也愿意这样做，并且本来就拿这样水平的薪水的大有人在。所以在这个工资水平上的竞争同样会很激烈。其次，贸然接受减薪，会使雇佣方觉得你有随时离开的可能性。因为这个工资水平并不是你期望的，你将来可能会因为找到一个更合适的职位而离开。无论哪个雇佣方都不愿意聘请这样一个人，这不仅会增加招聘的成本，还会浪费人事经理的时间。

所以在求职时，你应该找出自己在市场上的价值，把它定为自己的标准。如果你在求职前，工资已经拿得比市场价格高，那么你可以考虑接受减薪；如果你本来就拿了相对较低的薪水，那么你应该相信，你完全有可能拿到符合你自身价值的薪水。

四、不要贸然接受高薪

你的期望月薪是 4 000 元，如果公司给你提供月薪 8 000 元，你是不是毫不犹豫地接受这份工作呢？在接受之前还是先认真考虑一下吧。要知道，高额的报酬对应着你必须付出相当的工作，承担相应的责任。贪图高薪实际上并不合算。如果你以一份太高的工资进入公司，你可能会在将来公司为削减费用而裁员的名单上。而且老板或许会给你和高薪相当的额外任务，如经常出差。所以在接受高薪工作之前，先确定这份薪水对于你来说是否公平，自己是否能承担与其相应的工作任务与责任。如果你确定自己行，那么可以对人事经理说："我很高兴您能给我这份工作，而且我也不愿意再挑剔什么了，就这么成交吧。"

五、在薪酬的其他方面进行协商

有时候，雇佣方就只能给你提供这么多薪酬，这时，你可以考虑在其他方面得到补偿。比如，公司能否给你提供一辆车？能否报销你的电话费用？或者，把你每个月要出差 5 次减少到每个月出差 2 次。

六、协商工作

当人事经理给你的薪酬不是你满意的，这个时候可以选择与人事经理协商工作，而不是直接协商薪酬。不要让人事经理认为你根本不关心工作本身，而是只关心薪水和福利。事实上，很多求职者都会给雇佣方这种感觉，这个时候，你就需要做一些与众不同的事情，跟人事经理谈谈工作的问题，再次使他明白工作才是对你最重要的事情，这样，你和公司就更容易达成共识，因为你们都是为了工作。

微型案例 13－6　　　　梦想由我编织

方童是一个品学兼优但身体比较柔弱的女学生，她的理想是当一名教师，为此，她放弃了银行优厚的待遇和工作环境，到她心仪的一所学校去面试。由于这所学校需要的是有工作经验的男性教师，以她的条件，是不符合学校的用人要求的，不过，方童并没有放弃，她准备努力以自己的真诚和实力打动校长的心。

第一次面试失败了。当她回到家中后，接到了学校电话，问她是否愿意当应聘校长办公室的秘书。她毫不犹豫地同意了。

方童做着校长办公室秘书工作的同时，没有放弃自己做一名教师的心愿。她一边做秘书工作，一边听“晚班”的课，认真做听课笔记，用心写听课心得和对老师教案的点评。

过了一段时间，当她再次向校长表明自己想当老师的心愿时，正准备出差的校长让方童做 10 份英语教学大纲，如果考查合格，就录用她为这所学校的任课老师。

方童做的教学方案得到了校长的认可，但接下来，她还要在学校的老师面前试讲，经老师们考查合格后才能成为一名教师，老师们指出了她试讲中的不足，也充分肯定了她的优点。通过锲而不舍的努力，方童终于如愿以偿，当上了教师。

资料来源：http://www.shoeshr.com/assistant_469.html。

七、选择最适合你的工作

不要因为可以多挣一些薪水或者处在高位而动摇，选择从长远来看最适合你的工作，才是最重要的选择标准。薪酬并不能代表你工作的全部，要知道，发展前景也是至关重要的。这不仅包括你在这家公司是否能升职，也包括你能否从这家公司得到为你将来的发展增加的筹码，比如工作技能。

本章小结

1. 在企业中，薪酬是指员工因为被雇用而获得的各种形式的收入，包括基本工资、奖金、津贴、加班加点工资、各种福利项目、长期与短期激励等。现行的薪酬制度主要包括岗位工资制度、绩效工资制度、混合工资制度和年薪制度。

2. 薪酬谈判四步骤：商谈工作、战胜竞争对手、获得工作机会、协商整套报酬。

3. 薪酬谈判十要点：合理定位、组织思想、只说范围、战略考虑、提前打算、积极主动、开诚布公、从容镇定、薪资条款、三个十年策略。

4. 如何获得协商优势：做好充足准备；让雇佣方知道你有其他选择；直接与人事经理进行协商；掌握一些协商技巧。

5. 协商中的交流技巧：表现你的热情、对薪酬偏低的工作邀约做出反应、不要急于接受减薪、不要贸然接受高薪、在薪酬的其他方面进行协商、协商工作、选择最适合你的工作。

案例研究 13－1

S 公司的福利政策

S 公司是一家美国企业在中国设置的子公司。该公司的母公司在美国本土有一百多年历史，它的产品知名度超过西门子之类的国际品牌，但在中国却鲜为人知，这与总部的发展战略相关。目前，母公司在中国只设了一个仅有 40 人的子公司，这个子公司就是 S 公司。

S 公司最大的特点就是它的福利制度，该公司的福利制度强调上下一致：每天中午，每个员工都可在食堂享用一样的工作餐；每逢节假日，每个员工都会收到一样的礼品；每次活动，每个员工都享受一样的待遇；如果总经理的桌上突然多了一只卡通闹钟，那么门卫的值班室里也会响起同样的滴答声；公司订制服装，从上到下的员工都会用同样的布料、做同样的款式；如果你和值班室的门卫闲聊几句，就会发现他们很喜欢 S 公司，说话时总说“我们”，问他最喜欢公司哪方面，他想都不想就会回答你“福利”。

最近，公司组织全体员工去西安旅游，来回乘坐飞机，一共三天，公司唯一的一名清洁工也参加了西安之旅。

实话实说，S 公司的福利政策在美国实施的效果可能很不错，但在中国却有几分质疑。

S 公司的某一办公室里有七八名员工，这会儿都在讨论旅游的事儿。

A 小姐兴奋地说着明天要带什么东西出门，B 先生冷不丁地说：“有什么好准备的，反正都是国内游，两三天就回。”

A 小姐不服气，“难道你想出国？带上清洁工、操作工？想都别想了，公司再大方也不至于……”

C 主任打断了他们的谈话，“你们在这不乐意，车间的工人却都高兴得不得了，工作吧！”

办公室里的人默契而懒洋洋地一起喊着：“一样……一样……还是一样……”

问题：

在掌握薪酬的含义与制度的基础上，结合 S 公司所处的环境，试评价 S 公司的福利政策。

复习思考题

1. 什么是薪酬谈判？它包含哪些要点？
2. 如何获得薪酬谈判的协商优势？
3. 薪酬谈判协商中的交流技巧有哪些？

第十四章　职场中的人际沟通

学习目标

通过本章学习，你应能够：

了解职场人际沟通的意义；

理解为什么要熟悉人际沟通的方法；

掌握职场人际交往中各方面的沟通问题。

关键词

人际沟通　相处　同事　上司　下属

导入案例

说话不慎导致在公司处境尴尬

某位先生刚刚调入某单位一个月，一个月来由于他处处小心做事，每每笑脸相迎，所以同事们对他的态度也颇为友善，竟不曾遇到他所担心的任何麻烦。

一次他和一位同事谈得很投机，便将一个月来看到的不顺眼的人和事通通向这位同事倾诉而后快，甚至还批评了科里一两个同事的不足之处，借此发泄心中的闷气。

不料由于对这位同事了解甚少，这位同事竟是个翻云覆雨之人，不出几日便将这些“恶言”转达给了其他同事，令这位先生狼狈之极，备受孤立，几乎在科里没了立足之地。这时这位先生才如梦初醒，悔不该一时激动没管好自己的嘴巴，忘记了“来说是非者，必是是非人”这样一个浅显的道理。

现代社会每一项工作都离不开同事的帮助与合作，离不开上司及下属的支持。那些善于处理同事关系，处理与上司及下属关系的人，能巧妙赢得他人支持，自然工作顺利；而那些自命清高，不懂得职场人际沟通的人必然在工作中举步维艰，竞争中易于失败。

第一节　职场人际沟通的意义

一、职场人际沟通的含义

职场人际沟通不在于是否会教给你世故的处世方式，而在于有一个相对简单的人际关系可以让你专心去做事。

(一)人际关系的核心是信任

人与人之间的关系最核心的部分是信任，打个比方：刚学会开车的新手第一天上路时，都是非常紧张的，觉得这路怎么这么窄？于是老是踩刹车。为什么？因为他对自己不信任，对别的司机也不信任，老是担心左边或者右边的车会跨线撞了自己，但是熟练之后，对自己和别人的技术信任了，就会觉得路宽了。这个道理在工作场合也是一样的，当一个人在组织中对他人没有建立一种信任，就整天提心吊胆的，当然没办法专心做事。

(二)简单的人际关系由良好的管理体制打造

一个企业员工之间的关系简单与否，和这个企业的管理水平密切相关，一个有着完善的绩效考评机制的企业才能建立一种有规则的人际关系，才可能是简单的关系。

(三)适合公司结构的，就是最好的

一般而言，平面架构的企业人际关系相对比较简单，而金字塔架构的企业则相反。哪一种更好？此题无解。因为每个人的性格、习惯、兴趣等都不一样，比如，我喜欢在一个平面架构的企业里工作，而有的人喜欢在规则的金字塔型架构的企业里工作；我喜欢说“Let’s change it”，而有的人喜欢说“Let’s keep it”。

什么样的工作环境才是好的？这个问题的答案不是唯一的，每个人心里想要的都不一样，重要的是选择适合自己的空间。而且，每个人都需要一个更好的工作环境，职场中人要学会沟通的技巧，消除误会，化解矛盾，建立信任。

二、职场人际沟通的重要性

职场的人际沟通和协调能力从来没有像今天这样成为现代职业人士成功的必然条件。一个职业人士成功的因素75％靠人际沟通，25％靠天才和能力。有效的人际沟通是人脉形成的前提。

也许我们学历没有人高，但我们需要执着和努力，更要有机会意识和把握机会的能力。也许，只一件事就可以带给你的职业生涯一次转机，而这种机会其实每天都有可能产生，关键在于你用什么样的心态看待你的职业现状和未来、看待你的工作环境。

其次，我们在有效执行的同时，更要懂得需求。所谓需求包括了你的上司的期望和需求、你自己的需求，还包括你的同事伙伴的需求，所以我们不仅要努力地做事，更要聪敏地做事，追求真正的绩效。真正意义上的做好事应该是共赢，赢得上司，赢得同事，满足各方，当然也包括自己。

蓄势，造势，运势。在职场中，三势合理恰当地运用，会让你如虎添翼，如鱼得水。而太多的职场人士可能不太意识到势的存在和运用，更不用说恰当与合理地运用。

有效沟通是赢得人心和获得成功的金钥匙，职场的成功离不开高效的沟通。只有完全把握了沟通中的很多要诀才能使一切进行得顺利，也就是不同的人在不同的场景用不同的沟通方式，在合适的时候说该说的话。

（一）自我沟通

在职场工作中，沟通是一件很重要的事，不管是对上司、属下、同仁、客户，或对各接洽商谈的单位，都需要很好的沟通技巧，即人际沟通。然而，在职场中，难免会碰到许多不如意的事，也会遭遇挫折，这时自我心情的调适，或自我不断地激励，就是自我沟通。

（二）注意说话的语气

有时我们在沟通时，会不自觉地用一些否定式、命令式或上对下的说话方式，例如："你错了，你错了，话不能这么说"；或者，"哎呀，跟你说过多少次了，你这样做不行啦；你怎么那么笨，跟你讲你都不听……"

一般来说，人都不喜欢被批评、被否定。但是，有时我们在言谈间却不知不觉地流露出自我中心主义和优越感，觉得自己都是对的，别人都是错的。可是，有句话说：强势的建议，是一种攻击。

有时，即使我们说话的出发点是良善的、好意的，但如果讲话的口气太强势、太不注意对方的感受，对方听起来，就会像遭到攻击一样，很不舒服。

因此，在沟通时，必须注意到对方的感受，毕竟每个人都有自我尊严感的需求。每个人都希望被肯定、被赞美、被认同、被附和，而不喜欢被否定、被轻视，所以，即使双方意见不同，也必须做到异中求同、圆融沟通，有话照说，但口气要委婉。

（三）学会容忍

职场沟通中，必须学习情绪忍受力和挫折容忍力，因为脾气来了，福气就没有了。在我们碰到棘手的问题时，必须先静下来、勿冲动行事，先处理好心情再处理事情，免得事情越弄越糟糕。有句话说:生命的长度是上帝所给予的,但生命的宽度却掌握在我们自己的手中。

的确,我们虽然不能控制生命的长度,但可以控制生命的宽度,我们都可以在工作中学习更好地沟通,使人际关系更融洽,使生命过得更精彩,更有意义。

第二节　如何与上级和同事相处

一、如何与上级相处

随着竞争越来越激烈,人们意识到在职场中处理好人际关系的重要性。而同事关系中与上级关系的处理,显得特别重要。因为是否能和上级成功相处,与能否获得上级信任、和上级共事等职业前途有关。

(一)要注意自己的职业形象

一个人的着装、打扮,是否迟到、早退,是否遵守单位的规范制定等,不仅是个人习惯的问题,也从另一个方面反映了一个人的素质和修养。

(二)要有敬业精神

敬业精神是个常谈常新的老话题。从与领导关系的角度讲,有相当一部分人严重缺乏敬业精神,还有一部分人不善于表现敬业精神。我们提倡敬业,但也提倡会敬业,这里有三方面的技巧要注意:

第一,对工作要有耐心、恒心和毅力。

第二,苦干要加巧干。勤勤恳恳,埋头苦干的敬业精神值得提倡,但必须注意效率,注意工作方法。

第三,敬业也要能说会道。"道"就是让上级知道或感受到你付出的努力,不要做永远的幕后英雄。要知道,上级没必要也没那个义务花时间去仔细探究这些细节。

第四,要服从领导。

下级服从领导不仅体现个人的素质,还体现出自己的敬业精神以及对本单位的认可和对别人的尊重。

(三)善于服从,巧于服从

第一,对有明显领导缺陷的上级,积极配合其工作是上策。

第二,当上级交代的任务确实有难度,其他同事缩手缩脚,而自己有一定把握时,应该勇于出来承担,以此显示你的胆略、勇气和能力。

第三,主动争取上级的工作安排,很多上级并不希望通过单纯的发号施令推动下属开展工作。

第四，工作中多请示。聪明的下属，总是善于在关键的地方，恰到好处地向上级请示，征求他的意见和看法，把上级的意志融入正专注的事情，这是下属主动争取上级支持的好办法，也是下属做好工作的重要保证。这样既体现了自己对上级的重视，也体现了自己工作的严谨和细心。

第五，工作要有独立性。下属工作时有独立性才能让上级委以重任。合适地提出独立的见解、做事能独当一面、善于把同事和上级忽略的事情承担下来是一个好下属必备的素质。

第六，工作维护上级的尊严。上级理亏时要给他留下台阶；当众纠正是最愚蠢的方式；消极地给上级保面子不如积极地给上级争面子。

第七，学会为自己争利益。一是在利益面前，不要逆来顺受，也不要过分谦让，应大胆地向上级要求自己应该得到的，在制度允许范围内获得自己的利益也是合情合理的。在执行重大任务以前，应该获得利益承诺，最好是书面的或者企业制度里早已明确的。二是要求利益时把握好“度”，不能见利就钻，唯利是图，从而失去上级的信任。

微型案例 14－1　　维护上级的尊严

某公司召开年终总结大会，主任讲话时出了个错，他说：“今年本公司的合作单位进一步扩充，到现在已发展到 46 个。”话音未落，一个下属站起来，冲着台上正讲得眉飞色舞的主任高声纠正道：“讲错了！讲错了！那是年初的数字，现在已达到 63 个。”结果全场哗然，主任羞得面红耳赤，情绪顿时低落下来，他的面子顿时被这一句突如其来的话丢得干干净净。

所以领导出现失误或漏洞时，下属不要马上批评纠正，注意维护上级的尊严。

二、如何与同事相处

你走入社会，在机关、企业、学校等单位，接触最多的就是同事。随着市场经济的发展，“同事”一词的内涵大大地丰富了，在工作中，既存在着激烈的竞争，也需要很密切的合作，时代的发展，决定了在同事间合作与竞争的辩证关系。

要获得事业成功，必须要研究与同事相处的学问。

（一）心要热，脑要冷，打开新局面

1. 良好的第一印象

卡耐基指出，良好的第一印象是登堂入室的门票。此话说得很对。我们通常在和人初次见面时，都会在不知不觉中就给对方戴上“此人很不友善”“此人很直爽”之类的帽子。这是拿对方跟自己已有的经验相对照，并以其体格、外貌、服装等为基准，对对方产生的一种观念。如果对对方的第一印象有错觉，就很难修正对方给我们的第一印象。

心理学家亚瑟在有关第一印象的研究中指出，在会面之后所得到的有关其人的印象，往往与今后所形成的印象相一致。

由此可见，一个人的"第一印象"是非常重要的，第一印象不好的话，如要挽回，就要付出很大的努力。因此，在与同事初次接触中必须注意这点。

到一个新环境，人人都有紧张、陌生之感，但只要抓住人人都爱先入为主这个特点，从"一开始就树立良好的第一印象"这条策略入手。

你和同事萍水相逢，互不了解，机敏的人仅在这一瞬间已凭着心理定式给你对号打分了，而且这种人总是最相信自己的最初判断。有的人费尽心机，却一辈子运气不好，有的人却办什么事都得心应手，似乎天降鸿运，其中的奥秘就在于人的整体形象起了举足轻重的作用。

只要能正确认识自己，扬长避短，发挥自己独特的优势，形成个人与众不同的风格，就可以各自不同的魅力引起别人的注意、重视乃至于钦敬。

衣着对一个人的外表影响非常大，大多数人对另一个人的认识，可说是从其衣着开始的。特别对办公室人士而言，衣着本身就反映出一个人的气质、性格、内心世界。

一个对衣着缺乏品位的人，在办公室竞争中会处于下风。因此，从现在起，立即注重你的衣着。

在多数机构里，其实存在着一套不成文的穿着规例。尤其是行政级人员，选择根本不多，所以没有人敢标新立异，令自己鹤立鸡群。一旦这样做，意味着这个人离群独处，肯定备受来自上司、同事的压力。

你起码需拥有几套西装——其中包括浅蓝色及浅灰色各一套，浅黑也不错，令你显得更具权威。衬衫方面，白色仍然是最流行、最普通的，浅蓝色的也不差。至于服装的质地，未必要过于高贵，只要能达到整洁、笔挺的效果，就可以了。

办公室女性的衣着，可以比男士丰富多彩一些，但也不可过于妖艳，过于妖艳极易被视为"花瓶式"的人物。

举止潇洒，神采奕奕，洋溢着生命的活力，人人会被你的非同凡响的气度摄住。

万般形态，皆成性格。热情、泼辣、干练、敏捷，也是风度，不必强装风雅、文静、温柔、羞涩，只要真实、自然、谐调，就是风格、风度。表现适度，即可取得迷人的风采。

初见陌生的新同事，不要看见对方似乎冷淡、高傲便望而却步，不敢唐突热情。"日疏愈疏，日亲愈亲"，相信自己的热情能感染对方，即使先有冷漠，也一扫而光。

称呼，往往是待人接物时说出的第一个词，它好像是一个见面礼，又好像是进入交往大门的通行证。称呼得体，可以使对方感到亲切，交往便有了基础；称呼不得体，往往会引起对方的不快甚至愠怒，双方陷入尴尬境地，致使交往梗阻甚至中断。

那么，怎么称呼才算得体呢？这要根据对方的年龄、职务、级别等具体情况和交往的场合，以及双方的关系来决定，不可能有统一的固定形式。

初来乍到，一切都是陌生的，多观察、多思考、多探听、少说话是尽快适应新环境的最明智之举。先要多听，多听会让你确定别人想要什么。

要留下最好、最持久印象的方法，就是去找那些和你兴趣一致、志同道合的人。

想接近一个难以取悦的人，就不要想冒犯他。这意味着你应该试着让他解释他的态度、意见和评语，你不一定要同意他的看法，假如你做不到，就不要假装你同意。但是，要很耐心地听别人怎么讲，让人感觉你在赞成他。记住这种人无论什么情况下，对你都十分猜忌，随时都准备好要指出你缺乏真诚的地方，如果真被他挑到了，你就再也没有机会说服对方任何事了。

初到新工作环境的人必须多听多看了解单位内的人际关系，尽可能旁观，不要卷入派系斗争中，陷于被动。凡事采取中道而行，适可而止。学习做个聆听者，公平对待每一位同事，避免建立任何小圈子。对谣言一笑置之，如此才能尽快适应新环境，打开新局面。

2. 笑容是好意的信使

要使同事欢迎你、喜欢你，要对他们表示诚挚的关切。卡耐基说，笑容能照亮所有看到它的人，像穿过乌云的太阳，带给人们温暖。行动比言语更具有力量，微笑所表示的是：我喜欢你，你使我快乐。我很高兴见到你。

微型案例 14－2　　微笑的效果

卡耐基鼓励成千上万的商人，花一个星期的时间，每天24个小时，都对别人微笑，然后再回到公司谈谈心得体会。情形如何呢？威廉·史坦哈是好几百人中的典型例子。

“我已经结婚18年多了，”史坦哈说，“在这段时间里，从我早上起来，到我要上班的时候，我很少对我太太微笑，或对他说上几句话。我是百老汇最闷闷不乐的人。”

“既然你要我以微笑的经验发表一段谈话，我就决定试一个星期看看。”

“现在，我去上班的时候，就会对大楼的电梯管理员微笑着，说一声‘早安’，我以微笑跟大楼门口的警卫打招呼；我对地下火车的出纳小姐微笑，当我跟她换零钱的时候；当我站在交易所时，我对那些以前从没见过我微笑的人微笑。”

“我很快就发现，每一个人也对我报以微笑。我以一种愉悦的态度，来对待那些满肚子牢骚的人。我一面听着他们的牢骚，一面微笑着，于是问题就容易解决了。我发现微笑带给我更多的收入，每天都带来更多的钞票。”

“我跟另一位经纪人合用一间办公室，他的职员之一是个很讨人喜欢的年轻人，我告诉他最近我所学到的做人处世哲学，我很为所得到的结果而高兴。他接着承认说，当我最初跟他共用办公室的时候，他认为我是个非常闷闷不乐的人，直到最近，他才改变看法。他说当我微笑的时候，我充满慈祥。”

“我也改掉批评他的习惯。我现在只赏识和赞美他人。而不蔑视他人。我已经停止谈论我所要的。我现在试着从别人的观点来看事物，而这真的改变着我的人生。我变成一个完全不同的人，一个更快乐的人，一个更富有人，在友谊和幸福方面很富有——真正重要的事物。”

资料来源：根据新浪网相关资料整理。

你的笑容就是你好意的信使，能照亮所有看到它的人。对那些整天都看到皱眉头、愁容满面、视若无睹的人来说，尤其对那些受到上司、客户、老师、父母或子女的压力的人，一个笑容能让她们感到温暖。

对人微笑是一种文明的表现，它显示出一种力量、涵养和友好的暗示。一名刚刚学会微笑的中年领导干部说：“自从我开始坚持对同事微笑之后，起初大家非常迷惑、惊异，后来就是欣喜、赞许，两个月来，我得到的快乐比过去一年中得到的满足感与成就感还要多。现在，我已养成了微笑的习惯，而且我发现人人都对我微笑，过去冷若冰霜的，现在也热情友好起来。上周单位搞民主评议，我几乎获得了全票，这是我参加工作这么多年来从未有过的大喜事！”

经常面带微笑的人，生活中也是积极向上的人，没有人喜欢帮助整天皱着眉头、愁容满面的人。

3. 控制自己的情绪

我们经常会发现一个平日工作勤恳、业务熟练的人却难以受到大家的欢迎，可能因为他们的 EQ(情绪智商)太低，不善于管理、控制自己的情绪。他们往往总是自以为是，容不得任何批评建议，常怒气冲冲地向同事发脾气，或是为一点小事到处抱怨，骂骂咧咧，或是牢骚满腹，怪话连篇。

众所周知，人与人之间的情绪是会互相感染的，有时自己控制得还不错的情绪，一下子就被别人破坏了，而别人的情绪也常常被自己“污染”。谁都讨厌无故伤害别人情绪的人，哪怕他是为了工作，为了“正事”。遗憾的是，学历高、能力强、经历多、见识广，未必能改善一个人的人缘处境，他们照样可能陷入苦闷。

每个人的情绪都会时好时坏，学会控制情绪是我们成功和快乐的要诀。一切情绪，尤其是不愉快的情绪，都尽量把控好它，否则就会消耗精力，无益于健康。

4. 冷静的脑，温暖的心

中国台湾经济学家高希均教授提出的“冷静的脑、温暖的心”这一观念，曾广为流传。的确，脑冷则有理性，心热则有感性，理性与感性缺一不可。上班族，心不能冷，否则人生过于消极，“如何工作”脑不能热，否则乱了方向，做事常出错。

对于上班族而言，既然选择了这家公司、这个组织，就应带着热情工作。《热情生活》一书提道：“热情生活不是口号，而是最快乐的人所具有的生活态度，如此才能拥有光芒四射的璀璨人生。”

热情需要热的心、热的态度，对工作、对同事都积极，如关心同事，见面打招呼，买些小礼物，参加集体活动，写些小卡片……此外，不苛责、不强求、不批评、不论断、不说长道短、不袖手旁观……都有助于改善冰冷的气氛。

还有最重要的一点，要想得到新环境、新同事的认可和接纳，需要先主动敞开自己的心扉，讲真话、讲实话，不遮遮掩掩、吞吞吐吐，以真诚和坦率获得同事的好感和喜欢。

人与人的感情交流具有互异性。一个人如果离了真诚，则很难适应新环境，也很难被新环境所接受。

（二）看穿同事心

1. 同事间的小圈子，有害无益

与同事相处，太远了当然不好，人家会认为你不合群、孤僻、不易交往；太近了也不好，容易让别人说闲话，而且也容易令上司误解，认定你是在搞小圈子。不即不离、不远不近的同事关系，才是最难得的和最理想的。

和同事保持合适距离，成为一个真正受欢迎的人，应当学会体谅别人。记着永不说“这不是我分内事”这类的话，过于泾渭分明，只会搞坏同事间的关系。在筹备一个任务前，谦虚地问上司：“我们希望得到些什么？”“要任务顺利完成，我们应该在固有条件下做些什么？”

永不道人长短。比较小气和好奇心重的人，聚在一起就难免说东家长西家短，切忌加入他们，偶尔批评或调笑一些公司以外的人，倒是无伤大雅，但对同事的弱点或私事保持缄默才是聪明的做法。公私分明亦是重要的一点。同事众多，总有一两个跟你特别投机，私底下成了好朋友也说不定，但无论你职位比他高或低，都不能因为关系好而做出偏袒。一个公私不分的人，是做不了大事的，更何况，上司对这类人最讨厌，认为不能信赖，所以应该知道取舍。

2. 不要炫耀自己

表现自己并没错，在现代社会，充分发挥自己潜能，表现出自己的才能和优势，是适应挑战的必然选择。但是，表现自己要分场合、分方式，如果表现得矫揉造作，令别人很是别扭，好像是做样子给别人看似的，那就事与愿违。

微型案例 14－3　　虚假给人很坏的印象

吉米是一家大公司的高级职员，平时工作积极主动，表现很好，待人也热情大方。但一天，一个小小的动作使他的形象在同事眼中一落千丈。那是在会议室里，当时好多人都等着开会，其中一位同事发现地板有些脏，便主动拖起地来。而吉米似乎有些身体不舒服，一直站在窗台边往楼下看。突然，他走过来，一定要拿过那位同事手中的拖把。地面差不多已拖完了，不再需要他的帮忙，可吉米却执意要求，那位同事只好把拖把给了他。

刚过半分钟，总经理推门而入，看到他正拿着拖把勤勤恳恳、一丝不苟地拖着。这一切似乎不言而喻了。

从此，大家再看吉米时，觉得他虚假了许多。以前的良好形象被这一个小动作一扫而光。

资料来源：根据博客网相关资料整理。

威廉·温特尔说："自我表现是人类天性中最主要的因素。"人类喜欢表现自己就像孔雀喜欢炫耀美丽羽毛一样正常，但刻意的自我表现就会使热忱变得虚伪，自然变得做作，最终的效果还不如不表现。

善于自我表现的人常常既"表现"了自己，又未露声色。他们与同事交谈时多用"我们"，而很少用"我"，因为后者给人以距离感，而前者则使人觉得较亲切。要知道"我们"代表着他也参加的意味，往往使人产生一种"参与感"，还会在不知不觉中把意见相异的人划为同一立场，并按照自己的意见影响他人。

真正的展示教养与才华的自我表现绝对无可厚非，只有刻意地自我表现才是最愚蠢的。卡耐基曾指出，如果我们只是要在别人面前表现自己，使别人对我们感兴趣的话，我们将永远不会有许多真实而诚挚的朋友。朋友，真正的朋友，不是以这种方法来交往的。

3. 不要炫耀优越感

日常工作中不难发现这样的同事，其人虽然思路敏捷，口若悬河，但一说话却令人感到狂妄，因此别人很难接受他的任何观点及建议。这种人多数是因为表现自己，总想让别人知道自己很有能力，处处想显示自己的优越感，从而获得他人的敬佩和认可，结果却往往适得其反,失掉了在同事中的威信。

那些谦让而豁达的人们总能赢得更多的朋友;相反,那些妄自尊大,高看自己,小看别人的人总会引得别人的反感,最终在交往中使自己走到孤立无援的地步。

在交往中,任何人都希望能得到别人的肯定性评价,并强烈维护着自己的形象和尊严,如果他的谈话对手过分地显示出高人一等的优越感,那么无形之中是对他的自尊和自信的一种挑战与轻视,排斥心理乃至敌意也就不自觉地产生了。

法国哲学家罗西法古说:"如果你要得到仇人,就表现得比你的朋友优越吧;如果你要得到朋友,就要让你的朋友表现得比你优越。"

微型案例 14-4　　不要吹嘘

李先生是某地区人事局调配科一位相当得人缘的骨干,按说搞人事调配工作是很难不得罪人的,可他却是个例外。在他刚到人事局的那段日子里,几乎在同事中一个朋友都没有。因为他正春风得意,对自己的机遇和才能满意得不得了,每天都使劲吹嘘他在工作中的成绩,每天有多少人找他请求帮忙,哪个几乎记不清名字的人昨天又硬是给他送了礼……但同事们听了之后不仅没有人分享他的"成就",而且还极不高兴,后来还是由当了多年领导的老父亲一语点破,他才意识到自己的症结到底在哪里。此后,他很少谈自己而多听同事说话,因为他们也有很多事情要"吹嘘",把他们的成绩说出来,远比让他们听别人吹嘘更令他们兴奋。后来,每当他有时间与同事闲聊的时候,他总是先请对方滔滔不绝地把他们的欢乐炫耀出来与其分享,在对方问他的时候,才谦虚地说一下自己的情况。

资料来源:根据博客网相关资料整理。

老子曾说过"良贾深藏若虚,君子盛德容貌若愚",是说商人总是隐藏其宝物,君子品德高尚,而外貌却显得愚笨。这句话告诉人们,必要时要藏其锋芒,收其锐气,不可不分青红皂白地将自己的才能让人一览无余。

因此,我们对自己的成就要轻描淡写,学会谦虚,才能受到欢迎。

4. 有错就坦诚地承认

人无完人,没有人不会没有错误,有时甚至还一错再错,既然错误是不可避免的,那么可怕的并不是错误本身,而是知错不肯改,错了也不悔过。

其实,如果能坦诚面对自己的弱点和错误,拿出足够的勇气承认它、面对它,不仅能弥补错误所带来的不良后果,在今后的工作中更加谨慎小心,而且能加深领导和同事对你的良好印象,愿意原谅你的错误。

一个人有勇气承认自己的错误,不仅可以消除负罪和不安感,而且有助于解决这项错误所造成的麻烦。卡耐基告诉我们，即使傻瓜也会为自己的错误辩护，但能承认自己错误的人，就会获得他人的尊重，而且令人有一种高度信服的感觉。

喜欢听赞美，哪怕明知是虚伪的赞美，是每个人的天性，但忠言总是逆耳的。当有人，尤其是和自己平起平坐的同事对着自己狠狠数落一番时，不管那些批评如何正确，大多数人都会心里感到不舒服，有些人更会拂袖而去，连表面的礼貌也不会做，令提意见的同事尴尬万分。下一次就算你犯更大的错误，相信也没有人敢劝告你了，这岂不是最大的损失？

当我们错了——若是我们对自己诚实，这种情形十分普遍——就要迅速而坦诚地承认，这样不但能产生惊人的效果，而且比为自己争辩还有趣得多。

每个人都会犯错误，尤其是当你精神不佳、工作过重、承受太沉重的生活压力时，偶尔不小心犯错是很普通的事情。人们在犯错后能以正确的态度面对它，犯错误不是不可饶恕的事情，反而对你日后的发展大有裨益。

5. 给人家面子

聪明人在与同事交往的过程中，从不会把话说死、说绝，说得自己毫无退路可走。例如，“永远不会办你所搞砸的那些蠢事”“谁像你那么不开窍，要我几分钟就做完了”“你跟××一样缺心眼儿，看他那巴结相”如此种种，估计谁听了都不会痛快，人人都最爱惜自己的面子，而这样绝对的断言显然是极不给人面子的一种表现。

保留他人的面子很重要，而我们却很少会考虑到这个问题。我们常喜欢摆架子、我行我素、挑剔，在众人面前指责同事或下属，没有考虑是否伤了别人的自尊心。其实，只要多考虑几分钟，讲几句关心的话，为他人设身处地想一下，就可以缓和许多不愉快的场面。

《圣经・马太福音》有句话：“你希望别人怎样对待你，你就应该怎样对待别人。”这句话被大多数西方人视作是工作中待人接物的“黄金准则”。真正有远见的人不仅要在与同事一点一滴的日常交往中为自己积累最大限度的人缘，也要给对方留有相当大的回旋余地。给别人留面子，其实也就是给自己挣面子。

玛丽小姐是一位食品包装业的行销专家，她的第一份工作是一项新产品的市场测试。但她却犯了一个大错，使得整个测试都必须重来一遍。当她开会向老板报告时，她怕得浑身发抖，因为老板会狠狠训她一顿，但老板只是谢谢她的工作，并强调在一个新计划中犯错并不是很稀奇的，而且他有信心第二次测试对公司更有利。老板保留了玛丽的面子，使她深为感动，果然第二次测试她搞得十分成功。

很多人总爱扫别人的兴——当面令同事面子难保，以致当面撕破脸皮，因小失大。纵使别人犯错，我们是对的，也不能不给别人保留面子。

6. 把摩擦降到最低限度

同事之间有竞争、有摩擦是不可避免的，但作为一个高明的办公室人士，应当懂得如何把这种摩擦降到最低限度，应当学会如何把这种竞争导向对自己有利的方向，这就需要以诚相待。

不要以为自己有什么过人之处，便认定对方是“老顽固”，如果你想事事顺利，须学习如何尊重别人，摒弃狭隘的思想，与自己不喜欢的人建立友谊。

要扪心自问无法与对方合作的原因，究竟出在对方，还是自己的身上？自己是不是也应该负一点责任，努力营造愉快融洽的气氛，不可小视与人和平共处的技巧，它是你日后事业成败的关键。

与同事相处，本应诚心诚意，当他需要你的意见时，你不要使劲给他戴高帽，发出无意义的称赞；当他遇到任何工作上的疑难时，你要尽心尽力予以援手，而不是冷眼旁观，甚至落井下石；当他无意中冒犯了你，又忘记跟你说声对不起时，你要抱着“大人不记小人过”的心情，真心真意原谅他，日后他有求于你时，要毫不犹豫地帮助他。

或者，你会问“为什么我要待他这么好？”答案很简单，因为他是你的同事，你每天有 8 个小时跟他们在一起，你能否从工作中获得快乐与满足，是否敬业乐业，同事们扮演着一个很重要的角色。试想想：当你回到办公室里，你发觉人人对你视若无睹，没有人愿意主动跟你讲话，也没有人向你倾吐工作中的苦与乐时，你还会留恋你的工作吗？

无论你跟谁搭档，首要条件是双方配合默契，共同合作和努力，要想取得一些工作成绩，自己不妨先迈出一步。拿出诚意，跟对方好好分工合作，共同努力实现工作目标。

本章小结

1. 职场人际沟通不在于是否会教给你世故的处世方式，而在于有一个相对简单的人际关系可以让你专心去做事。职场的人际沟通和协调能力已经成为现代职业人士成功的必备条件。

2. 和领导相处是一门很讲究分寸的艺术。领导是有决定权的人，他们对你的评价会起到重要的作用，所以，和领导相处好坏将会影响到你的事业前途。

3. 一个人不是生活在孤岛上的鲁滨逊，会有各种各样的人际关系，这些关系是客观存在的。人际关系的亲疏好坏，会产生不同的效益，或阻力，或助力。同事关系是人际关系中最重要的一种，一个人除了家人、亲友、师长等亲情友情关系外，每天与同事相处、配合、协作融洽就尤为重要。工作时的心情，工作上取得的效益，甚至事业的顺畅、成功，很大程度上受着同事关系的影响，所以如何与同事相处也成了一门大学问。

案例研究 14－1

失败的托尼和安娜

托尼在美国中部一个大制造公司做了四年的人事官员，他有一个体面的心理学学位。他自称适度自信，性格外向，对自己的生活道路大体上是乐观的，工作顺利，婚姻幸福。然而他却常常陷入莫名的不快。他承认："我总觉得自己失去了什么。我在工作中不受欢迎，因为我对同事们从没有真正的亲密感，或许在内心深处我不相信任何人。即便跟妻子琼在一起，我大多数时候也是小心谨慎。当有人直截了当地问有关我自己的问题时，我通常闪烁其词。作为人事官员，我需要人们的支持和信任，但我感觉他们有点儿躲着我，甚至提防我。或许他们是在回报平日里我对他们的喜怒无常和神经质吧。"托尼的想法没有错，恰恰是因为他不善于控制自己的情绪，喜怒无常，让人觉得他有神经质，同事们才躲着他。

再来看一个例子：安娜是一个办公室的管理人员，具有丰富的工作经验，为其组织中相当数量的办公室成员承担着广泛的责任。她同丈夫离婚了，与十多岁的儿子和女儿住在一起。她的烦恼是："我总是无法克制地经常向别人发脾气，虽然事后常常后悔，但又总也控制不了自己的恶劣情绪。我们办公室的职员流动相当快，所以对大多数人很难有真正的了解，而我周期性地与这样或那样的人发生口角。我试图强硬些，也试图亲切愉快，可什么都不管用。如果我粗暴强硬，他们就怨恨不满并予以回击；而如果我态度可亲，他们又觉得我软弱可欺，想趁机利用我。我在家里的问题也无法解决，我的孩子们都怨我把时间和精力放在工作上，这使我感到令他们失望了。但更令我自己失望的是，我即便付出这么多的代价，却仍然得不到同事们的理解和喜爱。我曾失落之极，认真考虑过辞职。可是我在个人生活上已感觉失败，如果现在辞职，那么我在职业上也失败了。"

资料来源：根据中国管理在线相关资料整理。

问题：

1. 托尼和安娜为什么会失败？
2. 他们应该怎样改正？
3. 从这个案例中，你得到什么启示？

复习思考题

1. 浅谈在现实生活中你如何调整与同事、上司的关系。
2. 造成职场中人际沟通的困难有哪些？
3. 处理与同事的关系有哪些方法？

第十五章　人际冲突处理

学习目标

通过本章学习，你应能够：

明确人际冲突的定义；

了解人际冲突产生的原因；

识别冲突的双重性；

掌握人际冲突的处理技巧。

关键词

人际冲突　双重性

导入案例

第五设计院的人际冲突

第五设计院是一个大型综合设计单位，建院很早，兵强马壮，专门承包冶金系统各公司(厂、矿)的大、中型项目设计，以一贯的高质量设计博得本行业各界的普遍赞誉和尊敬。

高级工程师马凯宁是该院现任第一设计室主任，担任现职已七年之久，业务能力强，管理经验也颇丰富，被视为本院骨干。本室内的第七课题组由八名男工程师组成，他们共同在该组工作多年，彼此感情融洽，关系密切。该组原组长数月前调升另一设计室任副主任，组长一职暂告缺，暂时由组内资历最深的贾克乐工程师代理。

不久前，分配来一位新人苏黛薇，是刚从一所名牌工科大学毕业的研究生，是本院首批分来的硕士之一。

小苏初来乍到，为能分到五院工作，感到很高兴。她在工作中埋头苦干，全身心地投入设计任务。小苏对工作很认真，碰上困难问题，她会主动加班到深夜，查文献、翻资料、上计算机室，总要尽快搞个水落石出。因为她这样坚韧不拔，再加上基础扎实，所学的知识又新，所以总是比别的同事早好几天就完成了分派给她的那部分设计任务。她闲不住，任务一完成，就坐立不安，又去找马主任要新任务干。有时，她就问贾工、萨工和蓝工，能不能把手头的活分点给她，好帮他们加快进度，但每回都被他们断然回绝了。

她来院工作五个月后，有一回老贾来找马主任，反映小苏的一些工作方面的问题，他认为，小苏总是一副狂妄自大、不可一世的样子，好像就她是"万能博士"，啥事都懂。还对别的同事的工作指手画脚的，组里人对她意见都很大。

事后，老马把该怎么跟小苏谈，仔细地琢磨了一下。他知道，这老贾虽说只是代组长，实际上他早就是大伙的"头"，他是代表组里其他人来谈的。几天后，马主任把小苏叫到了办公室。在谈话过程中，老马肯定了小苏在技术方面的工作，让领导感到很满意，不过也指出她与组内其他同事的关系有点问题。结果小苏当场就表达了自己的反对意见，她认为组里的其他人在工作态度、工作积极性方面本身就存在问题，并且批评了他们的一些"不良"行为。结果她的一番"评论"不仅没有得到马主任的认同，反而让马主任十分不快，马主任认为，自己手下员工的评论、鉴定是他作为管理者的工作范围，而不是小苏这样一个技术工作人员的工作范围，让小苏专心于自己的技术活，不要插手其他的事情。

小苏离开马主任办公室的时候，觉得自己十分委屈，她觉得自己一直干得很不错，而那些工程师却远未发挥出他们的潜力，但是也没有办法，只好默默地回到了设计室。

小苏和大伙之间产生矛盾的原因是什么？小苏应如何处理好与同事之间的人际关系？老马作为领导应如何帮助小苏解决人际冲突？如果你是小苏（或老贾，或马主任），你将如何做？

资料来源：http://www.doc88.com/p-5660461400.html。

在这个案例中，作为一名新员工，小苏所面临的正是初到一个工作环境中所不可避免的人际冲突；而作为一名领导者，马主任所面临的则是管理工作中极其重要且不可避免的人际冲突问题。小苏应该怎么做才能更好地融入这个集体？马主任又应该怎么做，使整个团队能够和谐发展，小组绩效能够发挥到最好的效果？

美国的一所大学在研究诸多成功管理者的案例时发现,一个人的成功因素,智慧、专业技术和经验因素只占15%,其余85%则取决于有效的人际沟通所营造的良好的人际关系,这表明,优秀的管理者更应该是沟通的高手。

从上面这个案例可以看出,良好的人际关系是个人和组织稳定、向上发展的重要因素之一,而怎样营造良好的人际关系,则靠有效的人际沟通。

在每个人的成长过程中,一定都遇到过或者卷入过人际冲突:同学之间的人际冲突、学生与老师之间的人际冲突、家庭成员之间的人际冲突、上司与下属之间的人际冲突、同事之间的人际冲突等。

因此,要想成为一名卓越有效的管理者,就应该了解管理工作中各种冲突产生的原因,并且善于利用各种有效的技巧来化解这些冲突。

第一节 引发人际冲突的原因

一、人际冲突的概念

人际冲突是指发生在两个以上个体之间的一种动态过程,是当双方认识到目标不相容、意见分歧、价值观不一致,或竞争稀少的资源,或目标实现受阻时,反应出负面情绪的过程,并且导致个体间形成冲突。

发生人际冲突的可能性随着个体间的相互作用的增加而提高,也就是说,人们之间的互动越密集,产生意见分歧或争论的机会也就越多。

大多数人对于冲突往往认为个体之间如果发生冲突,通常意味着他们之间的关系不和谐,因为人际冲突暴露了负面的自我——自私、过多的欲望及不合理的期待。

微型案例 15-1　　囚徒困境

两名嫌疑人被分别关了起来,当地的检察官知道他们犯有某种罪,但却没有足够的证据判定他们有罪。在检察官面前,这两名嫌疑人必须做出选择:要么招供,要么不招供。现在的情况是:如果他俩谁都不招供的话,将被指控为犯有类似小偷小摸或非法拥有枪支等罪,这样,两人所受的惩处都不会太重。如果他俩都招供的话,那么两人都将依法受到严惩。如果一个人招供,另一个人不招供,招供者轻判,不招供者重判(具体量刑情况参见表15.1)。这两名嫌疑人作案前曾经商定都守口如瓶,这样他们只需要承担最少的刑罚。但是,被逮捕后,他俩左思右想，心里十分不安：万一对方招供了，自己不招不就会被重判了吗？于是，最终的结果是：两人都招供了，并都被判了6年监禁。

表15.1　　犯罪嫌疑人的选择与结局

甲的选择	乙的选择	甲的结果	乙的结果
承认	承认	判6年监禁	判6年监禁
承认	否认	判1年监禁	判10年监禁
否认	承认	判10年监禁	判1年监禁
否认	否认	判3年监禁	判3年监禁

这是人际冲突中一个典型的例子。两个犯人的判决结果取决于别人做出什么样的选择，此外，这一囚徒困境还强调了个人行为与联合行为的差异，对于甲、乙两个人来说，采取承认的态度是对自己最有利的，因为如果承认，最少可能只判一年，最多也只是6年。而否认的话，最少也要判3年，最多却要判10年。但是，从表中可以看出，对两人最好的结局是两名疑犯都选择否认。

这个例子中的困境包含了两个嫌犯彼此间的信任因素。假设他们彼此坚守最初的商定，同时否认控罪，就只用承担最轻的惩处，但由于他们彼此间缺乏信任，当他们各自回房考虑这个选择后，还是认为承认控罪是最好的选择。这一困境也显现出人际沟通中一个重要的原则，即相互信任原则。由此可见，要有效地协调人际冲突，必须深入分析人际冲突。

二、人际冲突的原因

从"人际冲突"的概念中可以看出，人际冲突产生的原因通常是由于人们对于同一问题的意见存在分歧，并且对方的行为干涉了自己目标的达成、触犯了自身的利益，并且导致自身出现了负面情绪，从而产生了冲突。引发冲突的原因有很多种，总的归结起来有以下四种。

（一）竞争

当两个人（或两个人以上）为了竞争共同资源或达到共同目标，一方的成功可能导致另一方的失败，而另一方利益受损时，可能引发人际冲突。

（二）特定行为

有些冲突的产生，是由于某一方的一些特定行为所引起的。冲突双方追求目标有差异，其中一方的某一行为，在主观上并没有与对方竞争的意识，但在客观上却损害了对方的利益，或给对方带来了一定的麻烦，引发了人际冲突。例如，销售部的目标是如何把订单签下来，提高销售业绩，客户服务部的目标是为客户提供服务，实现公司的承诺。如果销售部对客户承诺了很多，而客服部又不能实现，这样两个部门就会发生冲突。由于组织内部每个部门的目标不同，因此会产生不同的冲突。

（三）规则与角色

有些人际冲突是由于互动的一方未能遵守诺言、缺乏互惠意识或行为、忽视彼此约定的规范等，也就是互动的双方，觉得对方没有善尽应有的角色，或未能遵守约定的规则，而引发的人际冲突。

（四）个人观念的差异

有些人际冲突是因为个人的动机或个人观念差异而产生的，如个性差异，工作方式、方法的差异，个人缺乏合作精神，欠佳的绩效表现，文化以及价值观的差异等。

由于人们成长的环境、受教育程度、工作经历、年龄、性格等的不同，因此形成的观念也各异，从而导致观念差异。导致差异的主要因素包括个体的成长经历、对话语的理解、对感情的反应和固有的偏见（见图 15.1）。

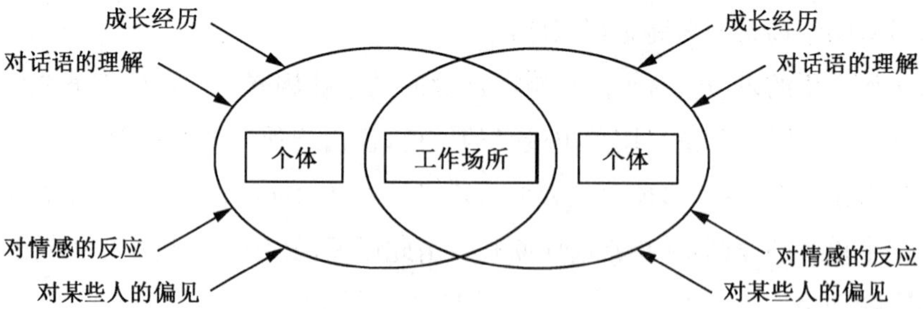

图 15.1　观念差异的因素

但是，冲突具有双重性，人际冲突对于个人或是组织而言，既有消极的作用也有积极的作用。我们应该利用人际冲突中的积极作用促进个人或组织能够更好、更和谐的发展。然而，面对人际冲突中的消极作用，我们应该充分了解工作中人际冲突的性质及其产生的原因，并能够采取恰当的方法来避免或解决冲突。

第二节　冲突的过程

冲突就像危机一样，是一个连续性的状态，因此想要了解冲突、有效地解决冲突，就必须了解冲突产生的过程。

冲突的过程大致可以分为五个阶段(见图 15.2)。

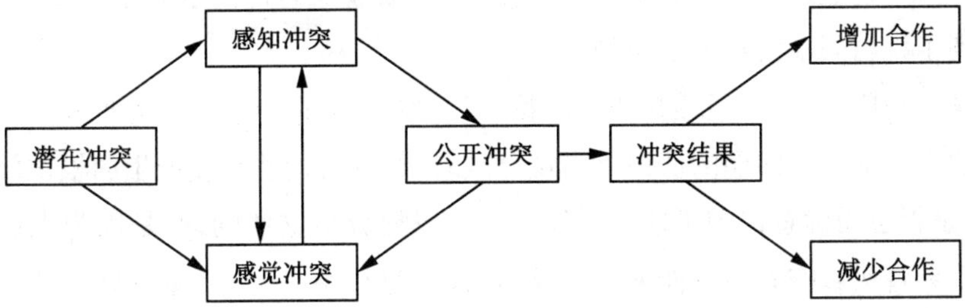

图 15.2　冲突的过程模型

一、潜在冲突

潜在冲突是指组织和个人关系所处的特定环境中，潜伏着尚未凸现出来的冲突。只要人们相互依存且存在差异，就可能存在潜在冲突，而差异越大，促使冲突表面化的可能性就越大，冲突的潜伏期就越短。对于一个组织的运作而言，常常会因为权责的分配、追求目标的一致性、目标控制等方面产生意见分歧和冲突。

潜在冲突阶段，即存在可能产生冲突条件的阶段。这些条件包括以下三个方面：

(一)沟通方面

沟通的失效可能引起冲突，沟通失效的因素来自误解、语义理解上的困难以及沟通渠道中的噪音。语义理解的困难、信息交流不充分以及沟通渠道中的噪音这些因素都构成了沟通障碍，并成为冲突的潜在条件。此外，沟通渠道也影响到冲突的产生，人们传递信息时会过滤来自正式的或已有的渠道中的沟通偏差，提供了冲突产生的潜在可能性。

(二)组织方面

分配给小组成员的任务大小、专门化程度、小组的工作目标、管辖范围的清晰度、领导风格、奖酬机制以及小组成员间相互依赖程度等，都会引起冲突。

(三)个人因素

个人的价值观差异以及个性特征也会引起冲突。例如，组织成员中对于自由、勤奋、工作、自尊、诚实、服从等的看法不同而产生的冲突是由于价值观的差异导致的；而由于个人的武断、缺乏尊重人的行为而引起的冲突，则是由个性特征导致的。

二、感知冲突

如果在潜在冲突阶段已经产生了意见分歧，潜在的冲突就可能转变成为现实，正如在冲突定义中提到的那样，人只是必要条件，冲突的一方或多方必须感知冲突的存在，而且只有进一步引起感情上的冲突，潜在冲突才能成为现实。例如，小苏在工作中的"积极主动"就造成了她与同事间的潜在矛盾，渐渐地通过同事对她的反应，她自己也意识到了她与同事间存在一定的分歧。

在这一阶段，当了解了感知冲突的特点后，学会分析它是非常重要的。当意识到自己与他人在某一些问题的认识上出现分歧时，要分析这些分歧产生的根本问题是什么，对方是否也明确意识到了这些分歧。之所以要分析这些问题，是因为人们在感知方面的差异直接影响着感觉冲突的形成，在这个过程中，一定要注意自己及对方的情绪，因为情绪对知觉的影响有着重要作用。

三、感觉冲突

感觉冲突是一种行为意向的表现。感觉冲突是介于一个人的认知和外显行为之间的，主要体现在生理层面。这一阶段发生在冲突行为之前，并对冲突行为产生影响，因为它反映了我们的感知与感情。在这个阶段，冲突的当事人已经有了一定的行动意向，并且由此产生剧烈的情绪变化，如焦虑、紧张、敌意以及挫败感等。

四、公开冲突

公开冲突是把意识、感觉转变成为行为的过程。在这一阶段，冲突会公开化，是一个动态的相互作用过程。公开的冲突包括行为的整个过程，从间接、节制，发展到直接、对抗的斗争。

五、冲突结果

冲突双方之间的行为相互作用导致了最后的结果，结果既有消极的影响，也有积极的作用。这是冲突的一大特性——两面性，即破坏性和建设性。

（一）冲突的消极影响

冲突的发生会为双方的关系带来紧张与压力，使当事人感受到受伤害、生气、挫败甚至是愤怒等情绪，尤其是当一方使用威胁、责难或是暴力手段时，更可能增加彼此的冲突，甚至造成关系的破裂。如果冲突带来了沟通的迟滞、组织凝聚力的降低，组织成员之间的明争暗斗成为首位，组织目标则降到次位，这种冲突就是破坏性的，在极端的情况下，会威胁组织的生存。

（二）冲突的积极影响

冲突的产生也具有一定的建设性：第一，人际冲突能够突出双方之间的问题症结，促使双方努力寻求可能的解决途径；第二，个人可以借冲突表达自己的需求或愿望，增加达成需求或愿望的可能性；第三，冲突可以增进个人对自我及他人的了解，透过引发冲突的事件，我们可以探索自己或他人内在的价值观及信念；第四，冲突可以了解自己的地位以及对方的立场；第五，冲突能够宣泄愤怒与敌意，避免累积各种负面情绪，导致关系破裂。如果冲突能提高决策的质量，激发革新与创造，调动群体成员的兴趣与好奇，公开问题，解除紧张，培养自我评估和变革的环境，那么这种冲突就具有建设性。

例如，小苏与设计组成员之间的矛盾，如果处理不好很有可能影响小苏的工作前途，如果处理好了，除了设计组成员之间能够和睦共处以外，还有可能提高设计组的整体工作效率。

第三节　冲突的解决模式

人际冲突的解决模式主要有五种，即回避、竞争、妥协、迎合以及合作（见图15.3）。在处理人际冲突过程中采取何种方式，主要取决于冲突中个体本身的需求或目标。这五种冲突处理方式代表着自信和合作性的不同程度的组合。

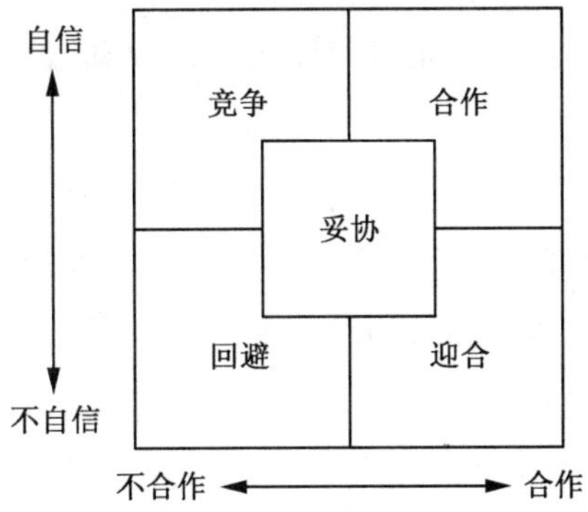

图 15.3　人际冲突的处理模式

按照图15.3中所反映的这种合作性和自信程度的不同，可以分成五种解决冲突的模式。

回避——不自信也不合作，在图中处于左下角的位置。

竞争——高度自信且不合作，在图中处于左上角的位置。

妥协——中等程度的合作，中等程度的自信，在图中处于四个策略中间位置。

迎合——不自信且保持合作，在图中处于右下角的位置。

合作——高度自信且高度合作，在图中处于右上角的位置。

一、回避

回避是指在冲突的情况下采取退缩或中立的倾向，有回避倾向的管理者不仅回避冲突，而且通常担当冲突双方的沟通角色。当其被要求对某一争论表示态度时，他往往推托说“我还没有对这一问题做深入的了解”，或“我必须收集到更多的资料”等。

这一种冲突解决模式属于不自信且不合作型。人们常常运用这一方式来使自己远离冲突，对不同意见者保持不理或中立的态度。虽然这也是处理冲突的一种模式，但是如果管理者一味地采用此种方式，不但不能解决问题，甚至可能给组织带来不利的影响，但在以下情况下采取回避的管理方式可能是有效的：(1)当事情不是很重要的时候。(2)当自己的利益无法满足的时候。(3)冲突带来的损失大于解决问题所带来的利益时。(4)希望别人能冷静下来的时候，采取暂时回避的策略，让对方考虑清楚。(5)为获取更多的信息而暂时回避。(6)当别人能够更有效地解决问题时。

二、竞争

竞争的策略是指牺牲别人的利益，换取自己的利益。通常采取竞争策略的人都是以权利为中心，为了实现自己的主张可以动用一切权利，也可以看作是一种对抗型的方式。

这一种冲突解决模式属于自信且不合作型。竞争者为了达到自己的目的可以不惜任何代价。有此倾向的管理者通常认为冲突是一方输，另一方必然赢，当处理下级的冲突时，经常使用诸如降级、解雇、扣发奖金等威胁手段；当面临和同级人员之间的冲突时，则设法取悦上级以获得上级的支持来压迫冲突对方，因此经常采用这种解决冲突的管理方式往往会导致负面的效果。

然而这种解决模式在以下情况下，也可以发挥出积极的作用，使冲突得到良好的解决：

(1)当快速决策非常重要的时候，如碰到了紧急情况必须采取某种方式。假如一个广告牌倒了，这时围绕着怎样处理砸伤的路人有几种不同意见，作为领导必须立即采取行动，这时就要采取竞争策略。

(2)执行重要的且又不受欢迎的行动计划时，如缩减预算、严明纪律，明明知道这样做对公司有好处，但又不受欢迎，就必须采取竞争策略。

(3)对公司重要的事情，这样做肯定是对的。比方说进行一个大胆的改革，或找一个重量级的人员加盟，可能会令原有的管理层觉得不满意，但为了公司长远发展，必须采取竞争策略。

(4)对待企图利用你的非竞争行为的人时，很多人觉得你可能很软弱，好欺负，越是这种情形反而越要采取竞争策略，让他们觉得你不是在任何时候都软弱。

三、妥协

妥协是指双方都愿意放弃一些利益，又能共同分享利益，目的在于得到快速的、双方都可以接受的方案。妥协的方式没有明显的输家和赢家，在非原则问题上较适合。

例如，员工接受了每小时1.5元的加薪，但当初所提出的要求是每小时2.5元，因为企业达不到每小时2.5元的要求，所以产生了每小时1.5元这个加薪方案，这就是一种妥协的方式。

这一冲突解决方式属于基本合作和比较自信型。它的特点在于它体现出的是一种中等程度的合作和中等程度的自信，且双方都达到自己最基本的目标。

然而这种方式并不是追求双方的最佳满意度，而是取得各方适中的、部分的满足。因此对妥协这种解决模式的选择应该与具体情况相适应，以下几种情况就可以运用这一模式：(1)当目标的重要性处于中等程度的时候；(2)双方势均力敌；(3)要寻找一个复杂问题的暂时性解决方法；(4)面临时间压力时没有更多的时间去合作；(5)协作与竞争方法失败后的预备措施。

四、迎合

迎合是指有意把对方的利益放在自己的利益之上，为了维持好相互关系，一方愿意自我牺牲，遵从他人观点。许多希望被他人喜欢并有较高合群需要的人以及那些真正关心他人的人通常选择采取迎合的方式解决冲突。

这一冲突解决模式属于合作但不自信型，它的特点是把对方的需求放在高于自己的之上，以求维持和谐的人际关系。

迎合的方式往往会赢得他人的好评，但是如果凡事一味地迎合，则可能被视为软弱和顺从。因此，将迎合作为一种冲突解决的模式也需要视情况而定。例如，当认为自己错了的时候，当事情对于别人来说更具有重要性时，为了将来在重要事情上能建立信用基础，当竞争难以取得成效的时候，当和谐比分裂更重要的时候，都可以运用这一解决模式。

五、合作

合作是指主动跟对方一起寻求解决问题的办法，是一种互惠互利的双赢。双方的意图都可以坦率地澄清，不是我迁就你，你迁就我。这是一种非常理想状态的冲突处理模式，对于冲突双方来说都是利益最大化的表现。然而，这一模式的成功应用也是最困难的，需要的时间也可能是最久的。

这一冲突解决方式属于合作且自信型，是人际冲突中的双赢模式，因此合作模式表现出将冲突带来的积极作用提升到最大限度的愿望。例如，联想的广告中最后总会出现一个英特尔奔腾处理器的画面，这就是两个公司一种良好合作的方式；反过来，对于联想来说，有英特尔的加盟和支持，对它也是一个品牌支持。

下述情况就适于采取合作的处理模式：(1)当双方的利益都很重要，而且不能够折中、力求一致的解决方案时；(2)当目标是学习、测试、假想、了解他人观点时；(3)当需要从不同角度解决问题时；(4)为了获得他人的承诺，决策中有必要融入他人的主张时。

第四节　冲突的处理技巧

识别冲突、调解争执，是管理者最需要的能力之一。凡是人们共同活动的领域，总会产生不同意见、不同需求和不同利益的碰撞，产生冲突，然而，不同的冲突处理会使冲突要么激化，要么减弱，或者维持现状，或者避免冲突。因此，当冲突发生时，一定要及时识别冲突状况，通过双方的坦诚沟通，建立共同遵守的游戏规则，从而解决冲突。

一、冲突解决的过程

(一)澄清并界定问题

冲突的发生有很多种可能，有的可能是因为双方个性的差异，有的可能是因为彼此对问题的认知有所差异，产生误解。因此，在解决冲突时一定要先澄清冲突，并界定冲突。

(二)找出彼此的需求或愿望

管理者在处理冲突时，一定是本着对组织发展有利、对冲突双方对立情绪缓和的目，找出冲突双方各自的需求或是愿望。

评量各种可能的解决方法时要根据冲突的解决模式，遇到不同形式的冲突时，采取不同的解决方式。

二、冲突中的沟通策略

不同的人际冲突处理方式会使冲突或者激化，或者减弱，或者维持现状，或者得以避免。个体冲突处理的目的、方法以及组织对待冲突的价值观决定了采取何种冲突处理策略(见表15.2)。

表 15.2　　　　人际冲突中的沟通策略

冲突激化的实例	目　的
“你的态度不端正。” “你工作时不能这么懒散。”	对个人或问题进行评价
“我们认为你不想完成工作,6 个月前你就一直不愿给我们生产先增加编制,现在和以前一样。”	将冲突扩大化,与以前未解决的争论联系起来
“我可不想让周围的人都与我作对,你要么现在把机器修好,要么走人。”	通过控制冲突结果来威胁对方
“我可不愿和王先生一起实施这个计划,换李先生或张先生都可以,我不要王先生。”	特意限制他人的选择
“我本应该和你们一道来讨论这个计划,但现在我必须去总公司。”	处于特殊的原因而打破以前的约定
避免冲突的策略实例	**目　的**
“王先生获得了这份工作,我知道你很沮丧,但总垂头丧气是没有用的,等你感觉好点时我们再谈。”(上司在下属没有得到升迁或表扬时)	拖延冲突的处理时间
“我知道你认为你的老板不公平,但我们公司的政策,如果你有什么不满的话,可以提出申诉,只有经过这一程序后,我才会处理这个问题。” (高层管理者面对不满的员工时)	使用正式的规定、等级制度或其他方式控制过程来限制冲突方式的行为
“这不是一个问题,你不必要这么激动,我想肯定没有任何问题。”	否认冲突的存在
“我知道在晚班增加两个人很重要,你非常需要他们,但我相信你能维持目前的生产水平,你们小组的协作能力很强,相信你们将继续做好这一工作。”	承认一部分问题,但忽略更重要的问题,使冲突变得模糊
“我想,我不会把事情搞糟的。在经理会议上我总是支持你,即使我认为不太恰当,也会继续支持你。” (两位经理在董事会议前碰头)	保持长期关系
“我相信我们都能同意这一点:这个预算的水平与我们的期望值相当。如果你考虑你的兼职秘书的费用问题,我也会重新考虑我的旅行计划。”	论及意见一致的方面和可以让步的方面
减少冲突的策略实例	**目　的**
“目前,改变整个计算机系统是我们最主要的工作。我想,现在我们就应该考虑派一个人去接受关于新系统维护的培训。”	确认已存在的管理问题,建议从具体问题入手
“李先生虽然承诺在本月中旬发货,但看来很困难。如果他实在来不及按时发货,应该提前通知我们。他只要能在本月底前发货,我们就不与他计较了。”	描述行为和结果,避免冲突
“我想在配备秘书之前雇用另一名财务主管,如果这个方案不合适,我会考虑配备一名兼职秘书。”	从原来的位置让步

当然，要想仅依靠一个过程、一套技巧、一种知识就将个体及组织从冲突的现实中解放出来是不可能的，知识、敏感程度、技巧以及冲突各方的价值观会直接影响冲突结果。有效的管理者应该明确，他们承担着掌控自己和为他人提供支持的责任。

三、工作中冲突的避免与处理

（一）工作冲突的避免

在日常的管理职务中，许多冲突都是可以避免的。想要避免管理过程中的冲突，管理者应该做到以下几点：

（1）承认这样一个事实：人们的价值观、需求期望以及对问题的看法往往存在差异。

（2）对他人和自己都要诚实。

（3）抽出足够的时间和精力与常跟你打交道的人多进行一些沟通、交流，更好地了解他们的价值观及信仰等。

（4）不要以为你总是对的，他人一定错了。

（5）不要对不同意你的看法的人心存敌意。

（6）学会倾听。

（7）为下属发表看法和意见提供适当的渠道。

（8）善于从以往的工作冲突处理中总结经验教训。

（9）学会换位思考。

（二）工作冲突的处理

如果冲突已经不可避免，管理者就应该采取积极的、建设性的措施来处理这些冲突。成功的处理方法必须建立在对工作冲突本身正确而充分的了解基础之上。下面介绍五种工作冲突的处理方法，当然，在具体运用这些方法时，必须结合当时的实际情况。

（1）否认或隐瞒。这种方法是指通过“否认”工作冲突的存在来处理冲突。当冲突不太严重或者冲突处于显露前的“平静期”时采用这种方法比较见效。

（2）压制或缓解。这种方法的目的是掩盖矛盾，让组织重新恢复和谐。同样，这种方法也是在冲突不太严重或者冲突双方都不惜一切代价、保持克制时才能取得良好的效果。

（3）支配式处理方法。这种方法是冲突中的一方利用自身的地位和权威来解决矛盾。冲突的旁观者也可以利用自身的权威和影响，采用类似的方法调节冲突双方的矛盾。这种方法只有当凭借的“权威”确有影响力或冲突双方都同意这种方法时才能取得满意的效果。

(4)妥协。这种方法要求冲突双方达到和解的目的，都必须做出一定的让步。使用这种方法的前提是冲突双方都必须有足够的退让余地。当冲突双方势均力敌，或者期待对一项重要而复杂的问题做出暂行的解决方法，尤其是当时间紧迫急需推出一个权宜之计时，妥协不失为一良策。

(5)合作。当我们承认人与人之间的确存在各种差异时，我们往往希望通过和解的方式解决冲突。双方可以通过坦诚的讨论，积极的聆听和良好的沟通，充分理解双方的差异，以双赢的方式处理冲突。不过要使这种方法行之有效，一方面要有足够的时间保证；另一方面还需让员工"信任"这种方式，而且冲突双方都必须具有较高的素质。

本章小结

1. 人际冲突并不是由什么不可调和的矛盾所导致的，而是由于彼此间缺乏了解，又缺乏有效沟通所产生的。冲突常常被看作是一种权利、利益、地位以及资源之争，也就是说，在为达到目标及获得资源的竞争中，差异和不一致必然存在。但是，应该明确的是：冲突在人际关系中是不可避免的，人际冲突的结果可以是积极的也可以是消极的。

2. 冲突产生的原因包括竞争、特定行为、规则与角色以及个人特性。冲突过程共分为五个阶段：潜在冲突、感知冲突、感觉冲突、公开冲突和冲突结果。冲突的处理态度分为：回避、竞争、妥协、迎合以及合作。冲突处理的习惯以及冲突的评价决定了冲突中的沟通策略：或是激化，或是维持，或是避免。

3. 在组织的成长、发展过程中，各种人际冲突都是不可避免的，想要成为一名卓有成效的管理者，就应该了解管理中各种冲突产生的原因，并且善于利用各种沟通技巧来化解这些冲突。

人际冲突测试

1. 你正忙的时候，一个朋友来找你倾诉苦闷，你的做法是：

A. 放下手中工作，耐心倾听

B. 显得很不耐烦

C. 似听非听，思维还在自己的事情上

D. 向他解释，同他另约时间

2. 你的朋友向你借新买的录音机，你的做法是：

A. 借给他，但牢骚满腹

B. 脸色很难看，使你的朋友不得不改变主意

C. 骗他说你已经借给了别人

D. 告诉他，你需要先用一个时期，然后再借给他

3. 在公共汽车上，你无意踩了别人一脚，别人对你骂个没完，你的做法是：

A. 听其自然，充耳不闻

B. 同他对骂

C. 推说别人挤了自己

D. 请他原谅，同时提醒他骂人是不妥的

4. 影剧院不准高声喧哗，但你的邻座却旁若无人地讲话，你感到厌烦，你的做法是：

A. 很反感，希望有人向讲话者提醒注意

B. 大声指责他们“没修养”

C. 请服务员来干涉，或自言自语地对讲话者旁敲侧击地指责

D. 很有礼貌地提醒对方不要影响别人

5. 你辛苦了好长时间，自己觉得某项工作做得颇为出色，但上司却很不满意，你的做法是：

A. 不耐烦地听上司指点，心中充满委屈但默不作声

B. 拂袖而去，认为自己受到的对待不公正

C. 寻找各种借口开脱自己

D. 诚恳地表示自己做得不够的地方，今后将改善和提高

6. 别人做了一件很对不住你的事，却又试图掩盖，知道事情真相后，你的做法是：

A. 不客气地告诉对方，自己已经知道了一切

B. 与对方撕破脸皮，威胁报复

C. 将事情埋在心底，装作什么也不知道

D. 诚恳地告诉对方，事情对自己造成的苦恼，并表明双方以后仍可真诚相处

以上题例的记分为：

A. 2 分　　B. 1 分　　C. 3 分　　D. 4 分

在以上类型的题目上，得分越高，表明平息人际冲突的能力越强，处理人际冲突的方式越富有建设性。每道题目的 D 项选择(记 4 分)，是最有建设性的处理人际冲突的方式，也是最理性、从长远看最有利的处理方式。这类方式是值得提倡的。得分越低，意味着处理人际冲突的方式越情绪化，越容易使事情变得更糟，也会使自己付出更大的代价。

案例分析 15－1

最后的通牒

2016 年 10 月的一天下午，上海开源博特有限公司的销售部经理王鹏坐在办公桌前，看着桌上的一份文件陷入了深思：这是总经理姜生给其下达的最后通牒，要他对前些天贴在公告栏上的致总经理的公开信做出答复，要么承认错误、在文件上签字，要么辞职走人，今晚必须做出决定。王鹏想想辛苦这么多年才取得现在的成绩，辞职走人未免遗憾，但是想到总经理姜生，不满情绪便涌上

心头。

公司背景

开源博特有限公司是一家中外合资企业，外方是在复印机制造业中处于世界领先地位的一家美国著名公司——蓝博特有限公司，中方是上海凯格电子有限公司。

开源博特有限公司的使命是：制造、销售和维修台式复印机，以满足竞争市场中客户日益增长的需要，并继续保持在国内市场的领先地位。

开源博特有限公司的质量政策为：质量是企业的生命，质量是企业的未来。保证质量是企业的基本经营原则，保证质量意味着为用户提供周到的服务和满足其需要的创新产品。改进质量是每个职工的责任。

开源博特有限公司成立于1983年，在成立后的最初几年里，业绩显著。1989年公司建立了MIS系统、引进了MRP软件"MANMAN"。1994年经公司员工和供应商的共同努力，产品质量达到美国同类产品的标准，顺利通过ISO9000质量体系认证。1998年公司产品的国内市场占有率达到了45%，引进产品的零部件国际化率达到了80%，公司盈利状况良好，文化建设气氛浓郁，员工培训有序、持续而有效。

2012年前后，公司的产品主要通过全国各地经销商销售到最终用户。开源博特有限公司将全国市场划分成几个销售地区，每个地区建立一个销售服务分公司，由分公司的销售代表负责经销商的促销活动、资金回笼、培训与交流等业务。

开源博特有限公司的管理人员本土化程度比较高，公司的总经理、财务总监、总工程师是美方人员，其余均是中方人员。通常，美方总经理每三年换一次。公司销售部经理来自中方下属的一家工厂，各地区销售分公司经理主要来自中方公司，也有从社会上招聘的，销售代表则主要来自社会招聘。

现任总经理姜生是一名美籍意大利人，在赴开源博特有限公司就任前，在蓝博特有限公司的巴西子公司任职，据说在巴西工作期间曾担任过巴西社区的议员，有丰富的从政经验和一定的管理经验。在与中方管理人员共事时，他经常独行其是，很少听取中方人员的意见，常常是一个人说了算。

销售部经理王鹏在进入开源博特有限公司前，曾在中方公司下属的一家复印机厂负责销售工作，有相当丰富的销售经验和复印机销售网络。在与外方管理人员共事时，他自我意识较强，性格刚毅，面对强势不愿妥协，我行我素，时常与他人发生摩擦。

总经理与销售经理在公司的市场策略、销售政策、销售奖励等方面长期意见相左，矛盾很大，其中既有控制权之争，也有交流上的障碍。不过在销售形势较好时，矛盾并不突出。

自2016年初，开源博特有限公司由于人员逐步增加，新产品开发滞后，老产品逐渐失去市场竞争优势，营运成本逐年提高，从而使销售情况步入低谷，总经理与销售经理之间日积月累的矛盾逐渐显露出来。

总经理姜生一方面坚持增加老产品的产量，另一方面要求销售部门加大销售力度，并提出要给每位销售人员制定最低销售额要求。按照这一销售政策，销售人员必须完成比过去高30%的销售额。如果不能完成计划，就要按比例削减薪水。这一下把销售经理王鹏激怒了："总经理不把精力放在加大开发新产品粒度、提高企业竞争力上，而是毫无道理地使用粗暴的方式把压力强加在已经不堪重负的销售部——压在全体销售人员身上！"王鹏忍无可忍，一声令下将分布在全国各地的所有销售人员全部召回上海公司本部。同时，一封愤怒的公开信被张贴在公告栏中。

公开信写道："……这里阳光曾是那样的和煦，这里的空气曾经是那样的清新……然而，这平和与清新的气氛已经远离我们而去……自从来了这样一位总经理后，这里再也没有往日的和谐宁静……这里只有一个声音……那就是蛮横与强制……"新的员工怀着忐忑不安的心情小心翼翼地议论着，一切似乎都在预示，一场狂风暴雨即将来临。

事态发展与结局

第二天，销售部全体人员要求与总经理对话，被姜生拒绝。总经理要求销售人员立即返回各自岗位工作，否则将受纪律处分；销售部全体人员仍然坚持要求与总经理对话，并表示不解决问题就停止销售。形势顿时陷入了僵局。

为了打破僵局，公司工会组织工会主席与销售部进行了对话。在对话中，工会主席一方面倾听员工的合理要求，表示工会将把员工的合理要求带给总经理；另一方面也指出，研究与解决员工的合理要求需要一个过程，要求员工先回到各自的岗位上去，一边工作，一边参与解决问题。遗憾的是，工会与销售人员的对话并未起作用。总经理和销售人员仍坚持各自原先的立场。

僵持一段时间后，销售部向总经理提交了有销售部全体人员签名的辞职报告。销售部经理带领全体销售人员离开公司本部，准备到外面去召开会议商讨对策。公司中方几位高级经理赶到公司大门口去劝阻，但劝阻无效。

当天，总经理将这些辞职人员的名单送交门卫，通知门卫自第二天起，禁止名单上的人员进入公司。至此，公司的销售活动陷入瘫痪。

为尽快解决这一严重事件，董事会和中方副总经理等高层领导与总经理交涉，他们指出，不与员工沟通，一味采取高压手段不能有效解决问题，这会导致公司业务遭受严重损失，对合资双方都不利。之后，总经理表示，凡是想留下来的销售人员，必须在指定时间内到其办公室，他将和每个人单独谈话，要求销售人员做到三点：

1. 承认在集体辞职报告上签字是错误的。
2. 在一份事先准备好的认错书上签字，交人事部门保存。
3. 保证以后不再犯类似的错误。

总经理表示，对做到以上三点的员工，将不再对以前的事情做任何追究；对坚持要走的人，要到人事部按照辞职程序办完手续后才能离开。

王鹏从痛苦的回忆中回过神来，才发现窗外天色已暗，同事们早已下班回家了，王鹏离开办公室，走在寂寞的街上，微风迎面吹来，使他多少感到一丝快慰。

思考题

1. 外籍总经理姜生具有什么样的沟通风格？他是否善于倾听？在企业内部的矛盾冲突中他扮演了什么角色？

2. 销售部经理王鹏的沟通意识如何？在这场冲突中他应该如何选择？

3. 销售部经理王鹏等以公开信的方式与总经理沟通对这场冲突起到什么样的作用？从避免冲突、化解矛盾的角度谈谈是否还有其他更合适的沟通方式？

4. 在这场冲突中，工会应该起到什么作用？实际上工会发挥了怎样的作用？

5. 销售部全体人员要求与总经理对话，被总经理姜生拒绝，对此你做何评价？从解决冲突的角度考虑，你有什么建议？

6. 试述在多元文化沟通中如何避免或化解冲突。

复习思考题

1. 什么是人际冲突？人际冲突产生的原因有哪些？
2. 人际冲突的过程由哪几个阶段组成？
3. 人际冲突的解决模式有哪几种？
4. 如何成功处理工作冲突？

第五篇

管理沟通方法

第十六章　会议沟通

学习目标

通过本章学习，你应能够：

了解群体沟通的优缺点；

了解影响群体沟通的因素；

掌握高效的会议流程；

掌握会议的沟通技巧。

关键词

会议　群体沟通　因素　流程　技巧

导入案例

判断三个金人的价值

曾经有个小国家的人到中国来，进贡了三个一模一样的金人，把皇帝高兴坏了。可是这个小国的人不厚道，还出了一道题目：这三个金人哪个最有价值？皇帝想了许多办法，请来珠宝匠检查，称重量，看做工，都是一模一样的。

怎么办？使者还等着回去汇报呢。泱泱大国，不会连这个问题都不会吧。最后，有一位老臣说他有办法。皇帝将使者请到大殿，老臣胸有成竹地拿着三根稻草，插入第一个金人的耳朵里，稻草从另一边耳朵出来了。第二个金人的稻草从嘴巴里直接掉出来，而第三个金人，稻草进去后掉进了肚子，什么响动也没有。老臣说：第三个金人最有价值！使者微微点头，答案正确。最有价值的人，不一定是最能说的人。老天给我们两只耳朵一张嘴巴，本来就是让我们多听少说的。善于倾听，才是成熟的人最基本的素质。

第一节 群体沟通的优缺点

微型案例 16－1　　令人厌烦的会议

一家以拍摄教育影片而闻名的公司拍摄了一部片名为《令人讨厌的会议》的录像片，引起了观众的强烈共鸣，片子大获成功。不久，这家公司又推出了这部录像片的续集——《令人深恶痛绝的会议》，结果同样是获得了巨大的成功。

由此可见，人们对会议普遍感到厌烦，认为参加一个冗长、与己无关、毫无结果甚至伤害彼此间感情的会议，毫无意义，纯粹是在浪费自己宝贵的时间。有些时候，会议并不能解决真正的问题。但许多组织对会议的普遍看法是，如果会议能够得到合理有效的控制，就是一个成功的会议。

一、会议的含义与特征

会议是群体或组织中相互交流意见的一种形式，它是一种围绕特定目标开展的、组织有序的、以口头交流为主要方式的群体型活动。它是一个集思广益的过程，是一种信息传递的方式，也是管理者互相沟通的一种手段。通过会议，管理者可以就某些问题与员工互相交换思想并提出相应的对策，也可以借开会的机会听取下属或员工的意见和建议，了解他们的想法。可以说，会议在现代管理中的作用越来越显现出来。

根据会议的含义，我们知道会议具有如下四个特征：

(一)普遍性

从时间上来看，会议这一沟通形式普遍存在于人类的一切社会形态之中，是人类社会发展的产物；从空间上来看，只要有人类居住的地方都存在会议；从参与度来看，一切有正常社会活动能力的人都或多或少地参与过这种活动形式。

(二)目的性

从会议的含义我们知道，会议并不是盲目地、无意识地发生，而是人们为了一定的目的或愿望开展起来的。

(三)组织性

所谓组织性，指会议是一种有号召、有发起人、有领导且有时间和空间的约束集合,并不是自发的、无规则的集合。

(四)集体性

会议一般由多人参加,它既不是一个人的单独活动,也不是两个人的活动,而是一种集体性质的活动形式,这表明会议具有集体性。

微型案例 16-2　　团队的成效

某服装公司决定加快工艺流程改造,重组工艺。但以前在重组工艺时,工人的反应非常强烈,对工艺的改动持敌对态度。为了改革计划的实施,公司管理层采用了三种不同的策略:

策略一,与第一组工人采取沟通的方式,向他们解释将要实行的新标准、工艺改革的目的及这么做的必要性和必然性,然后给他们一个反馈的期限。

策略二,告诉第二组工人有关现在工艺流程中存在的问题,然后讨论,得出解决的办法,最后派出代表来制定新的标准和流程。

策略三,对第三组工人,要求每个人都讨论并参与建立、实施新标准和新流程,每个成员全部参与,如同一个团队一样。

结果令人惊奇。虽然第一组工人的任务最为简单,但结果他们的生产率没有任何提高,而且对管理层的敌意越来越大,在 40 天内有 17%的工人离职;第二组工人在 14 天里恢复到原来的生产水平,并在以后有一定程度的提高,对公司的忠诚度也很高,没有人离职;第三组工人在第二天就达到原来的生产水平,并在一个月里提高了 17%。对公司的忠诚度也很高,没有工人离职。

案例来源:魏江、严进等编著,《管理沟通——成功管理的基石》,机械工业出版社 2006 年版。

二、群体沟通的优点

从上述案例我们可以得到启示,基于充分的群体沟通之后,员工的自我管理能力、创新能力、信息共享、员工参与程度和工作绩效较传统管理模式下的员工要好得多。英国管理沟通专家 Nicky Stanton 认为群体沟通具有两大优势:一是能产生更多的承诺,当人们参与决策过程时,对决策会承担更多的义务,因为群体参与决策制定过程,可以使他们更好地了解政策的背景、性质和必要性,而且由于个人参与了决策,更容易持赞成态度。二是群体沟通能产生更好的决策。

在进行了群体沟通之后,沟通成员之间能够掌握更多有效的信息,使管理决策、解决问题、考虑问题时更为全面,质量也更高。由于参与的人数众多,且成员性格、经历、思想、价值观等各方面都有所不同，相比单人决策，群体决策更能消除问题，通过分析和解决个人认识中的偏差和盲点，产生更多、更好、更为大胆的决策。再者，由于群体决策是在成员的参与中进行，不仅有效提高了团队成员之间的理解，使成员间的关系更为融洽，也因为“社会效应”的关系，即人处在他人包围中时，会产生更多干劲和活力，促使团队有更高的效率和业绩。

三、群体沟通的缺点

以群体沟通合作的方式解决问题，也存在着很大的局限性。

（一）时间和效率

以群体沟通的方式制定决策，使过程变得漫长，团队成员会因为集体思考而降低行动的效率，尤其是在时间紧迫的情况下，如果所有人达不成一致的意见，反而会延误决策的制定。群体沟通也有可能因为意见的混乱给成员造成伤害。当一个人单独工作时，不存在与他人协调的问题，无须听取已知的信息，在提建议前也不必先试探群体的气氛，但当与他人一起工作时，群体间的相互协调就尤为重要，成员必须在观点、行为方式等方面达成一致才能开展工作，如果各持己见，互不调和，只会使成员的关系恶化，延误工作的进展。

（二）群体压力

群体沟通的“从众心理”可能导致不好的决策。由于其他人的存在会产生一种群体压力，它会影响一个人去同意自己不赞成的平庸的决策，从而导致决策的失误。

（三）专家或领导的压力

在群体沟通的过程中，如果专家或领导不是以平等的、团队参与式的风格与其他成员沟通，或者即使专家或领导设法采取平等、民主的方式沟通，但其他成员因为身份而不能适应这样的氛围时，就会阻碍充分的双向沟通的实现，导致沟通信息出现失真。较为严重的是，如果这些专家或领导以权威的身份对其他成员的观点采取压制和否定的方式，不但不利于问题的解决，反而会恶化群体成员之间的关系。

（四）说而不做

群体更容易倾向于以说代做，缺乏一种实干的积极性，因为大家有一种“反正不是我一个人决定的”或者“我不积极去做，其他人也会去做”的感觉，不愿意积极去解决问题。有时候会议成员去讨论某个重要的问题，仅仅是为了得到“我也参加了这个重要决定的讨论”的成就感。

基于以上几个方面的缺点，在决定是单人决策还是群体沟通时，要充分考虑时间、效率、成员等多方面的因素。只有在适当的条件下做出适当的抉择，才能充分发挥群体沟通的优点。

第二节　影响群体沟通的因素

微型案例 16－3　　复杂的生产计划

程强，立昌农机制造有限公司市场部经理，正驱车开往设在市郊的总部。他望着窗外田野美丽的风光，遐想着公司销售的前景。上周末，程强请求公司总经理吴莉召集一个会议，意在讨论公司下一个财政年度的销售目标。当步入会议室时，会议正好要开始，其他与会者有生产部经理严力臣、仓储控制主管路遥、人事经理王贤石。

程强首先发言，他回顾了最近市场销售情况："我刚参加完年度销售总结会，发现去年我们丧失了比我们所预料的还要多的市场，主要原因是工厂里拖延了发货时间。同时我们也进行了下一个年度的销售预测，认为下一个财政年度销售量可达到 110 000 台。我们认为这个数字是现实的，如果做得好还有望突破这个目标。"

正在这时，严力臣打断道："程强，你一定在开玩笑。就在三个月前，就在同样的这间办公室，我记得你对下一年度做出的预测是 100 000 台。现在，你将预测增加了 10 个百分点。面对一个不断移动的目标靶，试问我们如何去做生产计划？"

吴莉插言道："老严，我理解你的担心是有道理的。但是，我们必须面对变化的市场做出相应的调整，现在还是 9 月份，我们还未对下一年度做出一个既定的生产计划，只是讨论计划。我想利用这个最新数据，尽快做出下一年度的生产综合计划。"

程强补充道："最近，我们与许多老顾客接触，得到的信息是他们不断抱怨在旺季出现的交货滞后现象。有些甚至威胁，如果明年还得不到好的服务，他们将不再订购我们的产品。我想，我们不得不生产出足够多的产品，而且是适销对路的产品。"

路遥表示忧虑道："我们必须降低生产成本。去年，我们的库存太多，占用了不少资金。鉴于我们高达 30％的库存成本率，我认为明年不能再维持如此高的库存量。"

王贤石接着说："若降低库存成本，采用跟踪需求的综合生产计划方案，则意味着雇员数逐月发生波动，这样会引起雇佣和解雇成本上升。目前，我们招进一个人的成本是 3 800 元，而解雇一个人的成本是 4 500 元。"

严力臣又表示担心地说："为了实现这个较高的销售目标，我们不得不增加晚班，采用二班制。利用现有的常白班满负荷生产也无法达到这个预期目标。我想，在做决策投资增雇一班人马之前，有必要弄清这个销售预测目标是否可行。"

在大家你一言我一语的发言中，不知不觉已到了午餐时间。吴莉总结道："老严，请根据最新的预测数据拟定一个综合生产计划，我不想在下一个旺季到来时，看到我们公司重蹈今年的覆辙。"

会议暂告结束，大家去用餐。

问题：如何提高会议沟通的效率？

从会议的定义我们知道，会议是群体间相互交流信息的一种形式。群体是会议最重要的构成因素，群体沟通的成果是一系列非常复杂的、相互联系的因素共同作用的结果。因此，首先分析这些影响群体沟通效果的所有因素，有助于我们在群体沟通过程中采取相应的对策，以提高沟通效率。

群体的规模大小对群体活动方式和效果有主要的影响。较小规模的群体具有对指示和领导的理解要求较少、信息较缺乏以及成员表达思想少且较少变化的特点。大的群体较之小群体，可利用的信息、技能、才能、背景和经验更多样化，群体成员亦显示出较高的满意程度，但随着群体规模的不断扩大，就可能阻断了某些成员的参与机会，从而在群体的领导权上产生问题。随着群体规模的扩大，个人为群体做出贡献的机会减少了，对做出过突出贡献或参与积极的成员可能具有较大的影响，对群体毫无贡献而又不积极参与群体活动的成员，其影响却微乎其微，这使得经常做出贡献者与其他人之间的鸿沟越来越大，领导者不得不花费更多的时间在成员的协调上。虽然群体完成任务所花费的时间可能因成员的增加而减少，但由于涉及的人数增多，交际沟通方式变得更加"机械化"，群体成员间的相互作用、相互影响减少了。内向的成员受到了更多的约制，而不同意见者因为害怕被视为"异端"而更不愿意讲话。因此，必须在有利于参与和有一定广度的可利用的知识与经验这两者之间取得规模的平衡。一般来说，5～7 人的群体规模是令人乐观的，这种规模比较适合大多数人的社会需求和工作需要。

一、成员因素

由于群体成员在个性、态度、信仰、价值观等各方面都有所不同，因此，当人们加入一个群体时，这些因素就会影响群体参与和相互影响的程度、风格，并最终影响成员间的满意度以及沟通的效率，因此，在成员的组成上，一般应考虑满意度和效率之间的平衡。当加入个体与群体之间具有较大的同质性时，成员之间的满意度就能提高；当群体成员之间具有较大的异质性时，群体就能得到较高的沟通效率。此外，成员在加入群体之前的身份可能也会影响该成员在其他成员中的地位和影响力，进而影响他们在群体内的行为方式。

二、任务因素

任务的性质、困难度和特殊要求，对于群体成员的态度、工作方式以及领导者对组织会议最好方式的决定具有很大影响。我们知道，会议的任务一般包括分享信息、交换观点，说服和推荐行动，产生创意和解决问题，做出决策、选择方案并计划行动四类。其中，对于分享信息的群体沟通，对于成员有较严格的控制，而对于沟通的成员间则有较高的相互影响性和较低的结构性。因此，对于不同的任务，要求成员扮演不同的角色。

三、领导者的风格

领导者是群体沟通绩效控制的核心，不同的领导风格对于群体沟通具有不同的影响。

（一）民主型领导风格

这种风格的领导者只在必要时引导成员，其工作的基本信念是：成员能用自己的资源实现自己的目标，成员从这些信任和自行决策中得到满足。因此，在民主型领导者的带领下，群体沟通的效率相当高。在民主风格的群体沟通中，一般表现出群体导向的行为，目的在于取得群体目标和群体成员的满意度。

（二）专断型领导风格

专断型领导者认为，群体要达到目标就必须不断地给予指导，要不断地给成员强化群体目标的信念，因为成员总是从追求自己个人目标出发，而不是首先从群体目标出发。在专断风格的群体沟通中，一般表现出任务导向的行为，目的在于完成任务，几乎从不关心成员的满意度和群体中的人际关系。

（三）自由放任型领导风格

在自由放任型群体沟通中，由于领导者及成员不太关心目标的实现，群体的任务可能不能被执行，成员的满足来自实现个人目标，而非群体目标。在此类领导风格的群体沟通中，一般表现为自我导向的行为，目的在于取得个人的目标实现。

四、群体的相互影响和角色

从群体角色和行为分析看，群体成员之间，包括领导之间的相互影响有两个主要组成部分：内容和过程。内容部分涉及有关主题的内容或群体将要进行的工作；过程部分则涉及群体在工作时发生在成员之间和每个成员面对的问题。群体过程涉及士气、气氛、影响、参与、冲突、领导、竞争和协调等问题。

在大多数相互影响中，大多数人把注意力集中于任务的内容而忽视了过程，甚至当过程成为群体行动的主要原因时仍然如此。作为群体沟通的成员，对过程的敏感能使你及早判断群体的问题并有效地加以解决，因为过程存在于所有群体中，了解这些过程可以使你成为群体中更有价值、更有效的成员。

五、环境因素

环境因素包括以下两个方面：

一是自然位置。自然位置的接近可以增加相互影响。比如，在一间大房间里开会的话，每个人都感到邻居与自己之间有相当的距离时就会降低群体凝聚力。把领导或主席与其他人分开的座位安排也会妨碍相互间的影响，容易助长领导者独断专行的领导风格，从而降低凝聚力。另外，会议的位置安排也会对群体沟通的效果产生影响。如果会议是在管理者办公室举行，可以加强以前存在的地位关系；如果在中立的地方举行，则可以减少原来关系的影响。还有，各种设施的分享也有助于群体的一致性和凝聚力。

二是人为环境的影响。例如，群体外部人员对群体的评价和看法，以及群体成员对该群体的态度等。没有人愿意成为一个不被认同或重视的群体的一员。

第三节　高效的会议流程

微型案例 16－4　　**会议议程实例**

M计算机公司

一号项目检查会议

日期：20××年12月4日，星期五

时间：下午 2:30～3:45
地点：B 大厦第二会议室
会议目的：研究一号项目进展情况
议程：
1. 公司第四季度销售情况；
2. 上次会议记录；
3. 上次会议记录中提出的问题；
4. 杜敏做关于软件进展报告；
5. 史强做关于 Case 设计进展报告；
6. 李辉做关于软件问题的报告；
7. 下次会议日期、时间、地点。
附件：
1. 软件进展报告，第 7 号；
2. Case 设计进展报告，第 2 号；
3. 关于软件问题的报告。

会议有成效与否取决于会议的组织情况，因此为了使会议取得成效，必须做好以下三个阶段的工作：会前准备，会议期间的控制以及会后工作。

一、会前准备

(一)明确会议的必要性

会议往往占用人们很多的时间，因此，除非必要，否则应尽量避免开会。确认会议的必要性可以从以下两个方面考虑：一是确定开会之前，充分考虑会议议题的性质和特点。若是不经多方讨论协商就不足以解决的问题，那就有必要召开会议；如果通过其他方式能使问题更有效地获得解决，那就尽量不要开会。二是会议成本的估计。会议的成本包括与会者的时间、会议设施的租用费用、场地费、旅费、食宿费、材料费等，还包括机会成本，即这些与会者若不参加会议，他们能做些什么，利用参加会议的时间能为公司创造哪些价值。在确定会议之前，须认真考虑上述所有成本，确保每一次会议的召开都是必要的。

(二)确定会议议题与目标

一般来说，企业中常见的召开会议的原因有两类：一是讨论工作中所出现的问题；二是分析将来工作中可能会发生的问题。会议的议题一般就是为了解决这两类问题。

明确了会议的议题和必要性之后，就应当设置一个具体的并且经过努力能够达到的目标，如实现协议或策划方案等。一般来说，良好的会议目标应符合以下三项要求：

1. 书面确认会议的目标

用书面方式写下会议目标，可以带来三点效果：一是有助于澄清目标内涵；二是书面目标较不容易被遗忘；三是当目标种类繁多时，以书面方式写下目标，比较容易区分和调和它们之间的潜在矛盾。

2. 会议目标必须兼顾挑战性和可实现性

可实现性是指会议的目标经过努力可以实现的，但是可实现并不意味着会议目标应该是容易实现的。事实上，一种适度的、不能轻易实现的目标，对目标的追求者来说才具有挑战性。这也就是说，会议目标不但应具有可实现性，同时还要具有挑战性。

3. 会议目标必须具体且可以衡量

只有明确的、具体的目标才可以充当行动的指南，否则，与会人员不知道目标实现的尺度，这样的目标就难以起到激励的效果。

(三)确定会议场所

确定会议地点一般要遵循交通方便的原则，尽可能离与会者工作或居住较近的地方，以保障与会者能方便及时地赶到；会场应该能够适应会议的级别和与会者的身份，不能太简陋，当然也不能太奢侈，应符合经济适用的原则；会场应大小适宜，有良好的通风条件；会场的照明情况很重要，光线明亮会使人精神振作，提高会议效率；会场的环境应宁静而无干扰。

开会前，应根据会议的种类、内容，选择不同的会场布置。一般来说，会场内应具有以下一些相关设施：黑板、粉笔，以便与会人员书写；电源、幕布、投影仪、幻灯设备，可以展示会议的一些背景资料和议程大纲；扩音设备，这点在大型会议中尤为重要，倘若与会者听不清主持人的发言，那将是一次失败的会议；录音设备，可以录下会议进行的实况；会议的有关资料，包括宣传材料和参考文件；如果与会者相互之间不熟悉，可适当考虑在与会者的桌上放上各自的身份牌；还有其他一些基本的条件，如桌椅、茶水等。

倘若举行的是较大型的外部会议，还要考虑外来与会者的饮食、住宿问题，以及来回的飞机票、车船票预订等问题。

(四)安排会议时间

会议时间安排包括两点：一是会议举行的时间；二是会议的时间长短。

首先应准确选择会议召开时间。会议召开时间的选择要考虑到与会者的工作时间及协调。一般来说，早上及星期二、星期三比较适合召开重要会议；如果希望就某一问题迅速达成协议，最好把会议时间安排在下班前一个小时。

会议的长短应控制在两个小时内，各个议题的时间分配视需要而定，一般要考虑在既定时间内让与会者有时间充分表达自己的观点，如遇特殊情况，可预留机动时间。

(五)确定与会人员

与会人员包括会议主席、会议成员以及会议工作人员(如会议秘书、记录员等)。在有效的会议管理中，决定与会者群体的规模和构成是非常重要的。会议可能由于太多或太少的人员参加或不恰当的人员构成而流于失败。

一般来说，有关决策制定和关键问题解决的会议适宜人数为 5 人；问题识别或头脑风暴的会议适宜人数为 10 人；研讨班和培训班适宜人数为 15 人；信息研讨会适宜人数为 30 人；正式报告会的人数不限。

在与会人员的构成上，应考虑以下三个方面的要素：

1. 同质性和异质性的平衡

一个团队如果内部成员之间具有很强的同质性，即成员之间具有相似的背景、性格、知识和价值观，成员之间就会较少冲突和分歧，但会议成果也许会因为成员之间思维相似而缺乏创新，显得平淡无奇和缺乏想象力。相反，如果团队成员之间具有很大的异质性，那么成员之间的冲突和分歧就会增多，但可能出现新奇的想法。然而不能排除的是，成员之间由于思维具有很大差异，也可能使得会议的决策无法达成一致，导致会议一无所获。因此，应根据会议的目的有效平衡与会人员的结构。

2. 竞争性和合作性的平衡

当与会成员为一个共同目标奋斗且对他人采取合作态度时，团队讨论的方式比个人决策更有效，有助于激发全体成员去打拼和获取竞争的胜利，并且会带来更高的成员满意度。更进一步地，合作团队显示出更有效的人际关系、更彻底的劳动分工、更高的参与度和更好的绩效。

3. 任务导向和过程导向的平衡

一般来说，侧重于任务的与会者致力于工作，他们不怎么容忍开玩笑或有关情感和友谊的讨论，能有效完成任务但满意度较低；而侧重于过程的与会者强调团结精神和参与合作，他们对成员感情和满意度比较敏感，甚至不惜牺牲任务来满足成员的愉悦。如果这两类与会者在构成上能够互相平衡，会议将更高效。

(六)制定会议议程

会议议程应当表明需要讨论的业务事项的顺序，即按会上将要讨论的问题的重要性和类别依次排序，并限定各项内容商议的时间。会议的议程包括：会议的宗旨、日期、时间、地点；与会者的姓名；例行公事的讨论；比较难解决或有争议的问题；其他事务；下次会议的日期；会议的总结和休会时间。

议程的安排一般应遵循以下两条原则：

1. 按照轻重缓急安排事项的处理顺序

紧要的事项先安排在议程的前端处理，次要的事项排在议程后端处理。这样做可以使紧要事项在会议时间不足时被优先解决，次要事项则可以安排在下次会议，而且在会议开始阶段，成员精神饱满，思维也更集中，更容易产生创新的建议。在次要议题数量较少、主要议题需要花费较多时间时，也可以选择将次要议题先予以解决，余下的时间则用来解决比较费时的事项。

2. 将每一个议题的处理时间明确标示

明确标示议题处理时间，会议组织者就可以合理分配和节省与会者的时间，比如，让某些人只参加与他们有关的某些特定议案的讨论，议案讨论完后，这些与会者就可以退场，剩下的议题再由其他特定的人员参与讨论，这样各人处理各自相关的议题，就能节省很多时间。

常见的会议议程包含以下七个步骤：

(1)回顾。会议开始时，要先回顾一下议程和准备完成的任务，以及前次会议以来取得的进步。这有助于与会者确切地知道期望是什么，并鼓励他们集中心思于手上的任务，使会议的时间控制得更为容易。

(2)介绍。有些会议，与会者之间并不熟悉，这就需要做些必要的介绍。比如，会议主席介绍与会者或者与会者之间相互自我介绍，使与会者相互熟悉起来，特别是在考虑争议性较大的话题时，创造良好的气氛就更为重要。

(3)制定规则。在会议开始时为其构建框架有助于会议按既定方式运行。会议主席应明确哪些参加者在预期之中，议程允许哪些变动，时间框架是怎么样的，等等。另外，决策制定模式也应确定下来。比如，是与会者一致同意才能达成结论，还是按少数服从多数原则，每人一票制。

(4)报告。在会议的前面阶段，由预先指定的报告人做报告，有助于保持对任务的责任感，减少报告的忧虑，确保报告不会被拖到会议末尾。

(5)演示。为了保持与会者的兴趣，会议的信息可以采用多种媒体方式向与会者展示，如手册、投影仪、幻灯片、图表、录像、黑板图解等，有助于保持与会者的兴趣和提高信息展示的效率。一般而言，与会者应该能够在会议上动用至少两种知觉形式——看和听。

(6)参与。与会者皆平等参与会议，但并不意味着人人都必须做相同数量的发言。拥有较多信息的人以及对某一话题有特别兴趣的人可以多参与发言，同时要有意识地鼓励那些有见地但不愿示人的成员参与更多的讨论。

(7)总结。结束会议时，要总结所达成的决议、分派的任务、所取得的成绩、讨论的主要观点以及从该次会议中学到了什么，审核要明确会议记录和下次会议的议程何时下发以及该如何筹备等问题，要使与会者感受到花时间参加会议是有收获、有成就感的。

（七）发放会议举办通知

会议通知要及时发出。原则上，会议通知要以文字形式进行。通知的内容包括：会议名称；会议召开以及结束的预定时间；会议场所（附导向图）；会议目标；会议议题；对方答复是否出席的期限；主办者及联络地址、电话；会议有无停车场和其他事项（如有无会议资料、有无就餐安排等）。发通知时，要把请对方答复是否出席的明信片一并发出。有些人可能对这种约定最后期限的方式比较反感，而不愿意回复允诺。这种情况下，组织者可以在最后期限前后打电话向各位受邀人征询一下，以确定他们是否参加会议。

小资料 16—1

会议记录形式实例

M 计算机公司

一号项目第 6 次检查会议记录

1. 时间、地点：

会议于 20××年 12 月 4 日（星期五）在 B 大厦第二会议室举行，下午 2:30 开始。

2. 出席情况：

出席会议者：钟楚义、周亦梅、周敏、唐婉、庄子期（主席）；

缺席者：李杰、张明、吴倩（发来了请假条）。

3. 上次会议记录：

与会者都同意，认为这是上次会议的准确记录。

4. 上次会议记录中提出的问题：

周亦梅报告，有关客户仍在度假，所以她没能邀请到他们来参加会议。

（1）同意的行动：周亦梅在有关客户度假归来后邀请他们参加会议。

（2）完成的时限：下次会议前。

5. 进展报告实例：

周敏报告，软件发展已在目标之列，可望在三月底前完成第二版，然而仍存在吴倩对制图程序可行性不予协作的问题。

（1）同意的行动：周敏与吴倩会谈，由唐婉解决问题。

（2）完成的时限，20××年 12 月 21 日

6. 下次会议的时间、地点：

下次会议：20××年 12 月 25 日，星期五，下午 2:30 在 B 大厦第二会议室举行。

二、会议组织

(一)明确与会者角色

在确定好与会者的人数和结构后,会议组织者必须明确与会者的角色安排。前面已经提出,与会者一般可以分为会议主席、会议成员和会议工作人员(如会议秘书、记录员等)三类。

1. 会议主席的类型和职责

会议主席的行为包括主持、制约、仲裁、控制以及领导等。一般而言,会议主席可以分为社会领导型和决策型。社会领导型主席的主要作用是做出决定、控制会议、应付隐秘议程、引导会议和促进讨论等。决策型主席的主要作用在于促进讨论、引导会议、控制会议、应付隐秘议程,以及做出决策等。

总的来说,主席的职责包括以下五个方面:

一是会议控制。会议控制的方式和组织取决于会议的目的。会议控制应当着眼于建立行为标准,以这些标准衡量会议结果,并在必要时进行调整。领导者为了对群体沟通的最终表现负责,必须从标准和结果来控制会议的过程。有效的会议主持人应遵循以下五个基本原则:(1)决定讨论主题;(2)明确讨论范围;(3)确保人们的发言不偏离主题,且每个人都享有发言的机会;(4)尽可能做到公正,尽全力避免与会者的争论;(5)确保其他成员了解会议进展情况。

二是过程引导。无论会议主席的领导风格如何,他们必须能够发起会议,并确保主题和问题的讨论以良好的秩序进行。有些成员习惯于在真正搞清楚问题之前武断地下结论,这个时候,作为会议主席就应该对这样的行为加以引导,以保证他们在充分了解问题背景的前提下做出合理的决策建议。为能够保证会议在良好的秩序下进行,会议主席需要明确四个步骤:

(1)对会议的主题和要讨论的问题应清楚地加以说明,如有必要,可在会议的间隔期间重复强调。

(2)引导和鼓励会议成员开发和交换建议,在取得解决问题的建议之前,收集并解释依据。

(3)评价不同方案并列出可选方案,预测每个方案的可能结果及可行性,包括方案涉及的时间、成本、资源、政治等要素。

(4)选择行动计划,即决定“5W1H”——“谁”“为何”“何事”“何地”“何时”“怎样做”,并确保每个人都明确自己的责任。主席应确保与会者不偏离这个程序,有时可能需要提出新的建议、澄清上述内容、做小结或提请对可能结果的注意。

三是促进讨论。在沟通过程中，会议主席要及时根据会议的进程和谈论的话题，围绕主题适时运用提问技巧，提出恰当的问题以激励与会者。适合的提问方式不但有助于激励与会成员，也是控制会议的有效手段。比如，在适当的时候打断那些滔滔不绝的人，为其他没有更多机会发言或不愿意发言的人提供机会。

四是应付“隐秘议程”。大多数与会者来到这个群体，往往会带着自己个人的目标，Nicky Stanton 把这种现象称为“隐秘议程”。隐秘议程具有以下特征：(1)成员个体想引起别人的特别注意；(2)设法保护自己所代表的群体的利益；(3)利用会议贬低对手；(4)掩盖过去错误中表现出来的无能；(5)结成特别的非正式联盟，或者把会议作为个人消遣或“追求个人成就”的舞台。

主席还应努力保持讨论的话题集中，不使其演变成为与会者之间的个人冲突。必须妥善处理群体成员中的隐秘议程、竞争和偏激的发言，否则，人际关系和情绪问题将会转移群体的注意力，影响会议任务的完成。为了促使与会者关注事实和建议，要求他们列举概括性论断的实例是一个有效的方法。但是，你可能需要协助做这项“维持群体”的工作。从现有研究结果看，由群体自己产生的领导者更善于维持群体成员间的关系，并对成员进行有效的激励。

五是做出决定。当群体要做出结论时，可以采用多种方式，如采取正式投票表决的方式，采取其他由成员一致同意或普遍同意的方法得出结论(如相互协商)，或恰如其分地引出解决问题的最佳方案。

2. 与会者

一次会议要取得成功，离不开与会者的配合和积极参与，只有与会者能对主席的行为做出反应时，会议才有可能获得成功。为此，与会者应明确自己的职责。

作为与会者，首要责任就是树立对会议的积极态度，敞开思想，抒发观点，并认真听取别人的意见。会议是管理和监督的一种重要工具，如果大家都能认真参与，会议会对每个人都有价值。为了能提供好的建议，与会者还应该明确会议的目的，充分准备和会议主题有关的信息与资料，以便贡献出有创造性的思想。在发言时，要尽量做到说话清楚、简洁，不要滔滔不绝，应为别人的发言提供时间；鼓励别人表达其想法，同时全神贯注地倾听别人的谈话；当别人的观点与自己有冲突时，要控制自己的情绪，不要发生争吵，从客观的角度与人协商。

3. 会议记录人员

会议记录人员的主要职责是对会议进行的情况做出正式记录。会议秘书可以是专门的记录人员，也可以是与会者之一。会议记录人员要求具有清楚快速的书写能力，熟悉会议内容，并且具有会议主题的相关知识，立场要中立。会议记录人员需要整理的资料包括：参加会议的人员，包括缺席人数；会议的时间和地点；会议的议程；与会者的意见；最终的决议；等等。这些信息可以为将来会议决策的执行和备查提供依据。

（二）成员介绍

好的开端等于成功的一半。会议开始顺利，能为会议的成功举行打下良好的基础。会议开始时，主席应尽力吸引与会者的兴趣，满足与会者的需求。有时会议成员之间并不相识，这就需要做些必要的介绍。常用的介绍方法有：

(1)自我介绍。与会者相互之间分别作简短的自我介绍，说明自己的姓名、身份、背景情况等。这种介绍可以是按一定次序进行的，也可以是随意的、无序的，介绍时，通常应起立、脱帽。

(2)互相介绍。这种介绍将自我介绍与他人介绍结合起来，通常按照座位的次序或按事前编排好的次序进行。

(3)主席介绍。由会议主席分别一一介绍参加会议的人员情况，这一方法适用于主席对与会者的姓名、身份比较熟悉的情况。介绍到哪一位与会者时，被介绍者应起立、脱帽向大家点头示意。

(4)名片介绍。这种介绍是通过与会者相互递交名片进行。名片通常印有姓名、身份等内容，呈长方形，长 9～10 厘米，宽 5～6 厘米。名片的颜色可以是白色、米黄色、浅灰色或浅蓝色，在左上角常用较小的字体写明身份、职务等。名片正中用较大的字体印出姓名，左下角和右下角可印出地址、邮编、住址、电话等。

在介绍了与会者的情况之后，应设法使会议进入正题，其方式有两种：一种是比较正式的会议，可以由主席或其他重要人物的正式讲话开始；另一种是非正规的、非正式的场合，可由主席用一个与会议主题有关的故事或幽默玩笑引入正题。

（三）讨论

讨论主题事关会议能否顺利进行和取得好的结果，而这些跟会议主席有着很大的关系，会议主席负责控制会议的进程。会议开始后，会议主席应向与会者宣布会议的主题和目的，让大家明确讨论的方向。在介绍完主题和目的后，主席要根据会议议程顺序提出每个项目，然后征求与会者的意见。在讨论阶段，会议主席要适当安排时间，确保每个人都有表述自己意见的机会，如果发生与议题无关或深入不必要的细节上时，应及时引导到议题本身。如果会议上出现各种不同的见解时，主持人应根据自己的理解将各种观点加以概括。每个议题的讨论都要遵守预定的时间，尽量避免拖延，以免破坏会议的进程。在每个问题讨论结束后，会议主席还应对问题的讨论结果加以概括，以便实现共识或做出决策。在会议结束时，会议主席应概括已取得的结果。对于部分问题如确有必要进一步讨论，可以安排在下一次会议讨论。如有必要还需确定下次会议议题和时间。

（四）会议收尾

会议结束并不意味着会议组织者的工作已全部完成，他还有很多事情要去做。

一般来说，比较大型的正式会议结束之后，组织者应将会议的决议和感谢信寄给每一位与会者，感谢他们为会议所做出的贡献。此外，对于给予会议支持的各方也应该寄出感谢函，这样有利于双方长期的友好合作。

租借的设备和场地要及时退回，也是组织者在会议结束后的工作之一。有些会议的演讲者需要支付演讲报酬，这时组织者就应当尽快将报酬和感谢信送到他们手中。如果与会者将一些物品遗忘在了会场，那与失主联系也是组织者的任务之一。

为了贯彻会议精神，执行会议决议，组织者应尽快整理好会议记录、会议纪要和会议简报，如有必要，可将会议记录或会议简报发至与会者及其他有关人员。会议记录的内容要准确，会议中所形成的决策要突出承担任务的责任人姓名、时间及验收标准，并表明下次会议的日期和时间。

第四节　会议的沟通技巧

微型案例 16－5　　争论不休的会议

某公司的年终市场销售分析会议正在进行，公司总经理担任会议主席。在会议进行过程中，公司负责市场工作的副总经理提出，公司明年的市场营销重点应从“以巩固国内市场为主”转向“以开拓国际市场为主”。他希望他的设想能在这次会议上得到大家的支持和通过。但在会议进行过程中，负责市场营销的部门经理、副经理对这个设想提出了反对意见，他们认为国内的市场潜力还很大，而企业的资金实力不够，如让其全面开花，还不如采用“各个击破”的方略，先在国内市场取得绝对优势地位。结果双方争论得不可开交，直到会议结束也没有讨论出一个明确结果。

一、会议主席的技巧

会议主席处在会议控制的核心地位，因此，会议主席控制会议的技巧，对会议的结果具有重要影响。会议是多人交际沟通的场合，在开始时营造出一种良好的或适宜的会议氛围对其顺利进展是十分重要的，这需要主席具有较熟练的技巧和丰富的主持会议经验。具体而言，可应用的技巧如下：

（一）造成“我群感”

“我群感”就是想方设法使与会者对会议群体有一种强烈的归属感。“我群感”对于调动与会者的积极性、引导其承担起职责，增强会议内聚力，实现会议目标都具有良好的效果。要造成“我群感”，主席可以在讲话中重复使用“我们”“我们的”“我们这次会议”等术语，使与会者产生“我们是一个整体”的感觉；应尽量避免使用“你们”这样的称呼。另外，还可以使用特殊的会议标志，如会议代表出席证、会标等，以造成会议群体与非会议群体之间的界限。

（二）分析与会者的目的

深入、细致研究所有与会者参加会议的目的，并对不同的目的加以分组和归类。主席在掌握会议进程时，要注意这些目的是否达到。只有使会议既达到了组织者的目的，也达到了全体与会者的目的，会议才可能取得较大的成功。

（三）把握会议目标

会议主席应处理好会议的显性目标与潜性目标的关系，会议的显性目标一般是主席在会议开始时明确、清楚地向全体与会者宣布的目标；会议的潜性目标是会议未公开宣布，但在实际上却随着会议的进行而逐渐达到的目标。对于显性目标与潜性目标，会议主席应始终保持清醒的头脑并灵活处理，创造良好的会议气氛。此外，会议的目标有近期的、较易达到的目标和远期的、较难实现的目标之分。主席在安排会议时，应使近期的、较易达到的目标尽快实现。

（四）利用与会者的经验、专长

虽然会议开始时，与会者对于会议的情况还不甚了解，但每个成员都有自己特殊的学识、文化、阅历和经验，主席应尽力调动这些潜在因素的功能，使它们充分发挥作用。

（五）对与会者的错误采取宽容态度

会议成员有时会有不适当的言谈举止，对此，主席不宜采取激烈的批评态度，而应尽量宽容。不适当的批评会破坏会议的气氛，使整个会议中的人际关系紧张，从而不利于会议目标的实现。随着会议的进行，应相信他们会有所修正和改进。

良好的开端固然重要，但会议的真正成功需要主席在会议进行中做出不断的努力，使良好的会议氛围贯穿始终。会议主席可以借助以下方法使会议顺利进行。

1. 讨论

讨论是与会者交流沟通的主要形式，而会议主席的基本责任之一就是鼓励和促进讨论。对于要讨论的问题，应允许各种不同的意见充分表达出来，不要在讨论之前就规定某种答案，应注意让每个成员都有发表意见的机会。讨论中虽然常有主要发言者，但不要让会议的发言机会被某几个人垄断，必要时可以限定发言时间。有时，为了保证参加者都有机会发表意见，可以适当限制参加人数或分成小组讨论。分组有两种方式：一种是将专业、素质、年龄相近的人分在一起；另一种是将专业、素质、年龄不同的人分在一起。前一种方式有助于使讨论焦点集中，便于形成融洽的关系；后一种方式有助于从各个角度比较全面地研究问题，避免片面性。

此外，会议主席还应随时把握讨论的方向，使之不偏离主题。在讨论中，切忌发言之间毫无联系或交流，各唱各的调，问题分散甚至形成小群体。在讨论时，会议主席可以通过一些必要的插话、简短的小结使讨论问题集中在某一点上。

2. 提问

主持会议的一项重要技巧是善于提出问题，提问可以吸引全体与会者的注意力，也有助于人们深入思考。提问时，要注意把握时机，提出的问题要明确具体，切忌适用含糊、模棱两可的语言。当讨论已涉及某个问题但焦点又不十分明确时，及时地提出问题，能使讨论形成高潮。

提出的问题类型有不同的划分方法，比如，开放型问题与封闭型问题，前者指没有任何固定答案，由被问者自由回答的问题；后者指提问者已设计了两个或两个以上答案，让被问者讨论这几种答案的利弊。还有全体问题与个人问题，前者指主席对全体与会者提出的问题；后者指对某一与会者提出的问题。会议主席应根据会议进行的状况，适时地选择提问的时机与提问的方式。

3. 对不同意见的处理

由于与会者的素质、阅历、观点、思维方式等各不相同，他们对问题的解释也就各不相同，因此会议进行中常会出现多种不同的意见，甚至有可能引发争执，这也是会议不可避免的问题。主席在处理不同意见时，可采取如下措施：(1)对争论双方或各方的观点加以澄清；(2)分析造成分歧的因素；(3)研究争论双方或各方的观点，了解协调的可能性；(4)将争论的问题作为会议的主题之一，展开全面的讨论，以便把会议引向深入；(5)若分歧难以弥合，那就暂时放下，按会议议程进入下一项。

4. 总结

会议主席的另一个重要职责就是及时地对会议做出总结。不善于总结的人往往会将会议的宝贵成果丢掉或错过宝贵时机，总结实际上是对会议成果的概括。随着会议的进行，会议主席及时总结会议取得的成果、成功的经验和失败的教训，能使与会者明确会议的进程，让讨论更具有方向性。如果会议的目标已经达到，会议主席就应尽快总结并结束会议。

小资料 16—2

主席自我评估问题单

准备工作：

1. 目的

1 2 3 4 5 6 7

我知道这次会议要实现的目的——→我不知为什么举行会议

2. 会议议程

1 2 3 4 5 6 7

我至少在会前两天发出会议议程——→我在会上发放会议议程

3. 与会者

1 2 3 4 5 6 7

我影响与会者的选择——→我让与会者的各部门代表决定

4. 会议地点和布置

1 2 3 4 5 6 7

我检查会议室及其布置情况——→开会时我才去看看

主持会议：

1. 总结

1 2 3 4 5 6 7

讨论中我概括总结相关要点——→我让他们自己做出总结

2. 打断

1 2 3 4 5 6 7

我不打断会议进程——→我经常打断会议进程

3. 提问

1 2 3 4 5 6 7

我提出清晰的问题——→我问无关的问题

1 2 3 4 5 6 7

我提出公开的问题——→我提保密的问题

4. 感受

1 2 3 4 5 6 7

我感到轻松且精力集中——→我感到紧张难以放松

得分：

如果您的得分为 27 分或 27 分以下，说明您的会议主持得很好，得分在 36 分以上则预示着您可能在主席角色方面存在着某些问题。

资料来源：申明、姜利民、杨万强编著，《管理沟通》，企业管理出版社 1997 年版。

二、与会者的技巧

会议的成功不单单取决于会议主席的控制技巧，还取决于与会者的积极配合，如果与会者不予配合，那么，再高明的主席也无法开好会。

(一)会前做好准备工作

为了在会议中取得最大的成就，与会者在会前应做好周全的准备，应对以下几个问题的答案了解清楚：

(1)谁召开了这次会议？

(2)为了何目的召开这次会议？

(3)会议主题的背景是什么？

(4)自身的立场如何？

(5)自己的观点是否能被接受？

(6)这次会议是否涉及既得利益问题？

(7)自己期望从这次会议中得到什么结果？

明确了这些问题后，才能在会议中做到有的放矢。

(二)慎选座位

之前我们已经了解，自然位置对于群体间的沟通也具有不可忽视的影响。它可以拉近彼此的距离，也可以疏远彼此的关系。因此，除非位置早已被安排，否则与会者应当慎重选择位置。

(1)不要迟到。如果想选择对自己有利的位置，则一定不能迟到，迟到只会让你丧失选择的权利。

(2)不要选择会令人忽视你的存在的位置。假如会议桌是长方形的，尽量坐在面对会议主席的正前方，或者邻近会议主席的两旁；假如会议桌是带有双翼的长方形桌子，而会议主席坐在长方形一边的中央，则尽量选择双翼末端的位置；假如桌子是方形或圆形，则你应坐在面对会议主席的位置。选择适当的位置，可以增加你与会议主席沟通的机会，也能引起其他与会者的注意，发表意见时，大家更能关注你的发言，从而更好地发挥你的影响力。

(3)平时多观察会议主席在会议中的举动。假如会议主席有咨询邻座意见的习惯，则以后开会时，应尽量争取这个“顾问”的位置，以增加你对会议主席的影响力。

(4)与上司互相配合。假如开会时，上司也是与会者之一，这时应尽量不要让上司的位置横断在你与会议主席之间，最好选择坐在上司对面的位置。一来会议主席发问时，你的发言机会不至于被上司所垄断；二来当上司发言后，你可以为他补充，与你的上司相互配合，以此来增加对其他与会者的影响力。

（5）不要坐在放置会议器材的位置处，以免视线被器材挡住，这样既无法与他人做眼神的交流，也无法使别人注意到你。

（三）会议参与技巧

（1）保持积极的态度。保持积极的态度能使你对会议具有更高的参与热情。积极的言辞和积极的态度，不仅能让自己思绪集中、富有灵感，还能让别人感受到你的活力，给会议创造良好的气氛。

（2）严格遵守会议规则

一个群体要达成目标，当然离不开秩序和规则，行事杂乱无章，只会一事无成。会议作为一个群体性的活动，其中当然也有许多基本的规则必须遵守。如遵守会议时间；听从会议主席的指示，相互配合；虚心听取别人意见，控制情绪，避免冲突；尊重会议的结果等。

（3）树立良好形象

首先应注意仪表，着装要整齐、干净、得体，不要穿会影响注意力的衣服；发型不要凌乱和夸张，应符合会议的场合。在言行举止方面，首先要学会耐心倾听别人的发言，不要打断别人的讲话，打断别人的讲话是很不礼貌的行为；当自己发言时，不要夸夸其谈、滔滔不绝，要注意发言的时间，给别人留下发言的机会，开口不自休的人是不受欢迎的；当别人的意见与自己不合时，要客观、冷静，不要情绪激动，引发冲突。由于每个人的经历、观念、个性等都不一样，意见的不合是在所难免的。

（四）发言的技巧

（1）严格控制发言的时间，尽量在最短的时间内充分表达自己的观点。

（2）突出要点，先说结论，再做解释，然后再重复一遍结论。

（3）注意听众的反应，自信地表达自己的意见，有条不紊地回答听众的问题。

（4）保持礼貌。

（5）适当使用幽默感。

（6）注意语言因素，如语调、语速、措辞等。

（7）灵活运用客观事实，如数据、案例等，适当引用名言，增加发言论点的可信度。

（五）答辩的技巧

面对质疑和提问，自信、平静地表达自己的想法，会给其他与会者留下良好的印象。

（1）耐心听完别人的问题后再予以回答。

（2）答辩时不要有遗漏。

(3)不要回答不清楚的提问，等明确问题后再回答。

(4)就事论事，不要做人身攻击。

(5)不能贬低提问者。

(6)有礼貌、有分寸或者有幽默感地避开一些难回答的敏感问题。

(7)与其狡辩，不如认错。

(8)避免二手资料支配。

小资料 16—3

会议参与自我评估问题单

准备工作：

1. 目的

1　2　3　4　5　6　7

我清楚我开会要实现什么————→我不知道为什么举行会议

2. 文书工作

1　2　3　4　5　6　7

我在会前已看了议程和附件————→我开会时才看

3. 与会者

1　2　3　4　5　6　7

我与其他与会者交流了对主要议程的看法———→我在会上了解他们的看法

4. 事先告知

1　2　3　4　5　6　7

我已告诉主席我支持议程上某个议题———→我在开会时告诉主席

进程：

1. 发言

1　2　3　4　5　6　7

我讲话清楚简洁、内容相关联————→我随意漫谈、进行无谓评论

2. 打断

1　2　3　4　5　6　7

我不打断会议————→我经常打断会议

3. 提问

1　2　3　4　5　6　7

我提清楚的问题————→我问无关的问题

1　2　3　4　5　6　7

我问公开的问题————————→我问保密的问题

4. 创造性和革新

1 2 3 4 5 6 7

我提出解决问题的新方法————→我只关心自己的事

5. 感受

1 2 3 4 5 6 7

我感到轻松且精力集中————→我感到厌烦紧张、难以放松

得分：

如果您的得分为30分或30分以下，看来您的参与状态良好；若得分在40分以上，可能预示着您对于会议及您在其中的角色有某些问题。

资料来源：申明、姜利民、杨万强编著，《管理沟通》，企业管理出版社1997年版。

三、会议记录的技巧

会议记录的总负责人是会议主席，但一般来说，实际的会议记录工作则有专人负责，也就是会议秘书。在会议记录分发之前，由会议主席负责对它进行仔细审阅并予以批准。会议记录是一项关键的工作程序，良好的会议记录应反映会议的精华。

（一）会议记录的内容

对于一些正规的会议，详细、准确地记录会上的发言以及讲话者身份是非常重要的，这类会议如法庭审讯、国家有关行政部门召开的办公会议、股东大会或董事大会等，为将来一旦发生争端或是有请求参照时使用。这些会议的程序都应做文字记录、录音、出版或收藏。一般来说，经理会议极少要求非常正式水平的录音记录，仅限于书面记录，内容包括：(1)参加会议的人员，包括缺席人数；(2)会议的时间和地点；(3)会议的议程；(4)与会者的意见；(5)最终的决议。

在写作会议记录时，上述内容应将段落章节编目，方便查找；使用有限的名字，以短句记录讲话的核心内容，最终做出了什么决定等。

（二）会议记录的分发

会议记录只有在特殊情况下对某一目的有用时才作分发。如果会议的目的只是单纯地发布管理部门的信息，则只要列出与会者的名单、会上陈述的内容摘要，以最低限度的分发量就足够了。如果是有关经营问题的会议，或相互配合的小组会议，一般要求记录较为详尽，以保证达到会议的最终目的。在分发前，应对会议记录仔细审阅，加以校对，以免出现失误。记录分发的时间越早越好，特别是在会议上已对某些人分配了任务，就更应该尽快把会议记录送到他们手中，出于礼貌，也可以把会议记录副本分发给所有与会者，必要时，发送至新闻宣传机构。

本章小结

1. 会议是群体或组织中相互交流意见的一种形式，它是一种围绕特定目标开展的、组织有序的、以口头交流为主要方式的群体型活动。会议具有普遍性、目的性、组织性、集体性的特点。

2. 群体沟通可以产生更多的承诺，产生更好的决策，但可能会花费更长的时间，降低行动的效率。群体压力以及专家或领导的压力可能导致不好的决策。

3. 影响群体沟通的因素：群体规模、成员因素、任务因素、领导者风格、群体的相互影响和角色、环境因素。

4. 高效的会议流程离不开会前准备与会议组织。

5. 会议沟通的技巧：会议主席的技巧、与会者的技巧、会议记录的技巧。

案例研究 16－1

某个系统集成公司的项目经理老张身边的员工始终在抱怨公司的工作氛围不好，沟通不足。老张非常希望能够通过自己的努力改善这一状况，因此他要求项目组成员无论如何每周必须按时参加例会并发言，但对例会具体应如何进行，他却不知如何规定。很快项目组成员就开始抱怨例会目的不明，时间太长，效率太低，缺乏效果等，而且由于在例会上意见相左，很多组员开始相互争吵，甚至影响到了人际关系的融洽。为此，他非常苦恼。

问题：

请问产生问题的可能原因是什么？应该怎样提高项目例会的效率？你认为除了项目例会之外，他还可以采取哪些措施来改善团队氛围，促进沟通？

复习思考题

1. 群体沟通具有哪些优点？又有哪些缺点？
2. 影响群体沟通的因素有哪些？
3. 如何做好会议的准备？
4. 如何进行会议的组织？
5. 怎样成为一名优秀的会议主席？

第十七章　与新闻媒体的沟通

学习目标

通过本章学习，你应能够：

了解新闻媒体的定义与分类；

了解与新闻媒体良好沟通的必要性；

掌握与新闻媒体沟通的技巧；

掌握塑造良好企业形象的方法。

关键词

新闻媒体　沟通　技巧　企业形象

导入案例

新闻发言人制度的由来

发言人制度最早出现于19世纪初的美国。19世纪30年代，美国报纸开始出现，从此有了记者这一职业。美国政府为了应付对新闻总是具有无限兴趣的新闻记者，开始设立总统新闻发言人。据说，美国总统安德鲁·杰克逊是最早发明发言人的人。但此时的新闻发言人都是作为总统的私人助理出现，不是政府工作人员。20世纪初伍德罗·威尔逊总统才正式确立了总统新闻发言人制度。

西方国家普遍建立新闻发布机制，是第二次世界大战后的事。第二次世界大战后，媒体的影响力越来越大，深入到社会的各个角落，与人们生活的各个方面紧密相连。为了适应这一变化，从20世纪50年代后，各国政府纷纷效仿美国，建立新闻发布制度，设立发言人。

据统计，美国 2017 年大约有 4 万名发言人。总统、副总统有发言人，州长、市长也有自己的发言人，各部门也不例外，如国务院发言人、五角大楼发言人等，稍有规模的企业都设立专职的新闻发言人，即使是小企业，也设兼职新闻发言人。

资料来源：http://iask.sina.com.cn/b/7588296.html。

第一节　现代新闻媒体概述

微型案例 17-1　　媒介的由来

在拉丁语中，媒介(medius)的原意是"处于中间的、一般的、不偏不倚的"，它的替代形式"medium"的意思是"中间、中心、公众、日常生活、人类社会等"。

在 18 至 19 世纪的招魂术中，媒介是一个中间人，具有同鬼魂打交道的特殊才能。

媒介被作为一种被普遍接受的学科语言实际上是在 20 世纪 60 年代末，因为此时电视已经成为一种占主导地位的大众传媒。

"媒介"一词，最早见于《旧唐书·张行成传》："观古今用人，必因媒介。"此处的"媒介"是指使双方发生关系的人或事物。其中，"媒"字在先秦时期是指媒人，后引申为事物发生的诱因。

在英语中，"media"(媒介)系"medium"的复数形式。它大约最先出现于 19 世纪中期，当时在伦敦街头佩戴标志或散发传单的儿童被人们称为"广告媒介"。1909 年版的《韦伯斯特辞典》解释"媒介"一词是"工具，例如广告媒介"。

一、媒体的定义与分类

改革开放以后，报纸、期刊、图书、广播、电影、电视等传统大众媒介回归本体，走向文化产业道路，计算机、互联网、手机等新兴媒介迅速崛起，伸向社会各个领域。大众媒介不仅在整个国民经济中占有越来越重要的地位，而且以其无处不在、无所不能的力量，向社会渗透。

新闻媒体，也就是传媒，是指传播信息的介质，通俗地说就是宣传的载体或平台，能为信息的传播提供平台的称之为媒体。传统的媒体一般包括四大类：电视、广播、报纸、网站。此外，还有户外媒体，如路牌、灯箱的广告位等。

随着科学技术的发展，现代社会逐渐衍生出新的媒体，例如：IPTV、电子杂志、移动电视等。移动网络媒体在传统媒体的基础上发展起来，但与传统媒体又有着本质区别。

按照媒体出现的时间先后顺序来划分，我们可以把传统媒体与移动网络媒体划分为五类：

(1)第一媒体为报纸刊物；

(2)第二媒体为广播；

(3)第三媒体为电视；

(4)第四媒体为互联网；

(5)第五媒体为移动网络。

其中第四媒体和第五媒体就属于移动网络媒体范畴。

但是，就现代媒体的重要性、适宜性、有效性而言，传统媒体与移动网络媒体的地位正逐渐发生变化：以互联网、移动网络为代表的移动网络媒体快速兴起，已经取代了传统媒体。媒体按其形式划分为平面、电波、网络三大类。

(1)平面媒体：主要包括印刷类、非印刷类、光电类等。

(2)电波媒体：主要包括广播、电视广告(字幕、标版、影视)等。

(3)网络媒体：主要包括网络搜索、平面、动画、论坛等。

二、主要的媒体行业

(一)纸质媒体

1. 报业

报纸是通过印刷在纸张上的文字、图片、色彩、版式等符号传递信息的一种媒介。它以新闻、评论为主，一般以散页形式公开、连续发行。作为传统传媒产业，报纸具有相当长的一段历史，是最早成为大众化的一种媒介。

与其他单纯以营利为目的的企业不同，报业往往具有独特的意识形态的属性。在西方，报纸被称为“社会公器”，成了除立法、行政、司法之外的第四种力量。报纸在盈利的目标外还承担着社会所赋予的责任，具有强大的引导舆论的功能。

报纸的经营方式具有独特性，以“二次售卖”理论进行解释，即报纸的运作，先要有采编部门办好报纸，获得发行量和影响力等资源，再由广告经营部门取得回报。因而，报纸的收入一般来源于发行收入和广告收入两部分，受新媒体的冲击，广告收入在报纸的盈利中所占的比重大幅下降。

报社一般包含四个部门，即采编部门、发行部门、广告部门以及行政后勤部门等。采编部门是报社的主体部门，主要负责报纸的编排；广告部门负责报纸广告的刊登工作；发行部门负责报纸的发行事务；行政后勤部门则负责人事、财务及后勤保证等事宜。

微型案例 17－2　　报纸的早期发展

从中外报纸历史来看，报纸的最初用途在于政治。

公元前 59 年，历史上第一份官方报纸《罗马公报》诞生。

中国最早的报纸是产生于唐中期朝廷与地方官进行信息沟通的官报，比《罗马公报》晚了 700 多年。

近代报纸出现于 14、15 世纪的欧洲。当时，资本主义生产关系萌芽于地中海沿岸的一些城市，为了满足新兴资产阶级对商业信息的需求，手抄小报应运而生。意大利威尼斯首先出现了传播航船日期、市场行情、金融信贷等信息的“手抄新闻”，随后其他沿海城市相继有了类似小报。

2. 杂志

杂志，又称期刊，是一种有固定名称、使用连续期号，以固定周期出版的定期出版物。

“杂志”一词，源自法文，本意是仓库。杂志形成于罢工、罢课或战争中的宣传小册子。这种类似于注重报纸的具有时效的手册，兼顾了更加详尽的评论，所以一种新的媒体随着这样特殊的原因就产生了。

“杂志”这个词第一次被用以称为刊物，是 1931 年在伦敦出版的《绅士杂志》，后来正式被沿用为杂志的通称。最初，杂志和报纸的形式差不多，极易混淆。后来，报纸逐渐趋向于刊载有时间性的新闻，杂志则专刊小说、游记和娱乐性文章，在内容的区别上越来越明显。在形式上，报纸的版面越来越大，而杂志则经装订，加封面，成了书的形式。此后，杂志和报纸在人们的观念中才具体地分开。

作为另一种传统印刷纸质媒体，杂志具有对其他媒介传播信息进行补充和完整化的功能。与报纸相比，杂志媒体具有如下几个传播特点：

(1)出版周期长，态度观点突出

杂志的出版周期众多，最常见的是月刊和周刊。由于杂志的出版周期最短也是以周为单位，它就不可能以即时新闻为其内容，故杂志的特点是深度报道见解和观点。

(2)市场细分性强

就发行量而言，大多数杂志的发行量远远低于报纸，但杂志的分类却远远多于报纸和其他媒体，每一类杂志都有属于它的特殊读者群，细分化是杂志发展的基本趋势。

(3)重复阅读性和保持价值

由于杂志的内容接触到人们的思想、观念、生活和情感，在阅读时往往会引起读者的共鸣。读者在阅读杂志时需要回味,需要思考,容易形成话题,因此,反复阅读和推荐他人阅读的机会就大大增加。这样,杂志不仅具有很高的重复阅读性,而且很多读者还会把自己喜欢的杂志保留较长的时间。

(4)高品质性

在印刷媒体中,杂志装订成册,印刷精美,大量的图片与文字搭配在一起令人赏心悦目,通过高品质给人一种高品位的感觉。这也是杂志吸引读者的特色之一。

杂志种类繁多,目前尚无统一的分类法。依不同的分类标准,可以得到各种不同的分类。比如,按内容可分为综合性期刊与专业性期刊两大类;按学科可分为社科期刊、科技期刊、普及期刊三大类;按时间可分为周刊、半月刊、月刊、双月刊、季刊、半年刊、年刊等;按杂志的性质可分为学术性期刊、技术性期刊、普及性期刊、教育性期刊、情报性期刊、启蒙性期刊、娱乐性期刊等。同报纸一样,杂志社的收入也主要来自发行和广告。其部门分工也与报纸大同小异。

(二)广电媒体

1. 广播

广播是通过无线电波或导线向广大地区或特定范围传送声音、图像节目的大众传播媒介。通过无线电波传送节目的称无线广播,通过导线传送节目的称有线广播。广播诞生于20世纪20年代。广义上的广播包括声音广播和电视广播,一般意义上的广播指声音广播。广播作为一种现代传播媒介,具有如下特点:

(1)广播传播范围广,传播速度快,穿透能力强。广播比报纸和电视具有更强的穿透力,因而它所能达到的范围、传播信息的速度,远远超过报纸和电视。这一点早已被国际传播的实践所证明。

(2)成本低。广播节目相对于电视、报纸和互联网,成本要低得多。从听众的角度讲,广播接收机的费用比买电视、电脑和订报纸的费用要低得多。这就是说,受众通过广播获取同样多的信息,要比电视、报纸、互联网更便宜。这种低成本的传播手段,使广播在众多媒体中,具有较强的竞争力。

(3)移动性强,伴随接收。广播电台是编制发送广播节目的机构,一个广播电台下设有若干频道,每个频道又分为不同的栏目。

2. 电视

自20世纪20年代用无线电方式转发图像的技术在英国开发以来,电视业逐渐成长,直至占据大众传媒的中心地位。所有早于电视存在的大众媒介,包括广播、电影、报纸和杂志都受到电视崛起的影响。至今电视仍然在传统媒体中处于龙头地位。

电视的独特优势在于声画合一的特质,具有直观性、现场性和时效性强、覆盖面广等特点,电视的制作传播分为三个环节:内容制作、频道运营、网络播送。电视即时传送活动的视觉图像，同电影相似，电视利用人眼的视觉残留效应显现一帧帧渐变的静止图像，形成视觉上的活动图像。电视系统的发送端把景物的各个微细部分按亮度和色度转换为电信号后，顺序传送，在接收端按相应的几何位置显现各微细部分的亮度和色度来重现整幅原始图像。

从电视业市场来说，分为四个市场：节目市场、广告市场、网络市场和观众市场。节目市场指内容供应商和电视台之间的市场，即影视公司和电视节目公司将制作的节目出售给电视台；广告市场指电视台和广告主、广告代理公司三者形成的市场，通过广告公司，电视台将广告服务销售给广告主；网络市场指电视台和网络提供者形成的市场。观众市场指的是各电视台对观众的抢夺，是各电视台竞争的主要内容。因为无线电视台的盈利主要来自广告收入，而电视台的收视率是其获得广告收入的基础，有线电视则主要通过收取收视费获利。电视台的内部组织结构（以央视为例）一般分为新闻节目中心、海外节目中心、教育节目中心、文艺节目中心、体育节目中心、青少年节目中心，这些都是制作电视节目的主体部门，除此之外，还包括技术制作中心、播出传送中心等技术部门以及广告部门和行政管理部门等。

（三）互联网

网络，简单来说，就是用物理链路将各个孤立的工作站或主机相连在一起，组成数据链路，从而达到资源共享和通信的目的。将网络媒体作为目前最主要的移动网络媒体，又被称为“第四媒体”，是为了强调它同报纸、广播、电视等新闻媒介一样，是能够及时、广泛传递新闻信息的第四大新闻媒介。从广义上说，“第四媒体”通常就是指互联网，不过，互联网并非仅有传播信息的媒体功能，它还具有数字化、多媒体、实时性和交互性传递新闻信息的独特优势。因此，从狭义上说，“第四媒体”是指基于互联网的传输平台来传播新闻和信息的网络。网站的信息一般是免费提供的，网站的盈利主要是靠点击量所带来的广告收入。网站中的采编部门所占比例较小，而这一部门才是传媒领域。

中国网络媒体大致可分为四种类型：

第一类是由传统媒体办的中文网站，如人民网、新华网、央视国际、中国日报网站等。

第二类是商业公司办的超级中文网站，如新浪、搜狐、网易等。

第三类由新闻媒体和商业公司组建的公司创办的网站，如中青网、东方网、千龙网、南方网等。

第四类是由个人或团队在某个互联网平台上主办的自媒体，如百度自媒体、新浪微博等。

（四）移动网络媒体

移动网络媒体是新的技术支撑体系下出现的媒体形态，如微信、抖音、斗鱼直播等。

移动网络媒体新在哪里，首先必须有革新的一面：技术上革新，形式上革新，理念上革新，其中理念革新最重要。单纯形式上的技术革新称为改良更合适，不足以证明其为移动网络媒体，理念上革新是移动网络媒体的核心内容，其理念核心在“去中心化”。

移动网络媒体以不同的形式出现在人们的视野中，比如时下非常风靡的微信公众号、短视频、网上直播等诸多形式。媒体技术的应用体现了受众群体对于信息的抓取更加深入，希望得到更大程度上的互动，以及对于信息的重新自我诠释，受众可以根据自己的喜好经历参与其中，获取自己最想得到的信息。移动网络媒体技术的诞生是人们将平面媒体信息获取的枯燥性、延迟性、非互动性等不足的方面加以整合，运用数字技术、无线技术和互联网三方面改善了受众群体对于信息量冗杂以及信息质量残损的劣势，使得信息在保证量的基础上能使多个受众群体得到及时的沟通交流与反馈，达到了市场、受众与市场反馈的良好循环模式，更大程度上清除了信息的冗余。因此，移动网络媒体又可以定义为“互动式数字化复合媒体”。

移动网络媒体的参与性非常强，不需要太复杂的设备、技术以及人员就可以实现移动网络媒体作品，如当下非常热捧的抖音短视频，在移动网络媒体技术还未诞生之时，人们想通过简单的方式表达自己独创的想法有些许困难，但当移动网络媒体技术诞生后，只需要一台手机，一个剪辑软件，以及充满创意的想法就可以完成一个移动网络媒体的产物——抖音短视频。

移动网络媒体技术就是交互式媒体的展现，这正是体现了其“去中心化”的核心理念。

第二节　与新闻媒体良好沟通的必要性

微型案例 17－3　　　　　互联网与奥巴马竞选成功

奥巴马是第一位借助互联网和新媒体的力量成功当选的“网络总统”。这不仅是美国总统大选新的里程碑，同时也标志着 Web2.0 时代的崭新开始。下面简要分析奥巴马竞选过程中对互联网的全面应用及多媒体整合策略。

（一）奥巴马竞选门户网站

1. 最强最全面的互动——首页中内置的社交网络工具“My. Barack-Obama. com”

奥巴马竞选官网的策划者将奥巴马的官方网站打造成了一个支持者的活动中心。网民只要在该网站注册,就能得到名为"My Obama"的网络即时通告。在这里,用户可以创建博客写下竞选中的经历;创建个人的竞选资金筹备网页;输入邮政编码,寻找附近的支持者并得到所在地区为奥巴马助选的活动信息列表;甚至自己组织当地或全国性的团体。多样化的选择使得选民通过更有意义的方式加入选举进程中,更多的议题被讨论,同时也更能体验到在当地参与竞选活动的经历。

2."奥巴马答复中心":充分互动的有力保障

每个候选者都有自己的论坛和留言板,然而这些互动的板块却很难充分发挥互动作用。RightNow公司首创性地帮助奥巴马设计了"奥巴马答复中心"。选民可以通过分类和关键词对于经常被提及的问题的答案进行查阅,也可以再次提交没有解答的问题。竞选团队有针对性地将搜索率最高的关键词和问题根据地区分类,从而了解不同地区选民关注的焦点,进而投放有针对性的广告及宣传信息。

3. 85%的竞选资金来自网络

网络广告的投入和耗资巨大的电视广告相比简直微不足道。除了降低选举成本之外,奥巴马更看重现今美国人使用网络的频繁性和网络支付的普遍性,激发网络的经济动力,使网络成为选举资金的募集地之一。

奥巴马吸引了大量的"长尾"筹款和普通选民的力量,筹集了超过5.2亿美元的竞选经费,其中超过85%来自互联网。选民只需留下E-mail地址,每周便会收到有吸引力的竞选内容。这一定程度上与美国选民的网络消费习惯有直接的关系。

(二)社会化互动新媒体的胜利

1. 社交网站:虚拟与现实的纽带

Facebook用户以年轻人为主,他们可以通过简单地勾选一个复选框就能告诉朋友他们的选择。其他Facebook用户彼此派发标有两位候选人的虚拟按钮,或者在他们的个人页面上用留言墙的方式支持自己喜欢的候选人,这种点对点的交流是引导选民行为的核心部分。在Facebook中奥巴马拥有200多万好友,成为竞争者中拥有网友最多的候选人。奥巴马正是利用网络的传播性和扩散性的特点,争取到了选举中的两个关键群体——低收入群体和年轻人。

2. YouTube的"选举年"

Pew调研中心发现,年轻人更热衷于使用和依赖社交网站获得竞选信息,他们更习惯在网上讨论政治话题和通过视频网站收看与竞选相关的视频。奥巴马充分利用网络的特点，针对不同的社会群体发表视频演说，以恰如其分的言语打动不同社会背景的选民，让奥巴马在网络传播中成功地塑造了一个诚恳、谦卑的形象。

（三）搜索引擎高调介入

网民不一定都热衷选举政治，门户网站的访问量再高也抵不过搜索引擎。网络是媒体更是工具，是用户延伸到不同网站的触角。当今，搜索引擎很大程度上取代了门户网站，将点击的价值发展到了新的高度。群体意识的反应相当一部分是通过搜索，因为在所有互联网应用中，只有搜索是用户和消费者主动地以关键词的形式来表达自己的兴趣和需求的。仅在 2008 年 1～4 月，奥巴马在搜索引擎上的广告费用就超过了 300 万美元，占整个网络营销费用的 82%。每个在 Google 上搜索奥巴马的选民会在搜索结果页面的右侧，看到一个奥巴马的视频宣传广告。这个广告不仅批评共和党总统候选人麦凯恩的政策立场，还有对热点话题的判断和主张，向选民表达他的观点。

资料来源：根据腾讯网整理。

新闻界是专门掌握和运用大众传播媒介的社会专业组织和机构。报纸、杂志、广播和电视作为传播业的四大媒体，自然就成为新闻界最主要的实体。而且，随着信息技术的不断发展，网络媒体的出现，逐渐使得传统媒体的地位开始发生巨大转变，作为新兴的重要媒体，网络媒体已成为媒体业发展的重要载体。

一、媒体与政治

从社会定位来看，新闻界应是具有影响社会舆论的权威性机构和组织，它对社会的影响力是任何一个企业都无法攀越的。在西方，新闻界可以独立左右整个社会的舆论，被称作对社会经济、政治局势的变动具有独特作用的一根支柱。历史上任何一种政治力量都无法忽视它在政治斗争和国家治理中的作用。在英国、美国等国家，新闻媒介甚至可以左右首相和总统的选举结果。从公元前 350 年亚里士多德在《修辞学》中讨论怎样通过说服传播来影响公众，到公元 1513 年马基雅维里在《君主论》中主张用政治信息来推进政治目标的统治术，再到第二次世界大战期间的战争宣传和罗斯福总统通过“炉边谈话”来鼓舞美国人民，都可以看出媒体与政治的密切联系。为此，政治家们总是千方百计地处理好与媒体的关系。从某种程度上说，媒体是操纵着政治的一种力量。

（一）监督政治权力

大众媒体监督权力的前提，是对现实社会的充分、公开的报道，是“政治过程的透明化”，使得政府工作和政府官员以及其他一切权力和掌握权力的人，被置于大众的眼皮底下。

大众媒体对权力滥用和腐败现象的批评和揭露，还可以起到“社会排气阀”的作用，有利于维持社会的政治稳定。

（二）主导政治教育

一般而言，媒体影响政治都是通过公共舆论进行的。在现代民主社会中，政治离不开社会力量的支持，政治的合法性是建立在公众同意的基础之上的。

人是社会的人，也是政治的人。在信息化时代，社会组织的传统政治教育功能渐渐式微，代之而起的是大众传媒无与伦比的社会传播力，传媒无孔不入的渗透性和独特的传播效果为公众的政治学习提供了便利。

（三）传媒报道影响政治行为

法国思想家布尔迪厄联系政治事件提醒说，在政治斗争中，如果有人至今还认为只要游行示威就行，不要去管电视，那他们肯定就有失败的危险；如今越来越有必要为电视制造游行，也就是说制造能引起电视人兴趣的游行，一旦有电视的参与，游行就能收到圆满的效果。

传媒不仅影响总统选举、政府决策、国家关系，还以无孔不入的力量将政治事件传媒化。传媒商业化的强大逻辑将现存政治系统裹携其中。它坚持利润第一，市场是其最终的裁定者。一方面它要寻找轰动效果的政治报道选题，另一方面它又必须在编辑技巧、报道角度和形象设计上进行包装，从而赋予政治以传媒的基本形态，带来“戏剧性效果”。

微型案例 17－4　　特朗普与社交媒体

自2016年7月开始，总统当选人唐纳德·特朗普没召开过一场新闻发布会，但却凭其在社交媒体推特上一系列有争议的推文引导了美国国内政治讨论的大方向，屡次获得话语权。他是如何做到的呢？

首先，新闻与电视媒体报道特朗普或其代理人的一些有争议的言论。随后，特朗普在推特上对这些报道进行回应，发表与之完全不同的信息，社交媒体也随之对这前后的不同开展讨论。新闻媒体也就开始报道这种讨论，有关最初新闻故事的讨论也逐渐淹没，淡出人们的视线。

无论故意与否或重要与否，特朗普的推文都起到了缓冲的作用，把人们的注意力从他的丑闻上转移。

在其竞选过程中，特朗普充分展示了自身引导社会关注点的能力。现在他已当选总统，他继续引导外界围绕他而展开讨论，通过推特文章让公众注意力不会对任何特定话题有太过长时间的关注。

资料来源：根据新浪网整理。

二、媒体与企业

与政治相似，许多企业中的公关人员的第一要务就是与新闻界打交道，保持良好的关系。随着传播业的发展和信息化步伐的加快，人们的生活与媒体的关系越来越紧密，如何处理好与这些新闻媒体的关系，也越来越成为现代企业发展不得不考虑的问题。

新闻界的工作具有信息量大、时效性强、反应敏捷、可信度高、传播面广等特点，构成了企业与公众之间信息交互的加速器和放大器。因此，凡是具有远见的企业领导人，都乐意与新闻界打交道，并善于利用媒体来树立良好的企业形象。对于企业来说，媒体无疑是具有两极性的。

一方面，与新闻媒体处好关系是企业创品牌、求发展的一种有效手段。通过与媒体的良好沟通，企业可以在公众心目中建立良好的形象，知名度与美誉度无疑能为企业日后的壮大起到推进作用。

从另一方面，媒体对公众舆论的影响力也可能使企业失去原有市场。当企业出现危机或错误时，媒体的作用就显得越发重要了。是被公众指责，还是被公众谅解，重新找回信誉？这很大一部分取决于媒体的报道。

微型案例 17－5　　品牌的毁灭

有一家企业，通过大量的新闻媒体的宣传，成为家喻户晓的知名品牌，产品的年销售额达到几十亿元。但后来因为有传闻，说一个顾客服用了该企业的产品而死亡，这个事件在全国范围内被大量报道，引起了消费者的强烈反响。当初，由于该企业没有处理好与媒体的关系，也没有采取妥善的策略与媒体进行有效的沟通，媒体出现了不恰当的报道。尽管后来在打官司中该企业赢得了胜利，法院的判决是，那个顾客的死亡与服用该企业的产品没有关系，但结果是，中间商纷纷要求退货，最终顾客对该产品也是避之不及，该企业的产品一下子就没有了销路，企业也就破产了。

资料来源：魏江、严进等编著，《管理沟通——成功管理的基石》，机械工业出版社 2006 年版。

所以说，随着企业与外部沟通的日益加强，企业应该不断让员工意识到与外部媒体沟通的必要性和相关技巧，尤其是要向中高层管理人员灌输与媒体建立良好的沟通关系的战略意识。

具体来说，企业建立与媒体良好的沟通关系的作用在于：

(1)通过新闻报道可以使公众熟悉企业的产品或服务，为企业的营销和品牌建设服务。如，微软公司为 Windows10 所花的大量广告费用所带来的价值，与全球新闻效应所带来的价值相比，就显得相形见绌。

(2)正面的新闻报道有助于对企业良好形象的宣传。比如，对企业内部某一个行为或者事迹的宣传会给公司带来意想不到的效果。举例来说，企业某员工做了好事被新闻媒体采访宣传，结果是，可能该员工的名字公众早已忘记，但他所在企业的名称却留在了公众的脑海里。我们经常听到某公司的员工开发了某个新技术，获得了国家级奖励这样的说法，这种说法其实是对企业的一种很好的宣传。

(3)通过与新闻媒体沟通，可以尽快了解公众对新产品、新项目的反应与态度，及时采取措施完善各项计划。在商业历史上有许多这样的反面例子，公司花费了大量的投资来改进产品、提出新思想、提供新服务，但是结果却不能把这些新的产品与服务推向市场，其原因是公众拒绝接受这种理念、外观或者是公司的公众形象。

第三节　与新闻媒体沟通的技巧

微型案例 17－6　　美国总统特朗普看社交媒体

在美国哥伦比亚广播公司(CBS)知名时事节目《60 分钟》访谈中，特朗普回应了主持人关于“社交媒体”的问题。特朗普首先认为：脸书、推特以及 Instagram 是一种“现代”的沟通方式，是相当有效的，特朗普透露，自己在上述三个社交媒体上有 2 800 万的粉丝，占 1.3 亿选民的 1/5 多，这样一个有效的沟通渠道，特朗普直言当一些媒体写他的“负面报道、不准确的报道”的时候，他得找到办法回击，而这个办法就是通过社交媒体阐明自己的观点。

特朗普还说，他相信自己在脸书、推特以及 Instagram 上拥有大量粉丝的事实，帮助他在选举中一步步走向胜利，特朗普认为社交媒体比在选举上花钱更加有效，竞选对手花了很多钱，当然，他自己也花了钱，然而，他还是赢了。

与此同时，特朗普对社交媒体的态度仍有所保留，他对采访人说，他会使用脸书、推特以及 Instagram，但是会“保持极大的克制”，作为美国总统，特朗普也不认为毫无节制地使用社交工具，虽然这是一件很随意的事情，但也需要有所收敛。采访中，特朗普使用“并不丢人”(It’s not ashamed)这样的词汇来描述使用社交媒体的感受，或许表明他认为作为总统，在面对公众时，大概电视台、报纸等仍是比较“正统”的渠道吧。

资料来源：根据新浪网整理。

作为建立企业良好组织形象的必要工具，新闻媒体与企业具有紧密的、不可分割的关系。

1. 互动关系

从根本上看，企业与新闻媒体之间表现为互动关系。企业的信息通过媒体得到传播，企业通过新闻媒介传播自己的产品信息，扩大企业的影响，树立良好的公众形象；媒体也在为企业、政府、社团等组织传播信息的过程中扩大自身影响力，得到发展。

2. 依存关系

从依存关系看，特定企业对新闻媒体的依赖强于媒体对特定企业的依赖。新闻界对于企业来说，具有双重身份和人格。首先，新闻界是实现企业公关目标的主要媒介；其次，新闻界又是企业公关的公众，而且是特殊的公众，因为它代表了社会舆论，也代表了顾客的意愿，因而是企业必须努力争取的重要公众。为此，企业必须正视、利用新闻界的双重身份。

为更好地实现与新闻媒体的有效沟通，企业可以运用以下几个方面的技巧：

一、采取正确的沟通态度

信息时代，企业再试图通过封锁信息来消除对自身的不利因素已经越来越困难了，这就意味着企业再也不能简单地将新闻媒体拒之门外，也不能采取“鸵鸟政策”或者对新闻媒体采取恐吓态度来保护自己的利益。相反，企业应该以积极、坦诚、开放的心态来对待媒体。

(一)尊重并坦诚面对新闻媒体

新闻媒体是舆论的传播者，要想影响公众，必须首先争取传播者的理解和支持。真诚的态度更容易使新闻媒体感受到尊重，沟通也会更加有效。企业危机的发生常常源于新闻媒体、公众对事实的误解和企业信息的不透明度，因此，企业不应试图去掩盖事实。企业无论犯错与否，都需要有一个正确的心态，向公众做坦诚的解释，增加企业信息的透明度。

不论什么时间，以何种方式，公关人员都必须时刻牢记媒体记者的双重性，尽量满足他们的合理要求。在新闻发布会上，企业与新闻媒体记者的沟通可以采用“5F”策略，即真诚（Factual）、迅速（Fast）、坦率（Frank）、公正（Fair）、友好（Friendly）。

（二）开放并及时传递公司信息

信息报道是新闻媒体生财之源，对新闻媒体而言，新闻是稍纵即逝且竞争激烈的商品，媒体需要依靠“独家新闻”在市场上打击竞争对手。当新闻媒体需要的新闻不能够从企业获得时，就会试图从别的渠道去得到信息，而这些信息在很多情况下是充满猜测与想象的。信息不真实对企业是一种很大的危害，因此企业不应该采取拒绝与新闻媒体合作的态度。试图逃避新闻媒体的注意，并不能够达到企业所期望的效果，而且与新闻媒体不合作，也会导致媒体对企业正面报道的相对减少。

（三）出现错误时应坦诚认错

当企业出现错误时，不要试图掩盖事实，否则将会发生更为糟糕的局面。要知道，糟糕的局面并不会自行消失。面对发生的错误，企业应该直接向媒体说明真相，通过阐明真相来引导新闻媒体的报道。

不管新闻媒体所报道的是对还是错，不要和新闻媒体对立，与新闻媒体一争高下的做法是不明智的。在新闻媒体面前企业往往是弱势的，所以更要注意以适当的方式顺势引导新闻媒体。企业通过各种方式加强与媒体、记者的良好个人间关系是十分必要的。

二、正确认识新闻媒体的运作和需要

首先，成功的管理者应熟悉新闻媒体是如何运作的。

成功的管理者们通常紧紧把握着新闻媒体的脉搏，特别是密切注意媒体是如何运作的。新闻工作人员一般倾向于信任那些一贯消息准确、容易接近的公司或个人。如果说企业非常重视与媒体的沟通，通过媒体宣传就能使企业给公众留下可信赖、易接近的良好形象，当危机发生时，这个一贯的良好的形象就可以影响公众的评价，帮企业渡过难关，与新闻媒体建立起来的良好关系可以使媒体不从对立面发布消息，而对公司采取的积极措施及时给予报道。如果企业不了解新闻媒体的运作方式，对事件采取封锁消息，冷冻新闻界的策略，结果可能就完全相反。

其次，成功的管理者还应熟悉新闻媒体需要什么。

坏消息并不总是要比好消息吸引人，新闻媒体需要的是一个动听的故事。当公司或者个人在某方面出现差错的时候，最可能与新闻媒体打交道。当你有好消息的时候，及时告诉新闻界，在它们心目中建立良好的形象；如果公司某些事情出现了差错，也应该马上把它公之于众，对此做出解释，并且告诉公众，公司将如何处理好这件事，以积极的态度满足新闻界的要求。

三、采取恰当的方式与新闻媒体沟通

第一，企业要与新闻界保持良好的、密切的、长期的联系，并要及时地向新闻界提供新闻，主动争取公众的注意。针对与新闻界的联系与沟通，企业可派专人负责。凡遇重大事情，应通知新闻界来单位采访，并帮助新闻界了解企业技术性较强的问题，使新闻界能准确及时地向社会公正报道。

第二，企业可以引入专业公关公司，并且通过专门发言人和高级管理人员团队向新闻媒体发布信息。公关公司是以对不同媒体价值观、编辑风格、运作细节的深入了解为基础，通过充分理解企业（组织）的传播诉求，分析企业传播目标与媒体诉求的结合点，组织有效的公关策划、公关活动及公关稿件撰写、发布的专业性服务公司。媒体公关通过协调企业与媒体的需求与价值取向，使双方的利益最大化，尽可能达到企业的传播目标和媒体的信息需求。

第三，企业应对不同的新闻媒体应采取一视同仁、礼貌周到的态度。由于新闻界包括的范围较多，在面对不同媒体时，企业不可因为新闻单位名气大小、级别高低采取不同的态度。尽可能使各新闻媒体获得平等的信息量和平等的采访企业的机会，让新闻界对企业的情况和发展心里有数，对企业抱有好感。这样，当企业发生了重大危机情况时，新闻界才能以公正、客观的态度和立场撰写新闻报道。

第四，企业要坚持真实性原则，客观地向新闻媒体提供关于本企业的信息。在新闻界对某一种问题的看法矛盾较大时，企业必须尽快地就事实向媒体阐明自己的立场，并有权向媒体提出批评，特别是中肯的批评。这样做不仅不会破坏关系，反而会把关系建立得更牢固。

第五，企业要尽量保持沟通信息的一致性。公司对于向外部发布的信息要及时协商，保持一致，给外界树立团结统一的良好形象。

第六，企业要采取积极对策，有意识地与媒体建立积极关系。如积极参与由新闻界发起的有益于社会的活动和必要的赞助，这样也会加深新闻界对企业的好感、信任度，提高企业在社会上的知名度和美誉度。

第七，对于企业管理者，应尽量同新闻界编辑之间建立起个人友谊，这样做可使新闻界及时了解企业政策和行动的意义，对扩大企业影响，争取公众支持是十分有益的。

四、学会自己写新闻稿

在记者没有到场，或者在突发事件发生后记者没有来得及到场的情况下，若自己会写新闻稿，则能快速为新闻界提供信息。成功的管理者应该能够写一份引人注意、内容准确、条理清晰的新闻稿。

新闻稿的写作一般采用倒金字塔式结构，即把最重要的材料放在篇首，最不重要的材料放在篇末，从导语至结尾按重要性程度递减的顺序来组织安排新闻材料。

第一段以较为简练的语言对事件做一概括性的描述，通常只要说清事件的主体、客体、时间、地点，再以一句话简单概括出这一事件的意义。某种意义上，我们可以认为新闻稿件的第一段就是新闻稿的"浓缩"，这种"浓缩"的好处在于便于媒体记者的删改，同时也有利于读者的阅读。

第二段主要对第一段所描述的事件进行进一步的展开，包括交代事件发生的背景、事件相关的细节，重点则在于阐述事件作为新闻的"由头"。

第三段主要是对事件提出"观点"，也就是"拔高"事件的"意义"。撰写这一段的要领在于要"发散"开去写，要把这一事件放到大的市场环境、产业背景以及企业自身的发展历史中去写，只有这样，才能够在更高、更深的层面去体现事件的价值和意义。

对于企业而言，新闻稿是关于企业且有利于塑造良好企业形象、培育良好公众关系的事实报道，在撰写新闻稿的时候，要注意内容一定是要和企业有关，而且和企业想要重点表述的内容有关，不能信口开河，特别是关键地带(开头、结尾)一定要重点表述企业宣传核心。此外，要明确如何去塑造企业良好形象。所谓塑造，就是通过各种语言描述客观事实，烘托气氛，最终让读者得出我们要传播的信息结论。在新闻稿的写作中，可以引用非常可靠的消息来源，以正视信息的可靠和客观，或者提供证据表明前面所说的完全是事实，过度地自卖自夸只会招致读者反感，媒体记者也无法发布。

五、发生危机时采取适当方式与新闻媒体沟通

对危机事件处理的好坏，会直接影响企业形象。在面对危机时，企业可以通过以下几个方面的措施来积极应对：

(一)迅速做出反应

任何延误都可能被误认为是企业犯了错误，由此造成公司信誉和业务的无法弥补。危机发生后的最初 24 小时对于企业来说非常重要，很多时候成败往往就在此一刻。对于可能发生的危机事件，企业不应该抱任何侥幸心理，而应该积极主动，把握时机。企业要密切关注同行以及企业上下游客户和政府等可能会对企业产生影响的组织和公众，特别要加强对重要新闻媒体的关注，尽可能将危机消灭在萌芽状态。

(二)建立公共关系危机处理中心和新闻媒体信息发布中心

当企业发生危机事件时，对于新闻媒体来说，都希望能够采访危机发生的现场，而对于企业的危机管理来说，却并非好事。记者身处现场对事情的完全报道常常会阻碍企业顺利处理危机事件。因此，建立公共关系危机处理中心和新闻媒体信息发布中心是非常有必要的，它可以为内部和外部公众提供信息，为新闻媒体提供新闻咨询。

（三）阐明并反复强调组织立场

通常而言，在接受记者采访或者召开新闻发布会的时候，时间常常会达几个小时，而往往企业最想表达的东西却只有那么几句话，但是对于记者而言，企业最想表达的并非都是记者最感兴趣的。于是，就可能出现这样的情况，企业最想表达的并没有最终被新闻媒体刊登，而无意说出的东西却可能成为记者们断章取义的新闻报道。因此，若想将某个信息传递给媒体，反复强调组织立场是非常必要的。

（四）确保对外发布的信息的一致性

在危机期间，人们关注企业发表的言论以及企业采取何种措施确保危机不再发生，因此，企业需要保证言行一致，同时应保证发表的言论中有关采取措施的部分应占到60%左右的内容。危机时期不是向人们介绍企业的时候，人们想知道的是企业将采取什么行动来解决身边所发生的问题，否则，这些言论听上去就会远离现实，甚至对企业产生负面看法。当危机发生时，企业就应当成立专门的危机管理小组，统一对外信息发布的渠道和内容，不要因某一个局部环境发生变化而随意更改自己的信息发布方式。只有持续不断并统一地宣传，才能产生足够的强度，才不会为噪音所干扰，并在保证信息传播过程中不失真。

（五）召开记者招待会

企业应该广邀新闻界相关从业人员，把企业的信息传递给公众。

（六）转移新闻媒体视线

当新闻媒体狂轰滥炸时，企业应该引导媒体去发现更能吸引公众眼球的新闻。例如，克林顿在美国被“拉链门”事件弄得焦头烂额之时，他发送命令去攻打南斯拉夫，从而转移了国内新闻媒体视线，于是美国民众就开始关注战争，克林顿借助这个手段成功化解了危机。这是公共关系史上最经典的转移新闻媒体视线的例证。

第四节　良好企业形象的塑造

微型案例 17－7　　　　小疏忽带来的损失

美国一名妇女，每星期都会固定到一家杂货店购买日常用品。在持续购买了3年后，有一次店里的服务员对她态度不好，于是她就转到其他杂货店买东西。12年后，她再度来到这家杂货店，并且告诉老板她为何不再到店里来购物。老板很专心地倾听她讲述，并且向她道了歉。等这名妇女走后，老板计算了损失——假设这名妇女每周都到店里购物25美元，那么12年她将花费1.56万美元。只因为12年前的一个小疏忽，导致杂货店少做了1.56万美元的生意。

一、树立良好企业形象的重要性

所谓企业形象，就是社会民众心目中对一个企业的整体印象和评价。在竞争日益激烈的社会中，企业形象已成为一个企业立足社会的必备条件。企业形象是企业向社会介绍自己的最好名片，良好的社会形象是企业最重要的无形资产。因此，树立良好的企业形象对企业的生存和发展至关重要。

《美国周刊》有一篇文章就曾经这样写道："在一个富足的社会里，人们都不会斤斤计较价格，产品的相似之处又多于不同之处。因此，公司的形象变得比产品和价格更为重要。"对于一个企业来说，在现代社会条件下，要想在激烈的竞争中仅仅是通过大幅度地提高质量或降低价格来求得发展，无疑要受到多方面条件的限制，即使在某一点上有所突破，都不可能长久。在这样的一种竞争状态中，只有企业在公众心目中的形象才是它在竞争中最可靠的实力，因为这是由既不受本企业控制也不受竞争对手控制的公众们自主选择的。事实上，争取得到公众的信任和认同，已成为企业生存和发展的重要条件，也是企业之间较量中最为可靠的实力因素。

(1)良好的企业形象使企业得到公众的肯定和支持，使公众对企业的产品和服务产生好感和信任。

(2)良好的企业形象可以使企业获得更好的投资条件和其他支持，能增加职工的向心力和归属感，增加企业对人才的吸引，并且还能使企业获得社区的好感和帮助。

(3)树立良好的企业形象，能够给企业带来源源不断的财富，强化企业自身的力量。有人曾这么说过，如果可口可乐公司遍及世界的工厂在一夜之间被大火烧光，那么第二天的头条新闻是"各国银行巨头争先恐后地向它贷款"。因为人们相信可口可乐公司不会轻易放弃它"世界第一饮料"的地位，这个在红色背景前简简单单写上八个英文字母(Cocacola)的标记，通过长期的努力已经被世界所接纳。可见，良好的组织形象能给企业带来财富，从而更好地发展。

二、影响企业形象的因素

知名度和美誉度是企业树立良好形象不可缺少的两个重要因素。企业管理者必须善于运用各种媒介主动地把自己介绍给社会公众，以提高企业的知名度和美誉度。

(一)知名度

所谓知名度，就是企业及其产品的出名程度，是产品进入市场的"绿卡"，是企业的无形资产。中国有句老话"酒香不怕巷子深"，这是一个典型的封闭性的小生产观念。在迈步融入世界经济大潮的今天，"酒香"固然很重要，是基础。然而，"酒香"还需知名度高。否则，你如何使公众注意到你的产品呢？因而，企业的管理者必须注重一切以舆论为中心。企业可以通过科学地选用传统的报刊、广播、电视、研讨会、信息交流会等大众传播媒介；展览样品；赞助社会活动；寄送有企业名称、徽记、商标的小型礼品、贺卡、名片等其他传播媒介；开展诸如开幕典礼、剪裁仪式、周年庆典、庆祝大会、破土动工、通车落成等仪式和旅游、竞赛、文艺演出、宴请酒会等特别公关活动来提升自身的知名度。此外，在信息化的现代社会，企业更要学会运用互联网，及时、准确、有效地把自己展示在特定的社会公众面前，为企业“推销形象”创造良好的气氛。企业及其产品在社会公众面前所展示出的良好的形象，是无形而又无价的财富，是企业创建良好的舆论氛围所刻意追求的目标。

(二)美誉度

美誉度是一个企业获得公众赞美、称誉的程度，是企业形象受公众给予美丑、好坏评价的舆论倾向性指标，是一种对企业道德价值的评价。

国际权威研究机构经过深入调查研究得出了这样一些结论：“把顾客的满意度提高 5 个百分点，其结果是企业的利润增加一倍”“一个非常满意的顾客其购买意愿比一个满意顾客高出 6 倍”。它告诉我们，如何从顾客的角度、用顾客的观点而不是组织自身的利益和观点来分析考虑顾客的需求。

企业的良好舆论包括“知名度”和“美誉度”两个方面，都需要通过公关活动去创造和争取。

(1)当创建一个新的企业或某项新开发的产品问世时，管理者应致力于为其创造声势和建立信誉，提高知名度，并给公众留下良好的形象；

(2)当公众对企业的评议处于徘徊、观望的十字路口，或毁誉参半时，管理者应注重与媒体进行及时、有效的良好沟通，把握舆论宣传的主权，因势利导，引导公众的舆论向有利于企业的方向发展；

(3)当企业具有一定的知名度和美誉度之后，必须要注重努力保护和竭力维护，并在不断完善上下功夫；

(4)当企业形象由于自身原因受到损害时，应根据具体情况，通过各种媒体，诚恳地向公众道歉，努力谋求公众的谅解，设法将消极形象减少到最低限度，并及时将改进措施公之于众，化消极为积极，尽快重振声誉；

(5)当企业面临中伤、公众的误解时，应迅速查清原因，及时、准确地做出反应，或是通过公众媒体，或是运用法律武器，澄清事实真相，尽快扭转局势。

另外，管理者还应注意把握知名度与美誉度的非同步性，当企业发生意外事件时，应努力控制其知名度，以尽可能地缩小其不良影响。

三、如何塑造良好的企业形象

(一)建立良好的公共关系

企业要实现良好的公共关系必须从以下几个方面入手：

1. 珍视信誉，美化形象

珍视信誉是实现良好公共关系的基础，美化形象是公共关系的任务和目标。公共关系活动执意追求良好的公共关系状态，而这种良好的公共关系状态又具体表现为一个企业在社会公众心目中享有良好的信誉和形象。不珍视信誉，就难以美化形象。美好的社会形象是企业无形的资产，有了良好的社会形象就会赢得理想的社会舆论，为社会各界的了解、信任、好感与合作打下基础。企业在社会公众中信誉卓著，形象美好，就能因此而吸引更多的公众，招揽优秀的人才，增加企业的凝聚力，增强员工的向心力、归属感和自豪感，能较容易地吸引股东投资和争取各种渠道的资金，得到优质、可靠的原材料供应，使产品在市场上有竞争力，甚至成为所在社区的中坚力量，受到居民的爱戴和拥护，使企业在激烈的社会竞争中兴旺发达，立于不败之地。

2. 搞好双向沟通，实现内外结合

随着改革浪潮的兴起，信息沟通在现代组织领导中由单向转为双向，既有信息的传播，又有信息的收集和反馈，由此形成信息的无限循环。双向沟通，内外结合，是建立良好公共关系的客观基础。一个现代化企业，只有确立了双向沟通、内外结合的公关思想，才能有效地监测和适应本企业赖以生存和发展的环境，才能实现组织上下、内外的信息交流，准确地预测未来，防患于未然。这要求企业一方面应尽量迅速、准确地收集来自各方面公众的信息，了解社情民意以调节和改善自身；另一方面，还应及时、准确、有效地将企业本身的信息传给有关公众，以求公众对企业的了解、同情和支持。这个时候，与新闻媒体建立良好的关系就显得尤为重要。

3. 平等相待，互利互惠

公共关系不是以血缘、地域为基础的，而是以一定的利益关系为基础的业务关系。任何一个企业的公众对象，都无非是对该企业的目标和发展具有一定利益关系或影响力与制约力的个人、群体和组织。这种以一定利益关系为纽带的双方关系，特别需要平等相待，互利互惠。因此，在设计企业形象、确立公关方案时，一定要兼顾双方利益，恰当地选取企业利益和公众利益的相交点，取得企业利益和社会公众利益的平衡与融合，为自身发展创造条件。

(二)选择合适的新闻媒体

塑造企业良好形象的实质是针对目标公众进行信息传播活动，要想使这种传播活动取得最大的效果，必须使发出的信息全部或大部分为目标公众所接收，这就需要通过对象公众所惯常使用的传播媒介或渠道来传递信息。

倘若长期使用印刷媒体，对企业提高技术形象无疑是最好的选择；反之如果选择电视、广播媒体，将会有助于企业塑造市场形象。日本久保田铁工公司和井关农机公司在选择媒体时，前者选用了印刷媒体，后者选用了电视媒体，其结果是，久保田铁工公司的企业形象以明显的技术形象取得了成功，而井关农机公司则成功地塑造了市场形象。

(1)根据对象公众的居住地区、职业、教育程度、社会经济地位等特征，大体判断出他们喜欢或习惯阅读的报刊、收听的广播和收看的电视节目等，并查明上述报刊、广播电台、电视台的情况及有关编辑、记者的情况，以便根据这些情况开展广告宣传活动，使所在的企业信息能通过适当的媒介为对象公众所接收。

(2)根据调查研究和计划过程中所了解到的对象公众的文化、社会、心理等方面的特点，在企业设计制作信息时，参照这些特点，使企业的新闻稿件、广告稿、演讲词、展览说明、小册子等能适合对象公众的特点，激发他们的兴趣。

(3)在企业制作将要提供给新闻媒介的信息时，还要考虑到各种新闻媒介的特点，以及针对目标公众或对象公众的那些新闻媒介的具体情况，使组织提供的新闻稿件尽可能被有关编辑、记者选中作为新闻发表，或作为进一步采访的线索。

企业在设计制作信息时，应更多地从对象公众的特点和新闻媒介的要求出发，而不是单纯从企业本身的立场出发。企业应尽可能把企业目标用适合对象公众和新闻媒介要求的方式表达出来，在遣词造句、行文格式、寄发时间等各方面都要慎重考虑、通盘规划、认真负责，使制作出来的信息成为实现良好企业形象的有力工具。

(三)树立良好企业形象的具体方法

1. 打好物质基础

物质基础是企业发展的前提。企业的各项服务设施应能够满足和适应客户的需要，技术要紧跟发展潮流并不断创新，成为行业内名副其实的主导。

2. 员工应自觉体现和塑造组织形象

每一个员工都是企业的组成部分，员工的一言一行都代表着组织，社会是通过对员工的认识和观察来判断企业的。企业要教育和培养员工，员工不仅要有高超的业务技能和良好的服务质量，还要有优良的言行仪表和道德情操，这样才能塑造好企业的形象。

3. 加强公关和宣传

塑造形象是要让社会和消费者接受和认可，因此，公关宣传是塑造企业形象的重要手段，通过公关宣传可以提高企业的知名度和美誉度。但是，公关宣传必须以企业的良好表现为基础，否则，宣传只能提高企业的知名度，而无法提高其美誉度，过头的宣传甚至会起反作用，引起群众的反感。

塑造好企业形象是一个长期的过程，在明确了目标以后，就需要企业为此进行不懈的努力，通过树立具有鲜明特点和美好声誉的企业形象，为企业的持续健康发展创造良好条件。

本章小结

1. 新闻媒体，即传媒，是指传播信息的介质，通俗地说就是宣传的载体或平台，能为信息的传播提供平台的称之为媒体，包括报纸刊物、广播、电视、互联网、移动网络。

2. 与新闻媒体良好沟通的必要性，主要包括媒体对政治的影响和媒体对企业的影响。

3. 与新闻媒体沟通的技巧：一是采取正确的沟通态度；二是正确认识新闻媒体的运作和需要；三是采取恰当的方式与新闻媒体沟通；四是学会自己写新闻稿；五是发生危机时采取适当方式与新闻媒体沟通。

4. 影响企业形象的因素：知名度与美誉度。

5. 塑造良好的企业形象：一是建立良好的公共关系；二是选择合适的新闻媒体；三是打好物质基础，员工要自觉体现和塑造组织形象，以及加强公关和宣传等。

案例研究 17－1

A 公司的危机

A 公司是某地的一家化工企业，在 2005 年 3 月的某天傍晚，由于车间员工的疏忽以及车间设备维修的不及时，出现了设备故障，进而导致了车间爆炸，当场有 3 名工人死亡。由于该企业生产过程产生有毒气体，爆炸肯定带来有毒气体的泄漏，这引起了当地老百姓的紧张焦虑，尤其是厂区周围的群众听说爆炸事件后，产生了较为激烈的反应，要求当地政府关掉这家企业或者将企业迁址。同时，按照国家的有关法律政策规定，3 人及以上死亡的事故属于重大事故，要直接上报省级相关部门，这很快引起了省、市和当地媒体的关注。现在 A 公司面临严重的信誉危机、生产危机和形象危机。

资料来源：魏江、严进等编著，《管理沟通——成功管理的基石》，机械工业出版社 2006 年版。

问题：

请根据上面的情境，设计出一套方案，做好与新闻媒体的沟通。

复习思考题

1. 什么是新闻媒体？
2. 与新闻媒体沟通的技巧包括哪些？
3. 影响企业形象的两个重要因素是什么？
4. 如何塑造良好的企业形象？

参考文献

1. 苏勇、罗殿军主编:《管理沟通》,复旦大学出版社 1999 年版。

2. 钱焱、张卓主编:《商务沟通》,立信会计出版社 2006 年版。

3. 甘波:《组织行为学》,高等教育出版社 2002 年版。

4. 俞文钊:《管理心理学》,东北财经大学出版社 2000 年版。

5. 康青编著:《管理沟通》,中国人民大学出版社 2006 年版。

6. 魏江主编:《管理沟通——理念与技能》,北京科学出版社 2001 年版。

7. 陈晓萍主编:《跨文化管理》,清华大学出版社 2005 年版。

8. 郭朝阳主编:《冲突管理:寻找矛盾的正面效应》,广东经济出版社 2000 年版。

9. 胡巍主编:《管理沟通——案例 101》,山东人民出版社 2005 年版。

10. 刘爱华主编:《如何进行有效沟通》,北京大学出版社 2004 年版。

11. 王建民主编:《管理沟通理论与实务》,中国人民大学出版社 2005 年版。

12. 魏江、严进等编著:《管理沟通:成功管理的基石》,机械工业出版社 2006 年版。

13. 圣吉著,郭进隆译:《第五项修炼——学习型组织的艺术与实务》,上海三联书店 1997 年版。

14. 余凯成等编著:《人力资源管理》,大连理工大学出版社 1999 年版。

15. 张德主编:《组织行为学》,高等教育出版社 2002 年版。

16. 方振邦编著:《绩效管理》,中国人民大学出版社 2004 年版。

17. 方广:《影响一生的心态修养书:处事智点》,西北大学出版社 2006 年版。

18. 张多中:《管理中的沟通技能》,海天出版社 2000 年版。

19. 程艳霞主编:《管理沟通》,武汉理工大学出版社 2005 年版。

20. 孙健敏主编:《管理中的沟通》,管理企业出版社 2004 年版。

21. 巴巴拉·明托著,王德忠译:《金字塔原理》,民主与建设出版社 2002 年版。

22. 史诺嘉编著,温厉等译:《管理沟通案例》,机械工业出版社 1999 年版。

23. 罗伯特·莱夫顿、维克托·巴泽塔著,马燕译:《领导沟通力》,华夏出版社 2005 年版。

24. 安妮特·威驰著,毕香玲译:《管理沟通策略:案例教材》,中国人民大学出版社 2003 年版。

25. 斯蒂芬·P. 罗宾斯著,黄卫伟等译:《管理学》,中国人民大学出版社 2003 年版。

26. 玛丽·蒙特著,钱小军、张洁译:《管理沟通指南——有效商务写作与交谈》,清华大学出版社 2003 年版。

27. 基蒂·O. 洛克等著,赵银德译:《商务管理与沟通》,机械工业出版社 2005 年版。

28. 查尔斯·贝克著,康青等译:《管理沟通——理论与实践的交融》,中国人民大学出版社 2003 年版。

29. D. 赫尔雷格等著,俞文钊、丁彪译:《组织行为学》,华东师范大学出版社 2003 年版。

30. Sigband & Bell. *Communication for Managers*, South-Western Publishing Co. ,1994.

31. Desmond W. Evans. *Communication and Organizations*, Pitman Publishing ,2001.

32. Linda Beamer. *Intercultural Communication in the Global Workplace*, McGraw-Hill,2001.

33. 申明、姜利民、杨万强编著:《管理沟通》,企业管理出版社 1997 年版。

34. [美]洛克(Locker,K. O.)著,康青等译:《商务与管理沟通》,机械工业出版社 2005 年版。

35. 玛丽·蒙特著,钱小军、张浩译:《管理沟通指南——有效商务写作与交谈》,清华大学出版社 1998 年版。

36. 阮喜珍、张明勇、从静主编:《商务礼仪与沟通》,武汉大学出版社 2019 年版。

37. 程庆珊主编:《商务沟通》,东北财经大学出版社 2019 年版。